2016年北京市社会科学重点基金项目“互联网金融的监管与司法”成果
（项目编号：16FXA002）

互联网金融犯罪侦查与司法实务研究

王铼　等著

中国人民公安大学出版社
·北　京·

图书在版编目（CIP）数据

互联网金融犯罪侦查与司法实务研究/王铼等著. —北京：中国人民公安大学出版社，2018.7

ISBN 978－7－5653－2520－5

Ⅰ. ①互…　Ⅱ. ①王…　Ⅲ. ①互联网金融—犯罪侦查—中国　Ⅳ. ①D922.280.4

中国版本图书馆 CIP 数据核字（2018）第 004977 号

互联网金融犯罪侦查与司法实务研究

王铼　等著

出版发行：中国人民公安大学出版社
地　　址：北京市西城区木樨地南里
邮政编码：100038
经　　销：新华书店
印　　刷：北京市泰锐印刷有限责任公司

版　　次：2018 年 7 月第 1 版
印　　次：2018 年 7 月第 1 次
印　　张：19.25
开　　本：787 毫米×1092 毫米　1/16
字　　数：337 千字

书　　号：ISBN 978－7－5653－2520－5
定　　价：58.00 元

网　　址：www.cppsup.com.cn　www.porclub.com.cn
电子邮箱：zbs@cppsup.com　zbs@cppsu.edu.cn

营销中心电话：010－83903254
读者服务部电话（门市）：010－83903257
警官读者俱乐部电话（网购、邮购）：010－83903253
公安业务分社电话：010－83905672

前　言

从2013年起，“互联网金融”在我国风靡至今，其经历了从野蛮到合规，从法律空白到有法可依，从监管不到位到有效监管的发展阶段。由于金融的创新，无论是在行政监管、侦查，还是司法中，互联网金融都给相关部门带来了全新的挑战，对这些新问题、新规定的研究，不仅仅需要依靠以往的实践经验，还需要对互联网金融有准确的定位和把握。互联网金融的本质仍是金融，显然依照此定性仍然可以将其纳入原有的金融监管体系进行监管，但毕竟互联网金融的业态与传统的金融还是存在很大的差异，因而在犯罪侦查、证据认定等方面难以沿用老办法。紧跟互联网金融潮流的变迁，变革侦查手段，解决司法实践中的重点和难点，这是本书所要探讨的。

《互联网金融犯罪侦查与司法实务研究》一书是北京市社会科学基金“互联网金融的监管与司法”课题（编号：16FXA002）的研究成果。课题组研究人员由该领域的专家教授，公安机关、检察机关等部门的一线人员和其他研究人员组成，多次召开课题的学术研讨会以及书稿修订会，大家在研究探讨中不断交流、相互切磋。曾几何时，为了书中某一个观点展开“论战”，在思想和语言的交锋中碰撞出火花。当然，行文至终稿，可能对于同一个问题大家仍有不同的看法，这是学术和实务研究中的正常现象，甚至可以说是应该倡导的一种氛围，唯有如此，讨论才不会停止，问题才会得到解决，思想才足以得到进一步的升华。

本书由王铼教授主笔，负责构建全书的框架结构，并对全文进行了多次修订和整体把握。全书按照一定的逻辑关系布局而成，共分为三部分，九个章节：

第一部分包括第一章（作者：王铼、单丹、周宏波、胡锦鑫、邹莉婷)，是互联网金融的基础理论研究。在全面系统梳理互联网金融的理论渊源和发展历程的基础上，通过对传统金融和互联网金融、互联网金融和金融科技等内涵的比较研究，概括了互联网金融的本质和特点，有针对性地分析了互联网金融行业的民事、行政和刑事风险，以及当前我国对其监管所面临的挑战。

第二部分包括第二章（作者：黄成、赵宇、王铼）、第三章（作者：张敏）和第四章（作者：刘华争），是对互联网金融案件行刑衔接、刑事受理和立案以及侦查取证的实证分析研究。互联网金融已经结束了“野蛮生长”的局面，纳入监管是其健康有序发展的必要组成部分。但互联网金融案件如何实现行刑衔接仍存在困境亟待解决。除此之外，由于互联网金融业态呈现多样化特征，对互联网金融犯罪案件的侦办、处置以及调查取证，都需要根据案件的特点进一步确定。在上述章节部分，笔者呈现了实务中的一些具体的侦办思路、处置方法，以及取证技巧，以期能够为当前及之后类似案件的办理提供一些参考。

第三部分包括第五章（作者：林芝）、第六章（作者：王拓）、第七章（作者：张美惠）、第八章（作者：张美惠、王铼）、第九章（作者：林芝、王铼）。第五章至第八章是对互联网金融不同业态的刑事司法问题进行具体的研究，包括第三方支付、P2P 网络借贷平台、互联网众筹、互联网理财；第九章关注的是虚拟货币和区块链领域的刑事司法问题。对于上述问题的主要研究思路是全面分析其发展历程和监管状况，对该领域内可能存在的刑事法律风险进行梳理并对司法实务中存在的难点进行探讨论证，最终针对该领域所面临的法律困境提出相应的解决路径。

以上是本书的基本框架，课题组成员在做了大量调查与研究的基础上，充分结合实务经验，将主要的观点呈现。在本书的完成过程中，特别感谢北京市人民检察院、北京市朝阳区人民检察院、北京市公安局经济犯罪侦查总队、浙江省公安厅经侦总队金融犯罪侦查支队、深圳市经侦局、中国互联网金融协会、北京市互联网金融协会、北京金信网银金融信息服务有限公司、钱先生（上海）金融信息服务有限公司等单位领导、战友和学生的大力支持，不断地丰富充实互联网金融案件的办案经验，有助于本书中的各个难点和重点问题的深入研究。要衷心感谢中国人民公安大学侦查与反恐怖学院的领导和同事们以及经侦教研室的同仁们的关心、支持和帮助，为课题的研究和本书的写作提供了方便。感谢我的团队和中国人民公安大学金融安全与网络科技研究中心的各位研究人员，没有你们的支持，我难以将研究和写作进行到底。寥寥数语无以言表，谨在此聊表心中之谢意。

由于研究时间所限，再加之经济社会发展迅速，各类规定更新变化快，书中不足之处在所难免，我们衷心欢迎理论界和实务界同仁的批评、指正。

王　铼

2018年3月

目　录

第一章　互联网金融概述

第一节　引　言

近年来，伴随着“互联网+”“分享经济”等国家战略的出台，“互联网金融”已成为一个引领时代的新概念，并连续两年被写进了国家政府工作报告。毋庸置疑，互联网金融借助信息技术，突破了时空限制与传统的金融体制樊篱，极大地激发了人们金融创新的热情，带来了前所未有的时代机遇，并迅速成为当今金融发展与研究皇冠上的璀璨明珠。与此同时，在互联网金融急速发展的过程中，不可避免地存在一些亟待研究解决的理论和实践问题。

对互联网金融的研究热潮始于2013年，以“中国知网”中相关文献为例，截至2013年7月，以“互联网金融”为主题的论文仅有100余篇；而到2018年2月，这个数字则飙升至3.9万余篇。在新闻舆论层面，截至2018年2月，在中文最大检索平台百度中键入“互联网金融”，可以得到约5960万词条搜索结果。由此可以看出，无论是理论界还是舆论界，对互联网金融的研究越来越成为热点问题。

互联网金融作为一个全新的行业或者领域，无论是作为投资者还是管理者的角色都处在拓荒的状态中，“运动员”与“裁判员”都缺乏足够的经验与认识。资本逐利带来了理性缺失，监管滞后导致了越线频频，出现了诸如打着互联网金融的旗号进行非法经营、洗钱、擅自发行股票等超越体制容忍阈值的行为，这也成为时下互联网金融棘手的风险与挑战。换言之，互联网金融领域内的违法犯罪行为已经成为阻碍互联网金融进一步发展的“瓶颈”。如何加强此类犯罪的治理防控，保护金融创新的果实和利益关联主体的合法权益，成为当下亟须解决的重大问题。

不尽如人意的是，在理论与实务界对互联网金融的基本问题都尚存分歧，对于互联网金融创新应保护优先还是规制优先，在刑法谦抑性原则下如何促使刑法由“国权主义”制裁向“民权主义”保障方向倾斜等一系列问题都有待进一步梳理与阐释。目前，有关的文献专著对互联网金融的研究主要集中于对互联网金融模式的描述性介绍，着笔多从运营模式、引领作用、示范效应入手，对互联网金融涉及的违法犯罪、风险预警认识不够，把握不深。基于此研究需要，笔者将紧紧围绕互联网金融创新、风险、违法犯罪以及司法实务当中的处置问题展开概括性的阐述与剖析。

第二节　互联网金融的历史沿革

互联网金融的雏形出现于20世纪90年代中期，以全球第一家互联网银行SFNB（Security First Network Bank，第一安全网络银行）于1995年在美国诞生为标志。随后几年，互联网金融开始在欧洲及日本等亚洲一些国家和地区逐渐兴起。我国互联网金融的发展经历了三个阶段：一是2005年以前，互联网为金融机构提供技术支持；二是2005年至2012年，P2P网贷在我国开始萌芽，第三方支付机构逐渐成长，互联网由技术支持转向金融业务领域；三是自2013年“互联网金融元年”以来，互联网金融行业出现爆发式增长。①

我国现代意义的金融市场体系建设是在改革开放之后，30多年以来，市场体系不断完善与发展。进入21世纪，云计算、社交网络、移动支付等新技术取得突破性进展，大数据成为创造新发明、新服务和新价值的源泉，互联网和移动通信网络的融合进程加速。这些新变革引领着金融服务模式的变迁，并开始对既有的传统金融模式产生巨大冲击。中国的金融效率、交易结构，甚至金融架构都在发生着深刻的变化，倒逼传统金融不断改革。部分商业银行内部相继设立了“互联网金融部”等专门部门，如中信银行、平安银行等正在积极探索银行内部的组织架构调整，已先后成立网络银行部、网络金融事业部以重构银行的互联网金融业务。由此可见，传统银行对互联网金融的反冲击和操作实践，已经从单纯的业务层面上升到战略和组织层面。同时，互联网企业利用互联网技术提供金融服务，已开展电商企业、互联网支付机构、众筹融资平台、网络借贷业务等金融服务。

2012年以来，持续升温的互联网金融热浪引起了中国金融界、学术界和决策层的广泛关注，互联网金融作为一种学术概念开始频繁出现在各种中文文献当中。中国人民银行发布的《2013年第二季度中国货币政策执行报告》首次使用了“互联网金融”一词，随后，该名词也被写入了2014年

---

① 戴新福、胡斌勇、袁维：《互联网金融发展现状与经济刑事风险防范》，载《上海公安高等专科学校学报》2015年第4期。

《国务院政府工作报告》，标志着互联网金融正式得到官方的关注。2015 年 7 月，中国人民银行、工业和信息化部、公安部、财政部等十部委联合下发了《关于促进互联网金融健康发展的指导意见》（简称十部委《指导意见》），则更意味着政府对于互联网金融潜在价值的认可。随后，在第十二届全国人大第三次会议的政府工作报告中，互联网金融被置于“调整产业结构”的大背景下，成为“着力培育的新增长点”，表明我国政府对互联网金融健康发展的积极态度和殷切期盼。然而，事与愿违，互联网金融在加速前进的过程中，难免乱象横生，国家各部门已经开始通力合作，整治规范互联网金融的发展。2016 年，被定为互联网金融治理年，监管层从互联网金融规范发展、保护投资者利益和维护社会稳定的高度，对互联网金融业态模式进行了为期一年的专项整治。2017 年重点全面排查金融市场，互联网金融也在整治的范围之内。

第三节　互联网金融的概念及其本质属性

近些年来，互联网与金融的深度融合趋势愈加明显，与此同时其带来的影响也愈加深刻，包括对金融产品、业务、组织和服务等都起到了不同程度的作用。在“大众创业、万众创新”的号召下，互联网金融在促进小微企业的发展和扩大就业方面发挥了传统金融机构难以替代的积极作用。但在互联网金融作为新生事物的发展过程中，某些方面难免遭受诟病。其发展的步调难以抗拒与生俱来的风险，再加上监管不到位、概念界定不清晰、法律法规不配套等因素，在快速兴起的同时也伴随着一些亟待解决的问题。究其根源，对互联网金融的本质属性未达成共识，是重要原因之一。在开始本书的论述之前，有必要厘清互联网金融的概念和本质属性。

一、何谓金融

对互联网金融的探讨，需先了解什么是金融。简言之，金融是一种经济活动，其在经济发展中的地位非常重要。但事实上，中文的“金融”与英文的“finance”并不是一一对应的关系。“finance”可以归纳为三种含义：第一，最为宽泛的解释为货币的事务、货币的管理，从国家层面可以解释为“财政”，公司层面解释为“财务”，个人层面即为“理财”。第二，最为狭窄的解释是指与资本市场相关的运作机制，以及股市和其他金融资产行情的形成，这与我国经济学界常用的“金融”相对应。第三，介于上述两种解释之间的“finance”一词，还可以理解为货币的流通、信用的授予、投资的运作、银行的服务等。在现在的工具书中，经常将“金融”与“finance”对应，但通过上述含义解析，两者并不能全然等同。可以说，“finance”范围较“金融”更宽泛。国内学者认为，金融是既涉及货币，又涉及信用，以及以货币与信用结合为一体的形式生成、运作的所有经济关系和交易行为的集合。[①] 在此，尤为强调的是“货币”和“信用”，基于两者发生的经济交易可称之为金融，而在货币和信用相互作用和渗透下，随着金融领域的创新，金融范围在拓宽，覆盖到保险、信托等领域，金融产品和金融服务日新月异，不断趋向多元化、复杂化、结构化。

按照现代金融的功能理论划分，金融系统具备六项基本功能：（1）跨期、跨区域、跨行业的资源配置；（2）提供支付、清算和结算；（3）提供管理风险的方法和机制；（4）提供价格信息；（5）储备资源和所有权分割；（6）创造激励机制。[②] 其中，资源配置和支付结算是金融最基础的两大功能。资源配置通常分为两类，一是间接融资，主要由商业银行吸收存款和发放贷款；二是直接融资，即通过资本市场为资金供给者和需求者提供平台直接进行交易。支付结算，则是促成经济活动交易的最后一道程序。虽然传统金融组织、市场、产品创新发展程度都比较高，但是支付组织、支付工具、支付形式和支付功能的实现，与互联网时代的支付需求拉开巨大的差距，从而促成第三方支付的发展。

作为传统的金融，其主要面对的风险包括：一是流动性风险，二是利率风险，三是信贷风险，四是投资风险，五是汇率风险，六是资本风险。由于风险的存在，金融领域繁华的背后常常隐含着危机。2008 年金融危机，最主要的原因在于金融衍生品的滥用，助长了投机行为的发生，从而导致次贷危机爆发。有学者提出，在美国次贷危机的爆发和升级过程中，金融创新扮演了十分重要的角色。虽然我国的金融市场和秩序在 2008 年的危机中并未受到很大冲击，但不得不对次贷危机进行反思，特别是我国的金融创新势头难以阻挡，各类金融理财产品层出不穷。正因为是创新，其基础的制度构建相对薄弱，起初的法律框架也不太健全，监管不到位。金融消费者在交易中更是处于下风地位，常常由于信息的不对称、金融产品的专业化和复杂化，金融中介机构的集团化和大型化，往往容易产生不平等的交易关系。[③] 但是，也正是因为这样一种不平等的关系，成为金融发展的动力，由此也催生了金融法律关系的调整，甚至是重构。

---

① 黄达：《金融学》，中国人民大学出版社 2003 年版。

② 兹维·博迪、罗伯特·C. 莫顿：《金融学》，中国人民大学出版社 2013 年版。

③ 杨东：《论金融法的重构》，载《清华法学》2013 年第 7 期。

二、互联网金融概述

传统金融无法满足金融消费者对于便捷迅速的支付结算以及高度对称的金融信息的要求，再加之其专业性无法使得市场参与者更加大众化，而互联网金融的出现能够较好地解决传统金融所面临的难题，因而发展尤为迅猛。互联网金融与传统金融是基于不同的经济学基础，前者是依据长尾理论，后者则是以二八理论为立足点。[①] 传统金融遵循二八定律，多致力于高净值客户群体，难以全部覆盖有金融需求的客户，为互联网金融的产生提供了市场空间。互联网技术使得服务于量小尾长的客户成为可能，为互联网金融的产生提供了技术基础。互联网金融和传统金融有各自的主要市场空间，二者是对立统一的，对立体现在服务于不同的市场客户群体，并在一定范围内产生竞争；统一体现在共同服务于金融客户，使得整个金融体系更加完整，效率更高。互联网金融并非是简单的"互联网＋金融"，也并非是完全脱离传统的金融而存在的一个全新事物，我们有必要去探求互联网金融的本质属性，从而发现其能够更加健康发展的道路。

（一）互联网金融的概念及本质属性

20 世纪 90 年代，亚特兰大安全第一网络银行被视为互联网金融发展史上的一个标志性事件。在互联网的大潮之下，金融实务也迅速发展，在国际上产生了电子金融（Electronic finance，简称 E－finance）的概念。电子金融通常是由金融服务商通过互联网平台提供的金融业务，包括货币、银行、支付、交易、经纪、保险等，最典型的代表就是网络银行和网络证券。[②] 在欧美国家的金融业务中，E－finance 通常可以与 Online finance，Internet finance，Virtual finance 以及 Cyber finance 互换使用。

2012 年，互联网金融的概念在我国首次被提出后，对该概念的研究以及业界的实践如火如荼，也产生了不同的观点。有专家学者认为，互联网金融是一个谱系概念，它的两端连接的分别是传统银行、证券、保险、交易所等金融中介和市场，以及无金融中介或市场情形，介于两端之间的金融交易和组织形式都是互联网金融的范畴。[③] 正如刘宪权所言，互联网金融绝不仅仅是互联网和金融业的简单结合，而是利用互联网的大数据、云计算及智能搜索等技术优势，对传统金融业进行改造，从而衍生出互联网技

---

① 刘英、罗明雄：《互联网金融模式及风险监管思路》，载《金融市场》第 43 期。

② 董昀、李鑫：《互联网金融的发展：基于文献的研究》，载《金融评论》2014 年第 5 期。

③ 谢平、邹传伟：《互联网金融的基础理论》，载《金融研究》2015 年第 8 期。

术支持下能适应新需求的新型金融模式，对于实现金融改革的多项目标都展现出了明确的价值，在实现普惠金融、提高金融效率、加强竞争、打破垄断方面的作用尤为突出，互联网金融无疑是一种重大的金融创新。[①]

因此，对于互联网金融而言，不能单纯地认为其是传统金融的互联网化和技术改进，而是由互联网技术和金融业务模式二者之间系统全面地交互、关联、延展创新而形成的一种新型的金融业态。也有一些学者认为，互联网金融是以电脑网络为技术支撑的金融活动，只是传统金融的互联网化，对金融的影响均集中于技术层面，实际上却做着与传统金融并无根本差异的事情，因而互联网金融并没有催生新金融。

我国在2015年7月发布的十部委《指导意见》中，首次定义了互联网金融，即传统金融机构与互联网企业利用互联网技术和信息通信技术实现资金融通、支付、投资和信息中介服务的新型金融业务模式。该意见出台之后，对于互联网金融概念的探索才算告一段落。该意见将互联网金融定义为“新型金融业务模式”，也就是说在业务模式上，互联网金融还是有别于传统的金融，但其本质属性还是属于金融。2017年6月1日，最高人民检察院发布了《最高人民检察院关于办理涉互联网金融犯罪案件有关问题座谈会纪要》，该纪要指出，互联网金融是金融与互联网相互融合形成的新型金融业务模式，其本质就是金融。

前述文中已提及，金融的两大功能分别是资源配置和支付结算，互联网金融同样具备传统金融的这两项功能。与此同时，金融与生俱来的风险，互联网金融也同样需要面对。互联网金融与生俱来的信息流整合功能，以及支付的便捷性能够弥补传统金融的不足，互联网平台的植入相当于推动着金融进行了“二次脱媒”（传统意义上认为资本市场对于商业银行而言是第一次“脱媒”），有效地解决了金融的效率和金融服务的结构性匹配问题。因此，概括而言，互联网金融是通过借助互联网和移动通信技术实现资金融通、支付、信息中介功能的新型金融业务模式。

可以说，以互联网为平台能够更有效地实现金融的相关功能，但由于其又与金融业务相结合，并受金融风险所影响，如隐蔽性、传染性、广泛性和突发性。所以，其仍然存在传统金融的风险，但由于其业务形态与传统金融存在差异，故而互联网金融风险的形式具有其独特性。首先，最为明显的风险差异在于技术风险。由于互联网的技术特点，使得金融风险扩速增快，殃及面更广，因而也对监管提出了更高的要求。其次，则为法律

① 刘宪权：《论互联网金融刑法规制的“两面性”》，载《法学家》2014年第5期。

风险。互联网金融作为一种新的金融业态，相关监管的法律法规并不成熟。

所以，厘清风险类型和风险源的重要目的之一是制定相应的监管准则。我国的监管机构在互联网金融迅猛发展的势头下，相继出台了一些监管意见，如前述的指导意见中，明确提出了按照“依法监管、适度监管、分类监管、协同监管、创新监管”的原则，确立互联网金融主要业态的监管职责分工，落实监管责任，明确业务边界，从而实现“鼓励创新、防范风险、趋利避害、健康发展”的总体要求。

（二）互联网金融的分类

在学术界，对国内互联网金融业务的分类并没有取得共识。谢平等认为，互联网金融模式有三个核心部分：支付方式、信息处理和资源配置。[①] 在此基础上可以分为八种创新模式：传统金融互联网化、移动支付和第三方支付、互联网货币、基于大数据的征信和网络带宽、基于大数据的保险、对等联网（P2P）、众筹、大数据在证券投资中的应用等。[②] 十部委《指导意见》将互联网金融分为：互联网支付、网络借贷、股权众筹融资、互联网基金销售、互联网保险、互联网信托和互联网消费金融等主要类型。

互联网支付是指通过计算机、手机等设备，依托互联网发起支付指令、转移货币资金的服务。互联网支付的兴起，不可避免地给银行业带来了挑战。典型案例主要有支付宝、财付通、易宝支付等。网络借贷（Peer to Peer Lending，P2P），包括个体和个体之间通过互联网平台实现的直接借贷（个体网络借贷），以及互联网企业通过其控制的小额贷款公司利用互联网向客户提供小额贷款（网络小额贷款），具体的操作模式是借款人在平台发布借款信息，提供固定利率贷款，招标一个或多个投资者。股权众筹融资，是指通过互联网形式进行小额股权融资活动，需要通过中介机构平台进行，规则主要有三个：一是每个项目必须设定筹资目标和筹资天数；二是在设定天数内，达到目标金额即成功，发起人即可获得资金；项目筹资失败则已获资金全部退还支持者；三是众筹不是捐款，所有支持者一定要设有相应的回报。互联网基金、互联网保险、互联网信托和互联网消费金融主要是借助互联网媒介实现投资客户与第三方理财机构的直接交流，从而绕开银行介入，是对传统金融理财服务的延伸和补充。

（三）互联网金融的行政监管与刑事规制

由于互联网金融存在多业态模式，对其监管存在很高的难度，而且有

---

① 谢平、邹传伟：《互联网金融模式研究》，载《金融研究》2012 年第 6 期。

② 谢平：《互联网金融的现实与未来》，载《新金融》2014 年第 4 期。

时因为对具体的业态模式没有明确的定性，在行政监管与刑事规制之间存在一个模糊地带，所以行刑之间无法很好地衔接。

对于互联网金融的监管是否可以纳入金融的监管体系中，笔者认为不能完全适用传统金融的监管规定。原因之一在于其相较于传统金融是一种创新，对于创新的业务模式如果按照旧方式去管理，有可能会产生过度监管或者监管不到位的问题，但也不能完全脱离金融法律监管模式，毕竟有相当的业务是与传统金融联系甚紧，所以由中国人民银行与银监会、证监会、保监会协作对其进行必要且适度的监管，有利于促进其健康发展。除此之外，互联网金融行业自律的作用不可忽视，互联网金融协会以及互联网金融专业委员会的建立能够作为政府监管的补充，共同担当起互联网金融法律监管的重任。① 互联网金融除了在改变传统的理财方式和生活方式外，还对现行的金融监管模式形成挑战，甚至有些行为是打法律的“擦边球”，可能涉嫌违法犯罪，对于互联网金融活动中涉嫌犯罪的行为，应当依据刑法的相关规定，追究相关责任人员的刑事责任。

互联网金融平台因其各具特色的运营模式，一般可以分为纯平台模式、担保模式和债权转让模式，从根本上决定了平台的法律风险属性和风险级别，也因此需明确刑事责任边界。通常，互联网金融涉众面广、涉及资金数量巨大，一旦出现诸如投资者信息泄露、非法集资、洗钱等现象，导致的社会危害将是难以估量。加之互联网技术的介入使得违法犯罪活动更加隐蔽，相关部门对互联网金融案件的侦查难度非常之大，所采取的侦查方式侧重点也会有所差异。

（四）互联网金融与金融科技

现今国内一个时髦名词“FinTech”受到热捧，但其并非是新近创造的词。如果说互联网金融的概念独属于中国，那么“FinTech”则是欧美乃至全球范畴的说法。“FinTech”是“Financial”和“Technology”的深度结合，在2011年被正式提出，直译过来为“金融科技”，核心是通过云计算、大数据、智能化等高科技促使金融服务更有效率。金融科技相较于互联网金融，更是处于发展初期，其所涉业务模式尚不稳定，在各国领域尚存在差异，因而至今在全球范围内并无统一的定义。②

金融稳定理事会（FBS）作为全球金融治理的牵头机构，首次在国际组

① 刘宪权、金华捷：《论互联网金融的行政监管与刑法规制》，载《法学》2014年第6期。

② 朱太辉、陈璐：《FinTech的潜在风险与监管应对研究》，载《金融监管研究》2016年第7期。

织层面对金融科技做了初步定义，指通过技术手段推动金融创新，形成对金融市场、机构及金融服务产生重大影响的业务模式、技术应用以及流程和产品。[①] 在该定义中，尤为需要强调说明的是金融科技是一种“技术带动的金融创新”，其具备互联网科技行业的一些典型特性，包括低利润率、轻资产、高创新、上规模、易合规等。[②] 而对于金融科技的本质问题，我国有学者提出其核心是金融中介活动。如果对金融科技是金融中介的界定成立，那么其所从事的活动都是在发挥金融的功能。笔者认为，金融科技就是把科学技术运用到金融领域，其还是依托传统金融进行商业尝试，通过技术工作的变革推动金融体系的创新，可以有广义和狭义之分。广义的金融科技，是指技术创新在金融业务领域的应用；狭义的金融科技，是特指非金融机构将移动互联网、云计算、大数据等运用到金融领域以此重塑传统金融产品、服务和机构组织的一种创新金融活动。巴塞尔银行监管委员会将金融科技的业务模式分为四个类型：支付结算、存贷款与资本筹集、投资管理、市场设施。

金融科技在发展过程中，逐渐呈现出一些特点，归纳起来为四个重要特征：跨界化、去中介化、去中心化和自伺服功能。[③] 跨界化体现在两个方面：一是金融科技至少跨越了金融科技和互联网科技两个领域；二是金融科技中的金融业务可能跨越多个金融子部门。由于其具有跨界化的特点，监管机构可能对其采取弱监管态度，特别是在监管定位上可能认为其为一个科技企业而非金融企业，是一个信息中介而非信用中介。去中介化随着金融科技的发展日益深化，以人工智能为支撑的创新服务模式可能导致金融中介机构功能的弱化，与此同时可能给金融监管体系带来新挑战。以区块链为支撑的去中心化或成为金融科技的一大挑战。金融科技可能具有自我强化的自伺服的功能，或具有一定的学习能力，将会导致相应的监管问题产生。

金融科技与互联网金融相比较，二者不是同一个概念，互联网金融侧重于金融，是一种业务属性，更多地被看作是一种业态；金融科技更侧重于科技，是辅助金融业务的角色。所以，互联网金融是金融的一个业态，是被包含与包含的关系，不能被截然分开；但金融科技与金融却是不同的业态，是可以截然分开的。金融科技的技术涉及面更广，所依赖的技术支撑从互联网上升到了前沿科学技术，金融科技可以看作是互联网金融更高

---

① 源于2016年3月FBS发布的《金融科技的描述与分析框架报告》。

② 赵鹞：《FinTech的特征、兴起、功能及风险研究》，载《金融监管研究》2016年第9期。

③ 《中国金融监管报告（2017）》（金融监管蓝皮书），社会科学文献出版社2017年6月版。

阶段的发展。两者都是在运用新技术手段服务金融，其核心是一致的，都是用技术驱动金融创新，从而扩大金融服务渠道、提高经营效率并降低成本。与此同时，互联网金融所面对的风险问题和监管要求，金融科技也同样面临，甚至由于其技术更加专业性和隐蔽性，更需要重点关注。在某些学者看来，我国的互联网金融概念在长期的发展过程中，可能逐步趋近并融入金融科技的概念体系中，最终与国际通行的概念保持一致。①

第四节　互联网金融的特点

互联网金融是金融与互联网的深度融合产生的一种新的金融服务模式，这种模式不仅会促进互联网行业向纵深发展，而且激活了整个传统金融系统，使得互联网金融在我国开始蓬勃发展。

但从互联网金融目前的发展态势来看，其虽然是互联网技术与金融领域的结合，但绝非简单的“1 +1 =2”的概念。从形式和内容上看，互联网金融业务虽然与传统金融业务在本质上没有根本性差异，但金融借助大数据、云计算、社交网络和搜索引擎等互联网技术，重塑了交易方式、交易对象、金融制度与调控机制等要素，改变了传统金融业的运行方式和存在模式，使传统金融业参与性更强、透明度更高、中间成本更低、操作方法更便捷。同时，互联网金融的去中介化使其成为不同于商业银行间接融资和资本市场直接融资的第三种金融融资模式，基于互联网数据开发搭建区别于传统金融模式的业务平台，拓展了金融业务的商业附加值、丰富了金融业务的内容。从价值和作用上看，互联网金融提高了社会资金运用和配置效率、提升了金融服务水平、降低了金融服务成本，对传统金融业的发展和利益造成了实质的影响，一定程度上意味着金融业的再布局、再调整甚至是重构。从发展历程上看，互联网金融的初期，互联网信息技术对金融业的影响更多地体现在其工具性上，随着信息技术的深入发展，互联网在社会各个领域展现出了无穷的潜力，互联网技术的进步使人类生活方式和思维方式发生了革命性的转变。金融与互联网之间也由原来的使用和被使用的关系转变为金融对互联网商业环境的深度适应。

互联网金融既然区别于传统金融，作为一种全新的金融业态而存在，其特点必然需要与传统金融进行比较得来。周茂清指出，互联网金融相比

① 李文红、蒋则沈：《金融科技（FinTech）发展与监管：一个监管者的视角》，载《金融监管研究》2017 年第 3 期。

传统金融，具有运行效率高、业务覆盖面广、交易成本低、发展速度快等特点。[①] 谢平等人认为，互联网金融的核心特征是交易成本降低、信息不对称程度降低、交易可能性集合拓展、交易去中介化、支付变革与金融产品货币化和银行、证券和保险的边界模糊、金融和非金融因素融合。[②] 许多奇认为，互联网金融的本质特征主要有高科技性、革命性、民主性和合作共赢性。[③] 然而，在研究互联网金融特点时，不仅要从其创新性出发，更要以历史和现实的维度来分析，具体而言，互联网金融的特点有以下几点：

一、超高的服务效率

互联网金融带来了全新的服务渠道，为客户提供便捷高效的金融服务，极大地提高了现有金融体系的效率。在互联网金融模式下，一方面，金融业务对数据的数量、质量及数据的深度挖掘具有较高要求，而数据恰恰是互联网金融的核心资源和资产，互联网将金融置身于大数据平台之中，利用社交网络、电子商务、搜索引擎等形成的巨大数据库，充分发挥互联网在资源配置、支付清算、风险管理等方面强大的数据处理能力，实现了信息资源共享最大化和金融业务与客户精准对接，极大地提高了金融业务往来的频次和效率。另一方面，传统的金融业务与互联网技术相结合，排除了烦琐的交易程序，减少了市场交易的中间环节，使得操作流程完全标准化，客户不需要排队等候，业务处理速度更快，用户体验更好。客户也能够突破时间和地域的约束，在互联网上寻找需要的金融资源。同时，传统的金融业务也借助互联网技术实现金融业务的创新发展，如互联网众筹，几乎所有的互联网用户都可以成为众筹项目的发起人和投资人，打破了传统资本的拨款周期，降低了融资的门槛，提高了融资的效率。

二、低廉的交易成本

互联网金融的核心是平等、开放、共享、自由选择和去中心化。互联网金融不仅体现了互联网精神，也体现了普通大众和平台模式对金融的参与。对于交易模式而言，互联网金融有效解决了金融交易过程中信息不对称的问题，提高了金融信息的有效性，资金供求双方可以通过网络平台自行完成信息甄别、匹配、定价和交易，减少了信息匹配支出，降低了金融

---

① 周茂清：《互联网金融的特点、兴起原因及风险应对》，载《当代经济管理》2014 年 10 月第 36 卷第 10 期。

② 谢平、邹传伟、刘海二：《互联网金融的基础理论》，载《金融研究》2015 年第 8 期。

③ 许多奇：《“互联网金融”定义刍议》，载《文汇报》2016 年 4 月 1 日第 3 版。

消费者的综合成本和机构的运营成本。互联网的开放性使各种信息的透明化程度增强，金融交易的成本、佣金等均可通过互联网查询，一定程度上促使各金融机构降低交易费用以吸引更多的客户。对于金融机构本身而言，大数据和信息流的广泛应用，真正实现了数据贯通和信息共享，在对金融信贷业务的审批、运作与管理上，与金融机构传统的“三查”（贷前调查、贷时审查、贷后检查）相比较成本也大大降低。

三、广泛的受众群体

现实生活中，金融资源的供需结构和总量上存在较大失衡，囿于网点和人员不足、运营成本较高，传统金融机构的金融服务存在比较突出的“二八现象”，即服务对象往往集中于20%的高净值客户，其余80%的草根金融需求则被忽视。换言之，在现有的金融服务模式下，许多草根客户的大量、零散、异质的金融需求难以得到满足，而互联网金融服务呈现的“长尾化”特征，注重满足80%草根客户的金融需求，以其服务门槛低、产品和服务种类众多、交易方式灵活、交易程序简单、便捷，交易费用合理等优势，使得传统金融无法覆盖的碎片化、小众化需求得到满足，将金融业务渗透到千家万户。

四、潜在的法律风险

金融本身具有风险性。互联网金融作为一种新的金融业态，犹如其本身并非互联网和金融的简单结合一样，其风险也不是传统金融的风险和金融创新风险的简单叠加。当前，互联网金融的迅速发展，使得互联网金融业态层出不穷，极大地刺激了市场兴奋度的同时也反映出这类新生事物的无序蔓延和管理混乱，同时，由于互联网金融缺乏准入门槛和行业规范，不存在信用共享机制，也没有接入人民银行征信系统，不具备类似银行的风控、合规和清收机制，较之传统金融业更容易发生各类法律风险问题，也更容易成为诈骗、非法集资等犯罪活动的温床。再加之，由于计算机病毒蔓延、“黑客”侵扰不断，互联网本身的风险也会波及互联网金融领域，严重威胁消费者的个人资金安全和信息安全等。我国互联网金融业务形式和内容不断更新，各种互联网金融业务如雨后春笋般出现在消费者面前，而关于互联网金融相关的法律法规配套规范建设相对滞后，使得互联网金融面临着很多新问题。诸如，许多互联网金融行为存在违法与否界定不明确，行为性质认定不统一，甚至法律规制空白等现象。换言之，在当前实践中，一些互联网金融业务和行为是否是违法行为、具体涉及违反什么法律存在模糊和认定困难，增加了法律风险的不确定性。这是传统金融业和互联网行业中没有遇到的问题，也是法学理论和司法实践中面临的极具挑战的问题。

第五节　互联网金融行业风险概述

一、风险的概念

提及风险，现代经济学、社会学、人类学、统计学、哲学等众多学科领域都多有涉及，在本节的开端首先廓清“风险”的语义范围，明确“风险”在“互联网金融”语境中的内涵和外延，这对架构笔者所讨论的风险场域具有重要意义。

“风险”一词的概念源头可以追溯到14世纪的意大利文献中，《钱伯斯词典》认为“风险”这一词语最早来源于拉丁语“riscum”（意味着堡礁给水手造成的危险）；沃顿风险管理与决策过程中心以阿拉伯语的“risq”为其渊源，意指“可从中获利之物”。到了18世纪至19世纪，“风险”概念开始被运用于一般的贷款与金融行业，成为人们投资决策结果概率的理论工具，人们开始“利用机遇法则预测结果”[①]。到了19世纪后的西方古典经济学派眼里，J. S. Rosenbloom认为风险意味损失的不确定性；F. G Grane认为风险意味未来损失的不确定性；日本学者武井勋认为，风险包含三要素：风险与不确定性有差异；风险是客观存在的；风险可以被测量。国务院国资委给出的企业风险定义对风险带来的影响作出了进一步的划分，区分为纯粹风险（只能带来损失）和机会风险（带来损失和盈利并存的可能性）。[②] 杨海从马克思主义风险观出发，提出了“风险”与“危险”的辩证统一，认为可以通过积极创造条件避免风险向危险转化，为“风险”概念的讨论提供了新的视角。[③]

从前述定义的表述沿革来看，古今学者们对“风险”的理解和表述展现出逐渐抽象化的提炼过程，也将“风险”从纯负面意义的理解逐渐引入“机遇”等积极概念。在互联网行业蓬勃发展的今天，考虑到行文需要，笔者仅将“风险”放置于公司运营视阈下，提出：风险是指未来将可能给企

---

① Knight, F. Risk.: Uncertainty and Profit. Boston, Houghton Mifflin (1921), pp. 23－25.

② 陈小辉、陈富节、陈文：《互联网金融全面风险管理手册》，电子工业出版社2017年7月版。

③ 杨海：《风险社会：批判与超越》，人民出版社2017年1月版。

业运营带来负面影响的因素的集合。在风险的外延上，我们兼纳了国资委的提法，采用“影响”一词。在风险的内涵上，我们考虑到风险的负面影响受制于法律、技术手段、人为操作、经济形势、政策走向等多方面因素，且多数时候各因素之间并非泾渭分明地存在，故以“集合”概念来体现这一趋势。

二、风险的类型

谈及互联网金融的风险，学者们对风险类别的划分各有千秋。互联网金融涉及的风险可以概括为：一是系统性的技术风险；二是包含计算机系统和交易主体的业务风险；三是信誉风险；四是法律风险（杨群华，2013）。互联网金融的风险类别进一步可细致划分为：（1）经营主体风险；（2）法律合规风险；（3）技术操作风险；（4）市场流动性风险；（5）资金安全风险；（6）货币政策风险（魏鹏，2014）。按照风险的诱因分为战略风险、信用风险、操作风险、流动性风险、市场风险、合规风险和声誉风险（陈小辉等，2017）。有学者从金融学角度指出了互联网金融的两个突出风险特征：一是信息科技风险，二是“长尾”[①] 风险。（谢平、邹传伟、刘海二，2014）对于信息科技风险，按风险来源可分为四类：自然原因导致的风险、信息系统风险、管理缺陷导致的风险、由于人员有意或无意的违规操作引起的风险；按风险影响的对象可分为三类：数据风险、运行平台风险、物理环境风险；按对组织的影响可分为四类：安全风险、可用性风险、绩效风险、合规风险。（阎庆民，2013）总体来说，关于互联网金融风险的划分，与各学者的专业背景有一定联系，在划分方法上体现出不同的侧重点。总体而言，对分类方法的逻辑体系尚待进一步的优化。

在博采众长的基础上，考虑到行文的侧重，本课题组将着重围绕刑事法律风险展开。笔者认为，可以将互联网金融涉及的风险从传统金融风险、民事法律风险、行政法律风险和刑事法律风险四个方面展开表述。

（一）传统金融风险

互联网金融生而具有金融本质属性，不同之处在于互联网金融能够覆盖到传统金融难以渗透的广域，但互联网金融在不断拓荒的过程中，依旧不可忽视其生来自带的传统金融风险，概括而言，包括信用风险、流动性

---

① “长尾”，实际上是统计学中幂律（Power Laws）和帕累托分布（Pareto）特征的表达。“长尾”理论的基本原理是聚沙成塔，将传统上的小市场累积创造出大的市场规模。参见刘英、罗明雄：《互联网金融模式及风险监管思考》，载《金融市场》第43期。

风险、操作风险和技术风险。

1. 信用风险

有学者提出，任何金融产品都是对信用的风险定价。[①] 无论互联网金融如何发展、技术如何完善、产品如何创新，始终离不开的本质是金融，而不是技术。换言之，互联网金融的发展创新所改变的是传统金融的方式手段，而不是金融本身。进一步说，互联网金融衍生出的金融产品，依然甩不掉信用的风险定价这一基因，信用风险仍是值得不断深入探讨的永恒论题。

（1）信用风险的定义。信用风险（Credit Risk）又称违约风险，是指交易对手未能履行约定契约中的义务而造成经济损失的风险，即受信人不能履行还本付息的责任而使授信人的预期收益与实际收益发生偏离的可能性，它是金融风险的主要类型。信用风险（即违约风险）指授信人未能按照契约履行其义务而造成授信人经济损失的风险（王佼、刘艳春，2016）。MBA智库百科认为，信用风险是银行贷款或投资债券中发生的一种风险，即借款者违约的风险。综观以上列举的几种定义表述，笔者认为都有失偏颇。体现在个别学者给出的定义着重强调“不履行”；MBA 智库百科的表述是基于传统银行金融业务范畴的定义，未能与互联网金融的新生特点有效契合。

鉴于此笔者提出，对于互联网金融中信用风险的定义，应考虑到债务人不履行、部分履行、提前履行和延期履行等履行瑕疵情况的存在，且纯粹经济损失也未必是信用风险兑现时唯一的负面影响，因此不妨改进为如下表述：信用风险是指债务人未能切实如约履行还款义务而给企业运营带来的负面影响。

（2）信用风险在具体业态中的表征。在 P2P 网络借贷机构中，信用风险最容易爆发。首先，鉴于互联网金融天生带有普惠取向，量小尾长的客户群体带来的巨量民间资本是互联网金融赖以生根和壮大的土壤。其次，秉持着用户思维而不是客户思维的互联网金融也因此面临着一大弊端，那就是大量缺乏基本理财水平和风险承受能力的客户群也加入其中，这就容易引发互联网金融信用风险的负外部性传导。换言之，一旦某家 P2P 网贷平台爆发了挤兑风潮或“跑路”事件，将产生更大范围的波动效应，不仅会使得相关债权人、交易对手的利益受损，还可能会带来其他平台和互联

---

① 陈秀梅：《论我国互联网金融市场信用风险管理体系的构建》，载《宏观经济研究》2014年第10期。

网金融业态群的信任危机，带来互联网金融行业的可靠性怀疑之传染。[①] 再者，互联网 P2P 借贷企业的注册资本往往远低于借贷项目的标的额，而 P2P 网贷行业已被明确规制为“信息中介”性质，其盈利模式大多以收取账户资金管理费和投资收益 0.15% ~2% 不等的手续费为主，当某大笔坏账发生时，引发 P2P 借贷机构兑付危机，在造成流动性风险的同时，也容易外溢而造成公众的恐慌、不信任。

有学者将互联网股权融资模式划分为互联网非公开股权融资、互联网私募股权资金募集和股权众筹三大类。2015 年 8 月 7 日，证监会在开展股权融资专项检查过程后，明确提出冠以“股权众筹”的名义，进行互联网非公开股权融资或私募股权资金募集的行为不属于股权众筹。如此一来，“私募股权众筹”这一说法便产生不可调和的内在矛盾。[②] 同年 8 月 10 日，中国证券业协会发布《场外证券业务备案管理办法》，宣布“股权众筹”的提法正式退出历史舞台，取而代之的是“互联网非公开股权融资”。但互联网非公开股权融资的具体概念界定尚未得到权威的解释。有学者尝试对互联网非公开股权融资平台进行概念界定，认为此类平台是指通过互联网平台或其他电子媒介为非公开股权融资投资双方提供发布信息、对接需求、协助划转资金等相关服务的专业中介机构（李丽萍，2016）。这虽然是对此类平台的阐释，也可以说是对这类互金模式的样貌外观进行了规范的勾勒。

在多种众筹模式中，互联网非公开股权融资是最容易集聚信用风险的一类。同时，其信用风险爆发的最大来源是项目方的恶意欺诈。目前来说，现存的非公开股权融资项目广泛采用的融资方式为：投资者并不直接成为公司股东，而是协议成立合伙企业。[③] 在此种模式中，投资者订立合伙协议组成有限合伙企业而成为有限合伙人，人数控制在 200 人以下。有限合伙人地位较低，与企业普通合伙人在执行权利上具有较大差异，对外不能执行合伙事务，有限合伙人彼此之间也不熟稔，缺乏信任基础。这就给怀有恶意欺诈的项目发起人可乘之机。

此外，考虑到我国征信体系建设尚在起步阶段，央行的征信中心数据并未全覆盖，数据来源主要以金融机构的信贷信息为主，没有其他手段全面征集个人信用信息。目前，国内积累的相关数据尚不足以支撑建立起一个完善的能够对相关参与方信用状况进行综合评价的大数据模型。

---

① 谢平、邹传伟、刘海二：《互联网金融监管的必要性与核心原则》，载《国际金融研究》2014 年 8 月。

② 李丽萍：《互联网非公开股权融资法律风险及防范逻辑》，载《西南金融》2017 年第 8 期。

③ 刘志硕：《股权众筹创业融资指南》，机械工业出版社 2017 年第 1 版。

2．流动性风险

（1）流动性风险的定义。互联网金融的流动性风险与银行业的流动性风险在内涵上存在一定的重叠关系。关于互联网金融的流动性风险，学界目前尚未有权威的定义。流动性风险是由于银行不能及时地以有效成本满足支付与清偿负债而引起的对银行收益和股东权益市场价值损失的可能性（Saunders，2002）。按照银监会印发的《商业银行流动性风险管理指引》对流动性风险的定义，是指商业银行虽有清偿能力，但无法及时获得充足资金或无法以合理成本及时获得充足资金以应对资产增长或支付到期债务的风险，其终端表现为“挤兑”。MBA 智库认为，流动性风险是指因市场成交量不足或缺乏愿意交易的对手，导致未能在理想的时点完成买卖的风险。与此类比，有学者将互联网金融中的流动性风险定义为：指互联网金融企业无法及时获得充足资金或无法以合理成本及时获得充足资金以应对资产增长或支付到期债务的风险，以及投资群体无法按预定期限和收益标准实现资金与资产转换的风险。笔者较认同陈小辉等对流动性风险的定义，互联网金融流动性风险即互联网金融企业资金供求在金额、时间等方面失配，给其经营目标带来的不利影响。

银行的流动性风险通常被视为一种综合性风险，具有极大的危害性，它不仅会给银行带来信誉上的降低和经济上的损失，严重时甚至会致使银行破产倒闭。鉴于互联网金融企业的流动性风险有别于银行机构，故有部分学者认为，互联网金融流动性风险并非突出问题，其呈现度、影响度远不及网上非法集资、网上骗贷等问题。但也有学者提出，流动性风险与信用风险、市场风险和操作风险相比，形成的原因更加复杂和广泛，通常被视为一种综合性风险。因此，基于金融活动的本性和互联网内涵的助推作用，其发生的可能性、后果的危害性不容小觑。①

（2）流动性风险在具体业态中的表征。互联网金融流动性风险表现形式可以分为三大类别：一是资金短缺，无力偿付到期债务；二是资金过于充裕，无法适配资产端；三是企业的资金与资产数量或期限配比不当，给企业经营带来阻碍。互联网金融流动性风险的进出端可以用沙漏的形状来描述，一方面，流动性风险是互联网金融各种业态都具备的“风险基因”，诱发风险的开口大，典型表现为流动性风险的生成因素众多，如从业机构自身运营水平不高、金融产品设计缺陷、投融资者的数量和质量、投资体量、流向、获利预期、集散度等都是流动性风险的诱因。另一方面，流动

① 薛紫臣：《互联网金融流动性风险的成因和防范》，载《中国发展观察》2016 年 6 月。

性风险的出口端开口也呈现出喇叭形，表现为一是流动性风险容易外溢，进而引发从业机构的信用风险，在因违规挪用引发的流动性风险的情况下，还会引发从业机构的行政、刑事法律风险；二是流动性风险的承受主体不再是银行一家，融资人、投资人、机构本身也极易成为流动性风险的直接或间接受损者。

在第三方支付机构中，基于第三方支付平台的资金管理和财富管理发挥资金周转作用，有的兼具理财功能，与投资实施捆绑。第三方支付平台的流动性是其开展业务的核心，客户备付金出现临时性短缺或永久性灭失（如操作风险所致）均会影响其业务开展，轻则影响用户体验，重则影响持续经营能力。而且，运营中资金短期滞留，如果缺乏有效的担保和监管，容易造成资金被挪用。一旦资金链条断裂，或擅自挪用客户备付金投资失利，且无充足资金填平缺口，将引发支付危机，触发流动性风险。

对于网络借贷机构而言，由于其具有经营信贷业务的特征，涉众面广，在 P2P 借贷平台开展业务过程中，经常出现前述投资人资金数量与适格资产数量失配问题，部分平台资金充足而资产数量不足，部分平台却刚好相反。另外，还有不少网络借贷平台大量吸金，却在到期时出现偿付困难；还有不少 P2P 贷款平台和信托公司合作运营信托产品，也难以保证项目和资金来源精准匹配。上述情况下，很容易引发流动性风险。

互联网非公开股权融资的交易结构有三种方式：一是定期定额利润分配。从字面即可理解，即项目公司按约定期定额向投资人分配利润，若公司利润不足分配，则由股东方补足。二是附条件附期限回购，即合同投资期限届满或回购条件达成，项目公司的股东方回购投资人股权。三是股权收益权转让，即在合伙企业不发生股东变更的情况下，出让人仅将其在合伙协议约定的收益权转让给受让方。除该收益权之外，出让方在合伙企业中的其他权利仍由出让方自行享有和行使；受让方除享有出让方在合伙企业中约定的收益权外，不享有合伙企业的任何其他权利，也不需向合伙企业承担任何义务。

在此，不妨讨论附条件附期限回购的情形，非公开股权融资的到期回购交易结构具备周期性特征，如若众筹平台上的相关项目在某一时点集中到期，而宏观经济形势却整体下行，就容易出现大部分项目公司还未实现盈利就被迫面临回购压力，可能会发生整个行业的流动性风险危机。此外，对于定期定额利润分配模式，期限不合理错配的可能性同样不能排除，也有诱发流动性风险的可能。

3．操作风险

（1）操作风险的定义。英国银行家协会（British Banker Association，BBA，1997）最早给出了操作风险的定义，认为：操作风险与人为失误、不完备的程序控制、欺诈和犯罪活动相联系，它是由技术缺陷和系统崩溃引起的。经过广泛的讨论和争论，1998 年 5 月，IBM（英国）公司发起设立了第一个行业先进思想管理论坛——操作风险论坛。在这个论坛上，将操作风险定义为：操作风险是遭受潜在损失的可能，是指由于客户、设计不当的控制体系、控制系统失灵以及不可控事件导致的各类风险。他们认为，损失可能来自于内部或外部事件、宏观趋势，以及不能为公司决策机构和内部控制体系、信息系统、行政机构组织、道德准则或其他主要控制手段和标准所洞悉并组织的变动。

综合来看，学界对操作风险的定义分歧较小，多数表述直接列举了技术缺陷、人为事故、制度流程缺陷、系统设计缺陷和外部事件等诱发因素。但是总体而言，对操作风险的理解主要建立于国内外对商业银行的理解基础之上，与互联网金融特征的结合度不够。鉴于此，陈小辉、陈文等学者提出，“操作风险是指内部人员、制度流程、信息科技系统和外部事件等方面的因素给企业实现其经营目标带来的不利影响，但不包括法律风险、策略性风险和声誉风险”。（陈小辉、陈文等，2017）这一说法采用了“内部人员”这一表述，将主体限定在了企业人事内部，并对“员工”的内涵进行了拓展，引入了董事、监事和高级管理人员，以防止读者对“员工”的理解限定于“普通员工”。这一定义较之先前更为合理和科学，笔者基本予以认同。但此定义将信息系统风险并入了操作风险中，笔者认为信息科技系统造成的风险值得单独列举加以讨论，将在下文中阐明。

（2）操作风险在具体业态中的表征。操作风险的事项众多，一个互联网企业的操作风险事项可多达五六百项之多，典型的有保护密钥受损、消费数据完整性受损、后台服务器被非法访问、合同签订经办人员缔约过失、消费数据上传访问拒绝等，不一而足。操作风险具有一定的人为可控性，在审核监管部门制度设计完备的情况下，一般能够避免操作性风险的发生。但是反过来看，操作风险一旦发生，其对企业经营利益的损失便不可估量。对比来说，就信用风险而言，信用风险导致的经济损失最严重不过为某笔债权额的全部，而操作风险，其损失额就不存在上限。商业银行领域历史上著名的巴林银行的倒闭，是典型的操作风险事件，其关键人物 Nick Leson 身兼交易员和主管两个职位（相当于既当出纳又做会计），使得原本的内控机制形同虚设，最终导致了“一个职员毁灭一家老牌贵族银行”事件的发生。

在互联网金融企业中，交易主体的操作失误容易引发互联网金融的操作风险。如若出现系统设计缺陷，或交易主体的失误操作，很容易引起交易过程中的资金损失，对互联网融资平台和投资者的资金安全造成威胁。由于互联网金融服务方式和经营活动打破了传统金融业务的网点限制，具有明显的地域开放性。在互联网金融业务中，安全系统失效或交易过程中的操作失误，都会构成互联网金融发展过程中的风险累积，对全国乃至全球金融网络的正常运行和支付结算产生影响。

以第三方支付机构来说，第三方支付机构内部人员操作失当、清结算系统失灵和交易流程设计的不完善都容易导致操作风险。尤其是对客户备付金账户的管理，需要严密的制度设计防止内部人员挪用、占用、私吞客户备付金。在客户备付金管理设计科学完备的前提下，第三方支付机构仍旧需要面临清结算系统的安全性设计问题，曾有支付机构发生重复清算，重复划账损失上亿的事故；个案中也有相当一部分客户的个人资料、网银密码、交易记录等私人信息，存在被不法分子截获、利用，违反真实用户意愿恶意操作的案例。

4. 技术风险（Technical Risk）

（1）技术风险的定义。对技术风险的定义学术界的表述大抵统一，差别在于依据不同的行业领域，技术风险的内涵有所不同。在金融学的视角下，国外有金融学者认为，技术风险是指银行在使用与计算机和网络等信息技术相关的产品、服务、传递渠道及系统时，所产生或引发的银行经营的不确定性和对银行管理的不利因素。基于证券经纪业务，有学者认为，技术风险是指证券公司信息技术系统发生技术故障，导致行情中断、交易停滞、银证转账不畅，或在容量、运作等方面不能保障交易业务正常、有序、高效、顺利地进行，而可能给客户造成损失，证券公司因承担赔偿责任而带来经济或声誉损失的风险。此种定义主要着眼于硬件层面，对因软件层面造成的技术风险，即除了硬件设施的缺陷外，根植于技术本身的软件因对市场变化预期和适应性认识不充分，未能实现应有之功能、未能充分保障交易之安全，笔者认为也应计算在技术风险之内。对此，笔者提出，在互联网金融企业的语境下，技术风险是指因信息科技系统硬件故障或软件设计缺陷而使企业运营不畅或系统安全遭受威胁的不利影响。笔者认为，软件设计缺陷造成投资者交易数据计算错误，给投资者财产造成损失，以及在信息技术层面，投资者交易数据被破坏、修改、泄漏等，都应囊括在技术风险层面。

（2）技术风险在具体业态中的表征。随着互联网金融的迅速发展，黑客破坏活动也逐渐由互联网领域转向金融领域，各种间谍软件、病毒及系统漏洞等都成为黑客攻击的手段。同时，移动互联网的飞速发展，使越来越多的金融平台、机构、企业转向移动互联网市场，但移动网络终端的软件环境相比 PC 端而言安全性较低，用户在移动互联网上的安全意识也相对薄弱，黑客对移动终端的攻击阻碍了移动金融的发展。此外，相关风险还体现在一些互联网金融平台将架设网站的关键环节外包给第三方，存在潜在的信息泄露隐患。笔者认为，互联网金融既然是金融与互联网技术结合而成的新金融业态，技术风险在互联网金融诞生之初就是各类业态的共同基因。

技术风险在各类业态中的表征非常类似，对整个行业投掷的威胁不外乎可以概括为以下三种类型：一是从业机构的资金账户和业务系统安全风险；二是投资者的个人信息、交易信息泄露风险；三是企业信息科技设备的自然损耗和人为破坏风险。

针对资金账户安全，为便捷消费者的网络支付，第三方支付平台在密码设置与技术加密上都略显简单，导致各类资金业务相关信息容易被破解、截取。央行于 2016 年 7 月 1 日起实施的《非银行支付机构网络支付业务管理办法》规定，支付机构应当建立健全风险准备金制度和交易赔付制度，并对不能有效证明因客户原因导致的资金损失及时先行全额赔付，保障客户合法权益。这一举动无疑在提醒平台运营商，一方面在给消费者提供便捷高效的支付服务的同时，有义务帮助消费者避免因误操作、假支付命令、非本人盗刷等方面的风险隐患。调查显示，安全隐患是用户对第三方支付平台最担心的问题，用户在使用的过程中，担心不法分子利用第三方支付系统的漏洞，通过钓鱼网站或植入木马来盗取用户在支付环节输入的个人账户信息，导致自己的合法财产被不法分子利用、盗取、划拨。现实中的案例如 2012 年 9 月捷银支付受攻击事件，不法分子利用平台漏洞在捷银支付的代扣系统中非法绑定代扣服务，造成了用户的大笔资金损失。

针对后台交易数据和个人信息的防窃取保护，2017 年 5 月《最高人民法院、最高人民检察院关于办理侵犯公民个人信息刑事案件适用法律若干问题的解释》的出台提供了一个风向标，即加大了对公民在现实或虚拟空间遗留的个人信息的保护力度。同时，也在提醒极易接触到、保存有公民个人征信信息、资产情况、联系方式、身份信息等敏感信息的互联网金融行业，应时刻注重对平台用户个人信息的保护系统建设，防止因技术风险造成交易数据、账户密匙、个人信息的泄露。

（二）民事法律风险

1. 民事法律风险的定义与内涵

民事法律风险是指互联网企业违反相关的民事法律规范，从而给企业运营带来的负面影响。根据法律责任对人身、财产权益的强制力大小，民事法律在法律责任的位阶中处在较低的位置。众所周知，民事法律风险是相对常见的法律风险，它并不涉及对人身自由权利的限制或剥夺，承担民事责任相较于行政责任、刑事责任而言，属于最为“温和”的责任类型。①

在互联网金融语境中，企业运营者可能涉及的民事责任主要包括缔约过失责任、违约责任和侵权责任等。缔约过失责任是指互联网金融企业的工作人员在合同订立过程中，一方因违背其依据的诚实信用原则所产生的义务，而致另一方的利益遭受损失，从而应承担的赔偿责任。违约责任是指合同当事人不履行或不按约定履行合同义务所应承担的责任。侵权责任是指民事主体因侵犯他人的人身、财产权益所应承担的责任。

2. 民事法律风险在具体业态中的表现

第一，股权纠纷风险。股权纠纷是指在公司存续过程中，股东通过不断行使各种权利来推动公司的运作，股东之间或股东与非股东之间也时常会发生股权转让的情况，由此而引发的股权争议，包括股东权利纠纷、股权转让纠纷。此类民事纠纷尤其容易在互联网非公开股权融资机构中发生。如前述提到的股权收益权转让模式，由于出让方在合伙企业中的其他权利仍由出让方自行享有和行使，股权受让方除享有出让方在合伙企业中约定的收益权外，不享有合伙企业的任何其他权利，这种权利义务上的不对等关系容易诱发股权纠纷。相关的司法实践判例，如付敏敏与成都益参伟业商贸有限公司、成都玉原川餐饮管理有限公司合同纠纷案（成都市锦江区法院（2015）锦江民初字第7823号民事判决），法院认为项目公司成立后，投资人未成为众筹项目股东的，可解除协议，并要求发起人退还投资款。

第二，侵犯知识产权风险。在互联网众筹中，多数回报型众筹平台项目的卖点就在于项目的新颖性和创意性，鼓励投资者看到新生事物的潜在投资价值，通过投资的方式扶植孵化小微创新企业。但是，在项目发布的初期，很多众筹项目都还处在创意的雏形或中期状态。换句话说，多数创意还未来得及做出成品以申报国家专利，获得专利法对知识产权的保护，这也就给了不法分子剽窃、盗用创意的空间，并且在项目展示阶段，项目

① 刘飞宇：《互联网金融法律风险防范与监管》，中国人民大学出版社2016年版。

发起人还面临着信息披露与知识产权保护的博弈，即从保护知识产权的角度出发，平台或项目发起人确实应该对项目创意的细节作一定隐瞒；但从投资者的角度出发，如果只能看到众筹创意的边缘信息，而无法一窥全貌，势必会造成投资项目的信息不对称，影响投资热情，从而造成了“好项目不众筹、坏项目众筹难”的两难局面。

第三，侵犯公民个人隐私风险。P2P 网络借贷机构已被明确定格为“信息中介”角色，意味着该类机构左手掌握着债权人的资金信息，右手持有借款人的借款需求、个人征信记录、身份记录。P2P 网络借贷机构既然是信息流的传导，就要注意“入口”和“出口”。在“入口”端，不应私自在后门截留、采集客户的交易数据；在“出口”端，尤其应严格把控后台存储的借款人的交易记录、银行账号和个人征信信息“出”端，加强内控，防止债权人和债务人的个人信息被非法窃取。

值得一提的是，在互联网征信机构中，对公民隐私的保护和合理利用研究是当下的研究热点之一。学界在早些年提出过“金融隐私权”这一概念，金融隐私权可以理解为民事主体支配并运用个人信用信息的能力和资格认为，金融隐私权是人格权和财产权的复合体。（李荣，2008）同时，也有学者认为，金融隐私权是金融消费者在购买金融商品和接受金融服务过程中提供了相关的个人信息，享有此类信息不受非法侵害或利用的权利，系支配性权利。（龙荣，2014）

征信权利的创设是为了解决金融领域内存在的各类信息侵权问题，是为了保护个人信息不被滥用。[①] 根据《征信业管理条例》第十三条的规定，在未经信息主体同意之前，不得采集其信息，除非有法律、行政法规的特殊规定。在传统征信模式中，采集者通常必须取得信息主体的同意，否则没有办法获取想获得的信息，而互联网征信大大地颠覆了这一传统模式，只要登录网站，个人在互联网上留下的信息会被自动记录，当信息主体还不知情的时候，采集个人信息的行为就已经完成。数据不再以传统征信一般的显性方式进行收集，信息主体难以察觉，大数据时代的互联网征信对传统的个人信息权保护方法提出了挑战。

（三）行政法律风险

1. 行政法律风险概述

行政法律风险是指因违反行政法律法规和其他管理规范而对企业运营造成的负面影响。行政法律风险有广义和狭义之分，广义的行政法律风险

① 姚蔚子：《金融隐私保护与征信制度国内研究综述》，载《时代金融》2016 年 7 月。

不仅包括行政主体对行政相对人采取制裁措施可能造成的不利影响，还囊括了行政主体内部的责任问题。在此我们讨论的范围仅限于狭义的行政法律风险。

按照行政法律风险的种类划分，我国《行政处罚法》规定了警告、罚款、没收违法所得、没收非法财物、责令停产停业、暂扣或吊销许可证、行政拘留七种形式。行政法律风险的特征有：行政处罚以惩戒违法行为人为目的，不以其实现义务为目的；行政处罚的前提是行政相对人违反了法律规范，但不是违反民事、刑事法律规范；行政处罚的适用对象是作为行政相对人的公民、法人或其他组织。在互联网金融企业的合规运营语境下，经营者的经营行为要遵守行政法规、地方性法规、规章的强制性规定。而近年来互联网金融的蓬勃发展亦带来了监管层出台政策法规的一系列大动作，警惕不逾雷池、不踩红线是每一个互联网金融企业生存发展的基本要求。

虽然行政法律风险的风险后果不如刑事法律风险严重，但行政法律风险对互联网金融企业的运营来说可能具有更大的现实意义。① 不当的经营行为可能直接导致经营资格的取消，或者就算未被取消经营资格，某些严厉的行政处罚措施也可能给企业的生存、企业信誉带来灭顶之灾。互联网金融企业的宣传策略主要依靠口碑和网络推广方式，当出现较大的负面新闻时，不仅负面信息扩散极快，对该企业的负面影响也往往不可估量。

2. 行政法律风险在具体业态中的体现

第一，第三方支付机构。目前来说，对第三方支付机构的监管以行政责任为主，刑事责任次之。例如，《非金融机构支付服务管理办法》规定了限期改正、警告、罚款和注销支付业务许可等行政责任；央行发布的《支付机构客户备付金存管办法》对客户备付金管理作出了相关规定，明确指出："任何单位和个人不得擅自挪用、占用、借用客户备付金，不得擅自以客户备付金为他人提供担保。"总体而言，我国目前在行政法领域内对第三方支付行业规定较为完备。

近两年来，我国对移动与互联网第三方支付牌照政策开口大幅缩紧。从 2015 年开始，管理层加强监管第三方支付行业，监管政策频出。尤为引人注意的是，截至 2018 年 1 月 23 日，已有 28 家机构的支付牌照被注销，而且在续牌过程中至少有 9 家支付机构被调减了业务范围。

第二，虚拟货币。2013 年 12 月 5 日，由央行等五部委下达了《关于防

① 刘飞宇：《互联网金融法律风险防范与监管》，中国人民大学出版社 2016 年 6 月版。

范比特币风险的通知》，比特币的人民币价格迅速跌至2222元。2017年9月4日，中国人民银行、中央网信办、工业和信息化部、工商总局、银监会、证监会、保监会发布了《关于防范代币发行融资风险的公告》，规定各类代币发行融资活动应当立即停止，已完成代币发行融资的组织和个人应当做出清退等安排。有关部门将依法严肃查处拒不停止的代币发行融资活动，以及已完成的代币发行融资项目中的违法违规行为。在前述规定的指导下，代币发行融资活动被禁止，相关的交易平台关停。

笔者认为，上述规定的发布可能是出于监管层两方面的考虑，一是为已被过度炒作的比特币等虚拟货币市场降温；二是防止比特币对现有的货币体制造成冲击。这也折射出了互联网金融行政法律风险的特征之处：国家政策和政府决策的不稳定性可能成为互联网金融行政法律风险的重大诱因。针对互联网金融这一新兴行业，从行政监管领域入手进行行政立法门槛较低，能够达到短时间内有效整治一个行业的效果。当然学界对这类行政法规、部门规章的出台存在争议，此不赘言。重点在于互联网金融从业机构如何有效规避行政法律的变动对自身经营活动造成进一步的不利影响。

在笔者看来，其一，经营者应时刻关注国家政策走向和市场动向；其二，经营者应秉持风险意识，提高行政法律风险应对能力，在合规运营的基础上制定相应的风险应对预案；其三，互联网金融机构从业者应秉持拓荒者的使命感和保护投资者利益的责任感，唯有如此才能保证企业始终行走在正确的轨道上。

（四）刑事法律风险

刑法作为规范社会秩序的最后一道防线，其严厉的制裁措施，旨在对严重扰乱市场秩序、侵犯公民人身权、财产权等合法权益的单位和个人予以坚决打击。互联网金融自诞生以来，一方面为人们的生产生活提供了全新的视野，另一方面各类违法犯罪行为主体亦暗流涌动。对互联网金融行业容易涉及的刑事风险进行讨论，为司法实践领域提供相应的罪之厘定和执法指引是本书的重点。在笔者先前的讨论中，在传统金融领域、民事领域和行政领域提及了各项风险，所采用的立场或语态可以归结为“善良的引导”和“理性的规避”，应该说是以竭力扶持互联网金融企业合规有序运营为价值取向，但在转入刑事法律调整的范围后，笔者认为触碰刑法“红线”的从业者具有“不可容忍之恶”。相比较而言，民事风险、商事风险所面临的最坏的结果可能是公司倒闭，但破财即可消灾，而刑事风险则不然，失去的是自由。

因而，行文表述的立场侧重于维护社会公平正义和良好秩序，在于着重为实务界提供思想抓手，在于为司法实践立言、正名。各类具体业态的刑事风险详尽分析和突出学术争论点的阐述将在后续章节中一一展开，在此笔者对互联网金融涉及的刑事风险仅作素写。

1. 刑事风险概述

近年来，互联网金融犯罪案件频频发生，其中涉案金额巨大、涉众面极广的“e 租宝”案、“泛亚”案等强烈冲击了我国的市场经济秩序与社会稳定大局。尽管立法者并未就互联网金融单独创设出新的罪名，但依据目前的《刑法》和最新出台的相关司法解释，依旧可以比较公正地对互联网金融涉及的种种刑事犯罪界定性质，并准确量刑。但也应该承认，现有的刑法理论和刑事法律法规在评价个案的过程中，出现过一定的争议和司法适用困境，对此笔者将在后文的案例和具体业态探讨中，进一步阐明互联网金融场域下的罪与非罪、合规与违规，以期对司法实践工作提供些许指引。

刑事责任的承担主体主要包括自然人和单位。我国对单位犯罪的处罚采取双罚制，不仅对单位判处罚金，也对直接负责的主管人员等判处实刑。从实际情况来看，一旦一个企业及其主要管理人员被处以刑事惩罚，则企业的正常运营势必要遭受沉重打击，因此互联网金融企业在开展业务过程中务必要谨慎对待刑事法律风险。不光是互联网金融企业的从业者，对投资者而言，也要谨慎对待可能触犯的刑事风险，如自然人投资者借网络借贷平台、第三方支付机构进行洗钱，可能构成洗钱罪；自然人利用计算机制作木马程序、病毒软件攻击互联网金融企业，窃取企业财产、侵犯投资人财产利益、恶意毁损后台存储的客户资料、勒索受害企业等行为，也容易触犯网络盗窃罪、敲诈勒索罪等犯罪。

2. 刑事风险在各类业态中的体现

笔者认为，互联网金融的法律风险主要源自两个方面：一是互联网金融业务本身的违法性，二是互联网金融参与主体违反关于权利义务的规定。同时，互联网金融涉及的刑事犯罪主要包括两类：一类是与非法集资相关的犯罪，典型的如非法吸收公众存款罪、集资诈骗罪；另一类是洗钱罪等传统金融犯罪。我们将重点讨论前者，并在后续章节中针对各种互联网金融业态的刑事风险作进一步的详细阐述。从近几年的司法实践来看，与互联网金融挂钩的刑事犯罪案件数量不容小觑，其容易涉及的刑事法律风险有：

第一，非法集资风险。集资作为融通资金的一种方式，是指聚集资金的行为。[①] 集资尤其是募集资金或者融资是我国现代经济和社会发展不可缺少的常态事务，但是体制外“高息”集资或者集资诈骗不仅会影响体制内金融机构的利益、扰乱金融管理秩序，还会侵犯投资者的合法利益。在当前的金融管制大背景下，由于民间融资渠道不畅，非法集资以各种形态频繁发生。

以互联网众筹为例，互联网众筹平台是非法集资犯罪的敏感源。根据《最高人民法院关于审理非法集资刑事案件具体应用法律若干问题的解释》第一条针对非法集资提出的四个构成要件，不难发现，从法条出发互联网众筹行为符合非法集资犯罪的构成要件。但我们不能单纯地从法条理解，还应考虑法律背后的立法精神、法律价值追求等要素。《最高人民法院关于审理非法集资刑事案件具体应用法律若干问题的解释》出台的目的是“为惩治非法吸收公众存款、集资诈骗等非法集资犯罪活动”。可见，上述法条适用的前提条件是涉及的经济行为会对我国市场经济秩序产生严重危害。反观众筹，合规、良性的众筹平台和项目是鼓励创新、充分调动民间资本活力的金融创新之举，所以在界定行为性质时，不应笼统地认为众筹一定会涉及非法集资犯罪。但是对于一些众筹平台在未获得吸收资金资格的情况下，擅自设置资金池，或通过变相宣传的方式对投资人谎称已获得审批，以虚假宣传甚至欺诈的方式瞒报项目风险虚构投资预期收益，骗取项目支持者和出资人资金的行为，就应坚决予以打击。

另外，当前 P2P 平台涉嫌非法集资类犯罪的根源在于资金池问题。一些经营者为扩大企业规模、方便融资，成立了 P2P 网络借贷平台，平台经营者在平台上虚构借款者，向不特定多数人发放虚假借款，向资金池内归拢资金，再将该笔资金分散，一部分用于划转投资者投资的利息收益，而将短时沉淀状态的剩余资金用于扩大生产、投资股市楼市、期货市场，从而进一步套利，在投资失败时回本无力，为逃脱法律追责和投资人追偿，引发平台法人卷款潜逃，容易构成集资诈骗罪。

对于网贷平台涉嫌非法集资的问题众说纷纭，且存在较大分歧，“不得非法集资”这一规定对司法实践来说也过于笼统。通说认为，由于现行相关刑事司法解释对非法集资规定的入罪门槛较低，加之刑罚权的天然滥用倾向，致使多数案件进入刑事处理程序，出现了理论与实践在“刑民”问题上的纠缠。[②] 总的来说，要想真正帮助网络借贷企业良性发展，为 P2P 网贷机构合理避免非法集资风险提供指引，当务之急还是尽快推出网络借贷

① 郭华：《非法集资的认定逻辑与处置策略》，经济科学出版社 2016 年 5 月版。

② 郭华：《非法集资的认定逻辑与处置策略》，经济科学出版社 2016 年 5 月版。

行业牌照，限制不法群体的从业资格，同时提升网络借贷平台的信息系统建设，提升防范风险的能力。

第二，洗钱风险。互联网金融嫁接在信息科技、金融科技的高速发展之上，不少违法从业人员依靠其匿名性或是投资人身份信息的备案漏洞，大肆进行违法洗钱。例如，在第三方支付平台中，庞大的资金规模、全天候的资金流动和廉价的交易成本为洗钱犯罪找到了滋生的温床，而且使用起来隐蔽、快捷。在互联网金融活动中，有不法分子通过第三方支付平台进行洗钱和转移赃款，混淆资金来源，模糊资金性质，以此来规避反洗钱的监管。有论者认为，第三方支付机构只要将他人上游犯罪所得的赃款转入第三方支付机构的网络平台，再通过该平台完成连续的转出与转入活动，赃款来源就能够轻易得到漂白。

作为第三方支付机构的一大弱点，尽管《支付机构互联网支付业务风险防范指引》《支付机构反洗钱和反恐怖融资管理办法》等一系列实施细则中规定了第三方支付机构的相关义务责任，但这些规定往往与实践相去甚远，缺乏可操作性，表述过于笼统，尚待进一步的细化。值得注意的是，虽然当前我国《反洗钱法》对金融机构的反洗钱做出了较为全面的规定，但遗憾的是，该法所指的金融机构并不包含第三方支付机构。另外，央行出台规范措施时，常常在对第三方支付平台的原有模式提出挑战并相应增加企业运营成本，一些第三方支付平台不落实监管部门的要求，为抢占市场一味追求交易便捷，引发洗钱风险。一些第三方支付平台没有落实账户实名制，诈骗团伙通过银行卡向第三方支付平台转账的金额不受限制，手段隐蔽、查处难度极大，为公安部门打击犯罪带来了巨大的难题。

近年来涌现的虚拟货币不但冲击着传统金融管理秩序，也给打击虚拟货币犯罪工作带来了巨大的风险与挑战。虚拟货币的去中心化、难以溯源性、交易双方匿名性等特征使其一度成为境内外不法分子洗钱的工具。司法实践遇到的难题在于司法机关很难从虚拟货币的表现形式上收集有力证据，加之电子数据具有灵活性强、易灭失、转化难等特点，给实务部门执法办案造成了困境。

网贷平台交易的虚拟化特性，也为洗钱者提供了天然的保护“屏障”，因 P2P 平台的交易还存在一定的匿名性和隐蔽性，有不法分子将赃款转入 P2P 借贷平台，将大额犯罪所得通过分散购买的方式拆分到平台下各个借贷项目中，完成洗钱的行为。绝大多数网贷平台在第三方支付设立托管账户，由于第三方支付平台与银行存在的信息不对称，阻断了银行对资金流向的监控，也形成了反洗钱监管的“黑箱”。从投资者角度，洗钱者完全可以借用他人身份将犯罪非法所得投资于平台的债权，从而达到洗钱的目的；从平台角度，平台可以通过虚构借款者的方式进行洗钱活动；从借款者角度，洗钱者可以假扮借款者，从平台进行融资，然后将犯罪所得以偿还贷款的方式返还到投资者手中，以实现对犯罪收益的清洗。

第三，擅自发行公司、企业股票、债券风险。发行股票和债券是现代经济中最为重要和常见的融资手段，股票和债券的发行不仅关系到发行主体的生存和发展，也影响不特定的社会公众的利益与生活状态，在整个国家的金融秩序中占有举足轻重的地位，对整个社会的稳定、发展具有重大的意义。因此，国家对股票、债券的发行通过配套的法律、法规做了严格的规制，除了需要具备特殊的主体资格，还需要符合一定的发行条件、遵守相应的发行程序。我国《证券法》第十条界定了公开发行证券的定义。P2P 网贷的投资标的就是个人债或企业债，企业通过开放性的互联网平台向不特定多数人发放债券进行融资的行为没有经过专业程序的审批和备案，监管部门也未对企业的盈利情况和还款能力进行事先的审核，在实践中可能触及擅自发行股票、公司、企业债券罪。

我国《证券法》将向不特定对象发行证券和向特定对象发行证券累计超过二百人的行为视为公开发行，由于众筹平台在募集资金的过程中，面向社会不特定对象募集资金的公众性特征明显，人数也往往能够轻易达到 200 人，在运营过程中极易触犯擅自发行股票、公司、企业债券罪。在实践操作中，为了规避这一法律风险，各类众筹模式都采取了相应的变通手段。在非公开股权融资模式中，改为成立有限合伙型企业方式；在回报型众筹中，众筹平台将投资行为演变成团购、预购行为，不采取以现金回馈的方式，从而规避相关法律风险。

第四，非法经营风险。央行等十部委印发的《指导意见》对互联网金融的业态作了明确划分，强调 P2P 平台的信息中介本质。个别平台设立资金池吸储放贷收取利差的行为，实质上是平台利用自身信用做背书分担风险获取收益，使 P2P 网络借贷平台本身从原本的信息中介演化为信用中介，这就是违规。在现实中这类违法操作一般来说会设立资金池即平台的中间账户，并出现先借后贷或者先贷后借的情况，即统一借款再统一放款，或者统一放款再统一借款。在平台统一借款和统一放款的过程中，平台吸收资金的方式是多样的：可能是向投资者发放理财产品吸收资金再将所吸收的资金汇入资金池，最后借贷给投资者；也可能是将自有资金或者债权转让模式中专业放贷人的资金先行垫付给借款者，然后将债权转让给投资者。在这“一吸一吐”的过程中，平台就具有了吸储和放贷的功能，由信息中介转变为信用中介，具有了金融机构的属性。对于这一类行为，依照《关于审理非法集资刑事案件具体应用法律若干问题的解释》第七条的规定，符合《刑法》第二百二十五条未经国家有关主管部门批准非法经营证券、期货、保险业务的，或者非法从事资金支付结算业务的情形的，可以认定为非法经营罪。

第六节　互联网金融监管概述

一、我国当前互联网金融行业监管面临的主要挑战

近年来，互联网金融在中国蓬勃发展并呈现多种形态。对于互联网金融既要鼓励其创新，又要防范其风险。在2008年国际金融危机后，金融界和学术界普遍认为，自由放任（laissez－faire）的监管理念只适用于金融市场有效的理想情景。基于这一观点，我们要看到互联网金融在提升效率，提高服务水平的同时也具有风险传染性、高关联性等特征，如果一味地放任其野蛮生长，不利于行业发展。

传统上，我国金融监管结构是建立在“分业监管”基础上的，银监会负责对商业银行和信托业务的监管，保监会和证监会分别“对口”保险业务和证券业务，人民银行在执行货币政策的同时监管支付体系的运作。“分业监管”实际上变成了“机构监管”，只有从事单一金融业务的各家机构才能顺理成章地进入对应的监管部门职责范围之内，“谁家的孩子谁抱走”。换言之，各个监管部门只要管好“自家的孩子”即可，无需插手别人家的“分内事”。因此，在金融监管框架之内，又被人为地分割成若干个“小山头”，自成一体。① 当下来看，这种“分业监管”模式存在其固有的弊端，暴露出无法涵盖所有的新兴互联网金融业务、互联网金融监管主体不明确、监管政策漏洞频现等问题，给我国互联网金融带来以下几方面的挑战：

一是传统金融风险带来的挑战。一方面，许多互联网金融机构尚未建立起健全的风控体系，并且其基于大数据分析的风险控制尚未经历完整经济周期的检验，需要引起注意。另一方面，由于互联网金融业态多、创新快、发展快，相关法律制度未能跟上市场的步伐，给金融消费者权益保护带来了挑战。

二是金融基础设施建设带来的挑战。在互联网金融发展过程中，消除

---

① 赵渊、罗培新：《论互联网金融监管》，载《法学评论》2014年第6期。

信息不对称、降低交易成本、实现规模效应这些功能的实现都是建立在金融基础设施建设基础上的。如果无法在征信、大数据与云计算、平台评级等金融基础设施建设上实现跨越，互联网金融难以成为承载重大社会意义的全新金融模式。

三是新生事物带来的新问题。一方面，互联网金融存在独有的科技风险，IT 基础设施存在安全隐患，出现问题后会迅速传播，这些都需要引起高度关注。另一方面，互联网金融在突破时空的局限提升金融效率的同时，带来了资金跨境、跨区域流动，金融机构经营范围混业化、模糊化，难以明确监管主体的问题。

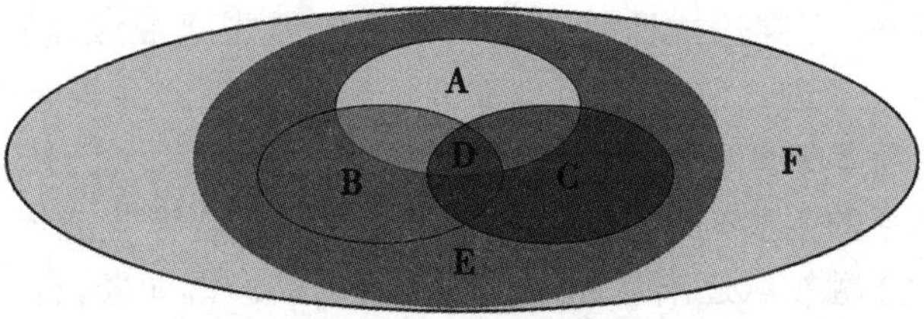

监管重叠与监管空白示意图（D 为监管重叠，F 为监管空白）

如图所示，A、B、C 区域分别指银、证、保“三会”的监管范围，E 区域指其他机构（如地方金融办）作为补充的监管范围，而 D 区域指监管重叠部分。随着互联网金融的发展，D 区域不断扩大，同时还出现了一些缺乏监管的灰色地带（如图中灰色区域 F 所示），这些都给监管带来了巨大挑战，这也是当前互联网金融行业发展面临的最主要问题。

二、我国未来互联网金融监管体系的构建

不能因为互联网金融发展不成熟就对其采取放任自由的监管理念，应该以监管促发展，在一定的底线思维和监管红线下，鼓励互联网金融创新。[①] 但对于这条红线该怎么划分，学界一直存在争议。2015 年，中国人民银行就明确提出了互联网金融监管的五大原则：第一，互联网金融创新必须坚持金融服务实体经济的本质要求，合理把握创新的界限和力度。第二，互联网金融创新应服从宏观调控和金融稳定的总体要求。第三，切实维护消费者的合法权益。第四，维护公平竞争的市场秩序。第五，处理好政府监管和自律管理的关系，充分发挥行业自律的作用。

① 谢平、邹传伟、刘海二：《互联网金融监管的必要性与核心原则》，载《国际金融研究》2014 年 8 月。

除前文提到的“分业式监管”外，也有学者提出“混业监管”“穿透式监管”等若干构想。“穿透式监管”其实就是要让监管落实到互联网金融企业的核心业务上去，不以表象论企业是否合法合规，而以企业的具体业务属性确定监管要求与职责分工，通过面面俱到的业务持续监管措施，最终实现监管的全覆盖。可见“穿透式监管”本质上是一种事中监管。从具体手段分析，“穿透式监管”将更注重功能监管，让监管落实到平台核心业务，不以表象论企业是否合法合规，从业务本质入手，将资金来源、中间环节和资金最终流向穿透联结起来，依平台实际业务逻辑进行监管，从而彻底打破企业为自己贴标签、逃避监管的企图。

在笔者看来，“穿透式监管”的实现首先需要“混业监管”作为铺垫，真正意义上的“穿透式监管”不是依靠证监会、银监会等某一家机构能够单独完成，它需要依赖于金融科技的进一步发展、区块链技术的应用提升和社会征信体系的逐步构建。就当前来说，“混业监管”应该是下一阶段的监管主风向，金融领域逐渐从原来的分业经营转向混业经营。

中国当前的金融监管架构主要是针对1997年亚洲金融危机时代的风险而设置，旨在恢复金融秩序。对比其他国家金融监管体制的发展历史，我国正处于从机构监管向功能监管转变的阶段。而自2008年国际金融危机以来，着重于系统稳定维护（指审慎监管）和消费者权益保障（指行为监管）的“双峰模式”为越来越多的国家所采用。同时，伴随着互联网金融的兴起，以第三方支付为典型代表的新兴支付业务迎来高速增长，支付账户呈现出明显的多元化发展趋势，账户监管的重要性也愈发突出。互联网金融创新不断打破行业界限，行业间渗透和融合频繁。2017年7月，全国金融工作会议提出了设立国务院金融稳定发展委员会的构想，会议明确互联网金融的监管模式为“功能监管”“行为监管”，曾经的“机构监管”（“分业监管”）正式成为过去时，这是互金行业向“混业监管”的宏图所迈出的坚实一步。对此，笔者依据在“功能监管”“行为监管”“账户监管”三方面思考形成的研究框架，参考国际国内的理论和实践经验，形成建立互联网金融监管体系的构想。

考虑到功能、行为、账户的监管各有侧重，难以体现行业自律作用范围和空间更大、效果更明显、自觉性更强的特点。笔者将三种监管模式的理论和实践经验进行了整合，形成了监测账户活动为基础、规范从业机构经营为常态、维护金融系统稳定为宗旨的三个层次的金融监管体系。该金融监管体系主要聚焦在填补目前“分业监管”所造成的监管空白，在此基础上协调各监管机构之间的关系，促进互联网金融行业的健康发展。三个层次的金融监管构思适用范围逐渐缩窄：第一层级是依据现行的法律法规监测行业内所有从业机构的账户活动；第二层级主要是在监管的指导下充分发挥行业自律组织作用，通过部门规章、行业规定、指引等规范从业机构的经营行为；第三层级主要是针对具有系统重要性的金融机构，从审慎的角度对机构进行金融监督管理。

（一）监测账户活动

监测账户活动将围绕自律公约中有关账户自律的部分展开。在明确账户功能定位的基础上，具体从第三方存管、反洗钱、账户资金监测三个方面的规范动作进行说明。

1. 第三方存管

参考中国证监会制定的《证券公司客户交易结算资金第三方存管业务规则》的规定，互联网金融从业机构第三方存管的自律规范分为账户类交易规范、转账类交易规范、账户管理规范三块。其中，账户类交易规范主要包括存管银行指定与变更、银行结算账户变更等操作规范；转账类交易规范主要包括银行转平台、平台转银行等操作规范；账户管理规范主要包括总分账户平衡、预留备付金账户管理、客户交易结算资金汇总总分账户管理等操作规范。

目前以 P2P 为代表的互联网金融从业机构大多仍未实现银行第三方资金存管，在推进第三方存管的过程中需要在保证安全性的同时提高效率。在此，加强金融监管需要注意如下几点：一是强化客户资金总分校验平衡功能；二是完善客户资金的封闭系统；三是明确存管银行和从业机构的职责定位；四是明确指定第三方存管商业银行的资质；五是提高资金划拨的效率；六是统一异常情况和突发事件处理机制。

2. 反洗钱

2006 年 10 月 31 日，全国人大常委会第 16 次会议正式通过的《反洗钱法》是国内反洗钱领域的第一部基本法。此后，陆续修改或废止了旧的“两规定一办法”，即《金融机构反洗钱规定》（2006 年 11 月 14 日发布，2007 年 1 月 1 日正式实施，已失效）《金融机构报告涉嫌恐怖融资的可疑交易管理办法》（2007 年 6 月 11 日，已失效）《金融机构大额交易和可疑交易报告管理办法》（2008 年 6 月 22 日发布并正式实施，最新一次修订于 2016 年 12 月 18 日并在 2017 年 7 月 1 日正式实施）。除此之外，对反洗钱还有更加细化的规定，如《反洗钱现场检查管理办法（试行）》（2007 年 6 月 4 日正式实施）《金融机构客户身份识别和客户身份资料及交易记录保存管理办法》（2007 年 6 月 21 日正式实施）。上述法律制度赋予了包括金融机构建立反洗钱内控制度、识别客户身份、大额和可疑交易报告、交易记录保存等反洗钱义务。这也应该是互联网金融从业机构反洗钱方面金融监管的着力点。

3. 账户资金监测

互联网金融服务机构后台支撑的依旧是银行账户和对接的支付系统，庞大的用户规模和交易规模都实实在在地落地到物理的银行账户和支付系统等金融基础设施上。在实现第三方存管后，银行体系在整个互联网金融生态的资金监管方面仍具有基础性作用。因此，围绕互联网金融的监管与监测的核心就是各种中间账户和支付接口。互联网金融从业机构对账户资金进行持续的监测并上报监管机构，将有助于监管机构理解互联网金融的实际业务和风险。

为防范第三方支付机构挪用客户备付金，央行规定支付机构只能根据客户发起的支付指令转移备付金，并需要在商业银行开立备付金专用存款账户。在央行的大额交易数据库中，准确记录每一个机构账户的资金流转情况，为判断第三方支付机构是否合规提供了依据。通过分析网络借贷平台与众筹平台的账户资金流动，“资金池”“庞氏骗局”“金字塔式传销”“跑路资金之谜”等将一目了然，可以为监管机构掌握互联网金融行业的发展提供第一手资料，对有效防范金融风险、维护金融秩序、实现金融消费者保护提供了独特的工具和手段。综上所述，监管强化账户资金监控的着力点在于：第一，防止挪用客户资金；第二，防止形成资金池；第三，防止庞氏骗局；第四，“跑路”后的追赃挽损风险化解。

（二）规范从业机构经营

在参考国内外金融监管和行业自律组织法规和指引的基础上，下文将具体从金融消费者权益保护、信息披露、网络安全、行业信誉度、行业有效竞争五个方面对规范从业机构经营的自律进行说明。

1. 金融消费者权益保护

目前，由于缺乏统一立法，大多数从业机构并未重视金融消费者权益保护，监管体系的构建需要强化金融消费者权益保护。在此，加强金融消费者权益保护的监管应注意以下几点：第一，审慎甄别客户身份和评估客户风险承受能力，不将产品销售给予风险承受能力不相匹配的客户；第二，提高互联网金融平台服务质量、杜绝金融消费者歧视和强制消费；第三，保证客户信息安全，防止信息的灭失、损毁与泄露，不得利用客户信息从事与向客户做出的承诺无关的活动。

2. 信息披露

考虑到大量互联网金融企业相较于上市公司处于更加初创的阶段，笔者将互联网金融行业的信息披露定义为，互联网金融企业将其经营信息、财务信息、风险信息、管理信息等向客户、股东、员工、中介组织、行业自律组织等相关者，履行告知义务的行为。当前我国互联网金融信息披露制度尚存法律规范不健全、信息披露监管模式不合理、追责制度不完善等问题，互联网金融市场与传统金融市场相比，交易者之间在身份确认、资金往来、信用评价方面的信息不对称程度提高，可能导致信息风险加剧。无论是出于维护互联网金融市场秩序、促进互联网金融企业创新发展还是保护金融消费者利益的目的，化解互联网金融领域的信息不对称风险和完善信息披露制度都是监管机构面临的核心问题。

提及行业监管，笔者认为信息披露方面的具体落脚点应当是：首先，建立互联网金融各细分行业的数据统计分析系统，确定信息披露的指标定义、内容、频率、范围。其次，以实现财务数据和风险信息的公开为抓手，提升互联网金融行业透明度。最后，针对信息披露和虚假披露的行为建立法律责任制度，为监管后的下游行政动作提供抓手。

3. 网络安全

网络安全是互联网金融稳健运营的关键和难点所在。例如，由于宕机、黑客攻击等因素，导致交易支付系统中断而互联网金融企业又不具备相应的灾难恢复处理能力和应急处理能力，可能致使业务连续性受损或瘫痪。因此，加强网络安全方面的监管，笔者在此简单提出几个方面的设想：一是加强网络安全管理，遵守国家、行业网络安全相关法律法规和制度规范，建立健全网络信息安全软硬件防护体系；二是加强信息系统安全管理，强化对信息系统运行情况及运行环境的监测与管理；三是加强业务连续性管理，制定完善的安全审计机制和数据备份及恢复机制，建立完善的应急预案和安全事件处置流程。

4. 行业信誉度自律与有效竞争

提高行业信誉度应着重对互联网金融机构股东、管理者的自律监管。加强行业自律主要考虑以下两点：一是严格控制股东、管理者与互联网金融机构之间的关联交易，防止其通过资产占用等方式占用损害互联网金融机构或者客户的合法权益；二是要求互联网金融机构有健全的组织结构、内部控制和风险管理措施，并有符合要求的营业场所、IT 基础设施和安全保障措施。

5. 行业有效竞争

在有效竞争方面，可以建立有序竞争的市场秩序，包括反垄断、设立合理的行业准入、加强从业机构合作与沟通，以及扶持优质的中小互联网金融平台。避免无序竞争，包括避免恶意竞争和造谣诋毁。

（三）维护金融系统稳定

1. 对具有系统重要性机构的监管

由于目前国内尚无相关法规对系统重要性金融机构的自律实行监管，因此可以参考国际金融危机之后英国出台的《2012 年金融服务法案》，借鉴审慎监管局（Prudential Regulation Authority，PRA）对存款机构、保险机构和系统重要性投资银行的管理。笔者认为具有系统重要性机构的监管应当从以下三方面着手：一是确定具有系统重要性的机构，应当从参与人数和涉及资金规模两方面出发，划分具有系统重要性的机构（不包括原有监管体制下的系统重要性金融机构）；二是防范互联网金融企业与传统金融机构之间因业务关联、声誉风险等引发的风险传染；三是防范某些业务模式特有的流动性风险等。

2. “沙盒”监管模式的借鉴①

英国金融行为监管局在 2015 年创造与推出了“监管沙箱”，这是自从监管局成立 5 年来最大的一次改革动作，目的是通过提供一个“缩小版”的真实市场和“宽松版”的监管环境，在保障消费者权益的前提下，鼓励金融科技初创企业对创新的产品、服务、商业模式和交付机制进行大胆操作。此外，金融科技以及由此派生出的监管科技的出现，成为“监管沙箱”推出的现实土壤。一方面，大数据、云计算、人工智能、区块链等各类先进技术与金融的结合，不断让传统金融的业务模式、生产流程以及产品开发能力得以大大提升；另一方面，又在支付、消费、投融资等部位裂变与迭代出许多全新的商业形态。与此同时，金融科技的外溢风险也显而易见。正是基于这种挑战，“RegTech”呼之而出。

有一些国家也借鉴了英国的监管模式，但更多的是基于本国的法律实践进行监管，如针对互联网金融，美国证监会没有制定特别的监管法律框架，而是在现有联邦法律监管体系下，通过完善监管法规、加强不同监管主体的监管合作、区别交易性质实行差异化监管以强化对互联网金融风险的有效控制。互联网金融进入法国的时间较晚，将其定位为融资行为，但

① 黄震、蒋松成：《全世界都在说“金融沙盒”中国要不要来一盒?》，载《中国金融》2017 年第 2 期。

法国仍然对互联网金融行业进行了极为有效的管控，这主要得益于法国稳固的金融监管制度和完善的监管体系。互联网金融在德国相对比较成熟，但德国并没有因为互联网的特殊性而对互联网金融作出专门的规定，仍将其视为金融业务，并参照传统的金融业务进行监管，由德国央行和联邦银行业监管局相互协作，共同监督。日本对互联网金融则实施高度集中的监管体制，由政府部门负责构建完善的信息安全、法律等规章体系，实施严格监管方案。日本金融厅、日本银行、通产省、邮政省和法务省及其下属机构在其履职范围内对互联网金融实施监管，从行业规划、风险管理、信息安全、法律制度等层面推动整体互联网金融产业的发展①。

第七节　小　　结

互联网金融是一种新生业态，绝非是根植于金融之本并嫁接到互联网之枝的“金融＋互联网”，也非根植于互联网之本再嫁接到金融的“互联网＋金融”。这种新业态如同茶水之于水与茶的关系，水与茶二者融合以后便难以再根据传统的过滤手段将茶水中的茶与水分离、还原、归类。

依照传统的思维方式，第三方支付如同统筹了各个银行通道业务的银联与移动互联技术的融合；股权众筹如同合伙企业通过互联网技术平台征集合伙人；网络借贷如同民间借贷与互联网技术的联姻。现互联网金融模式大都可以找到其创新模型的本源，多是传统金融模式的“互联网＋”，因而，可以将其自然地归入原有监管体制框架内，实行“分业监管”。惟有比特币这种依靠区块链技术利用开源记账方式——去中心化的信用模式为基础形成的虚拟货币是金融创新，似乎找不到其创新模型的本源，对其监管要颇费一番周折的。

但是，正如之前笔者所述，互联网金融已经成为一种新型的业态，是一种新生事物。其风险也因原本的金融风险与互联网的高传导性的叠加而产生了急速传递的“蝴蝶效应”，风险稍微外溢将造成一触即发的态势。因此，这种分而治之的监管思维是否适应互联网金融行业“又好又快”发展还值得探讨。

依笔者之拙见，监管应立足于市场需求即服务市场交易主体的需求，保证市场秩序的健康发展和交易主体的权利。秩序的形成，应以交易主体

---

①　中国人民银行内江市中心支行课题组：《互联网金融监管国际比较与启示》，载《观察思考》2014 年第 9 期。

在长期、多次的交易中，共同协商所形成的交易习惯为基准而动态浮动于一定范围之内。通常情况下，交易秩序是依靠无形之手进行调节，只有当交易主体的地位发生严重失衡的状态，有形之手的主动干预才会帮助市场的发展。互联网金融的出现，改变了原有抓取信息的方式，运用更低的成本进行信息识别，降低了获客成本，获取了以往被忽略的海量的低价值客户群（非净值客户），而随着新客户的出现，以及大数据、云计算、区块链引发的产业技术革命，为新的客户群体提供更为丰富的金融服务成为可能，是典型的供给创造需求的模型。在因供给和需求而产生的市场中，出现了因解决第三方支付资金站岗收益问题而产生的余额宝与支付宝的联姻；出现了因满足客户消费信贷需求的京东白条。技术革新与市场需求将实现产业间的融合并形成新的产业类型，同时，监管思维要适应现有的市场融合趋势，在防止风险外溢的前提下进行适度监管。监管的目的在于成就市场、促进发展而非终止市场、阻碍市场发展。在此，笔者并非质疑当前“分业监管”的监管模式，而是建言监管者不应固化于传统的监管框架，设定立足于市场需求的监管思维，制定审慎而灵活的监管模式，以促进互联网金融行业的健康发展。

第二章　互联网金融案件的行刑衔接

2014 年至 2015 年连续两年政府工作报告中都提到要促进互联网金融发展，2016 年“两会”上李克强总理再次强调要大力发展普惠金融，规范互联网金融发展，伴随着互联网金融被纳入“十三五”规划，互联网金融将迎来新的发展机遇，互联网金融热潮席卷全国。但任何创新都有可能是一把“双刃剑”，互联网金融在推进金融创新、促进经济发展的同时，也导致了诸多互联网金融犯罪的滋生和蔓延，而且互联网金融领域的违法犯罪较之传统违法犯罪行为隐蔽性更强。从某种程度而言，互联网金融违法犯罪已经成为阻碍互联网金融进一步创新发展的“瓶颈”。因此，防控与治理好互联网金融领域的违法犯罪，维护互联网金融创新发展的可持续性，已成为亟待解决的问题。这一问题的解决离不开全面的行政监管、严厉的刑事打击及二者之间的有效衔接。

2013 年 11 月，党的十八届三中全会通过的《中共中央关于全面深化改革若干重大问题的决定》将“完善行政执法与刑事司法衔接机制”作为全面深化改革的战略部署之一。2014 年 10 月党的十八届四中全会决定提出，“健全行政执法和刑事司法衔接机制，完善案件移送标准和程序，建立行政执法机关、公安机关、检察机关、审判机关信息共享、案情通报、案件移送制度，坚决克服有案不移、有案难移、以罚代刑现象，实现行政处罚和刑事处罚无缝对接”。2015 年 12 月，中共中央、国务院印发了《法治政府建设实施纲要（2015—2020 年）》再次强调了“健全行政执法和刑事司法衔接机制”。基于以上要求，互联网金融犯罪案件的行政执法与刑事司法衔接机制不再是一种过渡性的制度安排，而是作为一种必要的制度组成部分，属于国家行政权和司法权之间的衔接与配合。因此，健全互联网金融犯罪的行政执法和刑事司法衔接机制具有特别重要的意义。

第一节 互联网金融案件行刑衔接的内涵

一、行刑衔接的概念

从概念上讲，行刑衔接又称两法衔接，是指在行政执法与刑事司法过程中，对于可能涉嫌犯罪的案件，相关部门之间相互配合、相互制约，确保能依法追究违法犯罪行为人法律责任的实体衔接与程序衔接的统一。[①] 具体来说，是指工商、税务、烟草、质监、银监、证监、保监等具有行政执法职能的政府主管部门或市场监管机构，在依法查处违法行为过程中，发现涉嫌犯罪的案件或线索，及时移送公安机关、人民检察院进行刑事查处而形成的一种工作机制。同时，它也指公安司法机关在办理刑事案件过程中，对虽然不构成犯罪、不需要处以刑罚，但应当给予行政处罚的案件，依法移送有关行政机关进行处理的工作机制。

在金融领域，由于金融产业的运行离不开各类金融监管机构，这些监管机构需要依照各种金融行政监管法规来对交易主体的具体业务进行监督管理，而这些金融行政法规与刑事司法一样，规定了各类金融活动应遵守的秩序，但两者的范围和层次不同。行政法规是对各种金融行为进行比较广泛和详细的规定，其边界是行政违法行为；而金融刑事司法则往往是针对某个行政违法行为危害性的进一步延伸的结果，其边界是刑事犯罪。两者的内在联系构成了行政监管制度和刑事制裁制度衔接两个层面的内涵，即行政违法与刑事犯罪的衔接、行政执法与刑事司法的衔接。

（1）在行政违法与刑事犯罪的衔接层面，存在着轻重及前后的衔接关系。纵观我国法律体系，联系最紧密的部门法莫过于刑法和行政法，二者都属于公法范畴，在调整对象上也存在很大的重叠性。但是就目前的立法来看，二者适用范围的界限还是比较清晰的。刑法中的金融犯罪，多为数额犯、情节犯，如高利转贷罪规定“以转贷牟利为目的……违法所得数额较大的”，集资诈骗罪要求“以非法占有为目的，使用诈骗方法非法集资，数额较大的”，内幕交易、泄露内幕信息罪规定了“……情节严重”。当类似破坏金融秩序的行为已发生但是尚未达到法定数额、情节时，只是单纯违反行政管理法规的行为；若危害程度进一步加深并已达刑事追诉标准时，则已涉嫌构成犯罪。

---

① 王春丽：《行政执法与刑事司法衔接研究——以医疗两法衔接为视角》，华东政法大学 2013 年博士学位论文。

（2）在行政执法和刑事司法衔接层面，存在程序流转、证据转化、侦查协作等衔接过渡。金融监管机构等行政部门是金融活动的日常管理者，同时也是金融违法行为的重要发现者。各金融监管机构有不同的监管范围，其主要职责就是发现金融违规行为。除了主动发现外，金融机构也有义务将日常业务中发现的违规行为上报各自监管机关，如基金公司在核查业务时若发现存在“老鼠仓”行为，应向证监会（局）说明，银行若发现有违法放贷情况，应向银监会（局）备案。发现金融违法行为后，金融监管部门要着手开展调查，当行政调查取证进行到一定程度，发现已涉嫌构成刑事犯罪时，要依法将案件连同调取的证据材料移送司法机关审查立案。立案衔接后，侦查机关需对监管机构调取的证据材料进行核实和刑事证据转化，必要时再收集新的证据，并对犯罪嫌疑人采取刑事强制措施、对相关账户进行查询冻结，以及对其他涉案财产进行查封、扣押等。由于金融监管机构在金融业务知识方面的专业性，侦查机关在侦查手段及法律适用方面的专业性，二者各有优势，因此实践中很多案件的侦查是由两者相互协作完成的。比如，其中涉及的行刑衔接类案件侦查取证中关于行政机关专业认定意见的应用，又称为行政确认。

所谓行刑衔接，除了行政机关会向司法机关移交案件，有时司法机关也会向行政机关移送案件，这些案件主要是司法机关接群众举报和行政机关移送后，经审查认为暂不构成刑事犯罪，但应当或可能需进行行政处罚的，就会把相关证据、线索等移交行政机关处理。

具体到互联网金融领域，行刑衔接是指具有行政执法职能的政府主管部门或市场监管机构在依法查处互联网金融违法行为的过程中，发现涉嫌犯罪的案件或线索，及时移送司法机关进行刑事查处而形成的一系列工作机制。同时，行刑衔接还包括司法机关在办理刑事案件过程中，对虽然不构成犯罪、不需要处以刑罚，但应当给予行政处罚的案件，依法移送有关行政机关进行处理的工作机制。可见，互联网金融领域的行刑衔接机制并不是一种独立的专门的机制，它属于金融领域行刑衔接的一部分，共同包含在我国行刑衔接制度之中。

二、我国行刑衔接制度的发展历程

行刑衔接问题早在 20 世纪 90 年代初期就已经提出并引起学界的关注，一些学者开始对两法衔接相关问题进行研究。2000 年 10 月，国务院为治理制售假冒伪劣商品违法犯罪活动猖獗势态，组织了一次规模巨大的联合打假行动。截至 2001 年 4 月底，在 492 万行政执法人员的参与下，共查获 65

亿元假冒伪劣商品，查处相关犯罪嫌疑人5100人。通过这次联合行动暴露出一个法律问题：行政执法机关对查获的涉嫌犯罪的案件如何向司法机关移送，缺乏明确的法律规定。[①] 2001年4月，国务院出台了《关于整顿和规范市场经济秩序的决定》（以下简称《决定》），成立了“全国整顿和规范市场经济秩序领导小组办公室”（以下简称“全国整规办”），在全国范围内开展整顿和规范市场经济秩序专项行动和严打整治斗争。《决定》中首次明确提出，行政执法部门在查处违法行为中发现的犯罪线索，必须及时通报并依法移送公安部门及其他有关部门，坚决制止一些地方和部门存在的瞒案不报、以罚代管、以罚代刑现象，造成严重后果的要严肃追究责任。明确规定，加强行政执法与刑事执法的衔接，建立信息共享、沟通便捷、防范有力、查处及时的打击经济犯罪的协作机制，对破坏市场经济秩序构成犯罪行为的，及时移送司法机关处理。“行刑衔接”概念正式被提出。

2001年7月9日，国务院公布了《行政执法机关移送涉嫌犯罪案件的规定》，强调行政执法机关移送涉嫌犯罪案件，应当接受人民检察院和监察机关依法实施的监督，公安机关应当接受人民检察院依法进行的立案监督。该规定还涉及移送涉嫌犯罪案件的法律依据、法律责任、程序、时限及管辖等内容。同年9月，最高人民检察院制发了《人民检察院办理行政执法机关移送涉嫌犯罪案件的规定》，明确了有关行刑衔接的操作规程，并将行政执法活动纳入检察监督的范畴。2003年4月，全国整顿和规范市场经济秩序工作会议召开，该会议强调要进一步解决两法衔接的问题，加强对案件的移送和监督。2004年3月，最高人民检察院与“全国整规办”、公安部联合下发了《关于加强行政执法机关与公安机关、人民检察院工作联系的意见》。2006年3月，最高人民检察院、“全国整规办”、公安部、监察部联合下发了《关于在行政执法中及时移送涉嫌犯罪案件的意见》。2006年10月，最高人民检察院、“全国整规办”、公安部等部门在北京召开了“全国行政执法与刑事司法衔接工作座谈会”，总结两法衔接工作的开展状况，并对推进此项工作进行相关部署。这些指导性文件的出台和执行，为建立两法衔接工作机制，特别是整顿和规范市场经济秩序中的两法衔接，提供了可以实际运行的制度安排和总体框架。

2010年10月，国务院部署并开展了“打击侵犯知识产权和制售假冒伪劣商品专项行动”。2011年2月，中共中央办公厅、国务院办公厅联合转发了国务院法制办等八个部门《关于加强行政执法与刑事司法衔接工作的意

---

① 徐日丹：《实现行政执法与刑事司法的有效衔接》，载《检察日报》2010年2月23日第3版。

见》。该意见进一步明确了行政执法机关、公安机关、监察机关和人民检察院在行刑衔接工作中的职责和工作程序，对完善衔接工作机制、加强组织领导和监督制约等提出了具体要求。国务院各相关部门也相继出台了一系列办法、意见。① 2014 年党的十八届四中全会的报告中提出了行刑衔接的“无缝对接”工作要求，充分显示了这项工作已引起了中央的关注，标志着行刑衔接（两法衔接）工作进入了一个新的阶段。

从我国行刑衔接制度的发展进程来看，虽然行刑衔接问题在理论上是天然存在的，但这一制度的形成和发展主要缘起于国家对于市场经济秩序的集中整顿和规范。在整顿和规范市场经济秩序过程中，各行政执法机关与公安机关、检察机关加强工作联系，逐步建立信息共享、联席会议、情况通报、案件移送等具体沟通、衔接机制，一定程度上纠正了行政执法领域执法不严、有罪不究等对行政违法犯罪行为打击不力的情况。近年来，随着“全国整规办”的撤销，行刑衔接工作主要由检察机关对危害民生犯罪等领域开展的“专项立案监督活动”来推动，而理论界对行刑衔接机制的探索也不再仅仅局限于查办破坏市场经济秩序违法犯罪，而是逐渐延伸到了各个行政执法领域。

三、互联网金融风险背景下的行刑衔接

作为我国行刑衔接制度的一部分，互联网金融案件中的行刑衔接又有其特殊性。对这一特殊性的理解，离不开对互联网金融风险的考察。金融领域中的互联网案件占整个互联网案件的61%。仅以上海为例，《2015 年度上海金融检察白皮书》发布，2015 年上海市涉互联网金融犯罪案件骤增，集中表现为涉 P2P 网络借贷案件的爆发，如 2014 年上海市检察机关受理涉 P2P 网络借贷刑事案件仅 1 件，1 人，涉案金额 105 万余元，投资者 20 余人，而 2015 年受理涉 P2P 网络借贷刑事案件 36 件，139 人，其中集资诈骗案件 4 件，19 人，非法吸收公众存款案件 32 件，120 人，涉案金额逾 12.83 亿元。近两年以来，互联网金融犯罪更是大案频发，如“中晋资产”“e 租

---

① 主要有：2011 年 3 月农业部《关于加强农业行政执法与刑事司法衔接工作的实施意见》；2012 年 3 月国家食药监局、公安部《关于做好打击制售假劣药品违法犯罪行政执法与刑事司法衔接工作的通知》；2012 年 12 月国家工商总局、公安部、最高检《关于加强工商行政执法与刑事司法衔接配合工作若干问题的意见》；2013 年 5 月全国打击侵犯知识产权和制售假冒伪劣商品工作领导小组办公室《关于加快建设打击侵权假冒行政与刑事司法衔接工作信息共享平台的通知》；2013 年 7 月环保部办公厅《关于加强环境行政执法与司法衔接工作的通知》；2015 年 12 月食药监局等部门《食品药品行政执法与刑事司法衔接工作办法》；2016 年 6 月公安部《公安机关受理行政执法机关移送涉嫌犯罪案件规定》等。

宝”“泛亚”案等。相对传统金融而言，互联网金融积聚风险的隐蔽性、突发性、传染性和广泛性也更为严重，极易滋生违法、犯罪行为。

（一）互联网金融的一般风险及其原因

互联网金融在“爆炸式”发展的同时，也逐渐暴露出了诸多风险隐患，主要集中在以下几个方面：

1. 监管风险

首先，相关监管法律法规仍不健全。我国现行的银行法、证券法、保险法等法律法规主要是为规范促进传统金融业务的发展，与互联网金融发展的要求不适应，制约着互联网金融创新探索的步伐。一方面，现行银行法、证券法等法律都需进行必要的修订，否则将禁锢互联网金融的发展。另一方面，专门针对互联网金融领域的法律规范较少。互联网金融快速发展，极易带来非法集资等侵犯交易双方权利及资金安全的问题，造成金融市场的动荡。

其次，“分业监管”模式的适用存在问题。尽管十部委《指导意见》明确规定了各互联网金融业态的监管机构，各机构也出台了相应的业务监管办法，但由于互联网金融市场的发展涵盖范围极广，各业态边界越发模糊，因此传统的银行、保险、证券“分业监管”模式不应径直套用到互联网金融监管方面。以互联网金融交易中的电子合同、电子数据为例，其作为要件的有效性，依赖于一定的技术手段，无论是央行，还是证监会、保监会往往缺乏这样的技术、人才，而工信部等单位，虽然具备这样的技术手段，却又不具备相关的金融领域知识，类似情况下“分业监管”模式会出现许多问题，进而影响取证的结果与效力。

2. 经营风险

以 P2P 网络借贷为例，由于机构从业人员业务素质良莠不齐，风控技术和信息技术水平普遍不高，客户资金第三方存管机制未能普遍建立等，客户资金、信息被盗用，业务信息系统被攻击等风险事件不断爆发，投资者对 P2P 行业信任不断下降，P2P 平台获客成本高、经营风险进一步加大并形成恶性循环。根据网贷之家的数据显示，截至 2016 年 9 月我国 P2P 平台数量达 4278 个，历史累计成交量 1947.17 亿元，其中，问题平台数已达 2076 个，占平台总数的 48.5%。[①] 有些互联网金融企业为营销造势，常推出认证奖励、投标奖励等活动，由此催生了伺机赚利的“羊毛党”及“羊毛”掮客们，其使用多重身份多次注册、投资，恶意组团“薅羊毛”、抹黑

① 参见网贷之家：http://shuju.wdzj.com/industry-list.html，2016 年 10 月 27 日访问。

平台、平台挤兑现象时有发生。类金融机构混业经营现象普遍，导致场外资金、民间资金进入了拥有严格防火墙的场内金融市场之中，加大了金融杠杆效应，各类业务相互交叉渗透，缺乏有效风险隔离手段，经营风险和操作风险较大，风险传导难以识别。

3. 信用风险

目前，我国的征信体系建设尚在起步阶段，央行的征信中心数据并未全覆盖，数据来源主要以金融机构的信贷信息为主，没有其他手段全面征集个人信用信息。国内积累的相关数据尚不足以支撑建立起一个完善的能够对相关参与方信用状况进行综合评价的大数据模型。互联网金融平台也尚未接入央行的征信系统，借贷双方的前期信用审核、后续风险管理等都只能借助虚拟平台，投资者只能根据平台上发布的借款人的身份信息、财产信息等对借款人可能的信用状况进行评估，缺少准确核实借款人信息的其他手段，这无疑会增加投资人的投资风险。加之市场环境不完善及规则缺失等，很多平台进行无原则、无底线地承诺担保增信，部分平台及借款人甚至通过恶意欺诈、虚构融资项目、夸大融资项目收益前景等手段进行自融、庞氏骗局，碰触非法集资底线，搅乱和破坏经济秩序。

4. 安全风险

随着互联网金融的迅速发展，黑客破坏活动也逐渐由互联网领域转向了金融领域，各种间谍软件、病毒及系统漏洞等都成为黑客攻击的手段。同时，随着移动互联网的飞速发展，越来越多的金融平台、机构、企业转向移动互联网市场，但移动网络终端的软件环境相比 PC 端而言安全性较低，用户在移动互联网上的安全意识也相对薄弱，黑客对移动终端的攻击阻碍了移动金融的发展。此外，相关风险还体现在一些互联网金融平台将架设网站的关键环节外包给第三方，存在潜在的信息泄露隐患。另外，为便捷消费者的网络支付，第三方支付平台在密码设置与技术加密上都略显简单，容易被破解、截取各类资金业务相关信息。

5. 社会风险

金融稳定事关经济和社会全局。由于互联网金融行业投资者门槛低、具有高度涉众性，大量平台过度降低投资者适格性标准，忽视审慎原则，吸引大量风险偏好和风险耐受力较低的不适格用户投资，一旦平台发生提现困难或“跑路”等事件，将严重损害老百姓的实际利益，引发严重的社会风险。加之互联网金融行业较长一段时间以来存在的“缺门槛、缺规则、缺监管”状态，风险不断爆发，人员集聚、堵塞道路、拉横幅、喊口号等情况时有发生，如若不能适当防控，将可能影响党和政府的公信力，形成这些风险的原因主要有以下几个方面：

（1）新兴行业发展缺陷。互联网金融企业内控治理水平与行业快速发展并不相称，风控水平还有待提高。有些平台缺乏有效的盈利模式，同质化现象严重，收益空间有限。

（2）行业标准尚未建立。目前，我国互联网金融领域主要业态尚没有建立官方的统一数据平台，对不同业态的资金存管、数据信息安全、信息披露、行业自律等关键环节缺少明确的制度规范和法律规定。

（3）政策监管存在空白。目前除第三方支付、互联网保险，以及新出台的P2P网络借贷暂行办法等，互联网股权众筹、互联网理财还没有正式出台监管办法，现有的法律框架亟待完善，监管方式亟待创新，需要建立互联网金融的监管体系，审慎监管体系和市场准入体系等。

（二）互联网金融的主要刑事法律风险及其原因

互联网金融行为所体现出的金融创新在现行《刑法》框架下存在较大的刑事风险。[①] 互联网金融犯罪的频发，严重危害了正常的金融秩序及社会稳定。尽管《刑法》并未因互联网金融创新和乱象而创设出新的罪名，但如何运用现有的刑事法律规范及理论正确评判互联网金融领域中相关行为的性质存在争议，因此有必要明确互联网金融的主要刑事法律风险，进而明晰互联网金融犯罪行刑衔接的主要范畴。

金融犯罪是一种侵害复杂客体、多重法益的犯罪，不仅直接损害当事人的合法财产权益，同时还侵害了国家金融秩序的稳定。对于金融犯罪，我国在刑事打击方面一直处于高压态势。但借助互联网金融创新模式进行的犯罪对传统金融刑事司法乃至立法提出了新的挑战，此类案件往往案情复杂，手段有别于传统金融犯罪。尽管犯罪手段和犯罪模式有着很大变化，但行为人的犯罪目的以及所侵犯的法益本质上并无变化。

所谓互联网金融犯罪，是指在互联网金融业务活动中发生的各类侵害金融秩序的犯罪行为。究其性质而言，互联网金融犯罪是在互联网通信技术与金融活动出现融合以后，在金融活动运行的新的条件下出现的新类型犯罪活动。[②] 根据互联网金融的不同业态，其涉及的犯罪主要包括两大类：一类是涉众型经济犯罪，主要集中于：非法集资相关的犯罪，如非法吸收公众存款罪，集资诈骗罪，擅自发行股票、公司、企业债券罪等；扰乱市

---

① 黄辛、李振林：《互联网金融犯罪的刑法规制》，载《人民司法（运用）》2015年第5期。

② 王铼、姜先良、宋宇：《互联网金融犯罪和刑法干预机理分析》，载《中国检察官（司法实务）》2016年第3期（上）。

场秩序相关犯罪，如非法经营罪、组织领导传销罪等；破坏证券期货、秩序相关犯罪，如操纵证券、期货市场罪，内幕交易、泄露内幕信息罪，利用未公开信息交易罪，编造、传播证券、期货交易虚假信息罪，诱骗投资者买卖证券、期货合约罪等。另一类则是表现为擅自设立金融机构罪、洗钱罪、贷款诈骗罪等传统金融犯罪。

如果从犯罪学与刑法学相结合的视角来界定和分析涉众型经济犯罪，事实上它并非算是一个严格意义上的法律术语，而是司法实务部门根据其侵害对象特征，对该类高发型经济犯罪进行归类概括的统称。非法集资犯罪同样如此，这类犯罪与P2P网络借贷、互联网众筹等业态密切相关，也是当前互联网金融刑事法律风险最主要的体现。其中，最为典型的也是实践中最常发生的犯罪是非法吸收公众存款罪、集资诈骗罪，以及擅自发行股票、公司、企业债券罪。① 这也是我们讨论互联网金融行刑衔接问题将涉及的重点犯罪类型。互联网金融刑事法律风险高发主要有以下几方面原因：

1. 传统金融体制缺陷催生互联网金融法律风险

目前，我国以银行业金融机构为主导的间接融资占整个社会融资总额的80%以上，而资本市场直接融资占比不足20%。加之利率受到管控，资金主要由银行体系进行配置，资金沉淀现象比较严重，这样的金融体制严重限制了中小企业的融资渠道，使我国传统金融体制长期处于“金融压抑”之中。由于金融资源被高度垄断且利率未市场化，导致我国仅存在主要由国有企业掌控的所谓正规融资渠道，同时也由于我国从计划经济向市场经济的历史转型，这些正规融资渠道往往更偏向于为国有企业服务而忽略了以中小型企业为主体的民营企业的融资需求，尤其是在国家银根紧缩时。但是，中小型企业资金需求旺盛，在信贷紧缩或经济波动时，需求势头会更加强劲，这也为互联网金融提供了资金需求基础。当前社会上投资和理财的方式十分有限，居民手中拥有的闲置资金或者是存入银行获取利息收益可又面临通胀风险，或者是冒着更大风险而投入楼市、股市。这种情况下，资金方希望能够灵活处置大量闲置资金，这就为互联网金融提供了资金来源。可以说，我国互联网金融是应运而生的，它通过网络技术手段打破了“金融压抑”的长期约束。但是由于当前体制的缺陷，导致互联网金融违法犯罪的法律风险易发和高发。②

① 杨东、文诚公：《互联网金融风险与安全治理》，机械工业出版社2016年版，第195页。

② 李睿：《上海自贸试验区互联网金融创新中刑法介入的合理边界》，载《外国经济与管理》2016年2月版。

2. 监管“空窗期”为互联网金融违法犯罪提供可乘之机

2015年被称为我国互联网金融的监管元年，在此之前，互联网金融的业态范围已经从单纯的支付模式扩大到第三方支付、网络借贷、网络众筹、互联网保险、互联网基金销售、消费金融等诸多业态。但长期以来，在互联网金融发展日新月异的情况下，金融监管部门却“分而治之”，没有形成统一的监管标准和程序规则。例如，互联网基金销售、第三方支付、互联网保险等业务均分属不同的监管部门。再如，余额宝是由支付宝与天弘基金合作推出，通过天弘基金为网民在购物之余提供灵活的理财服务，支付宝受到央行的监管，天弘基金受到证监会的监管，而对余额宝如何监管则存在争议。监管的“空窗期”在使得互联网金融“野蛮”发展的同时，也给违法犯罪嫌疑人提供了可乘之机。

监管政策反映行业问题现状，指引行业未来发展方向。目前，我国正全方位对互联网金融进行监管和立法。2015年7月18日，十部委《指导意见》出台后，涉及互联网金融监管的新规相继出台，如同年7月22日保监会发布《互联网保险业务监管暂行办法》、同年12月28日央行发布《非银行支付机构网络支付业务管理办法》，2016年4月13日国务院办公厅发布《互联网金融风险专项整治工作实施方案》、银监会发布《P2P网络借贷风险专项整治工作实施方案》、工商总局等发布《开展互联网金融广告及以投资理财名义从事金融活动风险专项整治工作实施方案》，同年8月17日银监会等四部委发布《网络借贷信息中介机构业务活动管理暂行办法》等，还有一些相关的法律法规正在制定之中。

3. 信息科技风险加剧了互联网金融的内生性刑事法律风险

互联网金融的内生性刑事法律风险，一般是指互联网金融的各种业态运行模式，在现有的刑法框架下所可能发生的刑事责任风险。但同时，互联网金融又可以说是互联网技术对金融的入侵，因此信息科技风险在互联网金融中表现得尤为突出，如计算机病毒传播、黑客攻击、钓鱼网站等。信息科技风险在互联网金融运行中会衍生三方面风险：一是平台运行风险，一套完整的互联网金融网站平台包含硬件设备、网络、操作系统、数据库等，由于系统缺陷、硬件质量、安全漏洞等问题，可能对平台的运行质量及安全产生影响，甚至引发系统性风险；二是数据风险，金融服务操作反映在互联网后台就是大量数据编码，一旦管理不善，就会导致金额差错、客户信息泄露等数据风险；三是合规风险，由于操作人员对平台数据有意无意的违规操作，或者对数据的加工处理不符合法律要求，或者数据信息被篡改、盗用而产生的风险。因此，信息科技风险实质上也是一种内化在互联网金融中的风险，这些风险的存在同样加剧了互联网金融刑事法律风险的发生。

4. “长尾”风险增加了互联网金融的外部刑事法律风险

互联网金融的经济学特征是利用“长尾”理论，其基本原理是聚沙成塔，将传统意义上的小市场累积创造出大的市场规模。根据“长尾”理论，传统金融机构往往追求大规模和大效益，经常是把资源集中在对其利润贡献最大的“头部”领域，管大不管小，对小额业务等“尾部”领域，因其成本风险与收益不匹配而不愿涉足，但正是这些“尾部”领域，为互联网金融提供了巨大的市场空间，与此同时也为互联网金融带来了“长尾”风险，主要表现在四个方面：一是服务对象的金融知识、风险识别能力、承担能力等相对欠缺，易遭受欺诈和不公对待；二是互联网金融投资者的投资小而分散，由于受精力、能力等限制，很难由个体来监督平台的运行；三是个体和集体的非理性更易出现，如在诸多利诱之下产生的投机、赌博等心理；四是由于互联网金融涉及的投资者众多且分散，一旦发生系统性风险，对社会产生的负外部效应更为明显，金融消费者权益的保护也更难开展。

综上，本章所讨论的互联网金融案件中的行刑衔接，是指具有行政执法职能的政府主管部门或市场监管机构，在依法查处互联网金融违法行为的过程中，发现涉嫌犯罪的案件或线索，及时移送司法机关进行刑事查处而形成的一系列工作机制。① 同时，还包括司法机关在办理互联网金融犯罪案件过程中，对虽然不构成犯罪、不需要处以刑罚，但应当给予行政处罚的案件，依法移送有关行政机关进行处理的工作机制。目前，主要体现在查办互联网金融领域发生的涉嫌非法吸收公众存款罪、集资诈骗罪、组织、领导传销罪等，这类与 P2P 网络借贷、互联网众筹、互联网理财等互联网金融主要业态密切相关的涉众型经济犯罪案件过程中相关行政执法与刑事司法主体间的实体衔接与程序衔接。

第二节 互联网金融案件行刑衔接的运行机制

互联网金融领域的行刑衔接工作，除了应参考适用前述关于行刑衔接的总体性规定、意见外，还应当注意对互联网金融相关特别规定、意见的适用。例如，2015 年 7 月中国人民银行、工业和信息化部、公安部等十部

① 对于行政机关直接向检察机关移送案件及线索的情形，因一般系职务犯罪案件，不作为本章讨论的重点。

委《关于促进互联网金融健康发展的指导意见》，同月保监会《互联网保险业务监管暂行办法》；2016 年 4 月国务院办公厅《互联网金融风险专项整治工作实施方案》（含各细分领域的子方案）等。总体而言，互联网金融案件中的行刑衔接制度主要包括衔接促进机制、立案衔接机制、证据衔接机制及监督救济机制等。

一、衔接促进机制

衔接促进机制，主要是指为了促进行刑衔接工作的顺利开展，而建立的有助于强化衔接主体间信息共享、协作配合等方面的各种辅助机制。

（一）信息共享机制

行刑衔接制度的功能之一，就是通过行政执法系统外部的监督，督促行政机关主动移送涉嫌犯罪的案件或线索。因此，行政执法信息的公开便成为前提。早在 2004 年 3 月，最高人民检察院、“全国整规办”、公安部联合下发的《关于加强行政执法机关与公安机关、人民检察院工作联系的意见》中就已明确提出各级行政执法机关、公安机关、人民检察院要“加强联系配合，建立信息共享机制”“要建立情况信息通报制度”。随后，各地根据本地实际情况逐步建立信息通报制度。

该意见同时还要求，在加强保密工作的前提下，逐步实现各行政执法机关信息管理系统与公安机关、人民检察院的信息联网共享。2005 年 6 月，上海市浦东新区检察院率先开发了“行政执法与刑事司法信息共享平台”，运用网络技术实现了行政执法与刑事司法的信息互联互通、资源共享、职能互动，得到最高人民检察院和国务院的肯定，提出要在全国全面建立“网上衔接，信息共享”机制。但该信息网上共享平台实际上是在现有的网络电子政务基础上搭建而成，由于受各地经济条件和硬件设施的限制，当时并没有在全国范围内普及，仅在沿海发达城市及部分内陆较大城市建立。截至 2012 年年底，江苏、云南、上海、宁夏等地已在全省（市、自治区）范围内基本建立了三级信息共享平台。福建、广东、河南等 16 个省（市、自治区）部分建立了信息共享平台。[①]

信息平台建设是信息共享机制的重要内容，可以为行政执法机关与刑事司法机关搭建便捷、高效的信息沟通渠道，提高执法透明度，促进相关执法、司法信息共享，强化对执法办案的指导和监督，规范案件移送、受

---

① 元明、甄贞、谢鹏程：《打造信息共享平台深化“两法衔接”机制建设》，载《人民检察》2013 年第 19 期。

理等工作，进一步加强行政执法与刑事司法的衔接，形成打击互联网金融违法犯罪合力。因此，平台应定位于行政执法机关与刑事司法机关信息沟通和工作交流的内部工作平台，在行刑衔接工作机制框架下，开发相应的应用软件，依托电子政务网络，实现相关行政执法机关与公安机关、监察机关、检察机关之间案件移送、受理、监督、反馈等工作的网上流转，促进信息共享，提高衔接工作效率。同时，能够汇集相关数据，并通过对数据的统计分析，掌握行刑衔接工作动态，为研究制定加强衔接工作的政策措施提供支撑。

（二）联席会议制度

行刑衔接涉及行政执法和刑事司法的领域跨界，可能同时牵涉多个行政执法机关，以及与公安机关、检察机关的协调和配合。为了便于协调相关部门间的协同配合，联席会议制度应运而生。2004 年 3 月，最高人民检察院与“全国整规办”、公安部联合下发了《关于加强行政执法机关与公安机关、人民检察院工作联系的意见》，提出“建立联席会议制度，定期或不定期召开不同层次的联席会议，沟通情况，统一认识，共同研究执法中遇到的新情况、新问题，协调解决疑难问题”。可见，除了协调部门间的协同配合，联席会议同时还肩负研究衔接中存在的问题及提出加强衔接工作的对策等职能。实践中，联席会议一般以定期或者不定期的形式召集，行刑衔接的有关部门除了研究有关衔接的疑难问题、对策外，往往还涉及办案情况通报、案件咨询会商、联合部署专项活动、工作经验交流，等等。

2013 年 8 月，国务院批复同意建立由人民银行牵头的金融监管协调部际联席会议制度。成员单位包括银监会、证监会、保监会、外汇局，必要时可邀请发展改革委、财政部等有关部门参加。人民银行行长担任联席会议召集人，各成员单位主要负责同志为组成人员。联席会议办公室设在人民银行，承担金融监管协调日常工作。联席会议通过季度例会或临时会议等方式开展工作，落实国务院交办事项，履行工作职责。联席会议建立简报制度，及时汇报、通报金融监管协调信息和工作进展情况。

2015 年 7 月，中国人民银行、工业和信息化部、公安部等十部委《指导意见》提出，各监管部门要相互协作、形成合力，充分发挥金融监管协调部际联席会议制度的作用。人民银行、银监会、证监会、保监会应当密切关注互联网金融业务发展及相关风险，对监管政策进行跟踪评估，适时提出调整建议，不断总结监管经验。财政部负责互联网金融从业机构财务监管政策。人民银行会同有关部门，负责建立和完善互联网金融数据统计监测体系，相关部门按照监管职责分工负责相关互联网金融数据统计和监测工作，并实现统计数据和信息共享。

（三）人员派驻制度

人员派驻制度是金融犯罪行刑衔接中比较特殊的制度，主要指公安机关在“一行三会”中都有长期的派驻人员。例如，在金融领域的证券行业内，随着地区证券交易机构和金融监管机构的设立，公安部在2003年设立证券犯罪侦查局并派人员常驻证监会和相关机构；在银行业方面，自2007年开始，公安部常年派驻人员到银监会负责分析研究重大金融犯罪案件及线索、统一部署双方协作配合工作等。但派驻人员无权力对监管机构行政调查的案件进行主动审查，只能根据行政机关的邀请对疑难案件提出相关建议，对案件移送制度无实质影响。①

此外，在一些专项整治活动中，专门成立领导小组，并派员组成领导小组办公室。例如，针对互联网金融风险的专项整治，国务院专门成立了整治工作领导小组，并组建了由各部门派员参与的领导小组办公室。2016年4月，国务院办公厅发布《互联网金融风险专项整治工作实施方案》提出，成立由人民银行负责同志担任组长，有关部门负责同志参加的整治工作领导小组，总体推进整治工作，做好工作总结，汇总提出长效机制建议。领导小组办公室设在人民银行，银监会、证监会、保监会、工商总局和住房城乡建设部等派员参与办公室日常工作。同时，各省级人民政府成立以分管金融的负责同志为组长的落实整治方案领导小组（即地方领导小组），组织本地区专项整治工作，制定本地区专项整治工作方案并向领导小组报备。各地方领导小组办公室设在省（区、市）金融办（局）或人民银行省会（首府）城市中心支行以上分支机构。

二、立案衔接机制

立案衔接机制，是指行政机关将办理的已经达到了刑事追诉标准的违法违规案件或发现的涉嫌犯罪的线索，依法移送侦查机关，由侦查机关审查决定是否进行刑事立案侦查的相关移送及受理程序。

（一）案件移送程序

1. 行政机关向司法机关移送

我国《行政处罚法》第二十二条规定，违法行为构成犯罪的，行政机关必须将案件移送司法机关，依法追究刑事责任。《行政执法机关移送涉嫌犯罪案件的规定》第三条规定，行政执法机关在依法查处违法行为过程中，

① 刘燕：《金融犯罪侦查热点问题研究》，知识产权出版社2014年版，第76页。

发现违法事实涉及的金额、违法事实的情节、违法事实造成的后果等，根据《刑法》关于破坏社会主义市场经济秩序罪、妨害社会管理秩序罪等罪的规定和最高人民法院、最高人民检察院关于破坏社会主义市场经济秩序罪、妨害社会管理秩序罪等罪的司法解释以及最高人民检察院、公安部关于经济犯罪案件的追诉标准等规定，涉嫌构成犯罪，依法需要追究刑事责任的，必须依照本规定向公安机关移送。《互联网金融风险专项整治工作实施方案》指出，各有关部门、各省级人民政府对牵头领域或本行政区域的互联网金融从业机构和业务活动开展集中整治工作。对清理整顿中发现的问题，向违规从业机构出具整改意见，并监督从业机构落实整改要求。对违规情节较轻的，要求限期整改；拒不整改或违规情节较重的，依法依规坚决予以关闭或取缔；涉嫌犯罪的，移送相关司法机关。

行政执法机关对应当向公安机关移送的涉嫌犯罪案件，应当立即指定2名或者2名以上行政执法人员组成专案组专门负责，核实情况后提出移送涉嫌犯罪案件的书面报告，报经本机关正职负责人或者主持工作的负责人审批。行政执法机关正职负责人或者主持工作的负责人应当自接到报告之日起3日内作出批准移送或者不批准移送的决定。决定批准的，应当在24小时内向同级公安机关移送；决定不批准的，应当将不予批准的理由记录在案。行政执法机关向公安机关移送涉嫌犯罪案件，应当附有下列材料：（1）涉嫌犯罪案件移送书；（2）涉嫌犯罪案件情况的调查报告；（3）涉案物品清单；（4）有关检验报告或者鉴定意见；（5）其他有关涉嫌犯罪的材料。同时，需将涉嫌犯罪案件移送书抄送同级人民检察院。行政执法机关对应当向公安机关移送的涉嫌犯罪案件，不得以行政处罚代替移送。行政执法机关向公安机关移送涉嫌犯罪案件前已经作出的警告、责令停产停业、暂扣或者吊销许可证、暂扣或者吊销执照等行政处罚决定，不停止执行。

行政机关在执法检查和接受举报投诉时，发现违法行为明显涉嫌犯罪的，要立即书面通报同级公安机关，并抄送同级人民检察院。行政机关向公安机关通报涉嫌犯罪案件的线索，应当附有通报函及相关材料。犯罪嫌疑人有可能逃匿及销毁证据或转移、隐匿涉案财物的，应当立即通知公安机关，并尽快补办相关手续。

2. 司法机关向行政机关移送

公安机关对于工作中发现的行政违法行为，或者立案侦查后认为不构成犯罪，或者犯罪事实显著轻微，不需要追究刑事责任，但依法应当由行政机关追究行政责任的，应当在作出不立案或者撤销案件决定后7个工作日内依法将案件材料移送行政机关，同时抄送同级人民检察院。

2015 年 12 月食药监局等部门《食品药品行政执法与刑事司法衔接工作办法》第十四条规定，人民检察院对作出不起诉决定的案件、人民法院对作出无罪判决或者免予刑事处罚的案件，认为依法应当给予行政处罚的，应当及时移交行政机关处理，并可以提出检察意见或者司法建议。关于检察或司法建议的提出，2011 年国务院法制办等部门《关于加强行政执法与刑事司法衔接工作的意见》第（五）条的规定是“应当提出检察建议或者司法建议”。

（二）案件受理程序

1. 司法机关受理

根据 2016 年 6 月公安部《公安机关受理行政执法机关移送涉嫌犯罪案件规定》的规定，对行政执法机关移送的涉嫌犯罪案件，公安机关应当接受，及时录入执法办案信息系统，并检查是否附有下列材料：（1）案件移送书应载明移送机关名称、行政违法行为涉嫌犯罪罪名、案件主办人及联系电话等。案件移送书应当附移送材料清单，并加盖移送机关公章。（2）案件调查报告，载明案件来源、查获情况、嫌疑人基本情况、涉嫌犯罪的事实、证据和法律依据、处理建议等。（3）涉案物品清单，载明涉案物品的名称、数量、特征、存放地等事项，并附采取行政强制措施、现场笔录等表明涉案物品来源的相关材料。（4）附有鉴定机构和鉴定人资质证明或者其他证明文件的检验报告或者鉴定意见。（5）现场照片、询问笔录、电子数据、视听资料、认定意见、责令整改通知书等其他与案件有关的证据材料。移送材料表明移送案件的行政执法机关已经或者曾经作出有关行政处罚决定的，应当检查是否附有有关行政处罚决定书。对材料不全的，应当在接受案件的 24 小时内书面告知移送的行政执法机关在 3 日内补正。但不得以材料不全为由，不接受移送案件。对接受的案件，公安机关应当立即审查，并在规定的时间内作出立案或者不立案的决定。决定立案的，应当书面通知移送案件的行政执法机关。对决定不立案的，应当说明理由，制作不予立案通知书，连同案卷材料在 3 日内送达移送案件的行政执法机关。

对行政机关的犯罪线索通报，公安机关接到后应当立即派员调查，自接到通报之日起 10 个工作日内决定是否立案侦查并书面通知行政机关，同时抄送同级人民检察院。

2. 行政机关受理

公安机关、人民检察院、人民法院移送的涉嫌行政违法案件，行政机关应当依法作出处理。对于不属于本机关管辖的，应当在 3 个工作日内转送有管辖权的机关，并书面告知移送机关。

三、证据衔接机制

（一）证据衔接的必要

1．刑事办案的客观规律

目前行政执法机关办理违法案件除了单独执法外，还有我们熟知的联合执法模式。联合执法模式是指行政执法机关与公安机关各自抽调工作人员组成工作组，互相配合，联合执法。在联合执法模式下，执法往往由公安机关主导，且公安机关可以提前介入案件的办理工作，对证据进行保全。这样可以保证收集证据的完整性和合法性，避免因证据或线索遭到损毁后导致案件的侦破出现困境。但公安机关提前介入行政执法活动并进行取证实际上是公安机关通过“初查”取证，而初查证据的刑事证据能力在学界与实务界依然存在争议。行政机关的执法具有即时性，须及时对涉案的人和物采取措施，而公安机关不可能提前介入到每个案件。对于有些经济犯罪案件会在经过行政违法处置后才被发现可能涉嫌犯罪。因此，行政执法机关在执法过程中获取的证据具有不可复原性，也即公安、司法机关无法再次进行取证，《刑事诉讼法》规定符合条件的行政执法证据，如物证、书证、视听资料、电子数据等，在刑事诉讼中可以作为证据使用，便解决了这一难题，符合办案的客观规律。

2．诉讼经济的理性选择

程序法的目的之一是实现成本最小化。简而言之，诉讼程序的运行要通过较低的成本投入获得相同收益或者相同的成本投入获得更多收益，这样才符合诉讼经济的要求。取证程序是一个证据的搜寻、收集、过滤、筛选以及权衡的过程。证据收集的过程必然会损耗侦查机关的人力、财力等资源，同时也会产生相应的证据收益。换言之，也就是支出了成本并获得了证据收益。从法经济学角度理解，我们可以把证据收集视作一个投入成本并力求最小化的过程，而证据收益是侦查机关所获得的证据数量与质量。那么，此时诉讼经济就应满足投入相同的成本获得更多的取证收益或者投入更少的成本获得相同的取证收益。

在行政执法证据与刑事证据的衔接过程中，行政执法机关收集证据已经付出了成本，而这部分成本是可知并且固定的。如果侦查机关重新取证，必然将再耗费取证成本。因此，要想实现更多的收益，侦查机关的重新取证行为所获得证据收益要远远大于单纯证据衔接所获得的证据收益。但实际上，行政执法机关对执法过程中的实物类证据进行提取后，公安司法机关再按照刑事诉讼法的要求进行取证无疑将徒增诉讼成本。同时，行政执法机关在进行行政执法活动时会面临大量的专业性问题，如在查办证券内幕交易、欺诈发行等证券违法犯罪案件时，公安机关和检察机关往往需要借助于证监会的工作人员进行调查取证，这样与行政执法机关单独取证其实并无二致。如此一来，公权力机关重新调查取证或者证据转化将付出更多的成本，但所得的证据收益却基本等同于甚至低于直接使用行政执法证据。因此，司法机关有限度地接纳行政执法证据进入刑事诉讼程序是符合诉讼经济需求的。通过行政执法证据与刑事证据的有效衔接可以节约公权力机关的成本，避免造成刑事诉讼资源的浪费，获得更多的证据收益。

3. 打击犯罪的现实需求

过去行政执法证据与刑事证据在衔接上存在困难，导致行政执法部门与公安机关在移送出现分歧时互相推诿，耽误破案时机。一方面，行政犯罪案件尤其是发生在金融领域的案件具有专业性强、隐蔽性高、时空跨度大等特点，以至于侦查机关在发现违法行为涉嫌犯罪时许多证据往往已经灭失，使得侦查工作面临重重困境；另一方面，行政犯罪案件往往都与行政监管机关的具体职能相关联，在涉及专业知识的情况下，行政执法机关及其工作人员具有天然优势。因此，强化行政执法与刑事司法证据的衔接，也是满足当前有效打击行政违法犯罪行为的需要。

（二）证据衔接的程序

行政执法机关在查处违法行为过程中，必须妥善保存所收集的与违法行为有关的证据。行政执法机关对查获的涉案物品，应当如实填写涉案物品清单，并按照国家有关规定予以处理。对易腐烂、变质等不宜或者不易保管的涉案物品，应当采取必要措施，留取证据；对需要进行检验、鉴定的涉案物品，应当由法定检验、鉴定机构进行检验、鉴定，并出具检验报告或者鉴定意见。行政执法机关对公安机关决定立案的案件，应当自接到《立案通知书》之日起3日内将涉案物品以及与案件有关的其他材料移交公安机关，并办结交接手续。行政机关应当将行政执法和查办案件过程中收集的物证、书证、视听资料、电子数据等证据材料，连同案件其他有关材料一并移送。

公安机关审查发现涉嫌犯罪案件移送材料不全、证据不充分的，可以就证明有犯罪事实的相关证据要求等提出补充调查意见，商请移送案件的行政执法机关补充调查。必要时，公安机关可以自行调查。对决定立案的，公安机关应当自立案之日起3日内与行政执法机关交接涉案物品以及与案件有关的其他证据材料。对保管条件、保管场所有特殊要求的涉案物品，公安机关可以在采取必要措施固定留取证据后，商请行政执法机关代为保管。

其中，对于行政机关已经作出没收决定的物品，公安机关可以采取提取样品、拍照录像等方式，在3个工作日内及时、全面提取、固定证据完毕，没收物品由行政机关依法处理。对于尚未作出没收决定，但已采取查封、扣押等行政强制措施的物品，公安、行政机关应当加强协作，确保在查封、扣押、冻结期限届满前办结交接手续。公安机关对容易腐烂变质及其他不易保管的物品，可以根据具体情况，在拍照或者录像后委托有关部门变卖、拍卖，所得价款暂予保存，待结案后一并处理；对于大宗的、不便搬运的物品，可采取提取样品、拍照录像等方式固定证据，原物不随卷保存，由公安机关按照国家有关规定分别移送主管部门处理或者销毁。[①] 移送案件的行政执法机关在移送案件后，需要作出责令停产停业、吊销许可证等行政处罚，或者在相关行政复议、行政诉讼中，需要使用已移送公安机关证据材料的，公安机关应当协助。

（三）证据的衔接转化

1．物证、书证、视听资料、电子数据等证据材料

根据2012年修订后的《刑事诉讼法》第五十二条第二款的规定，行政机关在行政执法和查办案件过程中收集的物证、书证、视听资料、电子数据等证据材料，在刑事诉讼中可以作为证据使用。2012年《公安机关办理刑事案件程序规定》第六十条新增内容规定，公安机关接受或者依法调取的在行政执法和查办案件过程中收集的物证、书证、视听资料、电子数据、检验报告、鉴定意见、勘验笔录、检查笔录等证据材料，可以作为证据使用。因此，这类证据只要经过公安机关依法履行侦查取证手续后，就可以作为证据使用，无需转化形式再行收集。例如，可以要求行政执法人员对取证过程进行说明、制作移送笔录附卷等。

2．证人证言、被害人陈述、当事人供述与辩解等询（讯）问笔录

对于行政执法过程中制作的调查笔录、谈话笔录、询问笔录等言词证据，由于可靠性和稳定性较差，原则上应当予以转化，即由侦查人员重新制作或收集。具体来讲，对这些言词证据需要作为证据使用的，侦查人员应当找到原被询问人、谈话人进行核实并制作相关笔录，经核实相关人员对原笔录内容认可的，制作认可的说明笔录，与原材料一起作为证据附卷。如果不认可，则应当制作新的笔录附卷，原行政机关笔录可作为线索材料附卷。对于因不可抗拒的原因不能核实及重新制作笔录的，如死亡、植物

① 参见2012年12月18日国家工商行政管理总局、公安部、最高人民检察院《关于加强工商行政执法与刑事司法衔接配合工作若干问题的意见》第三条。

人等情形，经侦查机关审查原笔录与其他证据没有矛盾或者存在矛盾但能够做出合理解释、说明的，也可以作为证据使用。

此外，对于审计报告、鉴定意见等一些涉及专门性问题的材料，公安机关经依法审查，可以决定是否作为刑事诉讼中的证据使用。一般来说，对于互联网金融犯罪，审计报告、鉴定意见属于案件的关键证据，往往需要公安机关在侦查阶段严格按照法定程序，委托具有专业资质的鉴定人来出具。

（四）行政认定问题

行政认定是互联网金融犯罪乃至金融犯罪诉讼中经常出现的一种证据，又称为行政专业认定、行政确认等，主要是指由行政机关出具的对于某些金融犯罪性质的认定意见。例如，银监部门对犯罪嫌疑人的行为是否属于非法吸收公众存款的认定；证监部门出具的对行为人是否属于非法从事证券交易的行政认定等。

1. 行政认定前置化的实践倾向及其困境

实践中，有些侦查机关在办理互联网金融领域案件时，基于对此类案件的特殊性、专业性乃至办案习惯等的考虑，往往将行政认定意见作为办案的前置条件，甚至一度出现没有行政认定不立案的现象。[①] 不仅如此，检察机关、审判机关在案件办理过程中也同样出现对行政认定越发依赖的现象，尤其是在当司法机关之间对于案件认定存在分歧时，这种行政认定更显得不可或缺。以至于在一些定性没有争议的案件中，也习惯于将行政认定作为关键证据，必须调取。由此形成一种将行政认定作为司法认定前置条件的实践倾向。

这种倾向的长期存在，将金融监管部门及侦查机关双双拖入困境。对于金融监管部门，由于行政认定的程序性、规范性、可诉性及机构职责限制等，有时会借故拒绝或拖延进行行政认定，或者认定内容非常简单抑或文书中干脆出现免责声明等情形，缺少认定的过程及依据等。对于侦查机关，调取行政认定常常是因为固有的习惯做法，以及迫于后续公诉及审判机关要求补充调取等压力，这反而徒增许多不必要的负累，影响案件办理效率。尤其是当行政机关不情愿或拖延出具类似认定的情况时，侦查工作会陷入僵局，于是只能将大量精力耗费在反复沟通、说明上。

2. “二次性违法”理论的“前置法”主张及其不足

这种倾向的理论支撑，主要来源于受刑法谦抑性主义影响而形成的“二次性违法”理论。该理论认为，在司法实践中，一种行为构成犯罪，实际上

① 郭华：《非法集资的认定逻辑与处置策略》，经济科学出版社 2016 年版，第 162 页。

是这种行为已经超越了他法而进入刑法之中，进而触犯了刑法的规定，因此任何犯罪行为都具有“二次性违法”的特征。[①] 同时认为，任何经济犯罪均明显具有“二次违法性”特征，金融领域的刑事介入同样应当遵循“二次性违法”评价原则。遵循这一理论，在评价不法行为是否构成犯罪时，首先要弄清楚该行为是否触犯了某一方面经济法规的禁止性规定，即“首先从能否构成犯罪的这些刑法规定赖于建立的其他前置性法律当中去寻找”。

犯罪的“二次性违法”理论在司法实践中确实有其一定的价值，如避免了对行为人违法行为的重复评价，保障了人权；肯定了行政违法案件与刑事案件间性质及证据转化的合法性，节约了司法资源等。但将该理论用于金融领域刑事责任的判断，存在法理逻辑的矛盾及现实困境。[②]

在法理逻辑上，一是导致刑事违法性与“前置法”违法性内容的混同。刑法体现为禁止性规范，刑事违法性不是“违反法律规定”，而是因为“符合罪行规定”而进行的实质判断。“前置法”一般为授权性或命令性规范，其违法性体现为一种形式的判断。所以二者是内容相异的事物，不能在量和次上进行累加、计算。行为同时违反了多个法律不能说这个行为就是多次违法。所以，当一个犯罪行为严重违反“前置法”的时候，也不能认为该行为就具有“二次违法性”。二是违背犯罪认定的思维模式。认定犯罪应当基于主客观相一致的原则，刑事司法中的认定模式一般是从客观到主观。若将犯罪的“二次性违法”作为前置条件，则将违背这一认定犯罪的逻辑。姑且不论在监管“空窗期”没有相应“前置法”的存在的情况，即使有相应的“前置法”，但究竟是先发现“犯罪行为”再去找是否有“前置法”，然后可能再否定犯罪行为，还是先找违反“前置法”的行为，再找相应的刑法条文。前者属于明显的有罪推定，有违罪刑法定原则；后者需要先筛查浩瀚的“前置法”，再确定可能涉嫌的刑法条文，将可能使犯罪的认定长时间处于不确定状态。

在司法现实中，金融监管空白即“前置法”缺位的情况客观存在。当前我国的金融监管仍处于“分业监管”的格局，面对互联网金融越发明显的混业经营特点及趋势，监管冲突和盲区不可避免，而这必然导致监管的滞后。互联网金融犯罪的高发，一定程度上是利用了金融监管的“滞后”。以 P2P 行业为例，如前所述，《网络借贷信息中介机构业务活动管理暂行办

---

① 杨兴培：《犯罪的二次性违法理论探究》，载《社会转型时期的刑事法理论》，法律出版社 2004 年版，第 415 页。

② 毛玲玲：《金融犯罪的实证研究——金融领域的刑法规范与司法制度反思》，法律出版社 2014 年版，第 105 页。

法》出台之前，P2P 行业基本处于“无门槛、无规则、无监管”的“三无”状态。[①] 如此，在监管“空窗期”，如仍坚持“二次性违法”原则，势必阻滞刑法惩治犯罪机能的实现。

3. 行政认定的性质及其“前置性”否定

对于行政认定的性质，理论界存在不同观点。第一种观点认为，行政认定仅具有相对的法定效力，不能直接作为案件的定性依据，职能以参考意见的形式作为证据的一部分予以适用。[②] 第二种观点认为，只要行政主管机关出具的违法认定意见不超过其行政管理职权范围、案件基本事实认定正确、依据的法律适用准确，那么就可以将该认定意见直接作为案件定性的证据。[③] 折中的观点认为，应给予行政认定优势证据的诉讼地位。一种认为行政主管部门的违法认定意见在刑事诉讼中相当于公文书证的地位；另一种认为属于鉴定意见或特殊的鉴定意见。[④]

首先，行政认定可以作为证据的一部分，但并非必备证据。出具认定意见的行政主体是相关领域的主管机构，具有行政法的授权，是认定行政违法性的当然主体，同时由于其在专业性、权威性上的较大优势，若认定意见是在行政主体根据法律法规分析论证基础上作出的，自然可将该认定作为证据使用。但它既不是刑事案件的必备证据，也不是案件定性的关键证据。其在诉讼程序中同样需要经过质证等一系列程序进行实质评价，只有在经过确认后，才能作为定案证据的一部分，否则可不予采纳。

其次，行政认定并非刑事认定的前置条件。行政权的实质是管理权，司法权的实质是判断权，对犯罪构成要件的判断是司法权的题中应有之义，其也包括对行政认定的实质性审查。刑法作为最后法、保障法、补充法的原则，不能等同于行政和司法的倒置，演变成行政权对司法权的侵蚀，否则将影响司法的独立与公正。尤其是在金融监管立法相对滞后、监管存在空白地带的背景下，保护投资者合法权益、保障金融市场稳定发展仍是金融刑事司法无法回避的责任，司法机关的态度应该是积极熨平法律的褶皱，而不是因法律的滞后而将某些要素的刑事性的判断让渡给金融监管部门。[⑤]

也正是基于此，2014 年最高法、最高检、公安部《关于办理非法集资

---

① 参见上海市人民检察院发布的《2015 年上海金融检察白皮书》，载新华网，http://news.xinhuanet.com/legal/2016-08/10/c_129218901.htm，2016 年 12 月 12 日。

② 樊蓉、张玮：《外汇证券领域非法经营罪若干问题探讨》，载《犯罪研究》2009 年第 3 期。

③ 张鸿、李文军：《非法经营证券、期货案件中有关证监会〈复函〉的若干思考》，载《法治论坛》2011 年第 1 期。

④ 马克昌主编：《犯罪通论》，武汉大学出版社 2003 年版，第 214 页。

⑤ 毛玲玲：《金融刑事司法机制的专业化路径及问题探讨》，载《金融法制》2011 年第 6 期。

刑事案件适用法律若干问题的意见》第一条第一款就对行政认定的问题予以规定，行政部门对于非法集资的性质认定，不是非法集资刑事案件进入刑事诉讼程序的必经程序。行政部门未对非法集资作出性质认定的，不影响非法集资刑事案件的侦查、起诉和审判。该司法解释首次明确了行政认定的性质，否定了行政认定的必要性，打破了实践中的“前置”惯性，极大降低了对于行政认定的过分依赖。同时，第二款对于案情复杂、性质认定疑难的案件，可参考有关部门的认定意见，根据案件事实和法律规定作出性质认定的规定，又肯定了行政认定作为证据之一对于金融犯罪案件办理的特殊作用，但仍然要接受司法权的实质判断。

四、监督救济机制

一般认为，权力运行的有效机制要求“结构合理，配置科学，程序严密，制约有效”。行政机关及其工作人员因较早介入互联网金融违法行为的处理程序，若仅依靠行政机关对行为进行定性，可能会因为各种原因导致处理不当。因此，要从内部、外部两个层面对行政行为进行程序规制，确保互联网金融违法行为处理恰当。从内部层面讲，行政系统内部要对行政行为进行程序监督，主要包括层级监督和专门监督两种方式。层级监督包括上级机关对下级机关的监督和行政复议监督，专门监督主要有监察监督、审计监督。从外部层面讲，检察机关、新闻媒体、人民群众等外部力量应加强对行政行为的监督。

救济是对行政执法及刑事司法的处理不当进行的权利保护活动和相关制度运作过程。行刑衔接机制在我国尚未形成完整体系，各地的实践也存在一定程度的差别，法律工作人员在适用法律时也难免出错。因此，通过多种方式对处理不当行为进行救济成为行刑衔接程序机制实践操作的基本内容之一。

目前，关于行刑衔接的监督与救济，我国主要进行了如下规定：

（一）关于行政机关的规定

根据《行政执法机关移送涉嫌犯罪案件的规定》的规定，行政执法机关移送涉嫌犯罪案件，应当接受人民检察院和监察机关依法实施的监督。任何单位和个人对行政执法机关违反规定，应当向公安机关移送涉嫌犯罪案件而不移送的，有权向人民检察院、监察机关或者上级行政执法机关举报。

行政执法机关违反规定，逾期不将案件移送公安机关的，由本级或者上级人民政府，或者实行垂直管理的上级行政执法机关，责令限期移送，并对其正职负责人或者主持工作的负责人根据情节轻重，给予记过以上的行政处分。行政执法机关违反规定，对应当向公安机关移送的案件不移送，或者以行政处罚代替移送的，由本级或者上级人民政府，或者实行垂直管理的上级行政执法机关，责令改正，给予通报；拒不改正的，对其正职负责人或者主持工作的负责人给予记过以上的行政处分；直接负责的主管人员和其他直接责任人员，比照处罚。构成犯罪的，均依法追究刑事责任。

行政执法机关接到公安机关不予立案的通知书后，认为依法应当由公安机关决定立案的，可以自接到不予立案通知书之日起 3 日内，提请作出不予立案决定的公安机关复议，也可以建议人民检察院依法进行立案监督。建议人民检察院进行立案监督的案件，行政执法机关应当提供立案监督建议书、相关案件材料，并附公安机关不予立案、立案后撤销案件决定及说明理由的材料，复议维持不予立案决定的材料或者公安机关逾期未作出是否立案决定的材料。

（二）关于公安机关的规定

公安机关违反规定，不接受行政执法机关移送的涉嫌犯罪案件，或者逾期不作出立案或者不予立案决定的，除由人民检察院依法实施立案监督外，由本级或者上级人民政府责令改正，对其正职负责人根据情节轻重，给予记过以上的行政处分。直接负责的主管人员和其他直接责任人员，比照处罚。构成犯罪的，均依法追究刑事责任。

作出不予立案决定的公安机关应当自收到行政执法机关提请复议的文件之日起 3 日内作出立案或者不予立案的决定，并书面通知移送案件的行政执法机关。移送案件的行政执法机关对公安机关不予立案的复议决定仍有异议的，应当自收到复议决定通知书之日起 3 日内建议人民检察院依法进行立案监督。

（三）关于检察机关的规定

人民检察院应当依法对公安机关办理行政执法机关移送涉嫌犯罪案件进行立案监督。对于具有下列情形之一的，人民检察院应当要求公安机关在收到人民检察院要求说明不立案理由通知书后 7 日内将关于不立案理由的说明书面答复人民检察院：（1）人民检察院认为公安机关对应当立案侦查的案件而不立案侦查的；（2）被害人认为公安机关对应当立案侦查的案件而不立案侦查，向人民检察院提出的；（3）移送涉嫌犯罪案件的行政执法机关对公安机关不予立案决定或者不予立案的复议决定有异议，建议人民检察院依法进行立案监督的。

人民检察院认为公安机关不立案理由不能成立的，应当通知公安机关在收到《通知立案书》后 15 日内决定立案，并将立案决定书送达人民检察院。对于人民检察院认为公安机关不立案理由成立的，或者认为公安机关的不立案理由不成立而通知公安机关立案，公安机关已经立案的，人民检察院应当及时通知提出立案监督建议的行政执法机关。

各级人民检察院对行政执法机关不移送涉嫌犯罪案件，具有下列情形之一的，可以提出检察意见：（1）检察机关发现行政执法机关应当移送的涉嫌犯罪案件而不移送的；（2）有关单位和个人举报的行政执法机关应当移送的涉嫌犯罪案件而不移送的；（3）隐匿、销毁涉案物品或者私分涉案财物的；（4）以行政处罚代替刑事追究而不移送的。

各级人民检察院对公安机关不接受行政执法机关移送的涉嫌犯罪案件，或者逾期不作出立案或者不予立案决定，在检察机关依法实施立案监督后，仍不接受或者不作出决定的，可以向公安机关提出检察意见。有关行政执法人员、公安人员涉嫌犯罪的，依照刑法的有关规定，追究刑事责任。

第三节　互联网金融案件行刑衔接的困境

从前文所列各规范性法律文件的制定、颁布及内容情况看，显示出国家在不断从规范层面完善行刑衔接工作，同时也反映了行刑衔接工作的实践运作效果还不太理想。在具体案件处理过程中，“四多四少”的现象较为突出，严重影响了国家法制的实施与经济领域的秩序。这表现在：违法案件远大于查处案件，行政处理远多于司法处理，查处一般违法人员远超于主要犯罪人员，而且适用刑罚较轻。① 2011 年《关于加强行政执法与刑事司法衔接工作的意见》指出：在一些行政执法领域，有案不移、有案难移、以罚代刑的问题仍然比较突出。可见，中央及有关部门一系列规定的出台，并没有使得实践中行刑衔接问题得以有效解决，行刑衔接问题依然是整顿和规范市场经济秩序、合力打击违法犯罪的机制性障碍。具体到互联网金融领域，这些行刑衔接的诸多实践困境同样存在。

一、法律依据较混乱

（一）规范性法律文件位阶低

除去上面提到的《行政执法机关移送涉嫌犯罪案件的规定》、《关于加强行政执法与刑事司法衔接工作的意见》以外，专门以条文规定形式出现的关于行政执法与刑事司法衔接的法律规范已经有十余部之多，党的十八

① 梁静、杨继文：《“行刑衔接”程序设计研究》，载《成都师范学院学报》2016 年第 1 期。

大召开后，把行政执法与刑事司法衔接工作提升到了社会主义法治建设的高度，从量的方面来看相关规范仍将呈现逐年增加的趋势。但是通过对这些规范性法律文件进一步梳理后发现，这些文件制定的主体除了国务院、检察机关与公安机关以外，还有诸如农业部、国家质检总局等行政机关自行或联合发布的各种规定、意见和办法。按照《立法法》的规定，这种多部门的意见和规定的效力位阶低。

这种低位阶的规范性法律文件的最大特点就是制定主体的多元性。不同主体在立法技术和立法水平上都存在着差异，行政执法过程中对证据收集固定、在构成刑事犯罪标准认识上也各异，大家都站在自己的角度出台相应规定势必造成涉嫌犯罪案件移送标准和尺度的混乱，有时还会出现不够细致及随意性较大等情况，而这样一种法出多头且位阶较低的现实情况，造成的后果就是行政执法和刑事司法衔接制度缺乏刚性约束，可操作性差。整个行政处罚和刑事司法衔接机制运行所依据的法律规范文件缺乏体系性，并且不具有普遍效力和约束力，无法发挥统领整个行政处罚和刑事司法衔接机制运行的作用。

（二）条款内容有冲突

从行政执法与刑事司法的衔接上来看，行政法与刑法可以进行有效过渡，不应当存在衔接漏洞，更不应当存在冲突。但实际中，行政法规定和刑法规定在衔接上存在漏洞和相互矛盾的情况比比皆是。从具体法条来看，我国在刑事罚与行政罚衔接交叉地带的调控法律形式多为“依附式”“散在式”体例，分散设置在行政法规中的刑事处罚至多规定对某种行政犯罪行为依照或者比照刑法典、单行刑法的规定追究刑事责任，甚至只是笼统规定“依法追究刑事责任”，在进行行政立法时立法者有时根本没有考虑有没有相应的刑法罪名与之相配套，从而出现在刑法上并没有相关罪名与此相对应的情况。

（三）案件移送标准不明晰

如《行政执法机关移送涉嫌犯罪案件的规定》要求公安机关对于接受行政执法机关移送的案件，3 日内审查作出是否立案的决定，而《关于加强行政执法与刑事司法衔接工作的意见》则是作出及时审查，10 日以内作出是否立案决定，重大疑难复杂的可以在 30 日内作出是否立案的决定。对照一下条文，如果按照上述《规定》逾期不立案的，是要承担相应责任的，而按照后者则是合法的。对此，2016 年 6 月公安部《公安机关受理行政执法机关移送涉嫌犯罪案件规定》则仅通过表述为“并在规定的时间内作出立案或者不立案的决定”来技术性回避这一矛盾。同时各行政法规制定的移送标准不统一、移送程序不明晰等也是现实面临的难题。加之对涉案款物保管、鉴定、移送中行政执法部门对于取证要求明显低于刑事案件标准，带来的后果就是一部分案件虽然移送了，按照涉嫌罪名对应的证据不能支持达到刑事立案标准而将案件返回行政执法机关，重新作出行政处罚。一部分案件因无明确移送标准直接就被作出了行政处罚，造成事实上的降格处理。

（四）证据对接规则不明确

行政执法机关在发现有可能构成刑事犯罪之后，应当移送公安机关作为刑事案件处理，随案移送的证据的效力问题就成了首要和核心的问题。行政执法机关移送至刑事司法机关的证据材料必须经过刑事司法机关审查核实，符合证据要求的才能作为证据使用。实践中，由于行政执法与刑事司法采用不同的证据规则，因此两者之间的证明标准也存在一定差异。然而，由于没有相关刑事法律和司法解释明确规定证据对接规则，行政机关所移送的材料很多情况下不符合刑事司法严格的证明标准，因此需要司法机关重新调查取证，耗费了本已稀缺的司法资源，严重影响司法机关的工作效率。

二、信息共享阻力大

（一）平台建设工作迟滞

在当前信息共享平台建设过程中，从国家层面看，尚未有统一规划建设的信息共享平台建设的工作意见或工作机制投入实质性的运作；从地方层面看，全国各地信息共享平台建设水平不平衡，有的地方已经总结出了一套比较成熟的做法，有的地方则刚刚起步，有的地方软硬件均不具备。各地检察机关、公安机关及相关行政执法机关虽然出台了建立行政执法与刑事司法相衔接工作机制的专门工作意见或办法，但对信息共享平台建设没有刚性的指导意见，不仅系统性、科学性不够，而且更多的还停留于形式，工作成效不明显。具体体现在三方面：一是随意化。各地的行政执法和刑事司法信息共享平台的建设缺乏整体性的设计和规划，在工作中没有硬性规定与要求，没有统一的模式，碰到难题绕着走，重形式、重表面、重应付，对相关责任部门缺乏有效的约束制约机制。二是分散化。在具体的工作衔接中，各相关部门注重条线要求的多、注重部门利益的多，缺乏必要的整合，各行其是、分散作业的多，衔接机制的优势和功能得不到充分的发挥，难以形成执法的合力。条块分割的必然结果就是重复建设，资源严重浪费。三是形式化。在推进行刑衔接机制建设工作中，往往停留于发个联合文件、开几次联席会议、象征性地报送些资料，缺乏实质性的运作。各衔接单位各有各的想法与做法，尤其是一些行政执法机关没有从内心真正认同行政执法和刑事司法信息共享平台，碍于各方面的压力或人情应付了事。

（二）平台作用发挥不足

在当前的工作实践中，由于信息共享缺乏必要的工作机制的有效保障，整个信息共享平台的操作性不强，未能充分发挥其所具有的整合资源、加强监督、规范执法、业务咨询、预警提示、辅助决策等基本功能；而其功能作用发挥不够理想使各协作单位的参与积极性受到打击，反过来又影响到共享平台建设本身的推进进程。一是组织机构不健全。缺乏由权威部门领导牵头、各协作部门领导参与、跨越行政执法机关与刑事司法机关的领导小组，在信息共享平台建设上缺乏组织领导与统筹协调的工作核心。相应地，各部门也未明确分管领导与职能部门，没有落实专兼职工作人员。二是技术资金保障不到位。信息共享平台的建设与维护需要投入大量资金与大批专业技术人员。但当前由于没有政府财政的专门预算，在经费保障上存在较大问题。由于经费保障上的不到位，信息共享的平台建设、应用、维护等工作难以推进，科技化水平低。三是互动协作机制不健全。主要表现为行政执法机关与刑事司法机关的信息互通不够，双向或多向的互动性不够，信息共享平台本身所具有的服务大局、各方受益的功能作用没有得到有效发挥，使协作各方难以接收到信息共享平台所带来的积极效应，影响其参与协作机制的积极性。四是业务咨询机制不健全。由于行政执法部门与刑事司法机关办案的法律依据和证据标准存在差异，行政执法机关与刑事司法机关对案件的定性、证据收集等方面存在分歧，行政执法人员在执法中缺乏对刑事证据的取证标准和取证要求的认识，往往错过最佳的取证时机，使一些本应立为刑事案件的无法立案。五是缺乏内部监督制约机制。由于没有建立相应的督促检查与考核评价机制，使信息共享这项需要长期坚持且工作量巨大的基础性工作在落实中得不到根本的保证。而且各协作单位又分属各个不同的系统，更加缺乏监督制约的手段。在执行过程中一旦某个部门或某个环节出现了问题，都将影响到整个机制的有效运行。六是缺乏信息管理使用的保密机制。信息共享的内容量十分广泛且量十分巨大，有些信息属于本单位、本系统的秘密资料，部分协作单位由于担心在使用过程中出现泄密的情况，提供时存在较大的顾虑。

（三）案件录入存在两难

在信息平台建设过程中，信息共享平台建成只是第一步，如何让行政执法部门如实地录入行政处罚信息，也就是说增强行政处罚的透明度才是检察机关监督的难点。但关于案件的录入范围，我国尚未从国家层面进行统一有效的规定。目前实践中主要有两种录入范围，第一种也是大多数地方的做法，是只录入涉嫌犯罪的案件，第二种也是较少被采用的做法，是除了涉嫌犯罪案件外，还录入行政处罚决定已生效的案件。[①] 但对于第一种做法，容易导致行政执法部门的选择性录入，也即是否录入信息、录入多少信息及录入什么信息完全由行政执法部门掌控，造成司法机关无法及时全面掌握行政执法部门所有行政处罚案件信息。因为对于行政处罚案件，办案人员调取证据对于定案标准的把握、证据证明能力对于案件的最终走向起着至关重要的作用。实践中，一些行政执法机关为了自身利益的追求或者一些潜规则的存在，故意将一些案件线索隐瞒下来，或者将关键的信息不输入，或者选择一些数额较小、情节较轻的事实进行输入，人为地帮助了涉嫌犯罪人员逃避刑事处罚，使得降格处理变得更具隐蔽性，监督难度变得更大。而第二种做法的案件录入信息量大，同样造成监督难。与第一种做法相对应的另一种情形就是，事无巨细所有信息全部录入信息共享平台。从积极的意义来说，行政执法机关能够主动向平台提供全部数据，的确是行刑衔接工作的一个巨大进步。但是，实践中面临的一种尴尬的情况是，在部分行政执法部门的海量信息中，真正能够达到移送标准的极少，从安徽省滁州市行政执法与刑事司法信息共享平台的数据可以看出，自2012 年 1 月信息平台建成，截至 2014 年 12 月 30 日，全市 21 家行政执法机关共输入行政处罚信息 21068 条，行政执法机关移送公安机关涉嫌犯罪案件线索 105 条，只占其中的 0.5%。大量的信息不仅占用信息平台的内存，而且给从事监督工作的人员带来了工作量的剧增。一些行政执法机关作出的简易行政处罚的案件，罚款 50 元以下或者口头警告等对于与刑事司法衔接毫无意义，还有距离立案标准很远的案件，或者是情节显著轻微的一般程序案件，这些信息的输入不仅浪费了大量的人力，同时也给后台审查信息的人员带来了监督难度。[②]

对此，笔者认为，首先，对于适用简易程序处理的行政处罚案件没有必要纳入录入范围；其次，可以考虑在现有仅录入涉嫌犯罪案件的基础上，分步骤将案件录入范围逐步扩大。例如，可以先将涉及金融安全、生产安全、食品药品安全、环境保护、知识产权保护等重点领域的行政处罚案件

---

① 甄贞、申飞飞：《行政执法与刑事司法衔接机制刍议》，载《人民检察》2011 年第 15 期。

② 缪群：《论行政执法与刑事司法衔接制度的完善》，安徽财经大学 2015 年法律硕士学位论文。

作为录入范围，待条件成熟再逐步进行扩大。

三、法律监督不完善

目前，我国检察机关对行政执法与刑事司法衔接的监督现状仍然不理想，存在一定的缺陷。

（一）监督范围不明确

虽然宪法规定了检察机关的法律监督职能，主流观点对于检察机关在刑事领域内的监督毋庸置疑，但是对于行政执法领域的监督还是引起了争鸣。这是因为虽然宪法规定了人民检察院是我国的法律监督机关，但是《人民检察院组织法》第五条第（三）、（四）、（五）项规定了检察机关的法律监督具体是对侦查部门的侦查活动合法性，审判部门的审理活动、刑事判决、裁定执行合法性，监狱看守所等执行刑罚措施活动合法性的监督。而作为行政处罚与刑事司法衔接源头的行政执法却不在监督之列。另外，我国现行法律法规都着重规定了对应当立案而不立案的消极立案行为进行监督，而忽视了对不应当立案而立案这种“积极”立案行为的监督。事实上，实践中不仅存在大量以罚代刑的违法行为，同时也存在大量以刑代罚的违法行为。比如，报复陷害的徇私舞弊行为、以刑罚逼迫相对人缴纳罚款的行为，以及公安机关违法插手一般民事经济纠纷的行为，很多是通过“积极”立案来实现的，其危害程度丝毫不亚于“消极”立案，并且此类行为严重地损害了法人及公民的基本权利，在社会中产生了极坏的影响。

（二）信息获取途径缺乏

对行政执法行为的监督方式表面上看多种多样，既有内部监督又有外部监督，既有专门机关监督又有社会监督，各种监督机构又各有所长，但实际上各监督机关之间的关系不甚清晰，职能又多有重复。而检察机关作为最重要的专门监督机关，其法定的对行政执法的监督主要有两个方面：第一，监督行政机关是否将涉嫌犯罪案件移送给司法机关处理；第二，监督行政执法工作人员在执法过程中是否存在滥用职权、徇私舞弊等职务犯罪行为。然而在检察实践中，检察权与行政权、审判权相比还是处于弱势，一是三者的相互制衡关系不太平衡，特别是检察权缺乏应有的强制力保障；二是目前检察机关监督手段有限，线索信息来源渠道不多、不畅，同时由于监督权的法律规定比较抽象并且不具有可操作性，致使监督效果不理想。

（三）强制性监督手段不足

在我国权力构架体系中，检察机关不仅要受到上级检察机关的领导还要受到同级权力机关的领导，特别是在财政上主要依靠同级地方政府支持。在这种权力架构体系中部分检察机关很难完全按照自己的意志独立办案，在对行政执法机关移送案件进行监督的过程中，部分检察机关可能会受到地方政府影响，难以按照法律规定的权限进行监督。检察机关对行政执法机关移送案件进行监督的方式是通过通知立案书、检察建议、纠正违法通知书等手段进行。由于法律对这些监督手段没有完善的规定，缺乏保障机制，导致司法实践中往往无法落实。纠正违法和检察建议这两种监督方式的处境尤为尴尬。刑事诉讼法虽然规定了纠正违法，但是法律并没有规定相对应的保障措施。一旦被监督机关不接受纠正违法意见，检察机关往往毫无办法。立法上强制性监督手段的空白，严重削弱了法律监督的效力，这成为检察机关行使法律监督权的“瓶颈”。

（四）“专项立案监督活动”较少涉及互金领域

自 2004 年开始，相关文件要求检察机关应加强立案监督工作。2004 年 3 月，检察机关积极发挥在行刑衔接机制中的作用，在全国范围内开展了“专项立案监督活动”，取得了不错的成果。[①] 这在很大程度上强化了检察机关在行刑衔接机制中的法律监督作用，推动了 2006 年 3 月最高人民检察院、“全国整规办”、公安部、监察部《关于在行政执法中及时移送涉嫌犯罪案件的意见》中对于行刑衔接中检察监督相关内容的完善。随后各地检察机关纷纷与政府相关部门制定行刑衔接机制的有关规定，检察机关监督行政执法机关移送涉嫌犯罪案件的行刑衔接工作得到普遍开展，体现为检察机关一年一度的“专项立案监督活动”。但专项活动主要针对的是制假售假、侵犯知识产权及“危害民生”等犯罪，互联网金融领域目前仍鲜有涉及。

四、衔接时机难掌控

实务中，相关部门对于互联网金融犯罪的衔接、打击的时机很难把握。由于互联网金融犯罪，尤其是利用互联网金融非法集资等涉众型经济犯罪，大多是在合法的外衣掩护下实施的，有的甚至是当地的支柱型产业，且涉案人员众多，行为分散，取证和处理难度较大，相关部门尤其是公安机关面临两难处境：如果过晚介入，受害群众将会更多，损失更大，加之犯罪

① 2004 年 3 月至 2005 年年底，检察机关在全国范围内开展了打击制假售假、侵犯知识产权犯罪专项立案监督活动，2004 年全国检察机关立案监督案件 684 件，建议移送涉嫌犯罪案件 937 人，是 2003 年的 2.9 倍；2005 年监督立案案件 1045 件，建议行政执法机关移送涉嫌犯罪案件 1286 件。

嫌疑人有充足的时间毁灭证据从容出逃，给案件的侦破、追赃造成极大困难，受害群众往往因此指责政府不作为，导致各类上访案件发生；如果过早介入，由于危害结果的发生相对滞后，难以取证，公安机关很难界定其犯罪的性质，虽然能及时摧毁和终止侵害行为，但因不法公司此时仍然在兑付高额“利润”，群众此时很难识别出不法公司的真面目，会认为公司本来经营状况良好，因为遭受相关部门的打击，造成无法正常经营，才导致了他们的损失，于是把矛盾的焦点引向监管部门、公安机关。监管部门、公安机关的执法行为造成受骗群众无法获得预期利益，引发受骗群众不理解、不配合的过激行为，同样不利于社会稳定。有的受害群众甚至要求释放犯罪嫌疑人，让其继续经营，来挽回损失。

互联网金融犯罪隐蔽性和规律性的特征决定了此类犯罪是可以通过预警进行控制和打击的，网贷平台等刑事风险都可以通过其在网上的活动轨迹进行考察，所以掌握了相关平台的经营数据，就可以做到实时监控平台行为。然而，现阶段的预警主要还是传统的发布预警信息，且预警信息宽泛，对于具体的风险点无法清晰表述，这种粗放式的预警方式针对性不强，效果不明显，也无法为相关部门的打击工作提供有效前期指导。

第四节　互联网金融案件行刑衔接的完善

如前文所述，目前我国整个行政处罚和刑事司法衔接机制运行所依据的法律规范文件缺乏体系性、普遍效力和约束力，无法发挥统领整个行政处罚和刑事司法衔接机制运行的作用。对于互联网金融案件的相关行刑衔接问题，更是缺少相应的专门规范，法律依据较为混乱。因而，在立法层面上，首先应协调行政法与刑法条款的冲突，既要避免出现行政法条款与刑法条款矛盾的情况，同时也要有利于两法的衔接；其次应当及时针对行刑衔接制度出台较高位阶的法律规范，统一衔接标准，规范案件衔接程序及证据衔接规则，明晰相应权责，完善法律监督。对于互联网金融犯罪行刑衔接制度在实践层面上的其他问题，则有必要在完善现有相关机制的同时，针对互联网金融犯罪主要特点，结合新金融监管策略及大数据等新技术的应用，探索新的衔接辅助机制加以有效解决。

一、大数据背景下互联网金融犯罪监测预警机制探索

强调系统而完善的金融违法犯罪防控体系的重要性，比以割裂的概念

为基准计算各部门所做“贡献”，更为冷静客观。[①] 随着互联网金融热度的攀升，借互联网金融创新之名行非法集资、网络传销等涉众型经济犯罪之实的行为越来越多，大案要案频发，形势相当严峻。互联网金融背景下非法集资的规模也大幅增加，部分案件涉案金额达数十亿元，涉及人数几万甚至十几万，严重损害了人民群众的合法利益，扰乱了正常的金融秩序，影响了社会稳定。其中，网络投资理财、P2P 借贷等业态成为重灾区。同时，非法集资的手段也更趋隐蔽，已经向互联网化、数字化、跨境化、混业化等方式演进。对于目前非法集资出现的新形式、新情况，传统监管模式已经很难进行全方位的监管覆盖。所以，迫切需要将大数据技术运用到此类违法犯罪的事前监测预警中，建立预警机制，使相关部门尽早发现犯罪的苗头，尽早控制犯罪趋势，掌握正确的介入、打击和衔接时机。

（一）互联网金融犯罪大数据监测预警机制的构建

在信息互联时代，数据的收集非常重要，而数据清洗、分析、研判和对预警信息的处理和反应更为关键。大数据和云计算的出现使得对多元化大容量信息数据的处理成为可能。应当建立数据不断流动、信息不断更新、实时分析研判的大数据分析监测预警平台，在此平台的基础上对异常经济活动进行响应和处理。大数据时代，信息数量庞杂，靠传统的人力在网上巡查信息采集机制，已不能适应要求。对此，加强职能部门与社会大数据研究机构的合作，由职能部门提供第一手素材为研究范本，由研究机构依托国际知名的最新开源网络数据挖掘分析工具（如 Orange、Storm 等），共同研发适用于互联网金融违法犯罪信息的采集挖掘工具，加强技术手段对信息采集的支撑力度，改变目前主要依靠人力、效率过低的现状。

1. 建立大数据监测预警平台

利用大数据平台实现互金犯罪监测的特点在于，其能基于所获取的来自互联网及各职能部门的数据，通过平台专业分析模型，从中发现可疑犯罪线索，形成预警信息，并实时监测发布。产生预警风险之后，由相关部门联合对预警信息进行综合分析，先根据预警系统具体的风险区间判别案件性质，再对风险点进行人工研判，确定系统判断的正确性，在此基础上进一步确定案件是行政案件还是刑事案件。根据研判结果，选择最佳打击时机，变被动打击为提前打击、准确打击、快速打击，从而有效地遏制犯罪的发生，减少被侵害人的经济损失，实现打击零起点。

---

① 毛玲玲：《金融犯罪的实证研究——金融领域的刑法规范与司法制度反思》，法律出版社 2014 年版，第 99 页。

2. 建立大数据导侦模式

大数据时代，数据分析的重点并不仅是个案要素的查询，更重要的是后台全数据库的分析、比对、碰撞，从而用信息化的手段梳理出整个犯罪网络的人流、物流、资金流、信息流的完整架构。这就需要聚合信息、技术、情报、网安等部门的全部信息资源、技术手段和人才，共同打造一个实战分析研判平台，依托后台数据库和大数据分析工具，更高效地从简单信息入手，关联分析互金犯罪整个架构，为打击整个互金犯罪网络提供情报信息支撑。使数据处于核心地位，支配侦查运行。大数据导侦模式相比于传统侦查模式，具有以下四个特点：

一是一体性侦查。以数据共享为机制，不同层级纵向形成扁平化的决策、指挥结构，多方面、跨区域横向合成统一的导侦主体。

二是全景式侦查。侦查中采集和分析的数据是全景数据，侦查思路从面到点，侦查路径发生了根本变革。

三是算法型侦查。首先对数据进行采集和清洗，为数据运算做准备，然后确立运算法则，建立运算模型，再通过由云计算支撑的数据运算，获得犯罪相关信息。

四是预测型侦查。侦查行为从回溯型侦查转向主动型侦查，实时感知犯罪，及时采取行动，将侦查引向未来。

3. 加强装备和人才保障

要聚合各类资源，一方面，要积极主动地将各类信息资源、技术手段和优秀人才投入到平台工作中；另一方面，要改变目前技术装备手段建设严重滞后于实践需要的状况，确保根据互联网技术最新发展情况和侦查实践需要，在第一时间内及时增加互联网宽带、配强服务器、开发各类网络侦查工具、购买或开发各类数据分析挖掘和图形化展示等软件。此外，还要加强人才保障，从地方院校招录数字分析专业人才，从侦查一线抽调涉网经济犯罪侦查能手，专门开设一批互联网犯罪数据分析专业课程，全面加强人才队伍。

（二）“冒烟指数”——大数据监测预警的北京实践

目前，实践中已有部分地区进行了互联网金融犯罪大数据监测预警的相关探索。例如，2014 年，北京市打击非法集资领导小组联合技术公司，研发了大数据打击非法集资监测预警云平台，能够对 P2P 网贷平台的风险进行及时预警，为有关部门采取打击行动提供了依据。该预警平台用“冒烟指数”来衡量网贷平台等互联网金融企业的危害程度。“冒烟指数”把金融机构、理财产品、P2P、私募股权等在互联网上体现出来的特征进行收集，归集200多项数据，通过对企业进行数据挖掘，可以抽象出机构合规度、特征词命中、传播虚假性、收益偏离率和投诉率等五个特征指数。将上述五项指数加权、整合后，所测算出的数字，即是企业“冒烟指数”，代表其所涉非法集资风险。目前建立的非法集资风险模型框架内，包括企业欺诈、信用、流动性等三方面风险模型。预警平台通过对各个维度风险的量化、赋值，综合出企业的“冒烟指数”；除从社交网络采集数据外，预警平台的数据来源还包括政府网站、公检法、工商税务等。通过数据挖掘，对企业相关的关键字进行测算，触线即采取相应措施。对“冒烟指数”超过60分的平台，相关部门要列入重点监管；超过80分的，政法机关将及时启动打击处置程序。“森林着火是要冒烟的”，“冒烟指数”就是通过检测潜在的冒烟点，对可能出现的险情做出预先关注。①

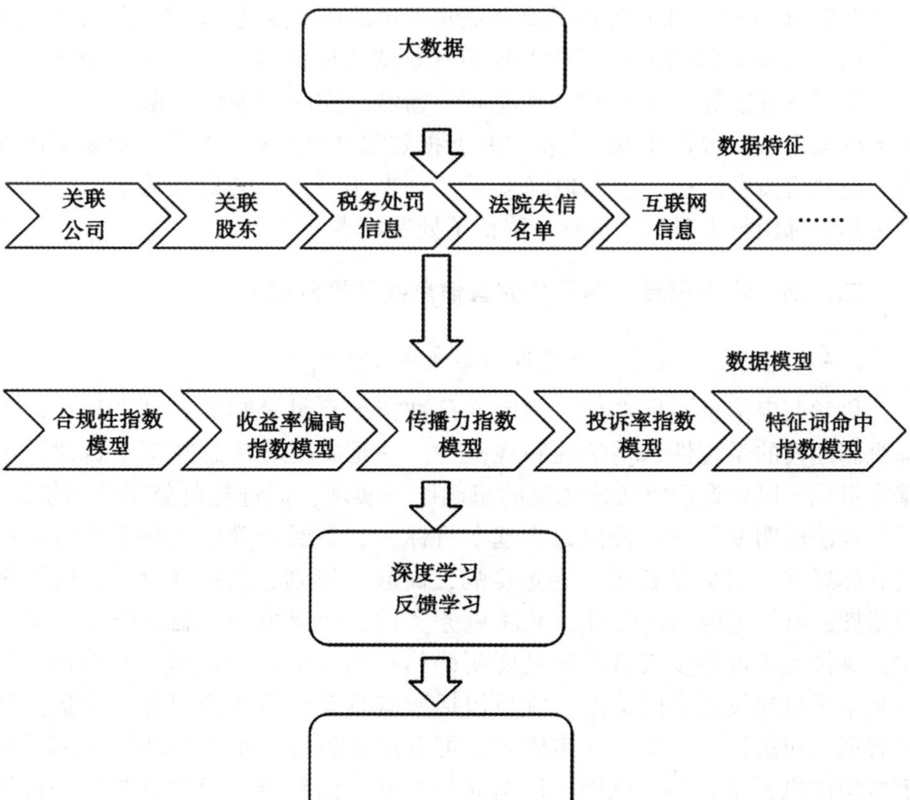

图1 “冒烟指数”分析模型

① 参见网贷之家网：http://baike.wdzj.com/doc-view-3050.html，2017年1月27日。

2014年7月，北京市监测预警平台监测到一个叫“里外贷”的P2P网贷平台指数开始冒烟。“里外贷”“冒烟指数”达84分，而公安部违法犯罪资金查控平台提供的资金流数据显示，其待收本息达9.34亿元，综合收益率39.77%。两组数据重叠之后，“里外贷”的非法集资事实已经确定无疑。2015年1月，涉嫌利用P2P网贷平台非法集资的“里外贷”母公司——众×××科技公司被依法查处。监测预警平台的及时预警，使得这起非法集资案件的恶果没有持续扩散，案件所引发的影响也被降至最低。①

根据联合研发该平台的技术公司提供的资料显示，大数据监测预警平台已被北京市金融工作局运用到了北京市打击非法集资专项整治行动及互联网金融风险专项整治工作中，并成功预警了“e租宝”等大案，在实践中取得了显著的成效。截至2016年5月，平台共监测北京市各类企业上千家，覆盖全市16个区，重点监测的高非法集资风险的企业达39家。北京市金融工作局已向公安部门报送了几十起涉嫌非法集资的线索，其中以P2P、私募、第三方理财等三个领域为风险高发领域。同时，平台根据监测结果形成多种类型监测报告共400余份，并上报到北京市政府、北京市金融工作局和其他政府监管机构。大大地降低了北京市非法集资的案发数量，有效助力了相关部门打击时机的选择，降低了处置成本。

二、以“网上衔接”为目标完善信息共享平台建设

（一）制定信息共享平台建设指导意见及管理办法

科学制定信息共享平台建设的规范性指导意见及相关管理办法，以确保机制建设的系统性、科学性和规范性。一是要明确信息共享平台建设的基本目标。以确保国家法律法规的正确统一实施，促进规范公正严格执法，提升执法透明度与执法公信力为基本目标。二是要明确信息共享平台建设的总体思路。要立足长远，立足全局，高起点谋划，高标准设计。既注重前瞻性，有一定的超前设计，又注重务实性，确保可行。制度设计一步到位，具体实施可分步推进。三是要明确信息共享平台协作部门的范围。纳入共享平台建设的部门范围，应当包括所有具有行政执法权的行政机关和所有刑事司法机关。在具体实施中，可有所选择地将重点行政执法部门和刑事司法机关作为共享范围，逐渐向外扩展。四是要明确信息共享平台协作部门的工作职责与工作程序。五是要明确信息移送的范围和移送的基本程序。六是要明确信息管理部门和监督部门及其工作职责。七是要明确监

① 参见北青网：http://news.ynet.com/3.1/1601/23/10779902_2.html，2017年1月27日。

督的程序与措施。八是要明确责任追究和奖惩措施。

如此，行政执法与刑事司法信息共享平台的建设和运行就有了充分的依据，并对纳入共享平台的执法部门产生一定的强制效力。同时，通过整体规划，统筹共享平台建设的各个要素、各个环节，可使之得到有序整合，确保平台建设的系统性，有效防止信息共享平台建设的随意性。

（二）建立信息共享平台“网上衔接”机制

行政执法与刑事司法信息共享平台是利用现代信息技术开展两法衔接工作的有效载体，直接解决了实践中备案审查不到位的问题。信息共享平台的充分利用，不仅可以有效解决在日常衔接工作中最突出的衔接不便捷、办理工作流程不规范和行政处罚案件办理不透明的问题，更是在具有行政权力机关和司法执行机关、法律监督机关之间实行了网上无缝移送、网上办理、案件（刑事和行政）流程全景体现。具体案件可查性使得行政执法和刑事司法工作的开展不再千头万绪和杂乱无章，对于检察机关而言，自身的法律监督有了多重方式和路径。信息共享使得三机关之间更加密切合作，顺利衔接。

依托专网专线的硬件设施，建立全程监督的信息共享平台是两法网上衔接的最终目标。行政执法机关、公安机关和检察机关通过专网传输行政执法案件信息，完全符合保密规定，可以从行政机关受理案件伊始要求进行信息输入，按照《行政执法机关移送涉嫌犯罪案件的规定》从立案、调查、处理、移送每个环节按时间节点顺序输入，确立承办人和领导负责人职责权限，调查取证相关环节每一步都有相应记录。如此，一是可以增大行政执法过程的透明度，避免行政机关在操作上出现“四多四少”“以罚代刑”的现象。二是可以对有可能涉嫌犯罪的行政执法案件，充分发挥检察机关、公安机关的协调作用，对案件定性、证据把握上发挥检察机关的监督职能，对相关案件查处过程中检察机关可以提前介入，对于侦查机关的侦查方向、侦查手段、取证效力等提出相应建议。① 三是在对案件流程进行监督过程中，案件受案、调查和最终处理结果存有巨大出入的，检察机关可以及时发现并调卷审查，发现职务犯罪或违纪线索，按照相关规定移送查处。四是可以对公安机关对受理案件的线索是否及时作出立案或不立案处理，有无消极受理、久侦不结等情形及时监督。

（三）加强保障，确保信息共享平台有效运转

一是要有充分的经费保障。建议将信息共享平台建设纳入当地政府信

① 陈国庆主编：《检察制度原理》，法律出版社2009年版，第106页。

息化建设总体规划，由财政编列专项经费，提供全额保障。

二是要有充足的人力保障。相关部门必须指定本部门参与共享平台建设的负责人，确定专门联络人员，负责就共享平台的建立和运行中的具体事项与其他部门进行沟通协调。除此之外，还需要技术维护人员，由各部门的技术人员负责对信息共享平台进行日常的技术性维护；以及操作人员，由各部门确定专门的人员负责录入、更新、研究行政执法和刑事司法信息。

三、以“移案监督”为核心完善检察监督制度

检察机关作为国家的法律监督机关，在积极推动行刑衔接工作方面担负着重要职责。建立规范高效、监督有力的两法衔接机制，一方面对于防止行政执法过程中出现的“以罚代刑”、打击不力现象，促进依法行政，发挥政府在维护市场经济秩序中的主导作用，具有十分重要的意义；另一方面对于防止刑事司法环节有案不立、有罪不究现象，确保公正司法，进一步严密打击违法犯罪的法网，也具有积极意义。从而为消除在查办行政违法和刑事犯罪中间地带存在的执法空档，更好地维护法制统一和公平正义，服务经济社会科学发展，提供有力的、完备的保障。

（一）完善监督的法律依据

要想使得检察机关在行政执法向刑事司法过渡过程中的法律监督更有效，更具可操作性，就必须完善检察机关开展法律监督的法律依据。在立法上，以全国人大或其常委会为主体颁布法律明文规定检察机关在行政执法和刑事司法衔接过程中的监督对象、范围、程序、手段、责任等，同时对有关规范行政执法与刑事司法衔接的法律法规、部门规章、司法解释进行统一的规范，避免相互之间的不协调甚至冲突。现阶段比较务实的做法是可以将人民检察院对行政机关移送案件的监督权在《刑事诉讼法》《人民检察院刑事诉讼规则》及《人民检察院组织法》等法律法规中具体规定出来。

（二）建立“移案监督”制度

目前，检察机关所拥有的监督权是立案监督权，公安机关是其唯一的监督对象。而两法衔接机制的运行很大程度上依赖于行政执法机关对案件的移送。由于现阶段检察机关的立案监督权只以公安机关为监督对象而不能监督行政执法机关移送案件的行为，只能被动地“截流”，防止案件线索流失，却无法对行政机关进行监督，主动“开源”。因此，针对公安机关立案监督的实现是以行政执法机关主动向公安机关移送涉嫌犯罪的案件为前提的，如果行政执法机关不主动移送案件，那么检察机关也无法对公安机

关进行立案监督。只有通过法律赋予检察机关对行政执法机关移送案件活动实施监督的权力，才能更好地解决这一问题。因此，应该在立法上赋予检察机关对认为应当移送而不移送案件的质询权和督促权。人民检察院有权向行政执法机关提出质询，当人民检察院认为应当移送案件而不移送的，可以要求行政机关说明不移送案件的理由，人民检察院不认可行政执法机关不移送的理由时，应当通知行政执法机关，督促其移送案件，行政执法机关接到通知后应当移送案件。

（三）开展互联网金融犯罪“专项立案监督活动”，完善监督工作相关细节

以当前互联网金融风险专项整治工作为契机，适时将互联网金融犯罪纳入检察机关“专项立案监督活动”范围，重点开展针对互联网金融犯罪的“专项立案监督活动”。建立专门的行刑衔接监督部门，加强与公安机关、行政执法部门（如“一行三会”、金融办、工商、税务等部门）的联系，以形成融洽的监督与配合监督的工作关系，只有检察机关了解了被监督部门的情况，才能全面及时开展监督工作，推进刑事立案监督工作有效开展。对于立案监督的案件，侦查机关应当在立案后规定期限内通过口头或书面方式向检察机关通报案情，之后每隔一段时间向检察机关口头通报案情，检察机关应实行专人负责、逐案跟踪，认真核实进展情况，当然，为了确保案件侦查阶段的保密，检察机关也必须建立相应的防泄密措施。对行政执法与刑事处罚衔接实行法律监督的目的和出发点是保证违法行为受到合理的处罚，保障法律得到统一、正确实施。

第三章　互联网金融犯罪案件的受理与立案

自2015年以来，互联网金融风险逐渐显现，网贷平台“跑路”、崩盘接连发生，特别是“e租宝”“泛亚”等一系列特大案件的爆发，引起社会的普遍关注。互联网金融风险的处置和化解不仅仅需要行政监管部门的参与，部分风险甚至已经触犯刑事法律底线，涉嫌刑事犯罪，需要刑事司法机关依法侦办诉讼。

近年来，涉众型互联网犯罪案件呈现高发频发的态势，逐渐成为各地公安机关不得不面对的一项重大挑战。此类案件往往案情复杂，涉及面广人多，案件的犯罪行为地和犯罪结果地比较分散，根据一般的管辖规定，难以确定案件管辖地。如果由各地分别管辖，势必造成人为案件拆分和协调困难，甚至由于具体办案标准的把握不一致造成处理结果的不同。但单独确定一地侦办，又面临跨地域侦办、取证量大等多重困难，难以在有限的诉讼时效内保质保量的侦办终结。因此，做好互联网金融犯罪案件的受理和立案工作，作为全案的启动环节，在案件侦办处置中至关重要。特别是跨区域的互联网金融犯罪案件，如何在受案和立案环节做好不同区域侦办机关的跨区域协调沟通工作，事关全案侦办成败和处置成效。基于上述认识，本章将着重从区分互联网金融犯罪案件的不同类型入手，结合现行法律法规的有关规定和部分地区的执法实践，探索建立有效跨区域受案和立案协调模式，促进此类案件的侦办工作合法、有效地开展。

第一节　互联网金融犯罪案件的侦办类型

互联网金融犯罪案件涉及不同金融业态，经营模式变异衍化迅速，一旦风险爆发，可能涉嫌不同的刑事犯罪。各种刑事犯罪中既有集资诈骗、非法吸收公众存款等涉众型非法集资犯罪，也有诈骗、洗钱等非涉众类犯罪，还有组织、领导传销、非法经营等纯侵犯市场经济秩序类犯罪。同时，由于互联网金融固有的网络化特点，其犯罪作案及侵害范围广域性特征明显，涉及跨区域协调处置问题。部分犯罪案件涉嫌非法集资犯罪，需要根据“三统两分”的处非工作原则（即统一协调指挥、统一办案要求、统一资产处置；分别立案侦查、分别落实维稳）[①] 统筹开展案件查处工作。

一、互联网金融犯罪案件的侦办类型

互联网金融犯罪案件类型各异，因此，在具体案件侦办处置中需要依据不同的法律规定及侦查规律，特别是在受理、立案环节要予以区别对待。在实践中，我们往往根据参与办案的公安机关是否涉及多地，将互联网金融犯罪案件分为需要单一侦查机关参与查处的互联网金融犯罪案件和多个侦查机关参与查处的互联网犯罪金融案件两种类型[②]，我们简称为一元侦办模式和多元侦办模式。

（1）单一侦查机关参与查处的互联网金融犯罪案件，即一元侦办模式。事实上一元侦办模式也存在不同类型，一种是依法只有一个公安机关对案件有管辖权，即“法定一地管辖型犯罪”；另一种是虽然多个公安机关对案件存在管辖权，但从有利于案件侦查和节约诉讼成本角度出发，可以根据有关司法文件规定并案至一个公安机关管辖的案件，我们称其为“并案一地管辖型犯罪”，如根据最高人民法院、最高人民检察院、公安部、工业和信息化部、国家安全部、中国人民银行、中国银行业监督管理委员会《关于办理流动性团伙性跨区域性犯罪案件有关问题的意见》（以下简称《跨区域性案件有关意见》）第二条规定，几个公安机关都有权管辖的案件，由最初受理的公安机关管辖。对于利用互联网进行的诈骗犯罪，犯罪行为地、结果地，甚至被害人接到诈骗电话、信息等犯罪信息的地方，都可以作为“犯罪行为的发生地”，对案件有管辖权，可以由最初受理地立案侦查，并

---

① 《国务院关于进一步做好防范和处置非法集资工作的意见》（国发〔2015〕59 号，以下简称“国务院 59 号文件”）：“五、依法打击，稳妥处置……（十二）依法妥善处置跨省案件。坚持统一指挥协调、统一办案要求、统一资产处置、分别侦查诉讼、分别落实维稳的工作原则。”最高人民检察院《关于办理涉互联网金融犯罪案件有关问题座谈会纪要》（高检诉〔2017〕14 号）在“一、办理涉互联网金融犯罪案件的基本要求……03 注重案件协调推进。”对此也进行了明确：涉互联网金融犯罪跨区域特征明显，各地检察机关公诉部门要按照“统一办案协调、统一案件指挥、统一资产处置、分别侦查诉讼、分别落实维稳”（下称“三统两分”）的要求分别处理好辖区内案件。

② 除上述国务院 59 号文件明确的“三统两分”原则明确可以分别侦查诉讼外，最高人民法院、最高人民检察院、公安部《关于办理非法集资刑事案件适用法律若干意见》（公通字〔2014〕16 号）第八条第一款规定，跨区域非法集资刑事案件，在查清犯罪事实的基础上，可以由不同地区的公安机关、人民检察院、人民法院分别处理。

根据《跨区域性案件有关意见》第三条的规定①，由点及面拓展至全案不同环节的犯罪的侦办查处。实践证明，在此类犯罪中并案侦查的制度性安排，既有利于群众报案，又有利于快速启动案件，有力打击了此类犯罪的蔓延。

（2）多个侦查机关参与查处的互联网金融案件，即多元侦办模式。针对涉案资产是否需要统一协调处置，此类案件又分为需要进行统一资产处置的互联网金融犯罪案件和不需要进行统一资产处置的互联网金融犯罪案件，如互联网金融犯罪案件中涉及的非法集资犯罪和组织、领导传销犯罪同为涉众型经济犯罪案件，且往往涉及多个侦办地协同参与侦办，但非法集资犯罪需要根据“三统两分”的原则进行统一资产处置②，而非法经营和组织、领导传销犯罪因犯罪所得依法应予以没收，不需要进行资产发还等统一处置工作，只需要根据“两统两分”的原则进行统筹协调工作。

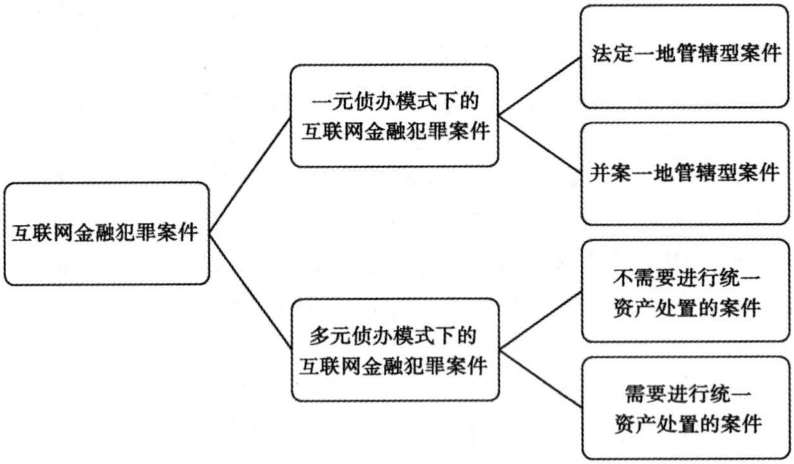

① 最高人民法院、最高人民检察院、公安部、工业和信息化部、国家安全部、中国人民银行、中国银行业监督管理委员会《关于办理流动性团伙性跨区域性犯罪案件有关问题的意见》第三条规定，有下列情形之一的，主办地公安机关可以依照法律和有关规定对全部人员和全部案件一并立案侦查，需要提请批准逮捕、移送审查起诉、提起公诉的，由该公安机关所在地的同级人民检察院、人民法院受理：（一）一人在两个以上县级行政区域作案的；（二）一人在一地利用电话、网络、信件等通讯工具和媒介以非接触性的方式作案，涉及两个以上县级行政区域的被害人的；（三）两人以上结伙在两个以上县级行政区域共同作案的；（四）两人以上结伙在一地利用电话、网络、信件等通讯工具和媒介以非接触性的方式共同作案，涉及两个以上县级行政区域的被害人的；（五）三人以上时分时合，交叉结伙在两个以上县级行政区域作案的；（六）跨区域实施的涉及同一犯罪对象的盗窃、抢劫、抢夺、诈骗、敲诈勒索以及掩饰、隐瞒犯罪所得、犯罪所得收益行为的。

② 除前文所述的国务院59号文件明确的“三统两分”原则对此有要求外，最高人民法院、最高人民检察院、公安部《关于办理非法集资刑事案件适用法律若干意见》（公通字〔2014〕16号）第八条第二款规定，对于分别处理的跨区域非法集资刑事案件，应当按照统一制定的方案处置涉案财物。

二、不同类型的互联网金融犯罪案件的处置差异

（1）一元侦办模式下的互联网金融犯罪案件，不论是法定一地管辖型案件还是并案一地管辖型案件，都可以按照《刑事诉讼法》及《公安机关办理刑事案件程序规定》的一般规定开展案件受理和立案工作。此类案件即使因侦办对象和被侵害对象涉及多地，具有跨区域特点，但侦办地以外的公安机关主要是在侦办地的请求下，按照其要求开展协助取证和处置工作，不属于案件独立侦办主体，仅属于协查办案机关。案件侦办、诉讼程序的进行主要围绕侦办地开展，因此此类案件应由主办地公安机关按照受理、立案的一般规定开展案件启动工作。此类案件的受理和立案工作，本书将作为一元侦办模式下的互联网金融犯罪案件的受理与立案在本章第二节、第三节展开论述。

（2）多元侦办模式下的互联网金融犯罪案件，因涉及协调指挥和办案要求的统一性问题，需要各参与办案主体在依法做好一般互联网金融犯罪案件受理、立案工作的基础上，按照统分要求，兼顾其他办案机关进度和需求，确保案件整体协调推进和打处标准统一。特别是非法集资类犯罪，还涉及资产统一处置问题，案件主办地公安机关，甚至对应的属地党委政府，在整个案件侦办及资产处置中处于核心地位，其牵头作用发挥程度事关全案成败。因此，参与侦办此类案件的不同区域的公安机关要严格按照现有的统分原则，做好跨区域案件的侦办处置工作。此类案件的受理和立案工作，本书将作为多元侦办模式下的互联网金融犯罪案件的受理与立案在本章第四节展开论述。

第二节 一元侦办模式下的互联网金融犯罪案件受案

为贯彻落实党的十八届四中全会精神，依法惩治违法犯罪活动，维护人民群众合法权益，提升公安机关执法公信力和人民群众满意度，公安部出台了《关于改革完善受案立案制度的意见》（公通字〔2015〕32 号，以下简称《公安部受案立案意见》），进一步规范受案、立案工作，解决执法中存在的突出问题，提高打击工作效能。一元侦办模式下的互联网金融犯罪案件也要遵循《刑事诉讼法》及《公安机关办理刑事案件程序规定》的一般规定及上述《公安部受案立案意见》的要求，规范开展受理和立案工作。

一、受案

受案即受理案件，是指公安机关依法接受公民扭送、报案、控告、举报和犯罪嫌疑人自动投案，以及行政、司法机关移交案件的一项活动。受案是公安机关办理互联网金融犯罪案件的初始环节，对于办案机关充分履职，保护公民的合法权益具有重要意义。受理案件由各级公安机关和公安派出所负责。受案既是公安机关的法定权力，也是法定义务。根据《公安部受案立案意见》的要求，对于公民扭送、报案、控告、举报或者犯罪嫌疑人自动投案的都应当立即接受，不得以任何理由拒绝、推诿。需要特别注意的是，公安机关受理案件中，不能以报案人不是受害人等理由拒绝报案人报案。部分案件利害关系人向公安机关反映情况，即使其不是报案人，也可能是举报人，同样要依法受理。

（一）案件来源

（1）扭送，是指公民将当场抓获的现行犯或者将抓获的被追捕的犯罪嫌疑人、罪犯等强制送交公安、司法机关处理的行为，如投资群众将涉嫌利用互联网金融实施非法集资的平台负责人扭送至公安机关。

（2）报案，是指案件发生后，被害人、有关单位或者个人主动向公安、司法机关报告和反映自己所发现的犯罪事实和犯罪嫌疑人情况的行为。报案是公安机关日常工作中接触最多的一种案件来源。

（3）控告，是指被害人及其法定代理人、近亲属向公安、司法机关告发某人或者某些人对被害人的人身或者财产权利实施了犯罪行为并要求依法追究其刑事责任的行为。控告人大多数是案件的被害人，属于案件当事人。控告与报案的区别在于，是否指向明确的犯罪嫌疑人。互联网金融非法集资案件往往存在较为明确的涉案单位或主要责任人。因此，控告也是互联网金融犯罪案件受理中比较常见的情形。

（4）举报，是指被害人以外的其他单位或个人认为有犯罪事实发生并怀疑某人为犯罪嫌疑人，处于责任心和义务感向公安、司法机关报案或者提供案件线索、证据的行为。举报人是案件的知情人，属于证人，其诉讼地位为其他诉讼参与人。当前各地均出台了举报非法集资案件的奖励办法，提高了群众举报线索的积极性，举报将会在此类案件发现、侦办中发挥更为重要的作用。

（5）自动投案，是指犯罪嫌疑人出于本人意愿而主动向公安机关投案承认自己的犯罪事实，并自愿置于公安机关控制之下，接受进一步调查的行为。值得注意的是，《公安机关办理刑事案件程序规定》第一百六十六条将原有的“自首”修改为“自动投案”，是因为在受案这个环节尚无法认定犯罪嫌疑人的行为能否构成自首。执法实践中，多数互联网金融平台资金链断裂后，平台主要负责人往往要直面众多投资人的资金偿付诉求，压力较大，因此主动到公安机关投案。主动投案在此类案件中占比也较大。

（6）行政、司法机关移送，是指行政执法机关或者其他公安机关、人民检察院、人民法院移送涉嫌犯罪且属于本公安机关管辖的案件。随着互联网金融法律制度的健全，相关监管空白得以填补，金融监管部门移送案件也将成为常态。人民法院在审理民事案件中发现涉嫌犯罪的线索，也会将案件移送公安机关。

（7）其他案件来源，还包括上级公安机关交办、公安机关办理行政案件、其他刑事案件工作中发现、“110”报警服务台指令处警等其他案件来源的线索。特别是近年来随着互联网金融风险案件的集中爆发，各地公安机关按照要求，参与互联网金融风险排查工作，主动发现查处了一大批互联网金融犯罪案件。

（二）受案程序

根据《公安部受案立案意见》的要求，对于群众上门报案的案件，要做到“三个当场”，即应当当场进行接报案登记，当场接受证据材料，当场出具接报案回执并告知查询案件进展情况的方式和途径。具体受案程序如下：

1．制作笔录

在受理案件工作中，在接待问明初步情况后，一般需要制作笔录，必要时，应当录音或者录像。由于此时还没有立案侦查，因此应制作询问笔录。制作询问笔录时，首先，要根据报案人所具有的不同诉讼地位，告知其应有的诉讼权利和义务，尤其是要告知其应如实提供情况，诬告、陷害需要承担相应的法律责任。特别是对非法吸收公众存款等破坏市场秩序型案件的一般投资者，应告知其属于证人，而不是被害人。被害人与证人在刑事诉讼中具有不同的权利和义务。其次，问明涉案互联网金融平台基本情况，包括平台网址、涉案公司名称、资金支付通道、对方账号、线下分支机构及推介人情况等。再次，问明案件的详细情况，包括案件发生、发现的时间、地点、原因、经过、投资金额、损失金额、投资人在平台上的注册用户名等情况，重点问明其通过何种途径获得投资信息，以及其掌握的涉案平台承诺的收益情况。笔录制作完毕，经核对无误后，由扭送人、报案人、控告人、举报人、自动投案人签名、捺指印。

2. 接受证据材料

公安机关对扭送人、报案人、控告人、举报人、自动投案人提供的证据材料等应当登记，制作接受证据材料清单，并由其签名。有关证据材料要妥善保管在物证室中。证据材料的保管和登记在案件侦办中具有重要意义，必要时应当拍照或者录音录像，以保证证据的真实性和合法性。互联网金融犯罪案件中，报案人往往可以按要求提供大量证据。主要包括：(1) 部分网页截图，如平台网站及个人账户资金信息首页、账户注册实名认证、充值记录、提现记录、账户银行绑定、资金出入记录等截图打印件，其投资的网站平台截图、投资信息网页截图。(2) 交易相关凭证。报案人资金收支银行卡复印件、自行到银行调取的资金流水、汇款转账凭证。(3) 其他证据材料。其他能反映案件情况的相关凭证、照片、网页截图、宣传单、银行或平台短信内容、推荐人推荐短信等相关资料打印或复印件。对于其他行政机关移送的案件，应要求移送单位提供涉嫌经济犯罪案件移送书、涉嫌经济犯罪案件情况的调查报告、涉案物品清单、有关检验、鉴定意见或行政认定意见，以及其他有关涉嫌犯罪的材料。

3. 制作受案登记表

公安机关接受案件时，应当制作受案登记表，并出具回执。为了方便与办理行政案件法律文书的通用，先行《公安机关办理刑事案件程序规定》将原有的填写《接受刑事案件登记表》修改为《受案登记表》。《受案登记表》是刑事案件来源的重要证明，也是采取侦查措施的重要依据，在刑事执法和内部监督工作中具有重要作用，要作为案件侦办的重要原始资料存档备查。接待群众报案后，如未进行受案登记，执法监督将无从谈起。是否符合立案或是否需要移送案件，均是在填写该表格后，提出意见报上级领导批准同意才能做出。因此，不论案件是否符合立案条件，也不论是否属于本单位管辖，都应当如实登记，制作《受案登记表》。《受案登记表》要按照文书规范，填写报案人（扭送人、控告人、举报人、自动投案人）的基本情况和案件来源、报案内容以及接警单位、地点、人员、时间，最后填写受案意见。经受案部门负责人审批后，在文书左上方加盖受案单位印章后作为决定立案侦查、不予立案侦查或者移送其他部门处理的原始资料。

同时，根据《公安部受案立案意见》要求，各省均要依托警务信息综合应用平台，建设完善全省（区、市）统一的接报案、受案立案功能模块，实现接报案和受案立案办案全过程可溯式管理。因此，受理的所有案件在填写受案登记表的同时，除性质和事实涉及国家秘密的以外，都必须进行网上登记。

4. 制作受案回执单

公安机关在受理案件的同时，对扭送、报案、控告、举报的，应当制作受案回执单，当场交扭送人、报案人、控告人、举报人，以便其了解立案情况，监督受案单位的工作进展情况，对于其他机关移送的涉嫌犯罪案件，应当在移送案件通知书的回执上签字，不必制作受案回执单。其他公安、司法机关移送的案件，应当在移送案件通知书等文书或其他送达回执上签字。

对于自行发现的犯罪线索，可不办理受案手续。对于明显不属于公安机关职责范围的报案事项，应当立即告知报案人向其他有关主管机关报案。对于重复报案、案件正在办理或者已经办结的，应当向报案人作出解释，不再进行重复接报案登记。互联网金融犯罪案件往往涉及多个不同投资者，平台崩盘后，各地投资者会前往居住地公安机关报案，对于当地无侦办对象，仅有投资者的情况，接受报案的公安机关可通过网上案件登记平台进行查询，对于已经受理或开始侦办的案件，应当对其制作笔录，接受证据材料，做出解释，不再重复进行受案登记。

(三) 其他受案要求

1. 关于集中受案的要求

经济犯罪案件侦办中，为防止办人情案、关系案，实行集中受案制度，严禁侦查人员私自接受案件。部分公安机关及经侦部门设有专门的报案接待室或举报中心，统一受理案件，不允许自行受理或开展调查。

2. 关于保障安全的要求

扭送人、报案人、控告人、举报人向公安机关揭露了犯罪或者犯罪嫌疑人，扭送人甚至直接与犯罪嫌疑人有过正面接触，犯罪嫌疑人有可能对他们或他们的近亲属实施报复，因此对正处于危险中或可能遭受侵害的扭送人、报案人、控告人、举报人，应当及时采取保护性措施，提高人民群众揭露犯罪的积极性，保障侦查工作顺利进行。

3. 关于保守秘密的要求

扭送人、报案人、控告人、举报人如果不愿意公开自己的身份，应当为其保守秘密，并在材料中注明。移送检察机关后，公安机关也要向检察机关乃至审判机关说明其保密要求。控告、举报材料中涉及的有关内容也不得向无关人员泄露。保守秘密和保护安全一样，都是为了保护扭送人、报案人、控告人、举报人，应当贯穿于整个刑事诉讼活动始终。

二、立案审查

立案审查，是指公安机关对受理的案件材料进行调查、判断和分析，确认有无犯罪事实、是否属于公安机关管辖，以及是否需要追究刑事责任的过程。对接受的案件或者发现的犯罪线索，公安机关都应当及时审查办理。审查对于初步查明案件材料及线索的性质，明确管辖，及时立案、防止介入经济纠纷具有积极意义。

1. 审查的内容

审查主要包括：（1）是否存在犯罪事实，即基于现有证据，结合刑法规定，认定是否存在犯罪事实；（2）是否达到立案标准，公安机关单独或者联合检察机关、审判机关制定了相应的立案标准，这些标准是判断追究刑事责任与否的实体性标准；（3）是否符合案件管辖的规定，即是否属于本单位管辖。

2. 初查

初查是对受理的案件材料进行书面审查和对事实的初步调查，其目的是在案件事实或线索不明的情况下，确定是否有犯罪事实存在、是否需要立案侦查。初查，可以避免捕风捉影，随意立案。初查需要经办案部门负责人批准方可以进行，不得随意开展。《公安机关办理刑事案件程序规定》从实际办案出发，借鉴《人民检察院刑事诉讼规则（试行）》的做法，将初查作为公安机关立案前的一项专门性审查活动予以确定。由于初查阶段尚未立案，不能采取强制性以及对被调查对象名誉和隐私产生实质性影响的措施，只能采取询问、查询、勘验、鉴定和调取证据材料等不限制被调查对象人身、财产权利的措施，且这些措施要按照法定程序批准方可采取。初查的过程中，首先要从审阅受案材料出发，对现有材料认真仔细的审查比对，发现其中的漏洞、矛盾，确定需要进一步查证的问题；其次针对需要查证的问题，采取非限制性调查措施开展甄别和核实工作；最后根据收集的材料，分析判断案件性质，决定是否立案。

必须明确一点，初查不是为了查明全案情况，只是查明能否立案。因此，不应按照起诉的标准开展初查，有限的审查期限和非限制性调查措施手段也难以实现起诉的高标准要求。对于目前经济案件侦办中存在的以查代侦（即以初查代替侦查）的倾向并不可取。此种做法中，初查完毕，要么是查明无犯罪事实，以不予立案方式结束；要么是查明犯罪事实，获取了充分证据，并足以对犯罪嫌疑人采取强制措施，达到破案的标准，实际成为一种变相的“不破不立”。此种做法既违背初查程序设定的初衷，又衍生了“立案难”等突出执法问题，造成报案人不满，也对被查对象造成长期困扰。

3. 审查期限

接报案件后，应当立即进行受案审查，迅速确定是否立案侦查。根据《公安部受案立案意见》的要求，刑事案件立案审查期限原则上不超过3日；涉嫌犯罪线索需要查证的，立案审查期限不超过7日；重大疑难复杂案件，经县级以上公安机关负责人批准，立案审查期限可以延长至30日。法律、法规、规章等对受案立案审查期限另有规定的，从其规定。根据2018年1月1日正式实施的《最高人民检察院、公安部关于公安机关办理经济犯罪案件的若干规定》第十五条的规定，公安机关接受涉嫌经济犯罪线索的报案、控告、举报、自动投案后，应当立即进行审查，并在7日以内决定是否立案；重大、疑难、复杂线索，经县级以上公安机关负责人批准，立案审查期限可以延长至30日；特别重大、疑难、复杂或者跨区域性的线索，经上一级公安机关负责人批准，立案审查期限可以再延长30日。上级公安机关指定管辖或者书面通知立案的，应当在指定期限以内立案侦查。人民检察院通知立案的，应当在15日以内立案侦查。

三、案件移送

公安机关对受理的案件材料审查后，认为有犯罪事实，但不属于自己管辖的，应当立即报经县级以上公安机关负责人批准，制作移送案件通知书，将案件移送至有管辖权的机关处理。有管辖权的机关包括其他公安机关，也包括检察机关、军队保卫机关、国家安全机关等具有侦查职权的机关。有关移送材料应当在移送通知书开出后24小时内移送有管辖权的机关。犯罪嫌疑人在押的，应当同时将移送通知书送达看守所，与有管辖权机关办理交接手续。对于管辖权暂时不明的刑事案件，可以在开展侦查工作的同时，将案件报上级公安机关指定管辖。

四、紧急情况处置

对于犯罪活动正在进行以及情况紧急的案件，特别是犯罪嫌疑人正在销毁证据、转移资产或准备外逃的，公安机关接到报案后，应当先进行紧急处置，第一时间采取控制事态、人员、物品的紧急措施，及时开展现场调查取证等工作。先行采取紧急措施，可以有效保护公民财产安全，及时控制犯罪嫌疑人，保护现场，保全证据，为侦查办案顺利进行创造条件。对于不属于自己管辖的，办理手续移送主管机关。对于属于自己管辖，符合受立案条件的，应当在24小时内完成接报案登记工作，并依法及时受案、立案。

互联网金融犯罪案件的发生，往往具有金融风险的突发性特点，特别是部分平台因资金链断裂，平台负责人为了逃避打击，可能会直接转移资产、销毁证据，并伺机外逃，掌握情况的办案机关应当立即采取紧急措施，控制事态，防止发生严重后果。

第三节　一元侦办模式下的互联网金融犯罪案件立案

立案，是指公安机关接受案件，经过审查后，认为有犯罪事实存在，符合立案条件，决定作为刑事案件进行侦查的一种诉讼活动。立案是互联网金融犯罪案件侦查的起点，是所有刑事案件必经的法定阶段，更是各种侦查措施和强制措施合法性使用的重要依据。及时、准确立案，有利于揭露、证实和惩罚犯罪，有效维护金融秩序，保护公民合法财产权利不受侵犯。

一、立案的条件

根据《刑事诉讼法》及《公安机关办理刑事案件程序规定》的规定，立案需要同时符合以下三个条件：

（一）认为有犯罪事实

此项条件属于立案的主观性条件，即从侦查主体的主观认识角度出发，认为有互联网金融犯罪事实发生。这一主观判断的作出并非侦查主体主观臆断，而是基于受理或初查中掌握的证据材料作出的判断。部分公安机关在实际工作中以初查要查清犯罪事实才立案，未查清则不立案，实际上提高了立案门槛，成为“立案难”的主要原因。必须指出的是，立案时要求的有犯罪事实，证明程度标准较低，只要求具有一定的证据证明发生了犯罪事实，并不要求达到充分的程度，也不要求查获犯罪嫌疑人，更不要求查明全案事实和情节。如果说侦查终结、移送起诉时候的证明标准已经基本接近客观事实真相，而在立案阶段判断的证明标准只要达到大致相信的程度即可。这样的要求，是由人类的认识规律和诉讼证明的逻辑所决定的。只有树立正确的立案撤案观念，并制定切实可行的绩效、执法考核标准，才能促使侦查主体准确把握立案标准的主观性标准，最终破解“立案难”这个老大难问题。

另外，大量的互联网金融犯罪案件涉嫌非法吸收公众存款、集资诈骗、非法经营等非法集资犯罪[1]，对于此类案件的犯罪事实是否需要行政认定，长期存在争议。实践中，部分办案机关存在未作行政认定不予立案的倾向。事实上，2011 年，最高人民法院在《关于非法集资刑事案件性质认定问题的通知》中已对此予以明确。该通知规定：行政部门对非法集资的性质认定，不是非法集资进入刑事程序的必经程序。行政部门未对非法集资作出行政认定的，不影响非法集资刑事案件的审判。可见，行政认定不是此类案件进入刑事程序的必经程序。

（二）达到刑事案件立案的标准，需要追究刑事责任

此条件相对于第一项条件，属于客观性条件。互联网金融犯罪案件多数属于经济犯罪案件，立案标准主要参考最高人民检察院、公安部公布的《关于公安机关管辖的刑事案件立案追诉标准的规定（二)》，其中包括犯罪数额、结果或者其他情节等不同标准，如非法吸收公众存款犯罪中的对个人犯罪的立案标准是：非法吸收公众存款或者变相吸收公众存款，扰乱金融秩序，涉嫌下列情形之一的，应予立案侦查：（1）个人非法吸收或者变相吸收公众存款数额在二十万元以上的；（2）个人非法吸收或者变相吸收公众存款三十户以上的；（3）个人非法吸收或者变相吸收公众存款给存款人造成直接经济损失数额在十万元以上的；（4）造成恶劣社会影响的；(5）其他扰乱金融秩序情节严重的情形。其中既有吸收公众存款数额在二十万元以上的和吸收公众存款三十户以上的纯犯罪行为数额标准，也有造成直接经济损失数额在十万元以上的结果性数额标准，还有造成恶劣社会影响的情节性标准。需要引起注意的是，对照相关数额标准的同时，还要排除刑事诉讼法第十五条不需要追究刑事责任的情形。

（三）符合案件管辖规定，属于本单位管辖

此项标准是指根据《刑事诉讼法》及其相关司法解释和公安部有关规定，案件属于本单位管辖。立案审查，首先要审查该案件是否属于公安机关管辖的案件范围，如属于国家安全机关等机关管辖的案件，公安机关不能立案；其次要审查是否属于本单位管辖。根据有关规定，管辖的区分包括职能管辖、地域管辖、级别管辖、专门管辖等不同层次的管辖分工。针对互联网金融犯罪案件，主要是地域管辖的区分。

---

① 根据最高人民法院《关于审理非法集资刑事案件具体应用法律若干问题的解释》（法释〔2010〕18 号），刑法中涉及非法集资的犯罪共有七个，包括欺诈发行股票、债券罪，擅自设立金融机构罪，非法吸收公众存款罪，擅自发行股票、公司、企业债券罪，集资诈骗罪，组织、领导传销活动罪，非法经营罪。

地域管辖，是指不同地区的公安机关之间对刑事案件管辖权的划分。根据《公安机关办理刑事案件程序规定》第十五条的规定，互联网金融犯罪案件的管辖一般由犯罪地的公安机关管辖。属地管辖原则是地域管辖的一般原则。在长期的执法实践中，对于犯罪地的理解，不断扩充完善，有效解决了诸多管辖争议。特别是当前互联网金融犯罪流动性、团伙性、跨区域性特征鲜明，当前的属地管辖规定显得更为合理、科学。犯罪地包括犯罪行为发生地和犯罪结果发生地。犯罪行为发生地，包括犯罪行为的实施地以及预备地、开始地、途经地、结束地等与犯罪行为有关的地点；犯罪行为有连续、持续或者继续状态的，犯罪行为连续、持续或者继续实施的地方都属于犯罪行为发生地。犯罪结果发生地，包括犯罪对象被侵害地、犯罪所得的实际取得地、藏匿地、转移地、使用地、销售地。根据 2018 年 1 月 1 日正式实施的《最高人民检察院、公安部关于公安机关办理经济犯罪案件的若干规定》的最新规定，新增单位犯罪的管辖地，即犯罪地或者所在地。所在地是指单位登记的住所地。主要营业地或者主要办事机构所在地与登记的住所地不一致的，主要营业地或者主要办事机构所在地为其所在地。

同时，从原则性和灵活性相结合的立法精神出发，现行法规也明确了如果由犯罪嫌疑人居住地公安机关管辖更为适宜的，可以由犯罪嫌疑人居住地公安机关管辖。更为适宜一般指：一是犯罪嫌疑人流窜作案，主要犯罪地难以确定的，而居住地更具有侦办便利的；二是犯罪行为在居住地引起很大民愤，当地群众强烈要求在当地侦办的；三是可能对犯罪嫌疑人判处管制或者适用缓刑，应当在犯罪嫌疑人居住地执行监督、考察的。居住地包括户籍所在地、经常居住地。经常居住地是指公民离开户籍所在地最后连续居住一年以上的地方，但是住院就医的除外。

根据上述规定，犯罪地的概念和范围基本上已经将与犯罪活动有关的一切场所囊括在内，特别是将犯罪对象被侵害地也予以纳入。但是需要注意的是，被害人居住地并不能作为地域管辖的标准予以确定。

同时考虑到互联网金融犯罪案件主要是针对或利用计算机网络实施的犯罪，《公安机关办理刑事案件程序规定》第十六条规定：“针对或者利用计算机网络实施的犯罪，用于实施犯罪行为的网站服务器所在地、网络接入地以及网站建立者或者管理者所在地，被侵害的计算机信息系统及其管理者所在地，以及犯罪过程中犯罪分子、被害人使用的计算机信息系统所在地公安机关可以管辖。”该条规定充分考虑到互联网犯罪的特殊性和复杂性，其已经突破了地域的限制，因此有必要在管辖上予以突破。

综上，互联网金融犯罪案件特别容易出现多个公安机关都有权管辖的情形，根据有关规定，几个公安机关都有权管辖的经济犯罪案件，最初受理的公安机关管辖；必要时，可以由主要犯罪地的公安机关管辖。对管辖不明确或者有争议的，应当协商管辖。协商不成的，由共同的上级公安机关指定管辖。实践中，除了存在上述“积极的管辖争议”外，还存在多地均以他方公安机关有管辖权为由拒绝侦办的“消极的管辖争议”。对于“消极的管辖争议”的处置，特别是在单一侦查机关就可侦办处置、不强调主办地侦办处置牵头责任的案件中，应坚持“首问责任制”原则要求最初受理地公安机关管辖，必要时从有利于全案侦办处置的角度出发，确定主要犯罪地公安机关管辖。

二、立案的决定

立案是侦查的起点，在刑事诉讼中具有重要意义，因此必须制作完善的立案手续，并履行严格的审批程序，才能立案侦查。

（一）制作呈请立案报告书，报请批准

对于符合立案条件的案件，办案部门应当制作呈请立案报告书，连同受案登记表及受案、初查获取的相关材料，报县级以上公安机关负责人批准后，制作立案决定书。对于县级以上公安机关负责人直接在其他文书上批示立案侦查的，不再制作呈请立案报告书，直接制作立案决定书。

对于人民检察院通知立案侦查、上级公安机关指定管辖的，以及其他依法应当立案的案件，侦查机关应当直接立案侦查。

（二）通知

对于有扭送人、报案人、控告人、举报人的，应当告知扭送人、报案人、控告人、举报人立案情况。需要保密时，可视情不予告知，但是否告知都应当在立案决定书中注明。对于行政执法部门移送的案件，决定立案后，要书面告知移送案件的行政执法机关。

三、不予立案的决定

不予立案，是指公安机关接受案件后，经过审查，认为不符合立案条件，经县级以上公安机关负责人批准，决定对已接受的案件不予立案侦查的行为。不予立案主要存在以下三种情形：一是没有犯罪事实，主要表现在危害社会的行为没有发生，或者危害社会的行为没有达到犯罪的程度，或者犯罪事实没有一定的证据予以证明；二是虽有犯罪事实发生，但犯罪情节显著轻微、危害不大，不认为是犯罪，主要表现在危害社会的行为未

达到相应的刑事案件立案标准；三是虽有犯罪事实发生，但行为人具有依法不追究刑事责任的情形。

对不予立案的，办案部门应当制作《呈请不予立案报告书》，连同《接受刑事案件登记表》等受案材料，报县级以上公安机关负责人批准。县级以上公安机关负责人直接在《接受刑事案件登记表》或者其他文书上批示不予立案的，不再制作《呈请不予立案报告书》。对于有控告人的案件，制作《不予立案通知书》，并在7日内送达控告人。如果是行政执法机关移送的案件，应当在接受案件之日起3日内，将《不予立案通知书》送达移送案件的行政执法机关，退回相关案卷材料。

对扭送人、报案人、举报人，法律并未要求制作不予立案通知书，也未要求在一定期限内送达，只是要及时告知不予立案的决定。之所以做出此种区别性安排，是因为控告人往往是案件的受害人，其认为自身受到侵害后，提供了明确的指控对象，有着追究被指控对象的强烈愿望，也对侦查机关寄予了厚望。因此，立法者从对控告人高度负责的角度出发，要求立案审查后认为不符合立案条件的，要及时履行告知义务，以便控告人及时表达意见或采取其他救济措施。同时，为了保障控告人的权利，有关法规赋予了控告人对不予立案决定有申请复议、复核的权利。而举报人、报案人一般与案件没有直接利害关系，从减轻公安机关不必要的办案负担角度出发，法律未规定公安机关对他们有不立案告知义务。但从执法效果最大化的角度出发，便于群众监督，公安机关可以采用电话、书面或者面谈等形式将不予立案的情况告知举报人、报案人、扭送人。特别是案件与举报人、报案人、扭送人的利益有关联或其他影响的情形下，告知显得尤为重要。

四、民刑交织案件的处理

大量的互联网金融案件的犯罪嫌疑人需要同时承担刑事责任和民事责任，并涉及不同利益群体，由此在司法实践中产生了民刑交织的问题。此类问题在实践中比较突出，争议较大，有必要予以明确。

1. 民刑交织案件的概念

民刑交织并非一个正式的法律概念，也称作民刑交叉、刑民交叉、刑民交织。狭义的民刑交织问题，是指同一法律事实引发民事诉讼和刑事诉讼两类诉讼的情形。广义的民刑交织问题，还包括不同法律事实引发的相互间存在牵连关系的民事诉讼与刑事诉讼。部分学者认为“真正的，也是值得研究的刑民交叉案件，只能是基于同一法律事实而产生刑事诉讼与民事诉讼竞合的案件”[①] 在此我们主要讨论同一法律事实引发的民刑交织问题，也就是狭义的民刑交织问题。

2. 民刑交织案件产生的原因

刑事案件和民事案件本属完全不同性质的案件，一般相互独立并依据不同的程序及原则予以解决。之所以出现民刑交织的问题，原因是多方面的：首先，是因为民事法律关系是社会关系的基础关系，很多刑事法律关系、刑事责任的产生是由于危害后果严重形成的，两者之间存在一定的量变与质变关系。其次，很多刑事法律关系隐藏于表象性的民事法律关系中，在案件受理初期往往难以区分。特别是部分案件从纯民事角度看，可能是不同的法律事实，但随着侦查的深入，真相的查明，实际上是同一法律事实。再次，现代诉讼的分工体制导致刑事案件侦查机关与民事案件审判机关分属不同部门，甚至分属不同地区，相互之间存在信息不对称，不同部门之间沟通不畅，导致问题进一步突出。最后，由于相关法律未对此类问题作出系统性规范，相关规定较为原则，导致在具体处置中理解不一，进而引发了各种争议。这些问题既有程序问题，也有实体问题，甚至部分漏洞被相关当事人恶意利用，严重侵害其他当事人合法权益，影响司法公信力。

3. 对于民刑交织的案件处理

当前有关法规并未明确相应的顺序处置原则，但理论界一直存在着先刑后民、先民后刑、民刑并行等不同的观点。先刑后民主要是基于公权力优先的司法理念，并从节约司法资源、提高诉讼效率、保障公共利益，确保判决统一等角度出发，确立其合理性，虽然屡受质疑，但依然是当前司法实践中的主流处置方式。先民后刑主要是基于刑法谦抑性理念，认为能够通过民事裁决化解的纠纷尽量不使用刑事法律处罚，防止公权干预私权。实践中，的确有一部分案件需要先行确权，如知识产权归属，方能确定是否涉嫌犯罪。因此，也具有一定的合理性。民刑并行主要是基于公权私权平等理念，认为不存在保护优先性问题。特别是部分刑民交织的案件处理结果不存在相互影响的可能，可以依据不同的诉讼程序分别进行审理。[②]

4. 互联网金融犯罪案件的民刑交织问题

互联网金融犯罪案件主要形成于金融活动中，往往民刑交织。也就是同一法律事实引发民事诉讼和刑事诉讼两类诉讼的情形，如在网贷平台涉

---

① 樊崇义：《刑民交叉是否必须“先刑后民”》，载《检察日报》2008－3－3。

② 郝正：《民间借贷的刑民交叉》，摘自《民间借贷的解决之道——169个实务疑难问题解答》。

嫌非法集资案件中，一方面，可能有部分投资人向法院提起民事诉讼，要求平台承担民事债务清偿责任，法院作为民事案件受理、审判；另一方面，另一部分投资者，甚至是先前参与了民事诉讼的投资者，又向公安机关提出控告，要求追究平台及其主要负责人的刑事责任。虽然多数民刑交织案件可以采取民刑并行的处理方式，但互联网金融犯罪案件中，特别是利用互联网金融非法集资的案件，涉及公共利益广泛、犯罪隐蔽性大、案情异常复杂、诉讼成本巨大，应当更多考虑先刑后民的原则。如果有投资者通过民事优先受偿，可能损害其他更多投资者的平等受偿权利，甚至引发社会稳定隐患。

因此，相关司法文件也对先刑后民的原则予以了明确。最高人民法院、最高人民检察院、公安部《关于办理非法集资刑事案件适用法律若干问题的意见》第七条规定，对于公安机关、人民检察院、人民法院正在侦查、起诉、审理的非法集资刑事案件，有关单位或者个人就同一事实向人民法院提起民事诉讼或者申请执行涉案财物的，人民法院应当不予受理，并将有关材料移送公安机关或者检察机关。人民法院在审理民事案件或者执行过程中，发现有非法集资犯罪嫌疑的，应当裁定驳回起诉或者中止执行，并及时将有关材料移送公安机关或者检察机关。公安机关、人民检察院、人民法院在侦查、起诉、审理非法集资刑事案件中，发现与人民法院正在审理的民事案件属同一事实，或者被申请执行的财物属于涉案财物的，应当及时通报相关人民法院。人民法院经审查认为确属涉嫌犯罪的，依照前款规定处理。

5. 互联网金融犯罪案件民刑交织问题的具体处理方式

2018 年 1 月 1 日正式实施的《最高人民检察院、公安部关于公安机关办理经济犯罪案件的若干规定》第二十条重点解决的即是公安机关遇到民刑交织应如何立案的问题。涉嫌经济犯罪的案件与法院正在审理或作出生效裁判文书的民事案件，属于同一法律事实或有牵连关系，应当立案的情形，除了原规定人民法院移送和人民检察院通知立案的情形以外，新增了第三种情形："公安机关认为有证据证明有犯罪事实，需要追究刑事责任，经省级以上公安机关负责人批准的。"对于人民检察院通知的和第三种情形，公安机关在立案之后，应当严格依照法律规定的条件和程序采取强制措施和侦查措施，并将立案决定书等法律文书及相关案件材料复印件抄送正在审理或者作出生效裁判文书的人民法院并说明立案理由，同时通报与办理民事案件的人民法院同级的人民检察院，必要时可以报告上级公安机关。在侦查过程中，不得妨碍人民法院民事诉讼活动的正常进行。同一法律事实，是指引起法律关系产生、变更和消灭的法律行为或法律事件的主体、客体、内容等方面都具有同一性。对同一法律事实的认定和判断，是一个动态的过程，可能随着调查的深入，事实的查明，本来不属于统一法律事实的民刑案件转化为同一法律事实。

《最高人民检察院、公安部关于公安机关办理经济犯罪案件的若干规定》第二十一条解决的是公安机关已经刑事立案后，公安机关或人民检察院发现刑民交叉的问题应如何处理的问题。如果公安机关在侦查过程中、人民检察院在审查起诉过程中，发现侦查、审查起诉的经济犯罪案件与人民法院正在审理或者作出生效裁判文书的民事案件属于同一法律事实或者有牵连关系的，或者涉案财物已被有关当事人申请执行的，应当将立案决定书、起诉意见书等法律文书及相关案件材料复印件抄送正在审理或者作出生效裁判文书的人民法院，由人民法院依法处理，同时将有关情况通报与办理民事案件的人民法院同级的人民检察院。公安机关将相关法律文书及案件材料复印件抄送人民法院后一个月以内未收到回复的，必要时，可以报告上级公安机关。立案侦查、审查起诉的经济犯罪案件与仲裁机构作出仲裁裁决的民事案件属于同一法律事实或者有牵连关系，且人民法院已经受理与该仲裁裁决相关申请的，也是按照前述程序处理。

对于法院认为案件有经济犯罪嫌疑不属于民事纠纷而移送的，或者发现与民事纠纷虽不是同一法律事实但是有关联的经济犯罪线索、材料而移送的，公安机关都应在10日内决定是否立案，不立案的应及时告知，继续按民事案件审理。

与此相对应的是，审判机关在处理此类民刑交织案件，特别是涉及非法集资的民刑交织案件，适用的相关司法解释也体现了先刑后民的原则，确保了司法统一。根据最高人民法院相关司法解释的规定，审判机关在审理此类案件中发现有经济犯罪嫌疑或被公安机关、检察机关函告有经济犯罪嫌疑的，经审查，认为确有的，也应当将案件移送公安机关或检察机关。最高人民法院《关于在审理经济纠纷案件中涉及经济犯罪嫌疑若干问题的规定》第十一条规定，人民法院对于作为经济纠纷受理的案件，经审理认为不属于经济纠纷案件而有经济犯罪嫌疑的，应当裁定驳回起诉，将有关材料移送公安机关或检察机关。第十二条规定，人民法院已立案审理的经济纠纷案件，公安机关或检察机关认为有经济犯罪嫌疑，并说明理由附有关材料函告受理该案的人民法院，有关人民法院应当认真审查。经过审查，认为确有经济犯罪嫌疑的，应当将案件移送公安机关或检察机关，并书面通知当事人，退还案件受理费；如认为确属经济纠纷案件的，应当依法继续审理，并将结果函告有关公安机关或检察机关。同样，最高人民法院《关于审理民间借贷案件使用法律若干问题的规定》（以下简称《民间借贷司法解释》）第五条第一款规定，人民法院立案后，发现民间借贷行为本身涉嫌非法集资犯罪的，应当裁定驳回起诉，并将涉嫌非法集资犯罪的线索、材料移送公安或者检察机关。

需要说明的是，对于广义的民刑交织问题，也就是民事诉讼和刑事诉讼虽有关联但不是同一法律事实的，要按照民刑并行的原则继续进行民事审判。事实上，绝大部分广义的民刑交织问题都是可以适用民刑并行的原则，而且这一理念也越来越得到司法解释的权威确认和司法实践的普遍认可。《民间借贷司法解释》相关规定也体现了这一原则。《民间借贷司法解释》第六条规定，人民法院立案后，发现与民间借贷纠纷案件虽有关联但不是同一事实的涉嫌非法集资等犯罪的线索、材料的，人民法院应当继续审理民间借贷纠纷案件，并将涉嫌非法集资等犯罪的线索、材料移送公安机关或者检察机关。该条规定与最高人民法院《关于在审理经济纠纷案件中涉及经济犯罪嫌疑若干问题的规定》第十二条规定相一致，明确了不是同一法律事实的情形可以适用民刑并行。但对于广义的民刑交织问题中的另一种情形，也就是民事案件的基本事实必须以刑事案件审理结果为依据的，《民间借贷司法解释》仍然要求人民法院应当裁定中止诉讼，按照先刑后民的原则予以处理。《民间借贷司法解释》第七条规定，民间借贷的基本案件事实必须以刑事案件审理结果为依据，而该刑事案件尚未审结的，人民法院应当裁定中止诉讼。

第四节　多元侦办模式下的互联网金融犯罪案件

多元侦办模式下的互联网金融犯罪案件，相关办案主体不仅要严格按照相关法规做好案件受理和立案工作，还要发扬全国“一盘棋”精神，注重区域间的协调，推动案件整体推进，实现执法效果和诉讼效率的最大化。

实践中，我们往往将多元侦办模式涉及的办案主体分为主办地、协办地和协查地。由于现行管辖规定的宽泛性，所有涉案地理论上讲都可以成为主办地，但由于互联网金融案件，特别是大量案件涉及非法集资，需要最有利于发挥案件侦办查处牵头作用的地区作为主办地，其他侦办地区作为协办地，仅按要求配合取证的地区作为协查地（严格地讲，协查地不属于独立的案件侦办主体）。相关侦办主体之间的配合与协调不仅要严格依法，也要充分考虑互联网金融犯罪的特点和规律。

一、互联网金融犯罪案件的新特点

互联网金融犯罪案件之所以特别需要运用多元侦办模式，是由近年来的互联网金融犯罪案件特点演化所决定的。特别是当前的互联网金融犯罪案件涉案平台呈现线上线下融合的态势，如传统的非法集资案件主要是通过非网络媒介传播，实现对特定区域的集资。互联网金融兴起后，非法集资实现了从线下的特定区域发展到利用互联网扩散全国的升级。2013 年至 2014 年利用 P2P 平台非法集资犯罪的案件，其作案方式具有明显的纯线上特点，即非法集资犯罪的公开宣传、吸收投资、资金归集等主要犯罪行为基本是通过互联网实现的，如浙江省衢州中宝案件，数千名涉案投资人分布于全国数十个省份，然而该公司进行纯线上经营，在全国并无分支机构，犯罪主体相对单一，主要是平台负责人周某本人，因此该案件系按照一元侦办模式，由案发地衢州公安机关单独承办，其他各地公安机关按照要求配合取证完成案件侦办工作。

但随着网贷平台的井喷式增长，线上平台同质化严重，参与互联网金融的受众群体相对固定，获客成本持续攀升，纯线上平台竞争激烈，业务发展缓慢，部分平台开始在线下“招兵买马”，在全国主要城市设立分支机构，甚至在一些广场设摊促销拓展业务，实现了“线上 + 线下”的结合，2015 年以来利用 P2P 平台非法集资犯罪案件就主要呈现上述特点。据不完全统计，2015 年浙江省发案的 50 余起互联网金融犯罪案件中，利用 P2P 平台非法集资的案件仅有 12 起为纯线上 P2P 平台非法集资（即无线下“地推公司”），且涉案金额均属于千万级别，而线上线下融合的平台增长迅猛，涉案金额动辄上亿。特别是引起普遍关注的“e 租宝”案件，据媒体报到，该平台在全国三十余省份设置上千家线下门店和分支机构，开展地推业务，发展投资客户，涉案投资者近百万，涉案金额 500 余亿元。由于其线下门店众多，且分布于不同区域，多数分支机构负责人及骨干业务员已涉嫌犯罪。如将分布在全国各地的上千名涉案嫌疑人均由一地集中侦办，必然造成异地侦办、区域移交等工作量和侦办诉讼成本巨大，甚至无法保证在法定期限内审结，难以有效打击犯罪，追赃挽损成效也将大打折扣，最终影响执法效果和社会效果。因此，推动和完善跨区域多元侦办模式具有重要意义。近年来，互联网金融非法集资案件持续高发，涉案金额上百亿的平台崩盘屡见不鲜，各地按照“三统两分”原则，发挥全国“一盘棋”精神，协作配合，有效处置了多起大要案，成效显著。实践证明，跨区域的多元侦办模式是打击互联网金融犯罪案件行之有效的查处工作机制。

二、当前多元侦办模式在互联网金融犯罪案件查处中存在的问题

公安、检察机关在互联网金融犯罪案件侦办中经常遇到涉案平台公司存在“三分离”现象，即实际经营地与注册地分离、总部与分支机构分离、资金吸收地与资金使用地分离，进而导致案件侦办处置涉及不同区域，亟须加强跨区域协调。长期以来，“三统两分”作为侦办此类案件的指导原则，在绝大多数案件侦办中发挥了积极作用，但因原则高度概括，各地在实际运用中理解不一，再加上此类案件结构复杂，涉及面广人多，各地对此类案件存在畏难情绪，甚至消极应对，由此导致跨区域协调困难重重，主要是存在以下问题：

（一）打击时机不同步

对于涉案公司资金链断裂，平台整体崩溃，总部所在地公安机关作为案件主办地已经立案侦查的案件，主办地会通过提请上级公安机关发布核查通知，或者直接发布协查函部署涉案地区进行分办侦查、协查取证，一般不存在打击时机选择不一致的问题。而对于总部风险尚未完全暴露，但分部已在工作排查中发现风险，并且涉嫌犯罪严重，或分办地已经有群众报案的，各地因发现时间不同、对风险的认识和对风险的承受能力不同，可能导致对案件处置策略和打击时机选择不同。如2016年媒体报到的浙江绍兴、嘉兴等地侦办的南京某平台非法集资案件，浙江省内分支机构所在地公安机关已经对其立案侦查，但南京总部所在地公安机关并未予立案（目前该案总部也已被立案）。还有的涉案平台甚至采取“兔子不吃窝边草”的策略，在总部所在地少量吸收资金或者按时兑付，但忽视外省区域投资人利益，导致分部所在地失控，但总部所在地却以无人报案拒绝启动案件，导致案件整体推动困难。

（二）牵头地责任不明确

互联网金融犯罪案件涉及面广人多，承担牵头责任的主办地在案件侦办中处于核心地位，对全案有效处置有着无可替代的重要作用。但当前部分案件侦办中，因总部频繁迁移，导致一些总部地址名实不符，甚至存在双总部现象，总部所在地难以确定；还有部分案件总部虽已立案侦办，但总部所在地主办单位仅关注本地案件，发布协查不及时、取证规范支持不力、宣传不到位，“统”的作用发挥不佳，却片面强调“分”的任务，导致投资人报案不便，分部所在地打击迟疑，影响全案侦查取证进度、资产处置及维稳工作；更有甚者，牵头地认为本地投资人少，外地投资人多，拒

绝承担牵头责任，仅关注本地案件侦办工作。

（三）协作配合不通畅

目前，案件查处中存在的协作配合不通畅主要有：相关侦办主体之间沟通不畅，执行跨区域案件通报报备规定不到位；主办地发布协查不规范，材料不齐全，导致协查地配合困难；主办地发布协查后，协办地不及时立案，不及时取证；协办地受理案件后，函询主办地受案、立案情况，不予回复或延迟回复，导致协办地产生初查超期的法律风险；惧怕增加工作任务，拒绝接收协办地、协查地案件材料，人为造成工作障碍，为日后资产处置和维稳工作形成隐患。不同地区对打击层级、追诉证据标准及法律认识不统一，影响办案。部分协办地在主办地收网后，因消息不灵通，或罔顾现实困难，对群众报案不受理，以未收到协查、当地没有机构等原因拒绝接受案件，造成群众多地奔波，强烈不满。

（四）案件受理不及时

根据《刑事诉讼法》的有关规定，公安机关对群众报案都要受理，无论是主办地、协办地、协查地接到群众报案后均应认真受理，制作笔录，但因当前有关规则不明确，互联网金融犯罪案件又具有相应的特殊性，公安机关之间协调不力，沟通不畅，导致不作为的推诿扯皮，积极作为的顾虑重重：一是主动打击，担心主办地不立案，协办地案件难以“善终”；二是作为协查地接受报案的，担心案件材料移送不出去；三是协办地接受报案，受理案件的，担心两个月内无法做出结论，或者担心其他地区蜂拥而至，更担心其他地区以“均有管辖权，先受理的主办案件”的管辖原则，将全案侦办责任推给本地。因此，各地之间彼此观望，互相推诿，导致群众报案无门，产生社会稳定隐患。

三、解决互联网金融犯罪案件多元侦办模式中存在问题的思路

当前，互联网金融犯罪案件持续高发，防控金融风险任务艰巨。在具体案件中，存在侦办双方发展的不均衡性，严重制约了防控成效。一方面互联网金融犯罪案件的犯罪嫌疑人通过现代通信技术及严格的层级组织，实现了对公司及分支机构的高效控制和资金快速调动；另一方面各地公安机关因多元侦办模式机制不健全，协作不力，协调不畅，造成事倍功半、疲于应付的局面，严重削弱了公安机关办案效率，不利于公安机关充分履职有效打击犯罪。

面对严峻的互联网金融犯罪形势，国务院下发的《关于进一步做好防范和处置非法集资工作的意见》明确要求，“建立健全跨区域案件执法争议

处理机制”。2016年3月，国务院部署在全国范围内开展为期一年的互联网金融风险专项整治行动，对公安机关凝聚合力打击互联网金融犯罪提出了更高的要求。同时，党中央确定的建设社会主义法治国家也对执法规范化提出了更高的要求，公安部下发的《关于改革完善受案立案制度的意见》，对依法受立案工作做出明确要求。解决互联网金融犯罪案件多元化侦办模式中长期存在的问题，需要考虑以下方面：

(一) 全面依法受理原则

本章前述章节已经对受理案件展开详细论述，因此互联网金融犯罪案件多元侦办模式中，各地公安机关必须坚持全面依法受理案件的原则，不论是主办地、协办地，还是协查地，都要受理群众报案，上述三类地区在受理工作上要树立“沾边就管”的理念，不得推诿扯皮。主办地应及时发布全案协查，为各地接受群众报案提供取证模板和答复口径，方便群众就近报案。主办地以外的其他地区群众未到当地报案，直接到主办地报案的，主办地不得拒绝受理。同样，通过协办地分支机构、关联公司或集资代理人进行投资的协办地以外地区的群众未到当地报案，直接到协办地报案的，协办地不得拒绝受理。仅属于协查地的，如主办地已受理案件或开展侦查，可不用开展受理案件工作，但仍应进行报警登记、制作笔录，接受证据材料，及时传递至案件主办地。同时，做好协查地不单独立案的解释沟通工作。

(二) 兼顾特殊性原则

兼顾特殊性原则要充分考虑此类案件的特殊性。互联网金融犯罪案件，特别是其中占比较大的非法集资案件不同于一般刑事案件，可以从一点切入，以点带面，拓展侦办全案。非法集资案件侦办查处主要包括案件侦办、资产处置和维稳工作三个方面，尤其后两者牵扯警力最多、工作压力最大，而此两项工作又密切相关，资产处置是维稳工作的基础，是检验全案成败的重要标志。为确保追赃挽损最大化和平等维护不同区域投资人的合法权益，资产处置必须坚持统一处置。因此，必须确定一地作为统一资产处置地和维稳牵头地，确保全案整体推进。而涉案平台公司总部所在地因具备资产集中、数据全面等先天优势，有利于统筹全案侦办及资产处置工作。任何协办地、协查地并不具备牵头处置的基础和条件，片面推动各地以点带面容易产生较大的涉稳隐患，甚至因本位主义发生将查封扣押的涉案资产仅分配给局部地区的不良现象，形成长期涉稳隐患。

(三) 明确统分职责原则

多元侦办模式下的侦办主体存在不同类型，一般按如下方式确定：主办地，一般指互联网金融犯罪案件犯罪嫌疑人的主要犯罪行为地。对于单位犯罪或犯罪嫌疑人成立公司实施犯罪的，一般指其公司总部注册所在地，对于实际经营地与注册地不一致的，以实际经营地为准。协办地，指除涉案犯罪嫌疑人公司总部所在地以外，存在公司分支机构、关联公司或代理人，可能涉嫌犯罪，需要按照“三统两分”原则分别立案侦查、追究刑事责任的地方。协查地，指既不是犯罪嫌疑人公司总部所在地，也不存在犯罪嫌疑人公司的分支机构、关联公司和代理人，仅存在一般投资人的地方。区分不同办案主体角色的同时，也要分别明确相应职责。相应责任是在坚持“三统两分”原则的基础上，对协办地侦办中片面启动案件进行了相应限制，但进一步明确了“统是主责、统是前提”的原则，也就是案件主办地承担全案“统”的责任，对全案打处的整体推进承担第一责任，要主动承担牵头责任，时刻以“头羊”的姿态走在各涉案地侦办最前列。提前布局、提前规划，明确“统”是前提，未“统”不得苛求“分”。协办地、协查地也要尽职尽责，做好相应工作。

（四）畅通沟通反馈原则

根据执法规范化及受立案制度改革的要求，一方面各地要敞开门受理案件，规范“入口”；另一方面必须健全及时高效的沟通反馈机制，畅通“出口”，该传递的传递、该移送的移送、该接收的接收、该反馈的反馈，明确对时效做出要求，各地要树立全局观念，遵守相关规范，及时反馈，实现高效沟通，这是一切配合的基础。具体工作中要做到：主办地以外的公安机关接到群众报案后，应在迅速查明案件主办地，制作跨区域案件线索传递单，传递至主办地公安机关，并抄送上级公安机关。主办地接到跨区域案件线索传递单后应立即受理核查，及时反馈线索来源地，明确主办地是否准备立案侦查。主办地的有关反馈时限应充分考虑线索来源地立案审查的期限，不应超过其受理后的最长审查期限 60 日。特别是不准备立案侦查的要尽量给线索来源地留下期限空间予以处理，并将不予立案的原因和答复口径通报线索来源地。有关执法程序中可能出现的不利后果及全案处置风险应由主办地承担。对于因主办地党委政府等有关部门采取化解处置措施，主办地不准备立案侦查的，主办地应将化解处置答复口径及化解处置牵头部门函告线索来源单位。

同时，为促进有关规范落实，上级公安机关应同时制定相应的争议解决机制和问责保障机制，确保有关认识快速解决，责任落实。

基于上述原则考虑，浙江省公安厅于 2017 年 3 月制定了《浙江省跨区域非法集资案件侦办处置协调试行规定》，对涉案公司总部位于浙江省的非法集资案件的跨区域协调工作予以规范和明确。2017年年初爆发的P2P平台金岩集团涉嫌非法集资案件，就是成功运用该规定协调处置的一起跨区域案件。该案涉及全国各省投资人3万余人，涉案总资金14亿元。由于该公司长期在杭州经营，2016年下半年该集团总公司注册地迁至宁波，但相关融资平台和资产公司仍在杭州运营，公司主要负责人也在杭州活动，风险爆发后，各地将风险汇总至主办地时发现，杭州、宁波两地对牵头主办地确定存在争议，浙江省公安厅根据《浙江省跨区域非法集资案件侦办处置协调试行规定》精神，从有利案件侦办角度出发，确定杭州作为案件牵头主办地，案件侦办工作得以平稳推进。

四、多元侦办模式下分别立案对象的确定

执法实践中，各地在贯彻“三统两分”原则分别立案时，作为总部所在地的主办地对犯罪嫌疑人及单位立案侦办时，对象往往是明确的。可以根据《刑法》和最高人民法院《关于审理单位犯罪案件具体应用法律有关问题的解释》的规定，决定究竟是对单位立案侦查还是对个人进行立案侦查。但是作为协办地经常面临的一个问题是对分支机构作为单位犯罪立案侦查，还是对分支机构的负责人和直接责任人个人进行立案侦查。对此，执法实践中往往存在认识不一致和做法不统一的问题，进而影响到案件侦办工作。

对于分支机构能否作为单位犯罪的主体一直存在争议，最高人民法院2001年1月21日印发的《全国法院审理金融犯罪案件工作座谈会纪要》明确规定，以单位的分支机构或者内设机构、部门名义实施的犯罪，违法所得亦归分支机构或者内设机构、部门所有的，应认定为单位犯罪。不能因为单位的分支机构或者内设机构、部门没有可执行罚金的财产，就不将其认定为单位犯罪，而按照个人犯罪处理。根据上述规定，分支机构理论上是可以作为单位犯罪主体的。审判机关对此予以明确，主要因为我国《刑法》没有采用“法人犯罪”的概念，“单位”的外延大于“法人”，存在合理的扩大解释的可能性。另外，实践中也存在大量分支机构违背总部意愿，既不以法人单位名义也不以个人名义实施犯罪，而以分支机构名义实施犯罪的，犯罪所得归分支机构所有，因此可以作为单位犯罪主体立案侦查。该分支机构相关涉案人员可以作为该分支机构的“直接责任人员”或“其他直接责任人员”追究其刑事责任。

当前互联网金融犯罪中，部分法人平台采取“线上线下”相结合的方式实施犯罪，线下分支机构往往是以整个法人平台的名义实施犯罪，犯罪

资金也归集至总部法人平台，分支机构主要按照总部法人平台的要求，承担推广宣传、拓展集资业务等辅助行为。根据上述规定，此类分支机构是不宜作为独立的单位犯罪主体被立案侦查的。如违法所得完全归分支机构上级单位所有并支配的，“应当对分支机构的上级单位（符合单位犯罪主体资格）追究刑事责任”，“该分支机构相关涉案人员可以作为该上级单位的其他直接责任人员追究刑事责任”。[①]

① 最高人民检察院《关于办理涉互联网金融犯罪案件有关问题座谈会纪要》（高检诉〔2017〕14号）

第四章　互联网金融犯罪的侦查取证

第一节　互联网金融犯罪侦查取证的基础理论

一、刑事证据基本理论

刑事证据既是认识案件事实，确定犯罪嫌疑人刑事责任的基础和前提，又是刑事诉讼得以顺利推进的必要条件。同时，也是刑事诉讼活动的核心内容之一。整个刑事诉讼的全部过程几乎都是围绕着发现、收集、固定、审查、判断和运用刑事证据而进行。侦查活动是获取证据的最主要的方式，不论何种犯罪的侦查，归根到底就是调查取证。根据我国《刑事诉讼法》和《公安机关办理刑事案件程序规定》的相关规定，侦查取证措施包括讯问犯罪嫌疑人、询问证人（被害人）、勘验检查、侦查实验、搜查、查封扣押、查询冻结、鉴定、辨认、技术侦查、调取证据、接受证据（行政证据转化）等。上述取证措施在适用对象、情形、要求和功能等方面有所差异，取证形成的证据种类也不尽相同，侦查人员在运用具体措施时应讲究一定的策略与技巧。①

刑事侦查活动作为刑事诉讼的起点和基础，其核心工作是侦查取证和构建证据体系。所谓构建证据体系，是指侦查机关及其侦查人员在取证基础上，将既彼此联系又相互独立的证据按照其证明作用组合成主次分明、井然有序的证明体系。从本质上看，证据体系即证明体系，它并不是侦查人员对凌乱无序的证据所进行的简单累积，而是一种法律框架内的认知思维方式，② 尽管在不同的诉讼阶段，我们对证据标准的要求不尽统一，但所有的证据标准都是最终以具体的证据形式统一到证据体系当中。

---

① 高源、仝瑛杰：《论基于证据体系构建的侦查取证模式》，载《湖北警官学院学报》2016年第2期。

② 陈其高：《论证据体系——兼与〈口供中心主义之辩〉一文商榷》，载《中国人民公安大学学报（社会科学版）》2006年第3期，第15－23页。

二、证据能力与以审判为中心的证据要求

所谓“证据能力”，又称证据的“合法性”，是指证据能够转化为定案根据的法律资格。如果说证明力主要属于一种经验问题或者逻辑问题，那么，证据能力则属于一种典型的法律问题。从某种意义上讲，证据法主要是对各种证据的证据能力加以限制和规范的法律。对于不具有证据能力的证据，证据法往往会确立一种排除性的法律后果，也就是否定其法庭准入资格，或者对那些已经进入法庭审理程序的证据，将其排除于定案根据之外。对于这种旨在排除证据之法庭准入资格和定案根据资格的证据规则，我们一般称为“证据排除规则”。那么，对于证据的证据能力究竟应从哪些方面加以规范和限制呢？

陈瑞华教授在他的《刑事证据法学》中对证据的合法性问题进行过专门的研究，他认为从法庭审判过程中控辩双方的辩论焦点来看，一般针对证据合法性的争议主要集中在四个方面：一是证据的取证主体；二是证据的表现形式；三是证据的取证手段；四是证据是否经过合法的法庭调查程序。[①] 证据取证主体合法性可能涉及取证机关是否为法定侦查机关、是否有案件管辖权、侦查人员是否具有法定的身份和资质以及人数等，证据表现形式的合法性集中体现在证据收集的时间、地点的载明、证据收集主体和对象的确认、对证据情况的说明。取证手段的合法性集中表现在取证方法和手段的合法性，特别是对于言词证据获取的自愿性。这四个方面是立足于整个诉讼活动全过程来考察，特别是从审判角度出发，对证据能力或者合法性进行的整体评价，而如果仅从侦查阶段的刑事侦查取证而言，考量得更多的只是证据的取证主体和取证手段的合法性问题，对于证据的表现形式问题和法庭调查程序问题，在侦查阶段出现合法性问题的概率并不是太大。

2016 年 10 月 11 日，由最高人民法院、最高人民检察院、公安部、国家安全部、司法部发布并实施的《关于推进以审判为中心的刑事诉讼制度改革的意见》，对新时期刑事侦查过程中调查取证确定了一系列新的要求和具体原则。对于互联网金融犯罪来说，作为比较典型的法定犯，对犯罪构成要件的要求和证据能力与合法性的要求体现得更为明显。

---

① 陈瑞华：《刑事诉讼法学》（第二版），北京大学出版社 2014 年 3 月版，第 105 页。

第二节　互联网金融犯罪取证难点和取证思路

一、互联网金融犯罪取证的难点

互联网金融犯罪案件与其他犯罪形式一样，都经历了一个从低发偶发、影响范围有限逐步向高发、作案手段复杂、社会影响恶劣的演变过程，同时伴随着国家经济政策和经济形势的高低起伏，以及面临政府监管、行政处罚、刑事打击的不断深入推进，犯罪的形式也在不断的演变与发展，各种犯罪手段不断演进，特别是在互联网飞速发展的大背景下，犯罪手段越来越隐蔽，犯罪嫌疑人的反侦查意识越来越强，而在以审判为中心的刑事审判制度改革背景下对刑事取证的要求也越来越高，这就导致了在互联网犯罪案件调查取证过程中出现了许多难点，概括起来，主要体现在以下几个方面：

1. 证据种类花样繁多，电子证据比重大，取证要求高

由于互联网金融犯罪强烈依赖互联网技术，互联网信息的产生、流转、保存有一套特别的技术规范，对相关信息的获取除了受技术条件影响外，还受时间制约。同时，互联网金融犯罪与特定的金融行为相关联，其自身具备很强的专业性，如何对金融行为进行准确把握需要具备专业知识。

2. 时间、空间跨度大，工作量巨大

互联网金融犯罪案件的特点决定了在互联网金融犯罪案件的调查取证中存在许多难点，一个最突出的难点就是此类案件涉及人员多、金额大、资金来源复杂，案件侦办难度大。特别是由于互联网本身的无边界性，导致绝大部分的互联网金融犯罪案件都是跨地市，甚至是跨省、跨国的，这给案件的调查取证带来了巨大的困难。同时，由于金融类犯罪案件本身就涉及大量的资金往来，其中夹杂着境外资金还有部分洗钱资金，对资金的查证困难很大。例如，2012 年，广东省公安机关侦办的广东某公司集资诈骗案件就涉及全国 16 个省市共计 80 余家公司，投资人近 23 万人，仅案件卷宗就达 8000 余册。

3. 追赃难度大

无论是组织领导传销案件，还是股权众筹、非法吸收公众存款案件，或者是其他形式的互联网金融犯罪案件，大部分涉案资金都被犯罪嫌疑人用于为投资者返利、挥霍和占有，资金链断裂时，缺口较大，且犯罪嫌疑人持有的房产、轿车、土地等有形资产变现困难，特别是在犯罪嫌疑人外

逃的情况下，资金往往通过地下钱庄“对敲”渠道转移到境外，以上种种因素导致公安机关追缴的涉案资金与群众的实际损失相差很大，而涉案资产的追缴除了直接影响犯罪嫌疑人的定罪量刑外，还直接影响资金发还和维稳的处置。

二、互联网金融犯罪取证的主要思路

调查取证思路，是指侦查机关在查明某一具体犯罪过程中，如何运用调查取证手段方法与策略。“调查取证思路”不是一个标准的法律术语，除了调查取证措施的动态运用外，还涉及侦查指挥、部门协作以及犯罪构成因素，其除了受犯罪规律、特点，以及犯罪构成的制约外，它更多地体现的是侦查人员的工作经验和工作技能。在实际侦查过程中，侦查思路往往并不一定以侦查取证提纲、侦查取证方法等具体形式体现出来，但是它却是侦查取证活动的重要指引。基于互联网金融犯罪本身的特点和犯罪构成，特别是在以审判为中心的刑事诉讼制度规范下，调查取证思路的选择对证据合法性的重要性是不言而喻的。一般而言，在侦查实践中，互联网金融犯罪的调查取证思路有以下几种类型：

一是基于不同罪名犯罪构成的取证思路，也就是按照互联网金融领域犯罪可能涉及的具体罪名，从刑法条文有关犯罪构成的主体、客体、主观方面、客观方面等要素开展调查取证工作，这是最常见的一种侦查取证思路，这种侦查取证思路可以涵盖所有的犯罪类型。实际上，大部分的犯罪侦查取证活动都是围绕这些方面展开的。但是需要强调的是，尽管刑法对犯罪证据的要求是基于犯罪构成，所有的犯罪证据最终都要归结统一到犯罪构成中，成为定罪量刑的依据。但是犯罪调查取证是一个动态过程，其受时间、空间，以及证据类型的影响，实际取证活动的重点、先后顺序等可能并不严格体现犯罪构成。

二是以具体犯罪行为核心的调查取证思路。这种取证思路指的是在调查取证过程中，根据互联网金融犯罪具体犯罪过程中以不同的功能模块为基础开展调查取证，这种取证思路体现的是一种整体与局部的取证思路，也就是把整个犯罪活动看成一个整体，从其实施犯罪活动的过程考量，即犯罪活动过程中的组织策划、宣传推广、人力资源管理、产品开发、运营维护、财务管理、客户服务等具有企业功能分工特点的模块开展调查取证，通过调查对各个模块进行整合，最终反映出整个犯罪过程，从而厘清犯罪行为人的刑事责任，这是一种横向层面的取证思路。此外，还有一种纵向层面的取证方式，与互联网金融领域犯罪特点有很大关系，即在互联网金融犯罪模式下，大多数犯罪活动涉及大量的企业，这些企业之间往往存在极为复杂的交叉关系，企业之间的层级关系直接影响并决定犯罪行为人的刑事责任，因而，在纵向层面，调查取证一般可以采取自下而上和自上而下两种方式，即根据实际情况从最底层企业的员工向上逐步推向上层企业员工，或者从最顶层企业员工逐步推向下层企业员工，这种自下而上或者自上而下的证据调取模式对涉案主体众多、层级结构复杂的企业集团类实施互联网金融犯罪的侦查极为重要，它可以通过纵向推进的方式形成一个完整的证据链条，使得证据环节实现环环相扣。

三是以法定证据形式为核心的侦查取证思路。这种侦查取证思路指的是在证据调取过程中，按照目前我国《刑事诉讼法》有关证据种类的规定，分门别类地收集证据，然后加以固定。这种侦查取证思路在日常办案中也比较常见，它往往跟具体的侦查行为紧密相关。例如，在案件现场搜查过程中往往跟物证、书证有关；在现场勘验过程中，大多是笔录类证据。这种侦查取证思路取决于侦查指挥员的临时决策与经验水平，其并不是一个系统的完整取证思路，而是基于目前案件侦查过程中所掌握的证据情况，适时采取的侦查取证方法。

需要说明的是，上述三种取证思路并不是一种纯粹的理论分类，而是实践操作的具体总结。实际侦查中这三种侦查取证思路并没有十分明确的界限，因为无论何种调查取证思路都要依托法定的侦查措施去开展，并最终通过法定的证据形式表现出来，从而形成证据效力，而调查取证思路的选择和运用，最核心的意义在于案件侦办的效率和证据质量的好坏，上述三种调查取证思路多有交叉。从互联网金融犯罪案件的调查取证来看，相比而言，以法定证据形式为基础的犯罪行为模块化的调查取证思路更能提升案件调查取证的效率，达到预期的效果。

第三节　互联网金融犯罪案件的调查取证

一、法定的证据种类

所有的证据都以一定的证据载体表现出来，而所谓的“证据载体”，也即通常所说的证据的表现形式。对于证据的表现形式，在不同的立法例下有不同的表现形式，而实际上，证据的表现形式也会随着科学技术的进步和法律技术的完善不断的演变。在我国，刑事证据始终遵循着一个立法传统，即在法律中明文列举证据的“法定形式”，从而使得证据载体的表现形式有明确的法律规定，这种立法模式也是成文法国家比较常见的，是与我国职权制诉讼模式相关联的。

目前，我国现行的《刑事诉讼法》确立了八类法定的证据种类，具体是：物证；书证；证人证言；被害人陈述；犯罪嫌疑人、被告人供述和辩解；鉴定意见；勘验、检查、辨认、侦查实验等笔录；视听资料、电子数据。

二、物证、书证的调查取证

所谓物证，是指能够以其存在形式、外部特征、内在属性证明案件真实情况或其他待证事实的实体物和痕迹。物证是以其外部特征、物理属性发挥证明作用的物品或者痕迹。从证据载体上看，物证通常表现为物品和痕迹两大类，而实际上在互联网金融领域内作为证据使用的物证，很大程度上与第二种载体形式痕迹并无太大关系，只有在犯罪主体同时涉及其他犯罪种类的情形下才会考虑物证表现形式为痕迹的情形。在互联网金融领域内的犯罪，物证往往并不与犯罪的具体行为或者模式相关，而仅仅是通过物证的存在证明某一行为，或者说间接证明主观意图，在互联网金融领域内的物证，其证明作用的发挥往往是从其归属权限的变更证明案件事实，从而与案件事实发生相关性。

所谓书证，是以其所表达的内容和思想来发挥证明作用的文件或者其他物品。从证据载体方面来看，书证通常表现为书面文件，如信件、文件、裁判文书、票据等书面材料。但是也并不限于书面文件，有时一些实物也可以称为书证，如某些写有符号、文字、图形的纺织物、金属物等。但是，不论书证具有怎样的载体，它们都有一个共同的特点，那就是以其所记载的内容或者所表达的思想来发挥证明作用。也就是说，各种书证所记载的图形、符号、文字等表达了某种证据事实，而这类证据事实与本案的犯罪事实、量刑事实或者程序事实发生了关联。

从物证、书证作为证据的特点，我们在互联网案件侦查过程中，往往会与搜查、扣押、查封、调取证据等具体的刑事侦查措施相联系。同其他形式的犯罪一样，对于犯罪现场的勘验检查以及对与犯罪有关的场所进行搜查是发现物证和书证最重要的方式之一。从互联网金融犯罪案件的侦查取证实践来说，我们主要调取的物证、书证包括以下内容：

（一）物证的调查取证

通过现场搜查发现互联网企业用于产品或项目所对应的标的物，包括标价高昂的珠宝玉石、古玩字画、高科技设备产品以及其他物品；通过现场发现搜查印有公司 logo 或者标语、商标、图案以及愿景、广告语，用于赠送给特定人群的各种礼品、纪念品等；对涉案办公场所、生活场所进行搜查，发现公司用于办公的办公桌椅、办公用品、生活用品等物品；涉嫌犯罪的公司办公场所、实际控制的地点存放的、犯罪嫌疑人随身携带的、住所存放的或者由他人代为保管的可能涉及其他违法犯罪的物品，如非法出版物、淫秽光盘、毒品、枪支以及其他具体犯罪活动客体物品等。

有关物证的收集，绝大部分与现场勘验检查、搜查扣押等具体侦查行为联系在一起。在互联网金融犯罪过程中，对物证的收集需要特别注意两个问题：一是互联网金融犯罪的现场往往是高端写字楼，大部分的办公场所都是租赁而来。在实际经营过程中，出于高调宣传、显示公司背景的目的，对办公场所的物品要求非常高，除了普通桌椅板凳是公司购买的之外，往往还涉及大量的租赁物品、借用物品。在开展搜查、扣押工作过程中，尽可能要对相关物品的权属做出初步划分，特别是对属于员工、业务单位的涉案物品等物证尽可能在现场区分清楚，避免后期人员流动对相关物品的权属确认出现纠纷，延缓追赃减损的效果。同时，又要注意从最大限度保障追赃减损出发，对于权属不明或者价值较大的物品，在现场无异议的前提下都应该尽量扣押。二是由于涉嫌互联网金融犯罪公司个人办公场所的物业属性，一般不宜采取长时间的查封措施，在现场搜查过程中要尽可能地保证全程录像，特别是对重要物证的特征、起获地点等要进行固定。从而保证物证来源的合法性。扣押物品时，应当场开具《扣押物品、文件清单》，写明扣押的日期、地点以及物品的编号、名称、数量、特征和来源等，由扣押经办人、见证人和物品持有人分别签名或者盖章。被扣押物品无持有人或者难以查清持有人的，应当在《扣押物品、文件清单》上注明。对应当扣押但不便提取的物品，经拍照或者录像后，可以交被扣押物品、持有人保管或者封存，并明确告知物品持有人应当妥善保管，不得转移、变卖、毁损。

（二）书证的调查取证

书证是互联网金融犯罪案件最重要的证据形式，也是数量最大的证据形式，因为从本质上讲，互联网金融领域内的犯罪大多属于知识型犯罪，需要用到大量合同文件，其产品设计、营销方法等都会涉及大量的书证材料。因此，从某种程度上说，相关书证调取的质量直接关系到整个案件取证的质量。

需要特别强调的是，互联网金融领域内的犯罪，无论其表现形式是传销、合同诈骗还是非法集资，也不论其最终定为哪种犯罪，由于金融活动本身对国家经济安全具有重要性，世界上几乎所有的国家都对金融活动设定了专门的许可制度，或者说叫特许经营制度，我国目前现行的法律制度和行政规范对银行业务的开展需要有人民银行的许可，对于支付结算拍照也由人民银行管理，同时对于直销牌照和融资租赁牌照都是由商务部负责核发，证券经营业务许可证由证监会核发，其他类似的金融业务也有相应的主管部门管理。但是，尽管存在这些行政许可，仍需要说明的是对于侦查取证来说，对相关行政许可的书证文件的调取既不是前置条件，也不是必须的，只有在涉嫌犯罪的单位和个人辩解其有合法的经营资质并出示时，公安机关才有必要对此项书证来源的真实性以及企业范围到相关行政主管部门进行调取。理由是，在实际案件侦办过程中，许多涉嫌犯罪的单位和个人以工商营业执照以及其他业务牌照作为辩解，甚至故意咬定自己的经营行为有合法许可，但是却又无法拿出许可文件或证明，公安机关不可能针对个案的具体情况穷尽所有的国家行政执法部门去对相关企业是否具备某项经营活动资质进行调查。

由于书证往往是以其内容证明事实，所以书证来源的合法性和正当性就显得尤为重要。对于书证的调取，除了通过现场搜查扣押外，大量的书证都是侦查人员通过寻找相关单位和人员调取的，因而除了侦查人员的主体身份、数量要求外，必要的调取证据通知书是必不可少的，尤其要注意的是相关书证提供单位和提供人员要对其所提供证据的真实性负责。换言之，侦查机关要对书证来源的合法性负责，因而通过盖章、签名等方式对书证进行确认是必不可少的。对于特别晦涩难懂的书证，提供机关或提供人应该做出必要的说明，该说明应该同书证一样需要由提供人进行确认。

三、视听资料与电子数据的调查取证

视听资料，又称为“音像资料”，是指以录音带、录像带、电子软盘、电子磁盘等相关设备记载的声音、图像、活动画面。作为一种证据载体，视听资料通常表现为录音带、录像带、电影胶片等高科技材料，所要记录的主要是与案件事实有关的声音、图像、活动画面。视听资料所能证明的案件事实是多种多样的，既可以是直接证据，如犯罪嫌疑人实施犯罪行为的全部过程；也可以是间接证据，如犯罪嫌疑人与被害人发生争执的过程。甚至就连侦查人员讯问犯罪嫌疑人的过程，也可以通过录音或录像的方式加以记录，从而被用来证明侦查程序的合法性，以便解决控辩双方就侦查行为合法性所发生的诉讼争议。

电子数据是一种存在于互联网络、通讯网络等之中的数据信息。最初，

证据法学理论将电子计算机所记录的资料都纳入视听资料的范畴。但随着对电子数据认识的逐渐深入，也由于我国的两个证据规定率先将“电子数据”列为法定的证据种类，这类证据才逐渐被认为具有独立于视听资料的地位。对于这类证据，2012 年《刑事诉讼法》正式将其命名为“电子数据”，它是指电子计算机、互联网络、移动电话等电子设备所记载的与案件事实有关的数据资料。根据《最高人民法院关于适用〈中华人民共和国刑事诉讼法〉的解释》的规定，电子数据主要包括电子邮件、电子数据交换、网上聊天记录、网络博客、微博客、手机短信、电子签名或域名等多种证据形式。

视听资料与电子数据属于两种相对独立的证据形式。一般来说，视听资料的载体通常是录音带、录像带、VCD、DVD、电影胶片等高科技设备，这些设备所存储的大都是与案件事实有关的声音、图像或者同时兼具有声音、图像和连续画面的音像资料。视听资料有可能是侦查人员为调查某一案件专门录制的音像资料，也有可能是侦查人员从某一证人、被害人，甚至犯罪嫌疑人那里收集来的音像资料。相比之下，电子数据则主要是储存于互联网络、通讯网络之中的一些信息资料，有其特有的信息存储介质或者存储空间。从形式上看，电子数据的存储载体一般是存储磁盘、存储光盘等可移动存储介质，也有可能是从这些存储介质中复制出来的书面材料或者照片。但是，这类证据所记载的并不是一般的声音、图像或者带有立体化、连续性的画面，而是那些曾经存在于网络世界里的电子邮件、电子数据交换、网络聊天记录、网络博客、微博客、手机短信、电子签名或者域名等。换言之，电子数据是与一种形成于互联网络和通讯网络中的交换信息，而这些信息恰恰与案件事实具有一定形式的相关性。当然，视听资料与电子数据也是具有密切联系的两种证据形式。广义的视听资料也包括那些存储于互联网络和通讯网络中的数据资料，电子数据是从视听资料中分离出来的一种证据形式。与此同时，电子数据所存储的内容也可以表现为一些声音、文字、图像，这与视听资料是相似的。正因为如此，电子数据与视听资料在证明力和证据能力方面并没有实质区别，它们可以适用极为相似的证据规则。

视听资料和电子数据是互联网金融犯罪最为重要的证据，互联网金融犯罪最重要的载体就是互联网，这类犯罪之所以成为一种犯罪样态迅速发展，与互联网的迅速发展紧密相关，而互联网从本质上来说就是电子数据以某种特定的方式集合后的综合体现。甚至可以说，互联网就是电子数据的集合。同样，互联网金融类犯罪很大程度上可以归结为互联网犯罪的一种，无论是作为犯罪工具，还是犯罪行为本身，电子数据对于互联网金融犯罪都显得尤为重要。在这里需要对视听资料做一个简单的说明。作为法定证据的一种，如果说视听资料在过去很长一段时间有其自身的独特属性，那么，随着互联网技术以及其他技术的发展，视听资料大部分是以电子数据形式存在。鉴于以电子数据形式存在的视听资料已经占据了很大一部分，而传统的试听资料类证据只是在很小的范围内存在，而在实践中，互联网金融犯罪领域内更是很少见到传统的视听资料。因而，本文不再单独详细叙述视听资料的调查取证，而是将其纳入电子数据的调取环节加以统一概括。同样，鉴于电子数据在互联网金融犯罪领域内的重要性，本文将详细介绍互联网金融犯罪领域电子数据取证的相关问题。

（一）电子数据的概念及主要表现形式

电子数据是在案件发生过程中形成的，是以数字化形式存储、处理、传输的，能够证明案件事实的数据。电子数据作为法定证据形式的一种，人们经常把电子数据习惯地称为电子证据，但是在证据意义上，笔者认为两者之间有着明显的区别，把电子数据称为电子证据并无不妥。随着信息科学技术和互联网技术的不断发展，如今，电子数据已经衍生出纷繁复杂的形式，除了人们通常所能看到的电子邮件、电子聊天记录（QQ、微信聊天记录）外，还包括表现为电子数据交换、电子资金划拨、网络论坛聊天室记录和电子签章等各种形式。从广义上讲，以电报、电话、传真资料以及电子文件、数据库、手机短信等已难以寻觅传统证据的影子，而是具备了电子数据的特点，应当属于电子数据范畴。可以发现，在不同时期，电子数据的表现形式也在发生变化。当前，电子数据的主要表现形式包括但不限于下列信息、电子文件：

（1）网页、博客、微博客、朋友圈、贴吧、网盘等网络平台发布的信息；

（2）手机短信、电子邮件、即时通信、通讯群组等网络应用服务的通信信息；

（3）用户注册信息、身份认证信息、电子交易记录、通信记录、登录日志等信息；

（4）文档、图片、音视频、数字证书、计算机程序等电子文件。

除此之外，需要注意的是，以数字化形式记载的证人证言、被害人陈述以及犯罪嫌疑人、被告人供述和辩解等证据，不属于电子数据。但是，根据有关的法律规定，对于此类证据，如确有必要，对相关证据的收集、提取、移送、审查，可以参照适用电子数据的相关规定。这其实是在广义上将电子数据的适用范围进行了扩大。

与此同时，电子数据的载体也在日新月异地发生变化。目前，比较常见的载体主要有以下几种：电脑硬盘、智能手机、智能 PDA、盘、光盘、软盘、云空间、服务器、网络访问日志、Cookies，等等。

（二）电子数据的典型特点

电子数据作为证据的一种，其在保存方式、传播形式、感知性及安全性上与传统物证存在很大的不同，也就决定了我们在对电子数据进行取证与认定时要首先了解它的特性。一般而言，电子数据的特点主要包括以下几个方面：

一是电子数据形式多种多样。电子数据包括视听资料和计算机证据。视听资料大多表现为单一的媒体形式，而计算机证据则不仅可以为单一媒体形式，更多地表现为文本、影像、图片、声音、程序等多种形式的复合媒体。录音录像的发明与应用，产生了音视频电子数据；磁盘、光盘、U 盘存储设备的应用，产生了文字、图片、程序等多媒体电子数据。网络的发展与应用，产生了虚拟身份，论坛发帖、跟帖记录等这些网络电子数据，都是通过一定的技术设备和技术手段来实现的，离开了这些储存技术、计算机技术、网络技术，电子数据就无法存在，也无法再现。

二是电子数据极易遭受破坏。实践中，很多的电子数据是保存在可擦写的数据记录介质上，如磁盘、U 盘、可擦写光盘等，在其存储、传输和使用过程中，极易遭受到外来的破坏，如监听、窃听、截取、篡改、删除等，并且很容易因为使用中的误操作而被破坏。比如，在播放录音时误按录音键、在查看电子邮件时误按删除键等。除了误操作导致的破坏，人为破坏也十分容易，电子数据制作人或其他接触它的人都有可能随时、随地、随意地对其进行编辑、修改，使其面目全非，甚至不留任何痕迹地予以删除，使其消失。

三是电子数据的审查、认定难度大。分析电子数据，我们会发现电子数据既无形又脆弱，让人们对电子数据所证明的内容的真实性、合法性、完整性存在质疑。因为电子数据容易被破坏或修改，以至于有时其反映的事实并不是本质的真实，而仅仅是表象的真实，如经过图像处理软件修改过的图片，通过模仿的声音录音，链接标题与链接网址、内容的不符，虚拟网名与真实身份的不符，经过“黑客”篡改的网页，伪造的电子信件等，如果这些证据没有第三方证据来进行印证，极有可能出现误断，导致电子数据的审查、认定难度增大。

正是由于存在上述种种特性，在司法实践中，司法机关特别是检法机关在对电子数据的审查与认定中采取了相对审慎的态度，特别是在对电子数据审查认定规则不太明确的情况下，对电子数据的审查认定除了审查证据本身的关联性外，更多的是对于证据来源的合法性审查，而有关证据来源合法性的审查往往又是电子数据调查取证环节中的薄弱环节，尤其需要严格规范。

（三）互联网金融犯罪电子数据的主要表现形式

在互联网金融犯罪案件中，从证据数量上来讲，绝大部分的证据都是以电子数据形式表现出来的，电子数据调取的完整性和合法性直接关系到整个案件是否能够快速顺利开展，形成完整的证据链条，实现对相关企业和人员的有效打击。实践中，互联网金融犯罪领域内电子数据的主要表现形式有以下几类：

（1）记载投资人信息的电子数据，主要包括投资人的姓名、身份证号，联系电话等身份信息，以及投资人进行投资行为的投资时间、资金数额、项目、银行账户，以及与投资回报相关的回报时间、回报金额等基础信息。

（2）记载涉案公司和人员资金往来的财务数据信息。对于财务数据信息，一般而言，规模较大、业务量较大、管理相对正规的企业都会使用专门的财务系统，对相关的财务数据进行记载。

（3）记载公司员工基本信息和对员工进行管理的人力资源系统数据，主要包括员工基本信息、员工简历、员工任职时间、公司人员组织结构以及职责权限。

（4）公司进行日常经营管理的办公自动化系统电子数据。该类电子数据主要记载公司运营相关信息，包括记载涉案公司相关业务数据的电子文件，公司开展运营活动的宣传，培训资料的电子数据。

（5）公司网站数据信息。一般而言，除了规模较大、管理规范、机构齐全、资金实力雄厚的大企业有专门的电子数据系统外，大部分的涉案企业只是通过公司网站对企业信息进行展示，通过网站宣传各项业务，并通过网站发布相关信息进行上传下达，这样公司网站数据就会存储大量数据信息。

（6）电子邮件信息，一般而言，大部分的企业都不具备独立开发电子邮件的技术和资金实力，在实践中，为了方便联系，提升业务，企业一般都会使用门户网站的电子邮箱进行相关业务的联系，在电子邮箱中一般会存储大量有关公司业务运营数据的电子信息。

（7）即时通讯工具存储的信息。在实践中，为了方便交流，提升效率，涉案公司或企业往往会利用微信、QQ、MSN 等即时通讯工具，传输公司业绩信息、工资发放信息、通知通告等信息。这类信息往往是互联网金融犯罪领域最重要的信息，直接体现出相关涉案人员的职责和相关绩效数据。

（四）电子数据取证相关的法律规范

在对互联网金融犯罪电子数据的概念、特点进行了简要解读后，从以审判为中心的刑事侦查模式的构建来考察，必须要对电子数据取证相关的法律法规进行梳理。因为只有符合相关法律法规的电子数据才可能保证证据来源的合法性。目前，对于电子数据的调查取证，主要的法律法规是《刑事诉讼法》《公安机关办理刑事案件程序规定》《公安部刑事案件现场勘查规则》，而最为重要的是2005年公安部颁布的《计算机犯罪现场勘验与电子数据检查规则》，以及2016年10月1日由最高人民法院、最高人民检察院、公安部联合颁布的《关于办理刑事案件收集提取和审查判断电子数据若干问题的规定》。

通过对上述法律法规进行解读发现，上述法律法规对电子数据的收集、固定、审查都有比较明确的法律规定。特别是《关于办理刑事案件收集提取和审查判断电子数据若干问题的规定》更是全面地结合当前技术发展的最新形式和实际情况，制定了全面且具有可操作性的实施规范，对于确保电子数据合法性起到了关键的指导作用。

（五）电子数据取证合法性的技术保障

在传统的证据证明体系中，原件与复制件的证明效力是不同的，原件的证明效力优先。按照证据规则证明力的标准，在证明文书真实性的过程中，对案件事实的证明，除非可以证明存在非人为因素原件已不复存在的，否则必须提出原始文书。但电子数据是以电子光学的形式存在，只有以输出物的方式才能呈现，不具有原件和复制件的区分，这和最佳证据规则是不相符的。现在各国对电子数据的所谓原件和复制件问题一般采取同一标准，实质上是将电子数据不作原件和复制件的区分，不将电子数据信息首先固定所在的媒介物视为原件，对于呈打印、显示、播放等输出状态和其他实物状态呈现的电子数据，以反映电子数据真实性内容为标准，认定其是否具有原件效力。

电子数据作为证据的一种形式，无论是何种载体或何种形式，最终还是要依赖于电子信息技术，在考察电子数据取证合法性问题时，必须依托一定的技术保障。从目前世界通用的电子数据鉴定标准来看，一般都采用哈希算法，哈希算法是将任意长度的二进制值映射为固定长度的较小二进制值，这个小的二进制值称为哈希值。哈希值是一段数据唯一且极其紧凑的数值表示形式。如果散列一段明文而且哪怕只更改该段落的一个字母，随后的哈希都将产生不同的值。要找到散列为同一个值的两个不同的输入，在计算上来说基本上是不可能的。

在司法实践中，应用最为广泛的是 MD5（Message Digest Algorithm MD5）算法，是哈希算法的一种表现形式。MD5 为计算机安全领域广泛使用的一种散列函数，用以提供消息的完整性保护。MD5 算法具有以下特点：

（1）压缩性：任意长度的数据，算出的 MD5 值长度都是固定的。

（2）容易计算：从原数据计算出 MD5 值很容易。

（3）抗修改性：对原数据进行任何改动，哪怕只修改 1 个字节，所得到的 MD5 值都有很大区别。

（4）强抗碰撞：已知原数据和其 MD5 值，想找到一个具有相同 MD5 值的数据（即伪造数据）是非常困难的。

地球上任何人都有自己独一无二的指纹，这常常成为司法机关鉴别罪犯身份最值得信赖的方法；与之类似，MD5 就可以为任何文件（不管其大小、格式、数量）产生一个同样独一无二的“数字指纹”，任何人对文件做了任何改动，其 MD5 值也就是对应的“数字指纹”都会发生变化。比如，下载服务器针对一个文件预先提供一个 MD5 值，用户下载完该文件后，用这个算法重新计算下载文件的 MD5 值，通过比较这两个值是否相同，就能判断下载的文件是否出错，或者说下载的文件是否被篡改了。

正是由于有了上述技术保证，使公安、检察机关的调查取证有了科学依据。尽管从技术手段上看，近年来，网络信息技术专家已开始逐步实现了对这种算法的破解，但这种破解还是不完整的。MD5 的验算方法和结果在世界范围内还是得到司法机关的普遍认可的。

（六）不同存储形式的电子数据的取证方法

在互联网金融犯罪案件中，电子数据保管或存储的主体和空间都存在一定的差异，笔者根据这种差异性将电子数据的调查取证分为三种不同的类型：一是由第三方保管的相对独立的电子数据；二是由涉案公司或者人员保管、控制、使用的电子设备存储的电子数据；三是通过云技术存储的电子数据。

1. 由第三方保管的相对独立的电子数据

这类电子数据主要是指由媒体保存的对涉案公司或者涉案犯罪嫌疑人对公司和公司业务进行宣传，或者是第三方的行业协会、监管部门截取的公司网站截图、发布的业绩数据截图，下载的有关公司运营数据的电子数据，包括发布的广告文案、音频、视频文件、网站截图、网站投资人数据等。笔者认为，由于这类证据形成的时间一般都是在侦查机关立案之前，而且都是公开的数据，且都是由独立的第三方机构、企业或者个人保存，这类电子数据一般内容简单，形式单一。对这类电子数据的调查取证，一般的程序应该是由侦查人员使用调取证据通知书的法律手续，要求电子数据保管人将电子数据提供给公安机关，并使用调取证据清单将相关证据的特征详细说明。通常，对于图片类证据可以打印成纸质文件，由证据保管人签字盖章确认，对于数据量较大的证据，保管在 U 盘、硬盘中的数据，可以将相关电子数据刻录成光盘装入特定信封、纸袋签章或签字提供给公安机关。由于这类证据是有第三方的，是一个相对简单的调取证据的过程，因而，对于取证主体的要求不应该限定于网安技术人员，只要是具有相应资质的侦查人员即可。

2. 由涉案公司或公司人员保管控制、使用的电子设备存储的电子数据

该类电子数据主要是指公司或公司人员使用的服务器、电子计算机、移动硬盘、U 盘等具有存储功能的电子设备存储的相关电子数据。对于这类电子数据的调查取证一般分为两个层面，一是在现场勘验、搜查等环节中，由公安机关网安技术人员按照《计算机犯罪现场勘验与电子数据检查规则》的相关法律规定对电子设备进行现场勘验，并出具现场勘验报告，这类电子数据调取后的最终呈现形式是现场勘验、检查笔录。一般地，为了保证电子数据的合法性，要对电子数据做出全面的提取和分析，特别是对电子数据庞大、系统复杂、涉及专业计算机知识的电子数据，侦查机关应当聘请有资质的司法鉴定机构对相关的电子设备进行鉴定。其主要的步骤是由侦查人员出具扣押法律手续对相关物品进行扣押，并对所扣押的设备特征做出详细说明，对于能够有唯一识别码的信息要标注清楚，然后将扣押的设备移交司法鉴定机构。再由司法鉴定机构对电子设备中存储的数据进行复制、恢复、分析，并做出具体详细的鉴定报告。

3. 使用云技术存储的电子数据

随着网络科学技术的发展，越来越多的互联网金融企业通过网络技术公司云技术储存相关电子数据，从而提升服务器使用效率，降低企业运营成本和数据安全性。在互联网金融犯罪中，越来越多的企业使用云技术储存电子数据，由于云技术存储是一项技术要求很高的业务，除了专业技术公司外，绝大部分的企业都缺乏相关的技术和经济实力，特别是一些软硬件标准对于技术设备和技术人员的要求往往是涉案企业无法满足的。

四、笔录证据的调查取证

所谓“笔录证据”，是指侦查人员对其勘验、检查、辨认、侦查实验、

搜查、扣押，以及证据提取过程中所作的书面记录。在我国《刑事诉讼法》中，勘验、检查、搜查、扣押、辨认、证据提取和侦查实验都属于法定的侦查手段。侦查人员在进行上述侦查活动的同时，将收集证据的过程以及所获取的证据情况作出准确记录，从而形成具有证据效力的书面笔录。

对于互联网金融犯罪案件的侦查，涉及笔录证据往往是与其他证据一起，作为其他证据的补充而出现，因为笔录证据往往是对侦查行为过程和相关证据的说明，其与互联网金融犯罪本身的样态并无关联，因而其作为法定证据种类对于互联网金融犯罪并无突出特点，这类证据往往并不体现互联网金融犯罪的犯罪构成特征。但是，在互联网金融犯罪侦查过程中，对于笔录证据同样强调收集主体和收集程序的合法性。特别是在对员工众多，面积广泛，动辄成千上万平方米的办公场所进行搜查过程中，对搜查过程的描述和相关人员物品的描述要尽可能地还原现场真实情况，并且确保在某个确定时间段不得出现同人异地的情况。

（一）对证人与被害人的调查取证

对证人和被害人的调查取证，在证据种类中，主要体现为证人证言和被害人陈述。在我国刑事诉讼制度中，证人证言与被害人陈述是两种独立的法定证据形式。所谓证人证言，是指证人就其所了解的案件事实向司法机关所作的口头陈述。所谓被害人陈述，是指犯罪行为的受害人就案件事实及其所受犯罪侵害情况，向司法机关所做的口头陈述。在刑事诉讼程序中，证人是因为了解案件情况而负有作证义务的诉讼参与人，而被害人则是与案件有直接利害关系的当事人，享有一系列当事人的诉讼权利，影响着诉讼的进程和结局。但在证据法上，被害人陈述与证人证言并没有实质性的区别，两种证据在形成机理上是相似的，并适用同样的证据规则。在实际办案过程中，一般很少对证人证言和被害人陈述做出专门区分。但是，在互联网金融犯罪领域，对于证人和被害人的严格区分很有必要，因为在互联网金融犯罪领域涉及最广泛的非法吸收公众存款罪或者集资诈骗罪中，不同性质的犯罪意味着不同的主体具有不同的诉讼地位，特别是对于后期的涉案财产的处置也不同。而实际上，在很多案件中，证人除了要承担证人的义务外，在实质上也可能是受害人，如在集资诈骗案件中，作为公司职员，自己投资了相关项目后被骗的，很难简单将其归结为某一类。同样，不同的人在侦查过程中，对权利义务的告知也有不同，这给实际的侦查工作带来了很大的困扰。在侦查过程中，由于前期受理、立案时对案件定性的证据材料往往不充分。因此，我们可以简单以投资人对这部分人做一个概括，但是这种概括并不是一个标准的法律用语，对于投资人的定位，将其作为证人来对待更能有利于侦查。尽管存在上述法律地位上的区分以及权利义务的不同，但在调查取证过程中，这两类言词证据在具体收集内容上存在很大的共性，在互联网金融犯罪案件侦办过程中，对被害人和证人证据的收集主要包含以下具体内容：

1．对被害人取证的主要内容

（1）以笔录形式对被害人进行询问，制作《询问笔录》。《询问笔录》应当包括以下重点内容：①告知控告人、举报人应当如实提供情况，不得诬告、陷害，以及诬告、陷害应负的法律责任。②被害人的详细情况，应当问明被害人姓名、性别、年龄、职业、住址、工作单位、联系方式等个人基本信息。③参与投资活动及工作的详细情况。④所了解的犯罪嫌疑人的详细情况。⑤对所投资的项目或者所从事的具体业务的具体情况。⑥调取投资人持有的购买金融产品的相关合同等书证。

（2）接受案件线索和其他证据。侦查人员对于证人或者被害人提供的有关证据材料、物品等应当登记，必要时拍照、录音、录像，并妥善保管。移送案件时，应当将有关证据材料和物品一并移交。接受有关证据材料、物品，应当制作《接受证据清单》一式两份，写明名称、规格、数量、特征等，由报案人签名（盖章）、捺指印，一份交证据提供人，一份留存。《接受证据清单》参照《扣押物品、文件清单》制作。

2．对证人取证的主要内容

在对证人进行调查取证的过程中，应该根据证人所能证明的犯罪事实加以区分，分为涉案公司员工类证人和其他证人。

（1）对员工类证人调查取证，应该以笔录形式对证人进行询问，制作《询问笔录》。《询问笔录》应当包括以下重点内容：①告知作伪证的法律责任；②证人的详细情况。应当问明被害人姓名、性别、年龄、职业、住址、工作单位、联系方式等个人基本信息；③本人在涉案企业的就职履历；④本人就职各阶段所在公司、部门的情况；⑤询问企业重点业务详细情况。

（2）对其他证人调查取证的主要内容。其他证人主要包括与涉案企业有关的房屋租赁、人员招聘、广告宣传、推广、投融资业务经手人。《询问笔录》应当包括以下重点内容：①告知作伪证的法律责任；②证人的详细情况，应当问明被害人姓名、性别、年龄、职业、住址、工作单位、联系方式等个人基本信息；③本人与涉案公司或者人员交往的过程及签订合同开展相关合作的详细经过。

（二）犯罪嫌疑人、被告人供述和辩解

所谓犯罪嫌疑人、被告人供述和辩解，是指犯罪嫌疑人、被告人就有

关案件事实情况向司法机关所作的陈述。根据犯罪嫌疑人、被告人所作陈述的内容来看，犯罪嫌疑人、被告人供述和辩解可以大体分为两类：一是犯罪嫌疑人、被告人供述或自白，也就是犯罪嫌疑人、被告人供认自己犯罪事实的陈述，或者犯罪嫌疑人、被告人说明他人实施犯罪行为的陈述；二是犯罪嫌疑人、被告人辩解，也就是犯罪嫌疑人、被告人就自己不构成犯罪所作的辩解意见，或者犯罪嫌疑人、被告人在承认自己构成犯罪的前提下就自己的从轻、减轻或者免除情节所作的辩解意见。

由于互联网金融犯罪案件往往是单位犯罪、共同犯罪，犯罪嫌疑人之间的地位、职责、具体行为、参与程度各不相同，对吸收公众存款集资行为的非法性、运作方式的主观认知度各不相同，因此对于涉案人员的讯问内容应当围绕主观明知、职责分工、参与程度、工资报酬等方面细致审查。重点应该包含以下内容：

(1) 个人基本情况，包括姓名、身份证号码、户籍所在地、现住址等个人基本信息，以及个人经历、家庭成员、政治面貌、特殊身份、国籍，以及是否有违法犯罪经历等；

(2) 入职情况，通过何种方式入职，自己在之前是否有金融从业经历；

(3) 公司部门结构设置、机构职责、各公司下设分公司规模、扩张情况；

(4) 公司收购情况、收购金额、收购资金来源；

(5) 公司绩效情况、公司理财产品销售任务情况、理财产品提成情况；

(6) 公司财务制度、钱款流转模式、财务审批流程；

(7) 公司业务类工作审批请示流程情况；

(8) 公司投融资业务、理财产品销售的资金流转，资金去向；

(9) 投融资业务、理财产品年化收益率，由谁确定、如何确定、确定依据；

(10) 对投融资业务、理财产品违法性的主观认识；

(11) 犯罪嫌疑人参与各类会议、合同签订、进行宣传的情况；

(12) 公司业务操作模式；

(13) 公司是否有相关的金融业务许可审批证件；

(14) 公司开展业务培训情况（销售术语培训、产品知识培训等）。

五、鉴定意见的调查取证

所谓鉴定意见，是指鉴定人运用科学技术或者专门知识，对诉讼中所涉及的专门性问题通过分析、判断所形成的一种鉴别意见。无论进行何种鉴定，鉴定人都要运用自己的专业知识、设备和技能，对刑事案件所涉及的专业问题作出鉴定和判断，而这些专业上的鉴别和判断，一旦为司法人员所获悉，就有可能弥补后者专业知识的局限性，在不同程度上拓展他们对案件事实的认知能力。尤其是对那些种类繁多的物证、书证、视听资料和电子数据，司法人员可以借助专业人员的鉴定意见，对刑事案件发生的时间、地点、行为方式、作案手段、犯罪嫌疑人、被告人是否在场、行为过程中的言行等问题，有较为全面的了解，对涉及言行、人身、物体等方面的同一类问题，也可以有真切的判断。

需要注意的是，《公安部刑事技术鉴定规则》对鉴定的规定主要规范的是公安机关的刑事技术部门对与犯罪案件有关的物品、文件、痕迹、人身、尸体等进行鉴定的情况，在互联网金融犯罪领域，主要涉及的是有关涉案企业和个人资金来往的司法审计，在实践中，我们一般称为审计报告。对于这类鉴定意见，其实施和依据的法律规范应该是《司法鉴定程序通则》（修订版）。

司法审计类鉴定意见证据，在互联网金融犯罪侦查中显得尤为重要。一般而言，审计工作贯穿整个侦查活动的始终。作为侦查机关，由于自己业务能力的局限性，对鉴定意见本身内容一般不做具体干预。但是这并不意味着在审计过程中，侦查机关无所作为。在侦查阶段，审计工作应该注意以下几个问题：

（一）改变无审计报告不立案的思维定势

在互联网金融犯罪案件中，审计报告对案件定性、责任追究都具有很重要的法律意义。在实践中，许多侦查机关在侦查终结后移送司法机关时，司法机关会以缺乏审计报告将案件退回补充侦查。严重影响侦查机关的侦查办案。针对这种情况，就侦查机关而言，虽然审计报告的意见很重要，但是在资金流向简单、资金数量不大、银行账目明细完整、资金使用情况核实完整的情况下，审计报告作为法定证据种类的具体表现形式，并不是在每个案件中都是不可或缺的。

（二）保证审计资料来源的合法性

由于审计机关本身并不参与案件侦查，审计机关出具的审计报告，严格依赖于侦查机关所提供的审计资料，主要包括银行凭证、交易流水、第三方数据、资金使用明细、现金日记账等财务资料，以及涉案企业或个人保存的电子数据。侦查机关必须提供内容完整、来源真实，程序合法的资料，从源头上保证司法审计的合法性。

（三）侦查机关对审计机关的选择和审查

在实践中，虽然作为审计主体的会计师事务所等机构和个人在从业资质上有着严格的管理规范，需要注意的是针对具体的司法审计报告，由于涉及不同的犯罪形态，司法审计过程的难易程度和内容会有较大差异，对于审计机构的选择显得至关重要，侦查机关一定要根据案件实际情况选择经验丰富的司法审计机构，同时，对于审计活动的过程，一定要做好监督，保证审计活动的实际参与人与审计报告的出具人的一致性，避免出现代签、挂靠等问题。

（四）对审计方向的引导

审计是一项非常专业的工作，其本身也有一些规律和方法，但是对于互联网金融犯罪案件，由于案件具体形态的特殊性，构成要件的法定性，因而对审计报告包含的内容有着相对严格的要求，对特定问题的说明具有相当的专业性，因而，侦查机关必须在审计过程中对相关问题与审计人员进行充分的沟通，提供审计思路与方向。

第五章　第三方支付相关刑事司法问题

第一节　第三方支付的发展与监管

一、第三方支付概况

(一) 第三方支付的发展背景

中国改革开放近40年以来，实现了国民经济的持续增长，创造了全球经济的奇迹。正是在这样的发展浪潮中，中国成为全球信息通信技术产品的最大出口国和进口国。中国网民数量和手机网民数量跃居全球第一。近年来，中国工业和信息化部加大了手机4G和5G网络的建设，同时推进全国互联网覆盖面并提升网络速度和稳定性，这为中国互联网经济和金融的发展奠定了基础。在此背景之下，电子支付业应运而生。其中，第三方支付的产生和发展与中国国情紧密相关。由于支付结算业在银行总收入中占比较小，故第三方支付一开始就没有受到银行业的较大发展阻力；且中国长期以来，中小微企业因得不到国有商业银行的重视，便将目光投向了第三方支付。第三方支付机构结合支付数据流构建了属于中小微企业的企业信用，并在这些企业进行电商活动时给予流动性支持。中小微企业与第三方支付的发展相生相随，互相推进。根据中国互联网络信息中心（CNNIC）发布的第40次《中国互联网络发展状况统计报告》显示，截至2017年6月，中国网民规模达7.51亿，占全球网民总数的五分之一，互联网普及率达到54.3%，超过全球平均水平4.6个百分点。中国网民规模已经相当于欧洲人口总量。其中，手机网民占比达96.3%，线下手机支付习惯已经形成。第三方支付的便利、快捷和优惠深受年轻网民的认可，年轻网民是推动第三方支付市场发展的重要力量。再者，IT企业的参与为第三方支付提供了现代化支付基础设施，截至目前，获得第三方支付牌照的270家企业中，有约35%的企业曾经是或现在是IT企业。

因此，中国第三方支付的产生、发展和崛起，与中国互联网成长路径紧密相关。IT企业的发展、年轻网民的参与和中小微企业的需求，为第三方支付提供了设施基础、主体市场和发展的温床。

（二）第三方支付与相关概念

1. 第三方支付与网上支付

网上支付，是电子支付的一种形式，它是第三方提供的与银行之间的支付接口进行的即时支付，这种方式直接把资金从用户的银行卡中转账到网站的银行账户中，资金实时到账，客户和商家之间可以采用信用卡、电子钱包、电子支票和电子现金等多种电子支付方式进行网上支付，其有效节省了交易成本。

网上支付与第三方支付有着紧密联系，但存在内容与概念上的差别。网上支付是一种具体支付途径，通过网站账户进行网上支付，主要目的是支付方便、快捷，是账户之间的直接划转；第三方支付是一种平台，是连接消费者与销售者的中介机构，主要是解决交易的信用问题，保证交易顺利进行。现实中，消费者通常通过电子支付的方式将资金转到第三方的账户，因此，网上支付成为消费者与第三方支付平台重要的资金流转方式。

2. 第三方支付与移动支付

移动支付，也称手机支付，指用户通过移动终端（通常是手机）对其消费的商品或服务进行支付的一种方式。移动支付主要分为近场支付和远程支付两种。近场支付是指用手机直接支付的方式（如“面对面付”）；远程支付是指通过发送支付指令等支付方式。与第三方支付相比，移动支付作为一种具体的支付手段，其主要是为了满足支付方便需要，通过移动终端达到资金的转移；而第三方支付是表明资金在消费者、第三方支付平台与销售者之间的流动环节与秩序，是支付媒介与支付方式的区别。随着移动终端技术与运营技术的发展，移动支付逐渐成为第三方支付的重要方式，如支付宝依托移动支付成为新的业务增长点。但是，移动支付的方便快捷功能使其与第三方支付其他方式之间的竞争日趋激烈，如微信支付作为现今移动支付的重要体现，直接将银行账户钱款支付给商家，可以不再通过第三方支付平台，但二者之间的分工合作关系也将更加明确。

3. 第三方支付与网上银行

网上银行，是指银行将业务搬上互联网，使客户可以直接登录互联网的银行网址实现账户查询、在线转账和理财等业务，而无须前往现实的营业网点办理，从而打破了银行部分业务办理的时间和空间限制，便利了客户。网上银行既是指在网上开办业务的银行，又可以指银行通过网络信息提供的各项银行服务。现有银行越来越重视网上银行的建设，不仅加强了基础设施建设，建立了APP，提高了运营速度，还扩大了办理业务范围，定期推出网上优惠等吸引客户。

网上银行与第三方支付存在较强的竞争关系。网上银行是传统银行在互联网上的延伸，第三方支付因为其对资金划转之间的担保信用性质从而对网上银行资金结算业务造成了一定的冲击。但网上银行基于其安全性仍享有大型商业客户资源，第三方支付则在零售客户上存在竞争优势。因此，二者因运营方式不同存在竞争，但各自特点不同，从而导致市场份额划分较为确定。①

二、第三方支付的发展历程

从电子支付技术角度来看，中国第三方支付的发展可分为三代：第一代支付以POS机物理网络为技术依托，以银联为代表；第二代支付以电脑物理网络为依托，以支付宝为代表。前两代支付均服务于互联网商业应用。随着互联网商业应用迅速移动互联化，移动终端和手机网络技术的不断发展，已经形成以智能终端和移动网络为技术依托的第三代支付。②

1999年，我国国内产生了第一家第三方支付公司——首信易支付平台，其属于早期的互联网支付网关企业，首信易二级结算模式开启了中国的在线支付。网上银行的发展是第三方支付发展的基础。2002年前，我国各大商业银行不断发展网上银行业务。2002年3月，中国银联的成立满足了商家对于多家银行卡在线支付接口的需要，解决了跨行异地网上支付问题。随着互联网普及至各个家庭以及电商网上购物的兴起，第三方支付业务飞速增长。2005年是第三方支付快速发展的标志性年份，其支付规模一度达到196亿元。随后，第三方支付呈飞跃式发展趋势。

2015年以来，第三方支付平台已经将移动支付作为业务新增长点，以支付宝、微信支付以及Apple Pay为主的第三方支付平台，将线下的大型商家、小型店铺等作为支付接口，为传统商务提供了不一样的服务功能，从而便利了大众生活，移动支付进入了“零钱包”时代。

根据iResearch艾瑞咨询统计数据显示，从支付规模来看，2017年第一季度中国第三方互联网支付交易规模达到6.4万亿元，同比增长56.1%，环比增长4.9%。

---

① 徐显峰著：《我国第三方支付发展研究——基于产业分工与融合的视角》，西南财经大学博士学位论文，第14－15页，中国博士学位论文数据库。

② 马梅、朱晓明等著：《支付革命：互联网时代的第三方支付》，中信出版社2014年2月版。

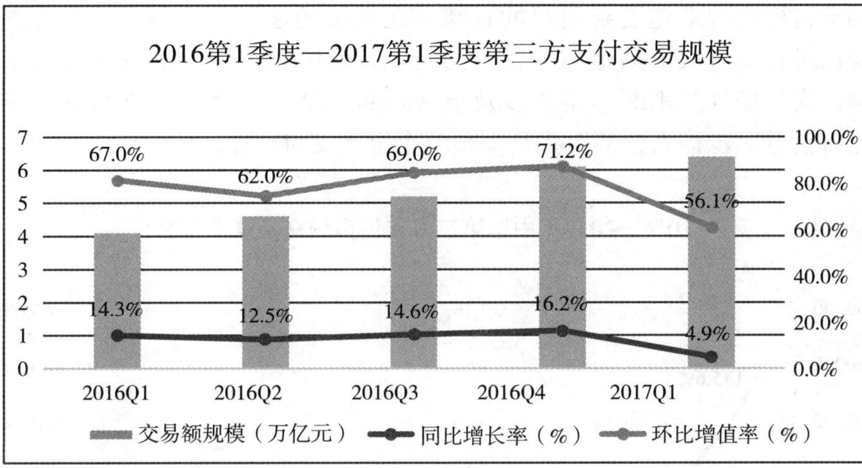

注释：1. 统计企业中不含银行、银联，仅指规模以上非金融机构支付企业；

2. 艾瑞根据最新掌握的市场情况，对历史数据进行修正；

数据来源：综合企业及专家访谈，根据艾瑞统计模型核算。

图 1　2016 年第 1 季度 –2017 年第 1 季度第三方支付交易规模

从支付业务来看，2017 年第一季度中国第三方互联网支付交易规模结构中，互联网金融（包括理财销售、网络借贷等）占比为 34.7%，个人业务（包括转账业务、还款业务等）占比为 35.1%，线上消费（包括网络购物、O2O、航空旅行等）占比为 11.6%，充值缴费（包括生活缴费、话费充值、网络游戏、虚拟产品等）占比为 1.9%。

从支付机构占比来看，2017 年第一季度第三方互联网支付交易规模市场份额中，支付宝占比为 30.7%，财付通占比为 22.2%，银联商务占比为 16.2%，快钱占比为 7.2%，汇付天下占比为 6.4%，中金支付占比为 4.9%，易宝支付占比为 3.3%，宝付占比为 3.3%，京东支付占比为 2.9%，苏宁支付占比为 2.0%。①

三、第三方支付行业规模与发展趋势

（一）第三方支付市场将进一步扩大

近几年，互联网金融的快速崛起，使得低成本支付模式在金融市场掀起了巨浪，第三方支付机构的支付业务规模获得了快速增长，其简单、便

① 上述数据均来自 iResearch 艾瑞咨询统计数据，见 http://report.iresearch.cn/wx/news.aspx?id=269001，2017 年 8 月 8 日。

捷的支付模式越来越受到用户的青睐。在发展的浪潮中，不少第三方支付企业已经在支付大市场走出了自己的特色。伴随我国电子商务环境的不断优越，支付场景的不断丰富，以及金融创新的活跃，第三方支付的市场规模还将会进一步扩大，甚至将会颠覆整个金融支付行业。

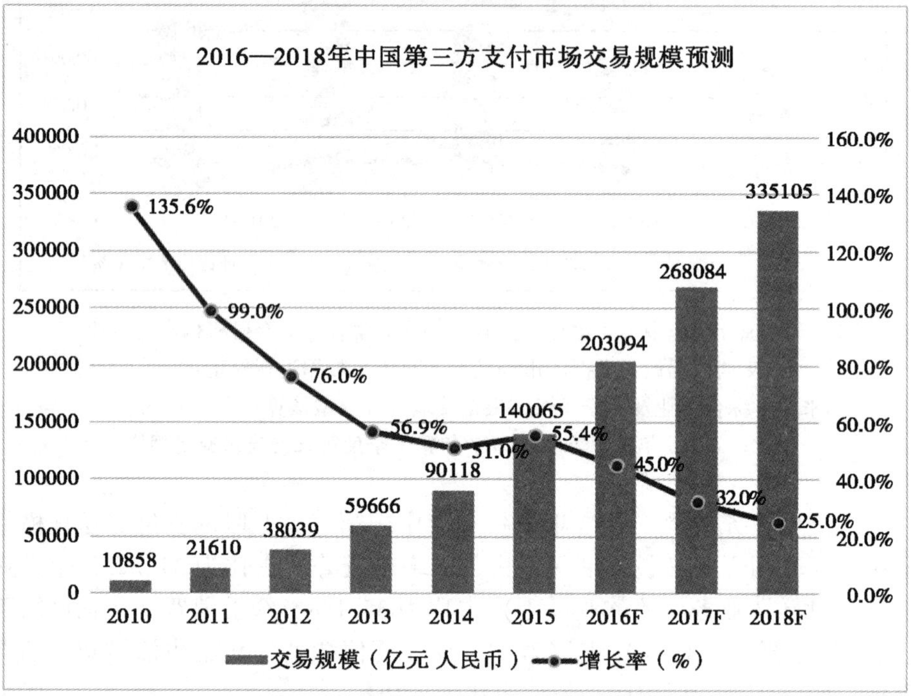

注释：以上数据根据厂商访谈、易观智库自有检测数据和易观智库研究模型估算获得，易观智库将根据掌握的最新市场情况对历史数据进行微调。

图2　2016－2018 年中国第三方支付发展规模预测图①

（二）移动支付是第三方支付的发展方向

移动支付市场规模将继续保持爆发式增长，市场将有更多的参与者加入，但对于整体竞争格局影响不大。对于移动支付来说，线下支付市场比线上更富有潜力。随着移动支付接入的线下消费场景的丰富，移动支付市场规模将继续扩大。此外，线下支付市场的巨大前景正吸引着众多商家不断涌入，除传统的第三方支付机构相继入场外，手机厂商、通信运营商、传统商业银行也在努力布局。移动支付的场景包括线上消费、线下商户、

① 图表来源于 Analysys 易观智库发布的《2016－2018 年中国第三方支付市场趋势预测专题报告》，http://mt. sohu. com/20160405/n443335173. shtml，2016 年 10 月 30 日。

转账、红包及跨境支付等。

1. 支付宝、财付通、银联商务仍然保持绝对优势地位

互联网在线市场竞争格局将保持相对稳定，Analysys 易观智库认为，由于支付宝、微信支付有大量的活跃用户，且经过近两年多对用户习惯的培养，未来第三方移动支付市场仍会由支付宝和财付通占据主导地位，其他支付机构分食剩余市场份额。支付宝、财付通、银联商务仍将占据第三方互联网在线支付交易规模市场份额前三名。

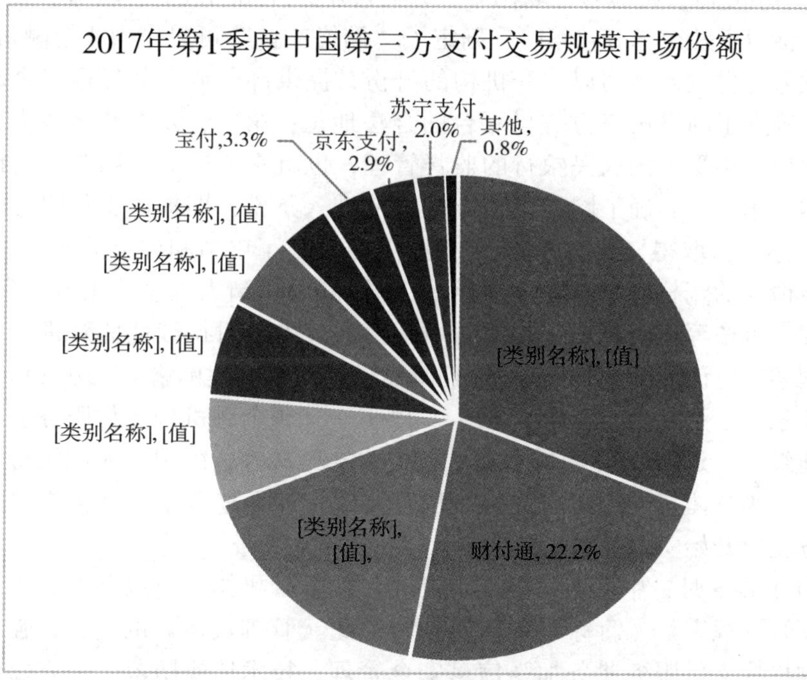

注释：1. 统计企业类型中不含银行和中国银联，仅指第三方支付企业；

2. 艾瑞根据最新掌握的市场情况，对历史数据进行修正；

数据来源：艾瑞综合企业及专业访谈，根据艾瑞统计模型核算及预估数据。

图 3　2017 年第 1 季度第三方支付交易规模市场份额图①

2. 基于交易数据展开征信增值服务将成为支付机构发力方向

支付具有金融、数据双重属性，第三方支付机构经过多年积累已拥有大量的数据资源，这些数据经过处理的分析结果有相当价值，如提供精准营销、客户管理、信用评级等增值服务。Analysys 易观智库认为，支付机构

① 图表来源于 iResearch 艾瑞咨询统计数据，见 http://report.iresearch.cn/wx/news.aspx? id = 269001，2017 年 8 月 8 日。

基于数据提供的增值服务业务尚处在探索期，其中征信服务的前景更为可观。①

四、第三方支付监管现状

（一）监管规则

2010年6月，中国人民银行颁布了《非金融机构支付服务管理办法》（简称《办法》），标志着互联网第三方支付业务开始纳入监管轨道。其主要内容包括以下几个部分：第一，确定了“网络支付”可以作为非金融机构，在收款人与付款人之间以中介机构的身份，提供部分或全部货币资金转移服务，确立了网络第三方支付平台的合法地位；第二，要求非金融支付机构必须依法接受中国人民银行的监督管理，也就是说确立了网络支付的监督主体；第三，明确了网络第三方支付的准入条件，即提供支付服务时应依据《办法》取得《支付业务许可证》，并提出了申请和许可的相关要求，包括申请人的资格（注册资本、从业人员等）、申请人的主要出资人资格、技术安全审核等证明材料等；同时用了两章节内容对持续性监管进行了详细的阐述。应该说，《办法》以部门规章的形式为构建网络第三方支付监管法律体系打下了基础。随后，2010年12月，《非金融机构支付服务管理办法实施细则》颁发，作为上述《办法》的补充文件，由中国人民银行主要起草，用来具体指导第三方支付机构开展工作。上述两个文件标志着我国第三方支付开始实施牌照化管理。

2011年6月，中国人民银行制定了《非金融机构支付服务业务系统检测认证管理规定》（简称《管理规定》），此《管理规定》的制定，强调让非金融机构支付服务业务加强信息安全管理、技术风险防范，一方面保证其系统检测认证的客观性、及时性、全面性和有效性，另一方面也可以防范网络支付机构技术层面的风险，对其业务系统的功能、性能、风险监控、安全性等多方面功能的检测提出了要求。

上述央行出台的相关规章基本确立了网络第三方支付的运行规则，在此基础上，2012年9月，中国人民银行颁布了《支付机构预付卡业务管理办法》《关于进一步加强预付卡业务管理的通知》，明确了预付卡的概念和适用范围，对支付机构在预付卡的发行、受理、使用、充值、赎回以及监管等环节进行了全面规范。2013年6月，中国人民银行出台了《支付机构

① 数据来源：易观智库，《2016年中国第三方支付市场趋势预测》，http://www.askci.com/news/chanye/2016/01/26/15537y853.shtml，2016年7月19日。

客户备付金存管办法》，对备付金账户分离管理、资金封闭运行和使用、备付金信息多方核对校验、监管指标动态调整以及监管部门、自律组织和商业银行的监督职能等方面进行了全面规定。

2015 年 12 月底，央行发布了《非银行支付机构网络支付业务管理办法》（简称《管理办法》），对第三方互联网支付的认证要求、支付限额、业务范围作了较为明确的规定，特别是对于消费账户的限额和综合理财账户的限制，被业内人士称为“史上最严”。《管理办法》旨在实现清晰界定支付机构定位，坚持支付账户实名制，兼顾支付安全与效率，突出对个人消费者合法权益的保护，实施分类监管推动创新等目标，该《管理办法》已于 2016 年 7 月 1 日正式施行。

2017 年 8 月 4 日，《中国人民银行支付结算司关于将非银行支付机构网络支付业务由直连模式迁移至网联平台处理的通知》，明确要求非银支付机构网络支付业务由直连模式迁移至网联平台处理，并给出了最终时间 2018 年 6 月 30 日，届时所有网络支付业务全部通过网联平台处理。此前第三方直联模式绕开了央行的清算系统，使银行、央行无法掌握具体交易信息，无法掌握准确的资金流向，这一模式也极易被不法分子利用，成为洗钱、套现获利、盗取资金的温床，网联平台的建立将纠正支付机构违规从事跨行清算业务，改变了目前支付机构与银行多头连接开展业务的情况，以节约连接成本，提高清算效率，保障客户资金安全，也有利于监管部门对社会资金流向的实时监测。第三方支付平台与网联平台的统一接入，将成为第三方支付发展历史中的重要节点，由此央行对第三方平台监管达到了新的高度。

除了央行作为监管部门针对网络支付发布的一系列规章之外，其他相关部门及协会出台的相关规定也起到了一定的补充作用，如银监会 2012 年 3 月发布的《支付机构反洗钱和反恐怖融资管理办法》，为打击支付机构帮助洗钱和为恐怖行径融资的违法犯罪行为作出了禁止性规定；中国支付清算协会 2013 年 3 月形成的行业自律规范《支付机构互联网支付业务风险防范指引》，旨在引导成员提高互联网支付业务风险防范意识，提高行业服务水平。

为应对第三方支付发展中可能出现的资金沉淀风险、非法资金风险以及对违法犯罪收益洗钱等风险，十部委《指导意见》明确指出：“（七）互联网支付。互联网支付是指通过计算机、手机等设备，依托互联网发起支付指令、转移货币资金的服务。互联网支付应始终坚持服务电子商务发展和为社会提供小额、快捷、便民小微支付服务的宗旨。银行业金融机构和第三方支付机构从事互联网支付，应遵守现行法律法规和监管规定。第三方支付机构与其他机构开展合作的，应清晰界定各方的权利义务关系，建立有效的风险隔离机制和客户权益保障机制。要向客户充分披露服务信息，清晰地提示业务风险，不得夸大支付服务中介的性质和职能。互联网支付业务由人民银行负责监管。”这对互联网支付的性质、定位、监管主体、发展方向等在互联网金融的大背景下进行了完整的规定，并对行业管理、资金存管、消费者权益保护、网络与信息安全、反洗钱和金融犯罪等方面提出了明确要求。

（二）整顿与规范

随着第三方支付的进一步发展，该行业存在的问题越来越集中和突出，主要表现为无证经营支付业务、不规范使用备付金等。

2016 年 4 月，国务院印发《互联网金融风险专项整治工作实施方案》，对第三方支付、P2P 网络借贷、互联网资产管理及跨界金融等互联网金融业态进行整顿。其中，对第三方支付业务明确提出三方面重点整治要求：一是非银行支付机构不得挪用、占用或借用客户备付金。客户备付金账户应开立在人民银行或符合要求的商业银行。人民银行或商业银行不向非银行支付机构备付金账户计付利息，防止支付机构以“吃利差”为主要盈利模式，理顺支付机构业务发展激励机制，引导非银行支付机构回归提供小额、快捷、便民小微支付服务的宗旨。二是非银行支付机构不得连接多家银行系统，变相开展跨行清算业务。非银行支付机构开展跨行支付业务应通过人民银行跨行清算系统或者具有合法资质的清算机构进行。三是开展支付业务的机构应依法取得相应业务资质，不得无证经营支付业务，开展商户资金结算、个人 POS 机收付款、发行多用途预付卡、网络支付等业务。

为落实上述专项整治工作，2016 年 10 月 13 日，中国人民银行会同 13 部委制定并印发了《非银行支付机构风险专项整治工作实施方案》，主要整治非银行支付业务存在的两大主要问题并提出工作要求：

1. 开展支付机构客户备付金风险和跨机构清算业务整治活动

一是加大对客户备付金问题的专项整治和整改监督力度；二是建立支付机构客户备付金集中存管制度，要求支付机构将客户备付金统一缴存人民银行或符合要求的商业银行，研究互联网金融平台资金账户的统一设立和集中监测；三是逐步取消对支付机构客户备付金的利息支出，降低客户备付金账户资金沉淀，引导支付机构回归支付本源、创新支付服务，不以变相吸收存款赚取利息收入为目的；四是支付机构开展跨行支付业务必须通过人民银行跨行清算系统或者具有合法资质的清算机构进行，推动清算机构按照市场化原则共同建设网络支付清算平台，网络支付清算平台应向人民银行申请清算业务牌照，平台建立后，支付机构与银行多头连接开展的业务应全部迁移到平台处理，逐步取缔直联支付；五是严格支付机构市场准入和监管，加大违规处罚。一般不再受理新机构设立申请，重点做好对已获牌机构的监管引导和整改规范。对于业务许可存续期间未实质开展过支付业务、长期连续停止开展支付业务、客户备付金管理存在较大风险隐患的机构，不予续展《支付业务许可证》，坚决撤销严重违法违规机构的支付牌照，维护市场秩序，保护消费者合法权益。

2016 年至 2017 年，第三方支付行业监管强化了整顿力度，并主要通过支付牌照管理来实现。2017 年 6 月 26 日，中国人民银行在官网发布《第四批非银行支付机构〈支付业务许可证〉续展决定》显示，此次公布的 93 家支付机构中有 9 家支付机构的《支付业务许可证》不予续展。其中某支付机构因涉嫌多次违规转让，存在大量虚假商户，因而续展未获通过。其余 8 家企业不予续展的原因主要集中在四个方面：一是未实质开展支付业务；二是支付业务不符合标准要求，存在安全隐患；三是擅自转让、变相转让甚至频繁转让；四是违规挪用、占用客户备用金，侵害消费者权益。

2. 开展无证经营支付业务整治

排查梳理无证机构名单及相关信息；根据无证机构业务规模、社会危害程度、违法违规性质和情节轻重，分类作出限期整改、依法取缔的处置。其中，无证经营支付业务行为主要包括以下三类：第一类是无证经营银行卡收单核心业务。一是开展商户资金清算，即所谓“二清”行为。“二清机构”没有获得央行支付业务许可，在持牌收单机构的支持下实际从事支付业务。无证机构以平台对接或大商户接入支付机构或商业银行，留存商户结算资金，并自行开展商户结算。二是从事其他收单核心业务，包括特约商户资质审核、受理协议签订等业务活动。第二类是无证经营网络支付业务。一是采取“大商户结算”模式，即用户支付资金先划转至网络平台账户，再由网络平台结算给其平台下挂商户。二是开立类支付账户的电子钱包，具有充值、消费、提现等支付功能。第三类无证经营多用途预付卡发行与受理。一是单用途预付卡机构擅自扩大应用范围，实现跨法人商户应用，如一些地方的公交单用途卡跨领域、跨地区拓展使用。二是无证机构发行与受理跨法人、跨领域、跨地区使用的多用途预付卡。

第二节　第三方支付相关刑事法律问题研究

第三方支付作为互联网金融发展的基础，经过十余年的发展，已经深入到大众生活，在经历了对第三方支付行业本身的行政监管后，该行业进入了平稳发展和创新突破阶段，然而，在此过程中，第三方支付相关刑事犯罪开始涌现，有的甚至形成犯罪链条。其中，既有因为第三方支付存在多方面行业风险从而引发的新型犯罪形态，也有因为第三方支付自身特点引发的，将第三方支付作为犯罪手段的犯罪，这些犯罪往往直接涉及客户的资金问题，且近年来集中涌现，给消费者权益造成较大损害，扰乱了互联网金融市场秩序，客户资金安全问题甚至阻碍了第三方支付行业的进一步发展。

在本节的讨论中，笔者将与第三方支付相关的刑事犯罪分为两部分，一是因第三方支付平台本身存在的刑事法律风险而导致的犯罪，二是利用第三方支付进行的盗窃、诈骗、赌博、洗钱等犯罪。需要说明的是，犯罪嫌疑人将第三方支付平台作为新型犯罪手段，导致传统犯罪在性质认定上存在一定的分歧，全国司法判例也并不完全一致。

一、第三方支付平台本身面临的刑事法律风险

（一）违规操作与无证经营支付业务

1. 现有第三方支付领域犯罪实例

自第三方支付施行牌照化准入管理以来，市场上正常经营的第三方支付公司多为获得中国人民银行颁发的从业牌照，且在过去几年中，第三方支付监管环境较为轻松，国内涌现了众多第三方支付公司，从 2011 年 5 月至今央行一共发出 271 张支付牌照，包括被披露的传化支付的牌照。[①] 在日益激烈的竞争环境中，有些第三方支付公司开始偏离业务范围，甚至做一些违规的业务，除了支付业务以外，逐渐涉足到资金配置、风险管理等金融领域，先不论这样的转型操作会带来怎样的资金风险，这些第三方支付公司在运营过程中已经实际超出了国家批准的经营范围。从行政监管的角度来说，如此违规操作必然会带来注销支付业务许可证以及行政处罚的后果，2015 年至今，已被吊销支付业务许可证的公司有多家。从 2016 年 8 月至今，支付牌照共经过了四批续展，截至目前，共 24 家支付机构因多种原因失去支付牌照。

违规业务还不仅仅是资金配置、风险管理等金融领域，一些具有第三方支付牌照的咨询公司，甚至涉足非法集资，其中个别公司打着中国人民

① 见浙江新闻：《传化一口气拿到三张支付牌照》，http://zjnews.zjol.com.cn/zjnews/hznews/201706/t20170630_4467821.shtml，2017 年 8 月 10 日。

银行颁发的支付业务许可证的旗号，获取投资人对其金融资质的认可，从而吸引大量投资。2016 年上半年案发的国太控股（集团）有限公司、中晋股权投资基金管理（上海）有限公司、上海中晋一期股权投资基金有限公司等“中晋系”非法集资大案，系通过网上宣传、线下推广等方式，利用虚假业务、关联交易虚增业绩等手段骗取投资人的信任，以“中晋合伙人”的名义发行基金，变相承诺高额年化收益，向不特定公众非法吸收资金。截至案发，累计向 2.5 万亿名投资者非法吸收资金近 399 亿元，公司实际负责人和核心成员以涉嫌非法吸收公众存款、集资诈骗被司法机关查处。该公司拥有多种类型牌照，其中，涉案公司拥有支付牌照引发了“支付圈”内热议。当然，这属于极端案例，但近年来，有些支付公司逐渐偏离业务范围，试水其他金融领域，甚至不惜进行非法集资，这样的行业趋势和问题不能不引起重视和思考。

2. 无证经营支付业务行为的刑事犯罪认定困境

（1）未持第三方支付牌照从事资金支付结算行为认定。根据《非金融机构支付服务管理办法》第二条的规定，非金融机构支付服务包括四个方面：①网络支付，即依托公共网络或专用网络在收付款人之间转移货币资金的行为，包括货币汇兑、互联网支付、移动电话支付、固定电话支付、数字电视支付等；②预付卡的发行与受理，预付卡是指以营利为目的在发行机构之外购买商品或服务的预付价值，包括采取磁条芯片等技术以卡片、密码等形式发行的预付卡；③银行卡收单，即通过销售点（POS）终端等为银行卡特约商户代收货币资金的行为；④中国人民银行确定的其他支付服务。未经中国人民银行批准获得第三方支付牌照的机构，从事上述四部分支付服务行为的，属于非法从事资金支付结算行为。根据我国《刑法》第二百二十五条第（三）项的规定，未经国家有关主管部门批准非法经营证券、期货、保险业务，或者非法从事资金支付结算业务，扰乱市场秩序，情节严重的，构成非法经营罪。非法从事资金结算业务 200 万元以上的，应予刑事立案。

看似无证经营支付行为可以适用《刑法》关于非法经营罪的规定。然而，这类行为却存在适用《刑法》第二百二十五条的“硬性障碍”。非法经营罪的构罪前提是违法行为必须“违反国家规定”，而对于“国家规定”的认定和把握问题，我国《刑法》第九十六条，以及《最高人民法院关于准确理解和适用刑法中“国家规定”的有关问题的通知》中明确指出，《刑法》中的“国家规定”是指，全国人民代表大会及其常务委员会制定的法律和决定，国务院制定的行政法规、规定的行政措施、发布的决定和命令。

其中，“国务院规定的行政措施”应当由国务院决定，通常以行政法规或者国务院制发文件的形式加以规定。各级人民法院在刑事审判工作中，对有关案件所涉及的“违反国家规定”的认定，要依照相关法律、行政法规及司法解释的规定准确把握；同时明确指出对于违反地方性法规、部门规章的行为，不得认定为“违反国家规定”。由于《非金融机构支付服务管理办法》系中国人民银行制定，属于部门规章，而非刑法意义中的“国家规定”。因此，违反《非金融机构支付服务管理办法》的无证经营支付行为的，不能认定其构成非法经营罪。

然而，无证经营支付业务对金融管理秩序、客户资金危害之大，已成为第三方支付行业整顿重点，在2016年的专项打击工作中，更是清出了一大批上述违法违规机构。由于存在认定上述行为构成非法经营犯罪的适用法律障碍，许多地方公安机关立案后，无法进入审查起诉或判决，难以惩治上述违法行为，并造成不良社会影响，互联网金融专项整治行动效果大打折扣。目前，对于这些无证经营支付业务只能通过行政处罚予以规范，或者在客户资金被挪用、卷跑后果发生时进入刑事司法程序，以挪用资金罪或者诈骗罪等罪名处罚，导致公安机关只能在无证经营支付机构陷入重大资金问题时才能介入，不能有效防范资金风险的发生，陷入两难困境。

（2）“二清”公司的危害与处罚。近年来，由于支付牌照的发放逐渐收紧，一批没有支付牌照但是通过支付公司进行业务拓展的“二清”公司愈演愈烈，甚至成为第三方支付机构拓展业务的创新方式。所谓“二清”公司，是针对“一清”机构而言。传统的“一清”和“二清”一般属于POS机收单业务范畴，“一清”机构的POS机一般通过有收单牌照的银联、银行或者第三方支付公司直接清算，商户的交易结算款会直接划转至商户的收款账户。而“二清”公司的POS机需进行二次清算，即结算资金经过一次清算后，先转至“二清”公司开立的第三方账户，经由该第三方账户处理后，再结算至商户的收款账户。简单地说，“二清”公司的业务未获得央行支付业务许可，却在持牌收单机构下实际从事支付业务。① 由于“二清”公司规避监管，存在巨大隐患：一是隐含信用卡套现风险，目前市场上申请“二清”机的主要是想从事信用卡套现的个人或小商户，由于申请、布放、审核等环节一般不会按照监管要求执行相关管理规定，给信用卡行业发展带来了巨大隐患；二是清算资金存在巨大风险，客户资金从“一清”账户结算到“二清”账户，该账户完全脱离监管，并处于公司的自行控制之下，

---

① 中国信息产业网－人民邮电报（北京），http://news.163.com/15/1009/09/B5FOTR1A00014AED.html，2016年10月30日。

由此，“二清”账户中客户资金存在被卷跑、挪用等风险，直接损害客户利益。

“二清”公司的违规之处主要存在于其并未通过合法支付机构直接清算，但其开展业务却是联合持牌支付机构进行。因此，难以认定其未经国家批准非法从事资金支付结算业务，而是在资金支付结算业务中违规操作，这时，应从“二清”带来的直接危害后果来认定其是否构成犯罪。“二清”账户中资金若发生被挪用、侵吞、“跑路”的后果，则按照具体犯罪手段、犯罪主体不同等可认定其构成挪用资金罪、职务侵占罪、诈骗罪等。

3. 建议

（1）行政监管建议。针对第三方支付平台出现的上述风险，除已经案发进入刑事处理程序外，笔者认为，刑事处罚是保护消费者权益和维护市场秩序的最后一道防线，也是最严厉的一道防线，行业要繁荣，应注重促进过程的良性发展。一是行政监管机关应强化监管，对于出现超出业务范围、挪用备付金等问题的违规操作一定要严加处罚，甚至可以吊销其支付业务许可证，切勿让支付公司将许可证当成“毕业证”，只要没有到期就可以高枕无忧；二是行业自律协会也要加强引导，对于许多业务规模小、内部控制比较弱、难以可持续发展的小型第三方支付机构，要支持、帮助其寻求转型，如增添互联网支付业务、增加地域、丰富业务场景，依据机构的资源优势推出特色产品来优化业务格局等；三是准入牌照既可以申领，也可以允许放弃。中国人民银行应尽快研究和完善第三方支付行业退出机制和市场化破产机制，在一些支付公司难以维持运营或者想要进行业务转型时，在保障消费者和债权人利益并符合一定条件的前提下，可以申请退出支付市场，从而促进支付行业市场化、成熟化运行。

（2）刑事司法建议。根据上文论述，在打击无证经营第三方支付业务的专项中，由于遇到适用非法经营罪的法律障碍，导致侦查机关查处的无证经营支付行为不能获得司法审判结果，无法实现较好的社会效果，更对第三方支付行业发展产生负面效应。针对此，笔者有如下几点建议：

首先，无证经营第三方支付行为直接违反国务院发布的《非法金融机构和非法金融业务活动取缔办法》第四条第一款第（三）项规定的“非法结算”，以及第（四）项“中国人民银行认定的其他非法金融业务活动”的规定，可以认定为非法从事金融业务活动。上文中提到的未取得支付业务许可经营是基于客户支付账户的网络支付业务、未取得支付业务许可经营多用途预付卡业务、“二清”公司的非法结算业务等，均可以视为监管部门央行认定的非法金融业务活动，从而在国务院发布的《非法金融机构和非法金融业务活动取缔办法》中找到对应的规定。

其次，《最高人民法院关于准确理解和适用刑法中“国家规定”的有关问题的通知》指出，以国务院办公厅名义制发的文件，符合以下条件的，亦应视为刑法中的“国家规定”：(1) 有明确的法律依据或者同相关行政法规不相抵触；(2) 经国务院常务会议讨论通过或者经国务院批准；(3) 在国务院公报上公开发布的，满足以上三个条件的，也可认定为“国家规定”。《非法金融机构和非法金融业务活动取缔办法》符合上述条件。因此，可以认定上文中提及的无证经营第三方支付行为是违反了这一国家规定，未经中国人民银行批准，非法从事资金支付结算的行为，适用《刑法》第二百二十五条第（三）项规定，应以非法经营罪追究刑事责任。

这一论证及适用已经由最高人民检察院确认，并在 2017 年 6 月 1 日印发的《关于办理涉互联网金融犯罪案件有关问题座谈会纪要》（高检诉〔2017〕14 号）中明确提出。自此，全国检察机关应可以在涉互联网金融犯罪案件办理中积极适用。

（二）涉嫌违法使用沉淀资金行为

第三方支付平台作为资金流转的中介机构，虽不具备资金存储的功能，但基于交易的特征，其平台仍会产生大量的沉淀资金。目前，沉淀资金的来源主要包括两种：(1) 在途资金。在网上交易中，基于第三方支付的担保作用，买方的付款和卖方的收款之间存在一定的时间差，会导致货款在第三方支付平台账户内停留 3 ~7 天。这部分资金是暂时由第三方支付平台保管的主要表现形式。(2) 存管资金，即基于交易的需要，于交易前暂存于支付平台，或交易后退还至支付平台的资金，① 具体包括三类：第一类是提前存入或交易后尚未提取的资金。目前，大多数支付平台都为用户提供一种虚拟账户充值功能，允许买方在交易前提前向其平台账户充值，便于日后交易，省去交易环节登录网银充值的烦琐程序。第二类是退款，即当出现交易纠纷、买方要求卖家退还货款时，所退货款也可能暂时存于买方在第三方支付平台的账户中形成沉淀资金。第三类是风险保证金，即为了应对某些大额交易可能出现的风险，按照相关规定，支付平台会要求卖方在交易前，提前向其平台账户存入一笔资金，为日后可能出现的交易风险提供一定的保证，② 从某种意义上来说，这也是沉淀资金的重要表现形式

---

① 杨帆：《网络第三方支付法律问题研究》，长春工业大学硕士学位论文，中国硕士学位论文数据库。

② 张春普、李上上：《对沉淀资金的性质及其孳息归属的探究——以第三方网上支付为视角》，载《天津商业大学学报》2013 年 5 月。

之一。

在上述沉淀资金中所占比例最大的应为在途资金，也称备付金。一部分资金在通过第三方支付时，要暂时停留在第三方的账户上，这部分资金就是备付金。第三方支付平台的盈利模式主要包括收取手续费、备付金利息收入、预付卡利息收入和平台搭建利润。其中，备付金的利息收入应该是第三方支付公司最主要的收入来源。根据央行发布的《支付机构客户备付金存管办法》规定，接受客户备付金的第三方支付机构必须在商业银行开立客户备付金专用存款账户，不可擅自挪用。但由于备付金金额较大，违法使用这部分资金成为第三方支付公司在资金管理中最容易出现的问题。部分第三方支付公司将这部分资金擅自挪为个人使用、挪为理财等营利所用，甚至非法占有。近年来，已有类似案例发生。

案例：

“畅购”公司备付金被挪用，资金链断裂引发“挤兑潮”——第三方支付第一案

上海畅购企业服务有限公司（以下简称“畅购”公司）于2011年8月拿到第三方支付牌照，它跻身第二批顺利拿牌阵营，仅比支付宝、财付通晚了3个月。该公司专营预付卡发行和受理互联网支付业务等，其发售的畅购卡为多用途跨地区、集商业、娱乐、餐饮为一体的综合消费卡，覆盖江浙沪等多省多家特约商户。2014年12月，宁波等地陆续出现商家停刷畅购卡事件，随即该公司涉嫌资金链断裂、老总“跑路”、公司倒闭等传言不胫而走，进而引发消费者挤兑潮。之后事件波及到上海、苏州、无锡、常州等地，仅宁波地区畅购卡的发行金额就超过4亿元，上海地区涉及资金可能更大。

后经中国人民银行上海总部调查，“畅购”公司涉嫌严重违规经营，挪用备付金等问题，并组织了持卡人进行损失登记，“畅购”公司限额限期且限定商家兑付使用畅购卡。许多持卡人利益受到损失，有持卡人表示“卡里本打算买电视的钱都买了鸭脖子”①，无法“先到先得”的持卡人更是“血本无归”。

2016年1月7日，央行公告称：2014年11月在执法检查中发现上海畅购存在大量挪用客户备付金、伪造财务账册和业务报表等严重违规行为，

① 每日财经网，http://www.mrcjcn.com/n/83355.html，2016年7月20日。

扰乱支付服务市场秩序，且造成重大损失，性质恶劣。央行称，根据相关办法依法注销上海畅购企业服务有限公司《支付业务许可证》，并将公司及相关责任人涉嫌犯罪线索移交司法部门立案侦查，追究刑事责任。

“畅购事件”曝光后，上海整个第三方支付市场火烧连营，许多其他预付卡的持卡人也担忧手中的卡片会变得一文不值。其中就包括在江浙沪市场发卡规模较大的杉德卡、联华OK卡、得仕卡、斯玛特卡等。许多商家以提高保证金等方式来防止类似风险发生，这是因为个案而引发的整个行业信任危机。

“畅购”公司最终无法兑付，其主要原因是大量挪用了客户的备付金，对于第三方支付公司违法使用备付金的行为，应当如何追究其刑事责任？根据案情不同，应分为以下几种情况：

第一，对于个别企业因资金紧张而虚假设立第三方支付平台吸储及在设立之后携款潜逃以规避金融风险等行为构成何罪？由于其存在虚假设立平台和携款潜逃的情节，可以认定其是以非法占有为目的，骗取他人钱款的行为，可以认定构成诈骗罪；若被害人具有“涉众”特点，公司以集资为名实施诈骗，扰乱了金融市场秩序，则符合我国《刑法》第一百九十二条集资诈骗罪的构成要件，其单位可以成为该罪主体。

第二，对于公司合法取得第三方支付牌照，在经营范围内开展业务活动，但违规违法操作备付金的行为构成何罪？此时涉及备付金的性质问题。由于第三方支付的中介性质，客户将在途资金打入到第三方支付平台的行为应认定为将资金交予第三方支付平台暂时保管的行为，支付机构负有在一定时间内将资金交给客户（买方或者卖方）的义务。因此，备付金并非第三方支付公司的资金，而是客户的资金，支付平台只是起代为保管、存放的作用。此时，似乎陷入了难以追究支付公司刑事责任的困境。若存在非法占有的目的，使用客户的资金是否只能构成侵占罪，而由客户个人提起自诉，此种情况下客户处于弱势地位，在调查取证、应诉追偿方面难以维护自身合法权益，且侵占罪对犯罪嫌疑人的处罚较轻，罪责刑难以相适应。

笔者认为，从民事法律角度分析，第三方支付平台中的资金权利归属于客户，这既符合第三方支付平台的法律性质和地位，也是保护客户民商事权益的体现。但从刑法学角度来看，货币作为种类物，占有即所有，且第三方支付平台中的资金体现为电子货币的形式，只需向银行下达指令，即可达到转移资金的目的。因此，第三方支付公司对于客户在平台中沉淀的虚拟的电子货币，享有处分、收益的权利。可以说，第三方支付公司实际拥有这些资金的所有权。若公司有关人员非法挪用备付金，数额达到立案标准，则构成挪用资金罪；若公司有关人员以非法占有为目的，将备付金占为己有，数额达到立案标准，则构成职务侵占罪。

在上述情况下，如果公司相关人员因挪用资金或者职务侵占受到了刑事处罚，司法机关追缴了部分赃款，赃款该如何处理？是发还第三方支付公司还是公司客户？从刑法理论上来说，挪用资金和职务侵占案件中，被害人应为财产受到损失的支付公司，这部分赃款应发还给支付公司进行处理。但这样的处理并不能很好地保护客户的权益。赃款发还支付公司后是否会出现截留或者用作其他用途难以预判。为此，笔者认为，这样的案件由于关系到众多的客户，具有“涉众性”，不可以采用一般的处理方法，可建议司法机关对受到损失的客户提前进行登记，借鉴当前司法机关对涉众型经济犯罪追赃挽损的方式，将涉案追缴的钱款直接发还给受到实际损失的客户，从而切实维护客户权益，稳定市场秩序和社会秩序。

（三）涉嫌侵犯公民个人信息的行为

当今经济社会生活中，个人信息不同程度的被侵犯已经成为社会普遍现象。人们被骚扰电话“狂轰滥炸”，对银行账户安全提心吊胆……在个人健康信息、消费信息、财产信息等多种信息中，最令人担忧的就是银行卡信息或者说支付信息的泄露。银行账户信息除了因犯罪嫌疑人使用一定设备被套取、复制外，第三方支付作为信息聚集地，成为信息泄露的源头隐患。第三方支付的运转依托于网络，支付账户上储存的大量客户个人信息、支付信息、交易信息、社交信息暴露于网络之中，如果安全保障系统不够健全，很容易造成客户金融信息泄露，给消费者的资金安全、信息安全等造成威胁。

第三方支付平台信息泄露将带来怎样严重的后果，从 2014 年携程泄露信息事件中可见一斑。2014 年 3 月 22 日晚间，乌云漏洞平台发布消息称，携程将用于处理用户支付的服务接口开启了调试功能，使部分向银行验证持卡所有者接口传输的数据包均直接保存在本地服务器，有可能被黑客所读取。报告并称，漏洞泄露的信息包括用户姓名、身份证号、银行卡类别、银行卡卡号、银行卡 CVV 码等。乌云是位于厂商和安全研究者之间的安全问题反馈平台。携程被曝光因安全支付漏洞导致部分用户银行卡信息外泄引发外界担忧。后期携程确认共有 93 名用户的支付信息存在潜在风险，已通知相关用户更换信用卡。事件曝光后多家银行客户陆续接到用户电话要求挂失更换信用卡，引发了携程多数用户的恐慌。业内人士表示，携程没有支付牌照，按照规定是不允许存储用户银行卡信息的，尤其是 CVV 码。而上述调试接口，通常是携程需要和合作公司调试时才打开，数据包通常会有多种加密功能，即便被下载也很难破译。据了解，携程合作的银行包括工商银行、中国银行等十余家，第三方支付机构包括支付宝、财付通、银联在线等。此次事件的主角虽不是第三方支付平台，但作为在线专门型服务网站尚且引发如此后果，掌握更多公民个人信息的第三方支付更应提高警惕，强化风险管理应成为企业内控的重要部分。

第三方支付平台中个人信息被泄露应当承担相应的法律责任，其公民信息被泄露大致表现为两种形式：一种是由于第三方支付平台存在安全漏洞、公司管理不健全引发违规操作等原因，致客户个人信息泄露；另一种是第三方支付公司的内部人员将掌握的客户信息予以买卖或者进行商业交换等。从法律权责角度分析，第一种情况第三方支付公司因为自身管理等原因导致信息泄露，应对信息泄露的严重后果承担民事责任。信息泄露的严重后果至少应该包括：由于信息泄露对客户造成的直接经济损失，如银行卡信息泄露后被盗刷的钱款等；由于信息泄露引发的间接经济损失，包括换卡、注销卡、更换手机号码等带来的手续费、误工费等。但鉴于第三方支付公司或其主要负责人对于信息泄露主观上是过失，而非故意为之。因此，不能认定其构成刑事犯罪。然而，第二种情况下第三方支付公司或相关负责人员基于主观故意，出售或向他人提供客户信息，其行为性质的恶劣性远超出了民事责任的范畴，需要由《刑法》进行规制。我国《刑法》第二百五十三条之一侵犯公民个人信息罪，系 2009 年 2 月出台的《刑法修正案（七）》第七条所增设，并经 2015 年 8 月《刑法修正案（九）》第十七条修订，将本罪的特殊主体修改为一般主体，并规定对特殊主体要从重处罚，上述修订加重了对侵犯公民个人信息行为的处罚力度。出售、非法提供公民个人信息罪的犯罪主体，除 2009 年规定的国家机关或金融、电信、交通、医疗单位的工作人员，在履行职责或者提供服务过程中获得公民个人信息的商业、房地产业等服务业中其他企事业单位的工作人员之外，扩大到普通的自然人和单位。公民个人信息包括公民的姓名、年龄、有效证件号码、婚姻状况、工作单位、学历、电话号码、家庭住址等能够识别公民个人身份或者涉及公民个人隐私的信息、数据资料。将获得的公民个人信息出售或者非法提供给他人，被他人用以实施犯罪，造成受害人伤害或者死亡，或者造成重大经济损失，恶劣社会影响的，或者出售、非法提供公民个人信息数量较大，或者违法所得数额较大，均应当以侵犯公民个人信息罪追究其刑事责任。单位也可以构成此罪。单位实施侵害公民个人信息罪行为的，应该追究直接负责的主管人员和其他直接责任人员的刑事责任，并适用罚金刑。第三方支付公司从履行商业职责或提供服务过程中获取了公民的银行卡信息、电话号码、证件号码等直接关系到公民财产安全的极为隐秘的金融信息，若将上述信息出售或者非法提供给他人，造成重大经济损失，或者涉及的公民信息数量达到法定立案标准的，均应该追究公司、相关负责人的刑事责任，且根据《刑法》第二百五十三条之一第二款的规定，出售或非法提供在履行职责或提供服务过程中获得公民个人信息的，应当对照一般主体的侵犯公民个人信息行为从重处罚。

为配合《刑法修正案》的有效实施，2017 年 4 月 26 日最高人民法院与最高人民检察院联合发布了《最高人民法院、最高人民检察院关于办理侵犯公民个人信息刑事案件适用法律若干问题的解释》（简称《解释》），并于 2017 年 6 月 1 日正式施行。该解释的重要内容和意义有以下几点：

（1）“公民个人信息”的界定。根据《解释》第一条的规定，“公民个人信息”，是指以电子或者其他方式记录的能够单独或者与其他信息结合识别特定自然人身份或者反映特定自然人活动情况的各种信息，包括姓名、身份证件号码、通信联系方式、住址、账号密码、财产状况、行踪轨迹等。需要注意的是，该《解释》除保留了《网络安全法》中对于“个人信息”的定义，还将“反映特定自然人活动情况的各种信息”（如行踪轨迹），以及账号密码列入刑法保护的公民个人信息的范畴。

（2）“违反国家有关规定”的界定。《解释》将“违反国家有关规定”的范围限定为违反法律、行政规章、部门规章，这与一般刑法中“违反国家规定”的违反法律、行政规章的规定有所区别，将部门规章首次列入刑法中“国家有关规定”的范畴。

（3）非法“提供公民个人信息”的认定标准。根据《刑法》第二百五十三条之一的规定，违反国家有关规定，向他人出售或者提供公民个人信息，是侵犯公民个人信息罪的客观行为方式。《解释》第三条将“提供公民个人信息”进行细化，明确了除向特定人提供之外，通过信息网络或者其他途径发布公民个人信息的同样属于《刑法》第二百五十三条之一规定的“提供公民个人信息”情形。该条规定为“人肉搜索”等网络不良行为的入刑提供了法律依据。

对于合法收集的公民个人信息，未经被收集者同意就向他人提供的，也明确为《刑法》第二百五十三条之一规定的“提供公民个人信息”情形，但是经过处理无法识别特定个人且不能复原的除外。

在此，司法解释为合法提供信息数据留下了两条通道，一是经过被收集人同意，二是经过处理无法识别特定个人且不能复原的信息。

（4）“非法获取公民个人信息”的认定标准。《解释》第四条明确规定，违反国家有关规定，通过购买、收受、交换等方式获取公民个人信息的，或者在履行职责、提供服务过程中收集公民个人信息的，属于《刑法》第二百五十三条之一第三款规定的“以其他方法非法获取公民个人信息”情形。

需要注意的是，《解释》将违反国家有关规定，购买、收受、交换以及在履行职责、提供服务中获取的均定义为“以其他方法非法获取公民个人信息”，基本上涵盖了所有数据信息取得的方式。那么，获取信息的行为是否触犯《刑法》，就需要审查获取信息的行为是否违反了法律、行政法规以及部门规章的相关规定，这大大提高了信息获取者对于自身行为进行合规性审查的要求。

（5）公民个人信息的分类以及入罪量刑标准。《解释》基于不同类型公民个人信息的重要程度，对公民个人信息进行了分类，并分别设置了“五十条以上”“五百条以上”“五千条以上”以及“零条”的入罪标准，以实现罪责刑相适应。①非法获取、出售或者提供行踪轨迹信息、通信内容、征信信息、财产信息四类公民个人信息。该类信息与人身、财产安全息息相关，属于高度敏感信息。因此，《解释》第五条第一款第三项将入罪标准设置为“五十条以上”，入罪门槛较低。②非法获取、出售或者提供住宿信息、通信记录、健康生理信息、交易信息等其他可能影响人身、财产安全的公民个人信息。该类公民个人信息虽然在重要程度上弱于行踪轨迹信息、通信内容、征信信息、财产信息，但也与人身安全、财产安全直接相关，往往被用于“精准”诈骗等违法犯罪活动。因此，《解释》第五条第一款第四项将入罪标准设置为“五百条以上”。③非法获取、出售或者提供一般公民个人信息的。该类公民个人信息包括姓名、身份证号码、电话号码等一般信息，相对前两种信息而言，重要程度上略弱，实践中非法出售、提供的数量较大。因此，《解释》第五条第一款第五项设置较低的入罪标准，将非法获取、出售或者提供公民个人信息五千条以上的规定为“情节严重”。④非法出售、提供的信息被用于犯罪的，知道或者应当知道他人利用公民个人信息实施犯罪，仍然向其出售、提供的，不论数量，均被认定为“情节严重”，定罪处罚。

（6）降低入罪门槛，从重处罚的两类特殊情形。《解释》第五条第一款中，对于利用职务便利获取信息和屡次实施同类违法犯罪这两类情形，单独作出规定，降低入罪门槛，进行处罚。具体如下：《解释》第五条第一款第八项对将在履行职责或者提供服务过程中获得的公民个人信息出售或者提供给他人的，认定“情节严重”的数量、数额标准减半计算；《解释》第五条第一款第九项对曾因侵犯公民个人信息受过刑事处罚或者二年内受过行政处罚，又非法获取、出售或者提供公民个人信息的，直接认定为“情节严重”。

（7）“情节特别严重”的认定标准。《解释》第五条第二款主要从两个层面规定了“情节特别严重”的情形：一是是否造成严重后果。《解释》将“造成被害人死亡、重伤、精神失常或者被绑架等严重后果的”“造成重大经济损失或者恶劣社会影响的”规定为“情节特别严重”。二是数量数额标准。《解释》将“情节特别严重”的标准确定为“情节严重”的数量或数额标准的十倍。

（8）为合法经营活动购买、收受公民个人信息定罪量刑的特殊标准。《解释》并未因为信息被合法经营所使用而将该类行为做出有罪处理。《解释》第六条第一款规定，为合法经营活动而非法购买、收受本解释第五条第一款第三项、第四项规定以外的公民个人信息，具有下列情形之一的，应当认定为《刑法》第二百五十三条之一规定的“情节严重”：（1）利用非法购买、收受的公民个人信息获利五万元以上的；（2）曾因侵犯公民个人信息受过刑事处罚或者二年内受过行政处罚，又非法购买、收受公民个人信息的；（3）其他情节严重的情形。根据上述规定，《解释》对于该类购买、收受非敏感类公民个人信息用于合法经营活动的行为，仍然作为犯罪来处理，仅将其量刑设定在“情节严重”一档，不做升档量刑。

该条解释需要注意的是，该特殊标准适用的范围仅限于《解释》第五条第一款第三项、第四项规定以外的公民个人信息，并且行为仅限于购买、收受，信息并未再流出扩散。

（9）设立网站、通讯群组侵犯公民个人信息行为的定性。《解释》对于向实施非法获取、出售或者提供公民个人信息违法犯罪活动提供支持的平台（网站、通讯群组）的刑事责任进行了明确，情节严重的，应以《刑法》第二百八十七条之一的非法利用信息网络罪定罪处罚；同时构成侵犯公民个人信息罪的，依照侵犯公民个人信息罪定罪处罚。

（10）拒不履行公民个人信息安全管理义务行为的处理。《网络安全法》明确了网络信息安全的责任主体，确立了“谁收集，谁负责”的原则，将收集和使用个人信息的网络运营者，设定为个人信息保护的责任主体。与之相对应，《刑法修正案（九）》设立了拒不履行信息网络安全管理义务罪，规定网络服务提供者不履行法律、行政法规规定的信息网络安全管理义务，经监管部门责令采取改正措施而拒不改正，致使用户信息泄露，造成严重后果的，处三年以下有期徒刑、拘役或者管制，并处或者单处罚金。据此，

《解释》第九条规定，网络服务提供者拒不履行法律、行政法规规定的信息网络安全管理义务，经监管部门责令采取改正措施而拒不改正，致使用户的公民个人信息泄露，造成严重后果的，应当依照《刑法》第二百八十六条之一的规定，以拒不履行信息网络安全管理义务罪定罪处罚。

然而，司法解释的出台并没有解决所有问题。网民对于自身个人信息泄露仍惶恐不安，个人信息或者“大数据”背后深藏的产业链条并未浮出水面为公众所熟知。笔者认为，对于个人银行账户信息等被泄露从而遭受损失，这样的风险可以寻求司法机关的救济；但是很多时候在接到推销、诈骗的电话、短信、APP 的推荐信息时，在不堪其扰的同时也在困惑，到底是谁“出卖”了我们的个人信息？现今的互联网金融市场中，有些第三方支付巨头往往依托于集电商、金融、服务等业务于一体的大型互联网集团公司。这些集团公司将客户的消费信息、支付信息、社交信息、个人隐私等信息汇总集中形成大数据，有可能存在将这些大数据在集团各个行业内互相使用的现象，如根据客户在电商平台上的购买习惯、消费水平、支付规律、理财能力等形成大数据，从而有利于集团旗下金融服务公司的产品进行定向的推广，这些推广表现为推送 APP 信息、发送邮件，甚至还有发送短信和拨打电话等。之所以形成如此人人都在互联网中“透明”行走的局面，或基于以下几点：一是第三方支付平台或者互联网企业强大的数据收集能力；二是第三方支付所属集团公司的综合性“航母式”发展；三是公民个人在网络信息技术中的弱势地位；四是监管机构对于金融消费者个人信息保护的缺位，目前虽有立法、司法机关完善了法律保障，但具体操作仍是漫漫长路，且没有落实监管机构的保护职责。

鉴于利益角度不同，目前各方对于集团内部公司之间的公民个人信息共享、流转是否属于“非法提供公民个人信息”争议较大。虽然说，互联网时代大数据才是核心竞争优势，集团内部公司之间数据共享、流转有利于商业利益的实现，但对于消费者而言，认可了该集团公司的第三方支付业务并不代表认可了其电商业务或者其他金融业务，更不代表可以让公民的信息“广告天下”。从法律角度来说，这些集团下面的业务分属于不同的公司，应该对自己的行为各自承担责任，关联公司之间能否就消费者（客户）的信息共享、流转，并用作商业用途？第三方支付公司在未经消费者同意的情况下将其个人信息给予其他公司的商业用途侵犯了公民个人信息。但是在司法解释中，留下了一条合法提供信息数据的通道，即经过被收集人同意。因此，许多第三方支付公司收集客户信息时，往往在注册、登录、使用页面中明显提示可能将客户信息用于集团其他公司或者其他业务，并征求客户是否同意。但这样的提示或者征求意见具有“霸王条款”的性质，如果被收集人不同意，则无法使用支付等功能，无法进入到下一步的操作程序。此时，被收集人不能为自己的个人信息做主，成为“被迫同意”一方。互联网企业以前还对公民个人信息的适用范围模棱两可，现在司法解释出台后，一些互联网企业反而将条款明目张胆地写入协议中，以“征得被收集人”作为豁免令牌，被收集人的个人信息就被如此消费了。

但是，依据《网络安全法》第四十一条之规定，网络运营者收集、使用个人信息，应当遵循合法、正当、必要的原则，公开收集、使用规则，明示收集、使用信息的目的、方式和范围，并经被收集者同意。网络运营者不得收集与其提供的服务无关的个人信息，不得违反法律、行政法规的规定和双方的约定收集、使用个人信息，并应当依照法律、行政法规的规定和与用户的约定，处理其保存的个人信息。如果对必要性进行严格解释，则将个人信息适用于其他业务或者其他集团公司的行为即使获得了被收集人的同意，也不能认定为合法的收集。对于必要性的范围确认，亟待司法机关的实践经验。

二、利用第三方支付平台多发的刑事犯罪

第三方支付在我国发展有多年历史，但真正被普通社会大众所熟知，真正走进普通网民的生活，也不过几年时间。近年来，第三方支付作为新兴支付手段，在改变经济生活的同时，也成为犯罪嫌疑人新型的犯罪手段，犯罪嫌疑人利用第三方支付本身存在的安全风险、技术漏洞等进行违法犯罪，“网络支付＋传统犯罪”案件层出不穷，这些案件虽涉及盗窃、诈骗、洗钱等传统罪名，但犯罪手段的新颖性给传统刑法理论带来挑战，一些案件性质的认定存在分歧。本文下面列举的是犯罪嫌疑人利用第三方支付平台进行的典型犯罪行为，在分析典型案例的基础上，阐述不同的刑法认定分歧。

（一）利用第三方支付平台进行信用卡套现

1. 基本犯罪手段

利用第三方支付平台进行非法套现行为已经成为人尽皆知的“秘密”，且成为许多人的生财之道。利用第三方支付平台收付款中介的作用，在网上交易中，付款人可以用信用卡账户预支消费，而收款人获得的是可以直接提现的钱款，只要虚拟网上交易，就可以成功套现。以淘宝为例，其套现的流程大致如下：在淘宝上注册两个账户 A 和 B，与 A 相关联的账户是需要套现的信用卡账户，与 B 相关联的是提现的借记卡账户。A 与 B 的银行账户姓名不同。B 在淘宝上注册为卖家并卖出商品，A 再用信用卡购买其

挂出商品（商品的价格也基本上属于自由定价），交易完成后 B 再申请提现，结束交易，套现者在几个工作日内相应的交易金额就能到账。然而，整个过程没有真实的货物交易，无需缴纳额外费用，就能突破大部分商业银行关于信用卡的取现额度及相应手续费用的限制。

除需要在电商平台上虚拟交易的方式外，利用 POS 机套现的方法更加“简单粗暴”。商家以实体商店为幌子，以经营实体店为由申领银行 POS 机，使用需要套现的人的信用卡刷 POS 机，虚拟交易内容，给付对方相应现金后收取一定的手续费。其中，POS 机持有人的获利就是手续费。在套现过程中，信用卡套现人将长达 50～60 日的免息期透支金用以投资理财，从而赚取收益，而 POS 机持有者坐地生财，替他人套现收取手续费。

2. 典型案例

案例一：

信用卡套现案

2016 年 8 月初，天津东丽警方在日常排查走访中获得线索，位于东丽区丰安路一栋写字楼内，有家信安财富资产有限公司，有人举报这家公司使用信用卡套取现金。民警调取了该公司的工商登记，显示经营范围是小额信贷业务，其他手续齐全，随后展开暗访，民警以咨询业务的名义进入该公司，发现公司办公桌上摆放了一台 POS 机，旁边散落了一些刷卡流水小票。后民警调取这台 POS 机的刷卡记录，发现每月刷卡数额巨大，而且刷的全都是信用卡，少则两三千，多则数十万。民警后续开展抓捕行动，现场查获 POS 机 33 台，POS 机凭条 2500 余张，及空白信用卡申请表、信用卡套现宣传资料等。后经被抓获人员交代，该公司成立后开始经营非法套现业务，并制作了天津市鼎茂财富资产有限公司等 6 家并不存在的公司对外宣传小额贷款和信用卡套现，并从中收取 0.5%～1% 的手续费。据初步统计，非法经营数额达 1.2 亿余元。[①]

案例二：

利用信用卡获利

邓先生是一名从事蔬果批发生意的小型企业主，由于和当地银行有业

① 参见 2015 年 10 月 21 日人民网－人民日报报道，《利用 POS 机套现，涉嫌非法经营》，www.legal.people.com.cn，2016 年 7 月 23 日。

务关系，银行批给他一张高达80万元额度的信用卡，在很长一段时间这张信用卡都是“闲置状态”，后来经朋友指点，邓先生通过朋友的POS机，把信用卡内的80万元“刷出来”，利用银行的钱赚取“无风险收益”。他算了一笔账，自己的信用卡出账日为每月的22日，信用卡还款日为次月的11日，他只要在每月的23日刷POS机套现，这笔刷卡交易就计入次月的账单中，只需在第三个月的11日前还清账单即可，这样算下来，邓先生就有长达近50天的免息期，将这80万元用于购买银行一个月左右的理财产品，到期之后收回本金和利息，再将80万元账单还上，这样每月就可以轻松获得银行给付的理财收益5000~6000元不等，如此算下来，除去POS机的刷卡手续费，一年就可以轻松赚几万元。邓先生说：“这就是用银行的钱赚银行的钱。”①

案例三：

“生活费”

时下有一种颇为流行的叫做“生活费”的商品，是指给异地求学的孩子寄生活费，这种方式正在“90后”的大学生中间流行。学生在淘宝网上设置“生活费”货品，让父母拍下，用支付宝付款，学生收款后从支付宝中“提现”，就顺利将钱转到了自己的银行卡中。网友小夏表示，自己是一名大三学生，兼职在淘宝网上开了一家小网店，每月家里人给她转账生活费时都要被扣掉转账金额1%的手续费，这样下来一年也要扣掉几百元。“用支付宝付款不用任何手续费，何不用这个渠道呢？”小夏将“生活费”编成一件商品放在自己店里，让父母拍下用支付宝完成支付，确认付款后她再申请提现就能收到钱，同时还节约了转账费用。如果是在淘宝集市中挂商品出售，甚至都不用开店，这种“汇款”方式更具备了可操作性。有一些网友表示，也可以通过支付宝的“我要收款”功能向父母发起收款，将收款链接发给父母，对方只要点开链接直接付款即可，孩子的支付宝账户就能收到生活费并提现。节省手续费是该项“商品”畅销的最大原因。父母用支付宝付款，既可以用借记卡也可以用信用卡。如果用借记卡付款则问题不大，如果使用信用卡频繁进行这种操作，则有可能是在使用信用卡套现。这样将收款功能做成“商品”出售，实际上为信用卡套现提供了

① 参见网易财经频道2014年2月26日报道，《女子借信用卡一年“白捡”6万元》，www.3g.163.com，2016年7月23日。

可趁之机。①

3．案例分析

近年来，第三方支付机构虽然加大了对POS机申领的审查，对信用卡的使用是否涉嫌大额套现进行适时监管，但从屡见报端的各种信用卡套现新闻可以得知，信用卡套现的手段在不断翻新，利用信用卡透支机制和第三方支付管理漏洞的套现行为屡禁不止。

针对POS机刷卡套现的行为，2009年最高人民检察院、最高人民法院出台了《关于办理妨害信用卡管理刑事案件具体应用法律若干问题的解释》，其中第七条明确规定，违反国家规定，使用销售点终端机（POS机）等方法，以虚构交易、虚开价格、现金退货等方式向信用卡持有人直接支付现金，情节严重的，应该依据《刑法》第二百二十五条的规定，以非法经营罪定罪处罚，实施前款行为，数额在100万元以上的，或造成金融机构资金20万元以上逾期未还的，或者造成金融机构经济损失10万元以上的，应当认定为情节严重。两高的上述司法解释对于使用POS机给他人刷卡套现从而获利的行为认定构成非法经营罪，且单位和自然人均可构成此罪，这已经形成了司法认定常态，上述案例一就是以犯罪嫌疑人构成非法经营罪进行了刑事处罚。

以虚假交易为名，利用POS机为他人刷卡套现的行为，确实破坏了市场秩序，为金融机构带来了资金风险，但“无买即无卖”，此类犯罪手段简单、被查获的可能性极大，之所以冒着被刑事处罚的风险非法经营，正是由于有信用卡套现的市场需求，且给予的手续费可观。那么，这些明知是虚假交易，利用POS机套现的信用卡持有人要承担何种责任呢？上述两高出台的《关于办理妨害信用卡管理刑事案件具体应用法律若干问题的解释》，其中第七条第三款规定，持卡人以非法占有为目的，采用上述方式（指使用POS机等方法，以虚构交易、虚开价格、现金退货的方式）恶意透支，应当追究刑事责任的，依照刑法第一百九十六条的规定，以信用卡诈骗罪定罪处罚。由此，明确了这类信用卡持卡人的行为应该按照恶意透支型信用卡诈骗罪定罪处罚。同时，该司法解释第六条又明确规定了恶意透支的构成要件，即持卡人以非法占有为目的，超过规定限额或者规定期限透支，并且经发卡银行两次催收后超过3个月仍不归还的，应当认定为刑法第一百九十六条规定的“恶意透支”。因此，持卡人仅有在银行规定的应该

① 参见2015年3月25日报道，《淘宝网购套现要慎用，一经发现会被封号》，www.bbaqw.com，2016年7月23日。

还款的期限内，经过银行两次以上催收后超过3个月仍没有还清套现的钱款的情况下（此时套现的非法占有目的十分明确，故主观要件不展开讨论），才能构成信用卡诈骗罪。简单地说，从先消费后还款的信用卡预支机制的角度出发，持卡人按照信用卡使用规则使用，按时还款，就算是利用一些不正当手段进行套现，也不能认定是违法犯罪行为。所以，案例二中邓先生的行为并不会受到刑罚的制裁。

案例三中，新兴的一种网络交易方式成为社会热点，可以反映出虚拟交易套现的普遍性。利用第三方支付平台可以使用信用卡付款，而收款可以直接提现的功能，从而达到套现的目的，信用卡持卡人以及明知其目的而为其制造虚假交易的人，其行为如何规制？首先，信用卡持有人与网店“商家”（并不是真正的商家）达成合意，采用此种方式进行套现，是在对方明知的情况下进行的，且因没有实际货物进行买卖，对方没有任何经济损失。因此，其行为不是诈骗。其次，信用卡持有人使用自己的信用卡，并非使用虚假身份、冒用他人信息等方式进行刷卡，也没有恶意透支的行为。因此，其行为不构成信用卡诈骗罪。再次，信用卡持有人的行为是个人行为，就算是屡次套现达到一定金额，没有从中直接获利，也没有扰乱市场经济秩序。因此，其行为不构成非法经营罪。同时，在《刑法》“破坏金融管理秩序罪”这一章节中，也没有相应的罪名予以适用。所以，案例三中的行为并不构成犯罪。

可以说，一旦发生套现行为，对于发卡银行而言，损失最大的莫过于手续费用的损失，但这部分手续费用并不属于利息，而是银行向客户发放信用卡后获得的利益，即其收益的状态也是不确定的，那么，持卡者利用第三方支付平台进行信用卡套现所给发卡银行造成的损失能否对银行构成直接损失是值得商议的。根据我国《民法通则》《侵权责任法》的相关规定，并没有对获得利益予以直接保护。因此，持卡人在第三方支付平台上进行的信用卡套现行为所规避的银行可能收取的手续费用并不能构成对银行的侵权行为，从某一个角度而言，并未对银行造成实际的损害。

4. 危害性分析及应对现状

案例二、三中的行为并非没有危害性。首先，对于第三方支付企业而言，由于缺乏手续费的利润点，此种行为无疑将影响到第三方支付企业与银行之间的合作，破坏第三方支付业务所赖以生存的经营模式；其次，对于套现卡片的发卡行而言，这种套现行为无限度地放大了发卡行的信贷风险，相当于银行发放了一笔无息贷款，一旦此种行为加以放大或演变则极可能诱发非法的地下融资行为，为不正当资金使用提供便利，冲击国家金融宏观调控体系；再次，对于电商网站而言，这样的网上刷卡套现会催生大量的虚假交易，不仅影响到电子商务市场的稳定，也将恶化市场经济诚实守信的经营环境。因此，对于第三方支付平台所引起的套现行为必须予以治理和杜绝。①

针对套现问题，银行及第三方支付机构纷纷出台措施予以应对。发卡行则要强化对信用卡使用的监管，对于频繁大额刷卡，有套现嫌疑的信用卡给予停卡使用或者降低预支额度等处理。对于第三方支付机构，以支付宝为例，2008 年支付宝公司专门出台了《关于变更信用卡套现行为限制方式的公告》，该公告称从即日起变更对以信用卡套现等为目的的虚假交易行为的限制措施。变更后的措施包括但不限于以下几种：（1）警告；（2）取消相应支付宝账户的收款功能；（3）冻结相应支付宝账户及账户内资金、未结交易；（4）永久拒绝提供支付宝服务；（5）纳入不良信用记录黑名单。由于支付宝账户使用实名制认证，一个身份证件仅对应一个支付宝账户，故冻结、停用账户的处罚措施在一定程度上可以遏制部分虚假交易行为，对其他第三方支付企业和国家立法而言是一个良好的示例。但在停用之后，仍可以使用其他亲属或朋友的账户进行操作，对于停用之后达到何种程度可以禁用支付宝账户等问题，还需要第三方支付公司进一步探索研究。

（二）利用第三方支付平台实施盗窃行为的认定

1. 基本犯罪手段

信用卡盗刷案件，主要是行为人将“离线支付”和“过卡支付”的系统技术相结合，依次经过发卡银行、银联、收单银行、第三方电子支付机构，最终将他人信用卡中的资金划转到自己指定账户，完成盗窃行为。即使信用卡持卡人突然发现卡内金额不翼而飞，也无法找到具体责任人。这样的盗窃方式被称为“最安全的盗窃犯罪”。

2. 典型案例

案例：

盗刷信用卡案

陈某在核对某银行信用卡的时候，发现当月的账单中莫名其妙地多出一笔金额为 300 元的交易扣款。几番查询，该笔款项是由网银在线服务代为

① 李里涓子：《第三方支付业务风险防范法律问题研究》，湖南大学 2012 年经济法硕士研究生论文，第 31 – 37 页，来源中国知网中国优秀硕士学位论文全文数据库。

支付给了"乐在上海"机构。陈某回想问题有可能出现在上个月办理的那张本市消费折扣卡上：他在街头"乐在上海"办理点办理了一张本市消费折扣卡。摊点推销员许诺本卡可以免费试用30天，试用期后如果不需要续订，本卡业务自动取消不会额外收费。办理此卡只需要填写一张个人资料登记单即可。陈某在填写时发现需要填写信用卡卡号和卡号后三位数字，随即心生疑虑，但又一想没有密码也不能随意刷卡，填写卡号应该没有什么问题，所以就按照资料要求填写了个人资料单。但没想到的是，这简单的动作却给了他人犯罪的机会。本案各个环节涉及的机构均给出了无法解决的答复，该银行声称持卡人应该自负责任；银联声称其只具有跨行信息转接的功能，无法控制网银服务业务；第三方电子支付机构声称风险控制属于银行业务范围，其只是中介机构不应该承担责任。

究其具体流程，关键点并不仅仅在于陈某提供了信用卡卡号，还包括陈某提供了CVV码，即信用卡的验证码。这串数字是根据发卡银行的编码规则，将信用卡卡号、使用有效期和服务约束代码加密算法生成的。一般会印在信用卡卡面显示的卡号后面。上文提到的"离线支付"和"过卡支付"，其实是信用卡的两种使用方式。"过卡支付"是指我们一般使用的方式，即在商场等实体店的POS机刷卡消费的方式，经过签字授权便可完成交易。"离线交易"是指往往用于酒店、公司财务等场合，也是通过POS机完成交易，但是不需要刷卡签字授权，只需要提供卡号和验证码即可，其中验证码也就是CVV码。西方国家惯用签字或提供验证码消费，一般不会设置密码功能，在我国持卡人往往被银行鼓励设置银行卡密码，对CVV码的使用规则完全不提，造成我国持卡消费者几乎不知道CVV码的存在及用途。正是由于该种情况的存在，"乐在上海"就将"离线支付"和"过卡支付"两种不同的支付系统结合在一起，完成盗窃行为。"乐在上海"主营业务仅仅限于广告业务，但是它向网银在线申办了"离线支付"业务，即网银在线会根据服务协议，为"乐在上海"在互联网建立第三方电子支付平台，提供电子商务服务。"乐在上海"可以登录该服务平台，在"离线支付"一栏下输入客户提供的卡号和CVV码，即可自行划款。①

3. 案例分析

（1）违法性认定。在这个案例中，"乐在上海"公司"盗刷"他人信用卡的行为是否构成犯罪，构成何罪？究竟应该如何定性？应从具体的行

① 王思璟：《信用卡存盗刷暗门：利用第三方支付系统漏洞》，载《21世纪经济报道》2010年6月25日。

为来进行分析。本案中，陈某是因为有推销员向其推销了一张折扣卡，并承诺到期若不续订会自动取消不会收取任何费用，这张卡也是免费体验，前提是需要填写一张个人信息表，表中包含信用卡卡号和 CVV 码的信息。对填写 CVV 码信息，陈某没有询问也没有表示异议。后“乐在上海”公司在陈某不知情的情况下，在银联在线的第三方支付平台上输入了陈某的信用卡卡号和 CVV 码，从而实现了从陈某卡中扣款的目的。为便于分析，先不考虑陈某的损失是否达到刑事立案标准的问题，下面的分析均是从刑法的角度出发。有人认为，“乐在上海”公司的行为是一种诈骗行为，其通过推销折扣卡使陈某陷入错误认识，认为自己不交钱就不会产生任何费用，便主动写下了自己信用卡的卡号和 CVV 码，该公司在第三方平台使用该卡信息进行“离线支付”，从而骗取了陈某的钱款。由于只需要卡号和 CVV 码就可以完成“离线支付”的行为，因此可以认定陈某完整填写好表格后，就完成了诈骗行为，而实际损失的钱款则是既遂的部分。有人认为，“乐在上海”公司的行为是一种盗窃行为，虽然陈某在推销员许诺不会产生费用的情况下主动写下了相关信息，但写下信息并不代表着陈某就有主动交付的意愿，陈某是对“离线支付”的方式不了解，更不清楚自己这样做是相当于交付了自己的信用卡让他人随意使用。他并没有主动交付个人财产的主观认识，因此这并不是诈骗。“乐在上海”公司虽然获得了信用卡信息，但是在陈某不知情的情况下将其秘密使用，秘密窃取他人财物的行为，应认定为盗窃。

笔者认为，不论是诈骗还是盗窃，本案在刑法认定上都存在障碍。第一，关于诈骗，陈某是基于推销员的承诺而办理了该卡，但之所以留下信用卡卡号和 CVV 码是因为自己对于“离线支付”的支付方式并不了解和掌握，是一种信用卡使用知识的缺乏，他交付信用卡信息的行为并不能视作是将信用卡内钱款交给“乐在上海”公司使用的行为，因此没有主动交付，不能算是诈骗。第二，关于盗窃，根据我国《刑法》第一百九十六条第三款的规定，盗窃他人信用卡并使用的，依照本法第二百六十条的规定定罪处罚，即以盗窃罪定罪处罚，但此条款规定是盗窃了信用卡实物从而使用的情况定盗窃罪，本案中并非盗窃了信用卡，也非盗窃了信用卡信息，事后在陈某不知情的情况下使用信息，没有相应的刑法条款可以适用。第三，我国《刑法》规定诈骗罪和盗窃罪，其适用的主体为自然人而非单位，虽然 2013 年 4 月两高出台的《关于办理盗窃刑事案件适用法律若干问题的解释》第十三条规定，单位组织、指使盗窃，符合《刑法》第二百六十四条及本解释有关规定的，以盗窃罪追究组织者、指使者、直接实施者的刑事责任。本案中，不可能追究推销员的责任，而对于“乐在上海”公司内部是如何下达的决定，后又如何实施的，难以侦查和确定，故不能认定该公司的行为构成诈骗或者盗窃。

“乐在上海”公司的行为实际上是一种利用持卡人不懂“离线支付”的信用卡使用规则的普遍现象，以诱骗的方式获取信用卡信息从而秘密使用的行为，其行为综合了欺诈、盗窃等行为特征。笔者认为，此行为较为符合2009年两高《关于办理妨害信用卡管理刑事案件具体应用法律若干问题的解释》第五条第二款第（三）项的规定，“窃取、收买、骗取或者以其他非法方式获取他人信用卡信息资料，并通过互联网、通讯终端等使用的”，可以认定为《刑法》第一百九十六条第一款第（三）项所称的“冒用他人信用卡”，符合信用卡诈骗罪的客观构成要件，但是，信用卡诈骗罪的主体是自然人，单位无法构成此罪。因此，在刑事处理上，同样也遭遇着难以确定公司具体实施者作为犯罪主体的难题。

能否以侵犯公民个人信息罪追究“乐在上海”公司的刑事责任？根据《刑法》第二百五十三条之一第三款的规定窃取或者以其他方法非法获取公民个人信息的，依照第一款的规定处罚，即情节达到严重程度的，可以认定其构成侵犯公民个人信息罪，同时，单位可以成为该罪的主体。所以“乐在上海”公司可以适用该罪，但是在调查取证方面存在问题。“乐在上海”公司不仅侵犯了陈某的利益，被非法获取信息、遭受损失的被害人还有很多人，但是这些人员分散在全国各地，若没人去公安机关报案，则没有相关证据能够证明非法获取公民个人信息“情节严重”，难以使其受到刑事处罚。

（2）处理办法。经过以上分析，我们发现，在不考虑受损失金额是否达到刑事立案标准的情况下，“乐在上海”公司的行为都难以受到刑事处罚。本案陈某的损失金额仅为300元，其只能通过民事手段来寻求救济，基于该公司的侵权行为要求对其损失进行赔偿；但是陈某能否找到“乐在上海”公司进行协商和应诉，以及其诉讼程度将会远远大于其损失金额等现实对于陈某而言，最有效、最直接的挽损措施就是去发卡行将这张信用卡予以注销。由此可见，互联网金融消费者因调查取证、发声维权处于弱势地位等原因，其合法权益难以得到切实保障。

（3）第三方支付平台责任分析。本案中“乐在上海”的第三方支付平台是由银联在线提供的，由于离线支付属于无磁无密交易，对于持卡人风险较大，若是商家将信用卡卡号和CVV码进行记录，对于客户基本信息也没有删除或者出卖给别人，则完全可以冒用持卡人的名义无障碍进行刷卡交易。在这种情况下，一般各商家在开通“离线支付”之前都要和银行就防止信用卡盗刷风险制定严格的审核措施，必须保障实名消费。就算是持卡人在购物网站上购物，也必须先登录各家银行的网银账户。银联在线作为集国内各大银行于一体的第三方支付平台，对能够使用离线支付的商家进行身份审核，对于不符合一定条件的不应开通此项业务。本案“乐在上海”公司仅是一家广告公司，对陈某进行扣款的事由似与公司业务无关，可能涉及登记业务与实际开展业务不相符的问题；同时，第三方支付平台对于离线支付的使用程序应严格设置，如跳转至信用卡发卡行的网银登录页面，由发卡行对是否实名使用“离线支付”再进行核实，为持卡人资金多加一道“安全栓”。本案中，“乐在上海”公司在第三方支付平台页面直接输入信用卡信息之后就实现了自行划款。因此，第三方支付平台是否履行了严格的审核义务令人生疑。

（三）利用第三方支付平台实施诈骗行为的认定

1. 基本犯罪手段

近年来，随着第三方支付业务的发展，特别是随着淘宝网等大型网络购物平台在国内的兴起，“网络钓鱼”也逐渐演变成新型的网络诈骗形式。由于网上购物以及第三方支付平台的使用已经成为网民习惯，但对于如何提防网络犯罪，保护自身信息安全和财产安全，网民知之甚少。因此，近几年来，犯罪嫌疑人采用“网络钓鱼”手段进行诈骗的案件层出不穷，“钓鱼”的形式和载体也日益翻新，从一开始购物中的网站链接，到后来的短信链接、积分折扣查询链接等，到近期的以假冒手机服务运营商、银行官方客服，甚至朋友、老师、亲人等发送包含木马的链接，越来越具有隐蔽性。从初期的单向通过网络发送“钓鱼”链接，到使用伪基站等侵入网络进行群发，覆盖面更广，破坏力更强，令人防不胜防。

“网络钓鱼”，即通过发送大量含有木马链接的信息，引诱收信人进行点击，从而跳转到与目标组织网站非常相似的钓鱼网站，诱使点击人在网站上给出敏感信息（如用户名、口令、账号 ID、密码或者信用卡详细信息）的一种攻击方式。在整个攻击过程中，被害人按照网页的操作程序一步步进行，往往难以察觉。在这些“网络钓鱼”案件中，有许多诈骗嫌疑人是将钓鱼的网站设计成为知名第三方支付平台的样子，利用被害人对知名第三方支付平台的信任，从而在其界面输入关键信息，也有利用第三方支付平台的安全保障漏洞从而冒用他人信用卡的。

2. 典型案例

案例一：

杨某某信用卡诈骗案

杨某某通过身边朋友介绍和网上学习，掌握了使用“钓鱼”手段获取他人信用卡信息继而冒用的犯罪方法。杨某某先从网上租了一个空间，然后又从租木马人处租了一个木马，然后又在网上找到能够利用伪基站发送信息的人，假冒10086进行发送，信息内容主要是“积分马上要过期了，可以用积分兑换话费，如需兑换，请点击短信链接”等。如果收到短信的人点击了链接，就会链接到杨某某事先上传了木马的空间内，被害人在输入银行卡号、身份证号、取款密码和银行预留的手机号的同时，杨某某在空间内能够看到。被害人输入后如果点击网页界面进行激活，就会下载木马软件，杨某某便可获得上述信息。接下来杨某某利用上述信息在淘宝、游戏网站等进行消费，当网站向预留手机发送验证码时，由于对方手机已经被木马控制，验证码会转发到杨某某预先设置好的手机上，用这个号码确认交易，就可以使用他人的信用卡进行消费。杨某某一般购买的都是手机充值卡、游戏点卡等虚拟产品，并在网上将这些产品卖出，通过第三方支付平台转账操作，获得赃款。

案发后，由于能够找到的报案人并不多，仅能够认定杨某某的犯罪金额为3万余元，经法院审理，杨某某因采用非法手段获取他人信用卡信息，冒用他人信用卡，骗取人民币共计3万余元，构成信用卡诈骗罪，被判处有期徒刑一年六个月，罚金五万元。

案例二：

罗某某信用卡诈骗案

罗某某平时喜欢买彩票，在各种彩票网站上用银行卡网银给自己的彩票账户充值。玩的时间久了他发现彩票网站可以直接用第三方支付平台对其账户进行充值，账户余额还可以取现。随后罗某某在网上买到许多银行卡信息，包括银行卡卡号、支付密码、开卡人姓名、身份证号等。于是，罗某某在360彩票网、乐和彩、彩票2元网等网站注册账户，通过“掌上汇通”“帮付通”等第三方支付平台登录上述彩票网站账户进行充值，输入事先准备的银行卡信息和开卡人信息，最后输入手机号，再输入手机收到的验证码，即完成了用他人银行卡充值的全部过程。由于输入的手机号不一定是真实持卡人的手机号，故罗某某输入了自己的手机号也能收到验证码完成充值。由于有些银行只有在一次性消费一定数额以上才会给用户发送余额变动通知，罗某某为了防止被持卡人察觉，一般一次充值金额都在2000元以下。真正的持卡人由于收不到短信验证码和余额变动提示，故难以察觉自己的钱款在不知不觉中被他人使用了。罗某某冒用他人信用卡成功充值后，将账户余额提现至自己在淘宝网上购买的他人废弃储蓄卡（购买了实物卡还包括卡的基本信息）中，后取现用于个人消费。

部分被害人发现自己的钱款无故流向了“掌上汇通”第三方支付公司，故要求其说明情况，后第三方支付公司报案，并先行赔付了部分被害人的损失。罗某某被警方抓获，经法院审理，罗某某因采用非法手段获取他人信用卡信息，冒用他人信用卡，骗取人民币共计26万余元，构成信用卡诈骗罪，被判处有期徒刑六年，罚金6万元。

3. 案例分析

（1）案情与责任分析。上述两个案例是北京司法机关的真实案例，两个案例中犯罪嫌疑人均是通过非法获取他人个人信息从而冒用他人信用卡实施的犯罪。但从作案手段而言又存在较大区别，且第三方支付平台在其中起到的作用和责任也不同。

第一，获取被害人信息的渠道不同。案例一中杨某某为获取被害人信用卡信息和个人信息做了大量的准备，包括技术上做好空间和木马，渠道上找人利用伪基站发送含有“钓鱼”链接的短信，随后等待“愿者上钩”，自行下载和收集信息。杨某某作为一名文化水平不高、网络技术水平一般的年轻人，之所以能够完成整套犯罪的准备工作，顺利获取被害人信息，一方面是利用网站上的视频自学，一方面是此类犯罪已形成了上下游成熟的“产业链”，均为其提供了技术支持。相比杨某某，案例二中的罗某某获取信息的手段则简单得多。他通过网上搜索引擎获得了大量能够提供他人信用卡信息的“售卖人”，经过筛选联系上了张某某，直接从其手中买来大量的信用卡信息，还有能够使用的密码、持卡人身份号码等。罗某某获得违法信息的方式如此简单，简单得令人不敢相信。

第二，冒用他人信用卡完成消费的手段不同。案例一中杨某某使用他人信用卡时，许多电商需要输入持卡人的手机号码进行验证，杨某某利用事先在被害人手机中植入的木马进行控制，将验证码转入到自己掌握的手机中，从而完成交易；而案例二中罗某某在平时自己使用过程中发现利用第三方支付平台进行账户充值时，不需要输入真实持卡人的手机号码，直接输入自己的手机号码也能完成验证，因此顺利地完成了充值过程。

第三，第三方支付平台在犯罪中的作用和责任不同。案例一中杨某某采用的是典型的“网络钓鱼”方式，通过在被害人手机中种植木马达到获取信息和控制手机的目的，从而冒用被害人的信用卡在第三方支付平台中完成消费，并使用第三方支付账户进行销赃等。在这一过程中，第三方支付平台要求使用信用卡支付时验证持卡人的真实联系方式，尽到了一定的审核义务，且始终扮演的是中立支付结算的角色。案例二中罗某某正是利用了第三方支付平台的监管漏洞，即该平台不审核收取验证码的手机号码与真实持卡人是否一致，从而给杨某某可乘之机，被害人失去了最后的保护屏障，罗某某基本不费吹灰之力就从他人信用卡中套取了钱款。最后值得注意的是，提现时也并不需要与持卡人信息一致的银行卡，罗某某从淘宝网上购买了十余张他人废弃不用但没有注销的银行卡，不仅获得了银行卡实物，还有银行卡的所有信息，包括取款密码。罗某某将账户余额提现至这些银行卡后取现完成赃款占有。从罗某某完整的作案过程可以看出，正是由于第三方支付平台存在支付漏洞，未履行验证和审核的义务，才让罗某某如此轻易就完成了整个犯罪过程。第三方支付公司存在过错，需要承担对被害人的赔偿责任。因此，在本案处理过程中，第三方支付公司对被害人进行了先行赔付。

（2）定性分析。上述案例中，杨某某与罗某某二人的行为符合2009年两高《关于办理妨害信用卡管理刑事案件具体应用法律若干问题的解释》第五条第二款第（三）项的规定：“窃取、收买、骗取或者以其他非法方式获取他人信用卡信息资料，并通过互联网、通讯终端等使用的。”可以认定为《刑法》第一百九十六条第一款第（三）项所称的“冒用他人信用卡”，符合我国《刑法》第一百九十六条的规定，构成信用卡诈骗罪，法院均以此罪对二人判处刑罚，且并处了较高的罚金。

但从案例一的司法认定中可以看出，“网络钓鱼”诈骗案件具有被害人众多但单笔损失金额较小的特点，被害人在发现自己信用卡被他人使用后，为保障资金安全会先将信用卡冻结或者注销，向银行维权寻求说法，但银行只有存在过错才会承担责任。若被害人向公安机关报案，因数额较小，达不到刑事立案标准（信用卡诈骗罪“冒用他人信用卡”的立案标准为5000元），公安机关并不会介入侦查。因此，被害人的损失难以挽回，犯罪嫌疑人落网后又因没有多少被害人报案，且全国各地立案信息不归口，多种因素导致能够认定的犯罪金额远远小于犯罪嫌疑人的实际犯罪数额，司法上的困境也是造成网络金融犯罪被“轻纵”从而日益猖獗的重要原因。

若案例一中杨某某被抓获，但因侦查和证据上存在客观困难导致认定的数额达不到信用卡诈骗罪的追诉标准，该以何种罪名处理？如果不能根据其犯罪金额定罪，则可以考虑根据其犯罪手段进行处罚。首先，通过架设空间和木马进行信息收集，是通过诱使被害人在手机中点击链接，被害人上传信息后激活等操作都是在移动终端手机中进行，后续杨某某也是通过控制手机获取验证码，因此，该行为不构成我国《刑法》第二百八十六条的破坏计算机信息系统罪；其次，杨某某的行为虽不能以金融诈骗类犯罪定罪处罚，但其窃取、违法使用多人信用卡信息的行为破坏了金融管理秩序，根据我国《刑法》第一百七十七条之一的规定，窃取、收买或者非法提供他人信用卡信息资料，足以伪造可进行交易的信用卡，或者足以使他人以信用卡持有人的名义进行交易，涉及信用卡1张以上的，构成窃取、收买、非法提供信用卡信息罪。案例二中，为罗某某提供信用卡信息的张某某就是按照此罪定罪处罚的。案例一中杨某某窃取了他人多张信用卡信息，多数归自己使用，并未出卖给他人使用，是否符合足以使“他人”以信用卡持有人的名义进行交易？笔者认为，设立这一刑法条文的目的就是为了打击非法获得或者非法获得之后将信用卡出卖的行为，目的是为了保护信用卡持有人的权益，打击信用卡信息被窃取和非法转让从而进行金融诈骗的行为，此条文中规定的“他人”应解释为除信用卡持有人本人之外的其他人，如杨某某之类的犯罪嫌疑人，在非法窃取了信用卡信息之后，对这些信息存在多种处理方式，包括自己冒用诈骗、出卖给其他人等。若将窃取的信用卡信息自己使用的行为排除在本条之外，不免有机械理解之嫌，且违背立法本意。

《刑法修正案（九）》对于案例一中出现的其他涉嫌犯罪行为进行了规制。一是在网络上发布如何进行“网络钓鱼”诈骗教学视频的犯罪嫌疑人及网站，均属于利用信息网络，设立用于实施诈骗传授犯罪方法等违法犯罪活动的网站、通讯群组，或者为实施诈骗等犯罪活动发布信息的行为，情节严重的，应按照《刑法》第二百八十七条之一非法利用信息网络罪定罪处罚。二是案例一中杨某某花钱找人利用“伪基站”设备群发短信的行为，属于违反国家规定，擅自使用无线电频率，干扰无线电通讯秩序，按照《刑法》第二百八十八条的规定以扰乱无线电通讯管理秩序罪定罪处罚。

（四）利用第三方支付平台实施的洗钱行为的认定

1. 基本犯罪手段

《联合国禁毒公约》将洗钱定义为，凡隐匿或掩饰因犯罪行为所取得的财物的真实性质、来源、地点、流向及转移，或协助任何与非法活动有关系的人员规避法律应负责任的行为，均属洗钱行为，与一般洗钱不同的是，第三方支付洗钱行为是利用、通过或者借助第三方平台隐匿或掩饰因犯罪行为所取得的财物及收益的真实性质、来源、地点、流向及转移，或协助任何与非法活动有关系的人员规避法律应付责任的行为。第三方支付洗钱行为也具有一般洗钱行为的流程和特征，即将非法利益放入第三方支付平台，将存放进第三方支付平台的资金通过持续地进行第三方支付账户之间转移来掩盖非法资金的性质和来源，将经过多层处理后的资金重新投入合法的经济领域进行使用。

2. 典型案例

案例一：

上海快钱公司"乐天堂"赌场案

快钱公司（快钱）是一家独立的第三方电子支付企业，也是国内首家提供通过 E-mail 和手机号码进行网上收付款服务的第三方电子支付企业，总部设在上海。公安部网站 2010 年 6 月 21 日披露了江苏苏州侦破"乐天堂"开设赌场案，称上海快钱公司的高管梅某与境外赌博集团相勾结，协助其流转资金多达 30 余亿元，快钱公司获利 1700 余万元。此后，快钱公司一直强调声明梅某不是其公司员工，公司也没有非法获利，但是，快钱公司也因此事件受到不小的冲击。①

2010 年 2 月，江苏省苏州市警方抓获了一名为境外赌博网站做代理的犯罪嫌疑人汪某，而汪某代理的一家名叫"乐天堂"的赌博网站系为境外机构从事洗钱活动的非法网站。"乐天堂"实际上系境外一家赌博集团开设的一个专门针对我国境内网民的赌博网站，其建立了全面的赛事体系，包括足球、赛马、篮球、曲棍球等，玩家可以进行下注赌博。为了吸引参赌的会员，"乐天堂"在中国境内招募了大量代理，而汪某就是其中的一个。他的主要任务就是通过在网上群发"乐天堂"网站链接为"乐天堂"发展参赌会员，而汪某则从客户赌博的金额中抽取佣金。据汪某交代，赌博公司每月给他的佣金会定时打到他的银行卡上。截至 2009 年 10 月被抓获，他替赌博公司发展了 400 多名会员，累计赌资达 1000 多万元，非法获利 90 多万元。

但这起案件并非普通的赌博案件，实际上，汪某的银行卡中所收取的

① 源自腾讯科技，《快钱回应涉赌传闻：涉案员工不是公司高管》，2010 年 6 月 22 日，http://tech.qq.com/a/20100622/000338.htm，2016 年 7 月 23 日。

佣金是来自第三方支付平台，即上海快钱公司，而与汪某的赌资回扣有关的共有五个虚拟账户，这五个虚拟账户支出的银行账号达8万多个，收付款总金额超过36亿元人民币，而快钱账户中的这些巨额资金都是由珠海市一家名叫谷中城的信息咨询有限公司操控的境外赌博公司收付的赌资，与谷中城信息咨询有限公司联系密切的深圳“星宇讯”科技有限公司和星乐源广告传媒公司均系境外赌博集团“乐天堂”在中国境内设立的分支机构。这个境外赌博集团在中国的核心是谷中城公司，是整个赌博集团的一个财务部，而上海快钱公司相当于一个小的支付平台，专门为那些赌徒进行资金的流转和收付。这些境外赌博机构正是利用了第三方支付平台虚拟交易的特点，由（参赌）用户先在网上存钱，然后银行跟诸如“快钱”这样的第三方支付平台进行结算，最后再由第三方支付平台与境外赌博机构结算，规避了法律的监控，从而成为新型的洗钱工具。

在警方的调查工作中发现，这个境外赌博集团进行洗钱的第三方支付平台并非只有上海快钱公司一家，还牵涉北京一些公司，而这些网站几乎全是目前活跃在国内市场上的第三方支付公司。①

案例二：

第三方支付公司卷入河北网络赌博大案

2010年6月，《燕赵晚报》刊发了这样一则新闻，彭某开设了名为“黄金棋牌”的网络赌场，涉赌人员在该网站注册为会员即可参赌。赌资是通过第三方支付平台转入彭某账户的，网站审核通过后，该笔赌资将直接以1:10的比例转化为一种被称为“黄金币”的赌博用币，即1元人民币可兑换10个“黄金币”。然后参赌人员就可以利用“黄金币”参与网络赌博。如果会员申请退出赌博，也可以将“黄金币”再以10:1的比例兑换成人民币提现。调查中，第三方支付公司相关人员回应称，其并没有从中获利，只是给予资金划转，相当于银行开户后，往账户里打钱。分析整个网络赌博过程，涉嫌网络赌博的双方用户首先要在第三方支付机构注册账号，然后双方将赌资汇入第三方支付账户，赌博行为结束后，再到第三方支付机构进行结算。从“参赌者——银行——第三方支付机构——赌博网站”的网络链条来看，银行与第三方支付被动参与其中，尤其第三方支付机构在整个网络赌博环节中起到了非常重要的桥梁作用。首先，第三方支付的虚拟

① 源自央视网，《多家支付公司染指网络赌博：5个账户坐收36亿》，2010年7月13日，http://finance.ifeng.com/a/20100713/2400595_1.shtml，2016年7月23日。

性和隐蔽性吸引了大批赌博者。赌博者通过第三方支付机构可以避免传统现金下注的赌博头衔。其次，第三方支付机构的担保交易服务，可以避免参赌者的赖账行为。最后，利用第三方支付可以进行虚拟交易，通过虚拟币购买交易表面上掩盖了支付赌资的真实面目，使得赌博行为更加隐蔽。此外，第三方支付机构充当了网络赌博的结算中心。①

3. 案例分析

（1）原因分析。近年来，第三方支付平台已经成为网络赌博赌资等非法资金流转的一个重要渠道。第三方支付平台在成为网络时代具有划时代意义的生活方式的同时，也时常被犯罪嫌疑人所利用，究其原因有以下几个方面：

第一，网络支付的"虚拟性"。通过第三方支付平台进行资金转换或转移相比于其他渠道具有更安全和隐蔽的优势。一方面，第三方支付平台相对于银行而言，身份审查程序更为形式化，不需要用户亲自持有效证件开户和进行大额交易，仅需要网上验证即可完成。即便现在第三方支付平台对用户要求实名制，但犯罪嫌疑人使用其他人的身份证件和信息而不需要自己出面也可完成相关操作。因此，犯罪嫌疑人利用网上支付平台洗钱可以实现隐蔽性交易，而监管部门却很难查找到真实的交易双方。另一方面，通过第三方支付平台进行洗钱活动可以虚拟商品交易为幌子进行包装，从而掩盖赃款的真实来源，达到"洗白"资金性质的目的。

第二，相关交易记录的缺失。在对反洗钱活动进行监控的实际操作中，需要对资金交易进行实时监测，根据每一笔交易的详细记录判断相关交易主体的行为是否构成洗钱行为。但现行的第三方支付平台主要是通过对密钥、证书、数字签名的认证完成的，加密技术在一定程度上保证了客户的隐私权，但与此同时却也屏蔽了进行非法交易主体的身份信息，监管部门难以进行准确定位。此外，第三方支付平台中一笔交易被第三方在线支付业务平台分割成两笔完全不相关的交易，账户之间顷刻就可以完成多个层级之间的资金流转，同时还可以将资金进行拆分、合并，使得仅依靠金融机构自身实现犯罪交易的重现变得基本上不可能，加上以网络交易作为掩护，但很难辨别资金的真实来源、去向，导致利用第三方支付平台进行的

① 李晓亚：《用第三方电子支付机构犯罪的刑法适用》，广西民族大学硕士研究生毕业论文，中国知网硕士论文数据库。

非法转移赃款等行为有了可乘之机，从而沦为犯罪工具。①

第三，第三方支付平台可以为跨境资金异常流动提供便利。目前，国内部分第三方支付平台已经开通了跨境支付功能。在跨境支付业务中，第三方支付平台只要能找到足够的境内外资金需求，便可通过境内外轧差的资金余额，为跨境资金的违法转移提供种种便利。其主要原因在于第三方支付企业是两次割裂交易的发起人，可以人为改变资金流向，将其收到的境内汇出的人民币资金从境外汇入境内目标账户。②

（2）定性分析。第三方支付平台自参与支付运营以来，就始终面临着为违法犯罪资金进行洗钱的风险与指责。银行作为支付结算机构，同样面临着反洗钱的义务。近年来，之所以第三方支付平台成为犯罪嫌疑人洗钱的首要选择方式，正是由于其反洗钱监管的措施不到位，远不能达到金融机构的监管程度。目前，我国已经形成了以《反洗钱法》为主，以《刑法》相关罪名规制及相关监管部门规章为辅的反洗钱法律监管体系。然而，《反洗钱法》在2007年出台，只规定了金融机构在反洗钱方面应承担的职责和义务，在第三方支付领域，我国的反洗钱监管还相当薄弱。2010年6月出台的《非金融机构支付服务管理办法》第六条规定，支付机构应当遵守反洗钱的有关规定，履行反洗钱义务，但并未细化具体要求。2012年3月公布的《支付机构反洗钱和反恐怖融资管理办法》，央行从客户身份识别、客户身份资料和交易记录保存、可疑交易报告、反洗钱调查、监督和管理等环节详细规定支付机构的责任，细化对支付机构反洗钱的操作要求。2016年7月正式施行的《非银行支付机构网络支付业务管理办法》坚持支付账户实名制。账户实名制是支付交易顺利完成的保障，也是反洗钱、反恐融资和遏制违法犯罪活动的基础。针对网络支付非面对面开户的特征，强化支付机构通过外部多渠道交叉验证识别客户身份信息的监管要求。此次施行的《非银行支付机构网络支付业务管理办法》致力于防范网络支付的各项风险，许多措施均有利于防止洗钱行为的发生。

第三方支付监管部门从行政管理的角度完善了相关规章制度，有利于规范第三方支付市场，促进行业健康发展，但着力点主要在于事前预防。与此同时，在事后处罚方面，近年来新的《刑法修正案》和相关司法解释的施行，也加大了对涉及网络支付方面犯罪的规范力度。

---

① 李里涓子：《第三方支付业务风险防范法律问题研究》，湖南大学2012年硕士研究生毕业论文，中国知网中国优秀硕士学位论文全文数据库。

② 吴朝平：《第三方在线支付业务的洗钱风险及反洗钱监管研究》，载《南方金融》2012年第10期。

我国《刑法》规定的洗钱罪，是对所有金融机构及非金融机构参与洗钱行为的严厉惩戒，其中，具有刑事责任能力的自然人和单位明知是毒品犯罪、黑社会性质的组织犯罪、贪污贿赂犯罪、恐怖活动犯罪、走私犯罪、破坏金融管理秩序犯罪、金融诈骗犯罪的违法所得及其收益，为掩饰、隐瞒其来源和性质，实施了提供资金账户，协助将财产转为现金或者金融票据，通过转账或者其他结算方式协助资金转移，协助将资金汇往境外，或以其他方式掩饰、隐瞒犯罪的违法所得及其收益来源和性质的行为的，构成洗钱罪。其中，第三方支付机构容易触犯该罪的客观行为主要体现在“通过转账或者其他结算方式协助资金转移”和“协助将资金汇往境外”。该罪的主观要件是第三方支付机构必须明知是规定犯罪的违法所得及收益。但当出现洗钱嫌疑时，第三方支付公司往往辩解称其仅是起到了平台支付结算的作用，并不明知资金的性质和来源。这种情况下，要从司法实务的角度寻求证据去证明其主观明知存在很大难度。

根据最高人民法院2009年发布的关于审理洗钱等刑事犯罪的解释的规定，对认定主观明知和推定明知的九种情形中，与第三方支付紧密相关的有：知道他人从事犯罪活动，协助转换或者转移财物；没有正当理由，协助转换或者转移财物，收取明显高于市场的“手续费”；没有正当理由，通过非法途径协助转换或者转移财物等行为。尽管司法解释对认定明知和推定明知的行为进行了一定程度的细化，但仍不具备较强的可操作性，具体到案件和证据分析中，仍无所适从。因此，笔者认为，应结合《非银行支付机构网络支付业务管理办法》和《支付机构反洗钱和反恐怖融资管理办法》等行业监管规范来进行认定，若第三方支付公司发现大额交易频繁进出没有根据规定出具可疑报告进行备案或移送线索，对符合洗钱特征的特定账户之间的合并、拆分转账操作等没有如实记录或有漏记、删除交易记录的行为，对可能涉嫌洗钱的特定商户没有尽到审核义务等情况，可以推定第三方支付机构可能预计到相关客户或账户存在洗钱风险，却放任这种犯罪行为的发生，具有刑法上间接故意的主观要件，在符合立案标准的情况下，可以构成洗钱罪。

若有关犯罪嫌疑人利用第三方支付机构从事除洗钱罪规定之外的其他七种上游犯罪（毒品犯罪、黑社会性质的组织犯罪、贪污贿赂犯罪、恐怖活动犯罪、走私犯罪、破坏金融管理秩序犯罪、金融诈骗犯罪），第三方支付平台可以预见其可能从事违法犯罪行为，仍为其提供支付结算的行为不构成洗钱罪，那构成何罪？2015年11月《刑法修正案（九）》为打击网络犯罪新增了第二百八十七条之二——帮助信息网络犯罪活动罪，即明知他人利用信息网络实施犯罪，提供广告推广、支付结算等帮助，情节严重的，可构成此罪。第三方支付平台若明知某些商户或客户从事网络赌博、传播淫秽物品等营利活动，仍为其提供支付结算服务，则可以考虑其构成帮助信息网络犯罪活动罪。

若在主观上难以推定第三方支付平台是否明知客户是从事相关犯罪活动，但在监管方面存在过失，一定程度上没有达到《非银行支付机构网络支付业务管理办法》和《支付机构反洗钱和反恐怖融资管理办法》等行业监管规范的要求，可以按照上述部门规章对其进行行政处罚，处以罚款，甚至吊销第三方支付牌照。事后处罚措施比起事前预防和事中监管更具有威慑力。

三、打击第三方支付违法犯罪行为中的司法实务问题

近年来，我国加大了对网络犯罪的立法和执法力度，2015 年至 2016 年互联网金融领域行业监管不断完善和深化；《刑法修正案（九）》也强化了对网络犯罪行为的规制，新增了帮助信息网络犯罪活动罪、侵犯公民个人信息罪等罪名；《网络安全法》更是将维护安全网络环境、保障网民合法权益上升到了法律的高度。然而，与立法成就相对比的是，网络犯罪的执法能力和环境难以跟上网络技术进步和普及的速度，具体到第三方支付领域，打击该平台自身犯罪以及利用该平台进行的犯罪活动存在许多司法实务难题，第三方支付相关犯罪既具有网络犯罪的共同性，又因其运营方式不同具有其特殊性。

（一）第三方支付业务的涉众性导致追诉和取证存在困难

一是立案存在困难，最为常见的利用第三方支付平台进行的盗窃、诈骗、套现等违法犯罪行为，由于第三方支付加强了对转账和交易的额度限制，通常单个被害人损失金额较小，达不到相关罪名的立案标准；二是取证存在困难导致轻纵犯罪，就算存在多个被害人，也分散在全国各个地区，公安机关对不立案的情况难以及时了解，即便立案也不能在全国范围内及时并案，遍布各地的取证效果不理想，不能获取全面、充分的证据，导致对犯罪事实认定过轻。上文讨论的杨某某信用卡诈骗案正是由于上述取证困难导致仅能认定部分犯罪数额。

（二）第三方支付业务特性导致侦查取证难、破案难

第三方支付平台的电子化特征，使其犯罪往往是通过程序、数据等无形操作来实现的，犯罪证据也主要存在于电子数据中，行为人很容易转移或毁灭罪证，行为人往往难以追寻，破案难度大。除此之外，许多大型的

涉嫌洗钱或者非法经营的案件难以侦破，正是因为第三方支付机构承担了部分金融属性，却又是非金融机构的特殊主体性质，加之依托互联网的第三方支付比依托专用网的银行拥有更广泛的资金流转渠道，给侦查带来了新挑战，突出表现在追溯资金往来、冻结财产、查询虚拟账户及交易信息三个环节上。事实上，第三方支付机构可以屏蔽银行对资金流向的识别，干扰资金流向的可追溯性，使得监管者很难确认交易的真实背景。此外，鉴于第三方支付平台在支付指令流转过程中，并非将全部完整的支付信息发送给银行，资金的来龙去脉只能循线逆向跟踪查询，增加了侦查的查询总量，拉长了查询周期。

（三）第三方支付犯罪的复杂性为证据收集提出了更高标准

互联网金融案件本身的隐蔽性、智能性和现场的“虚拟性”使其对证据的收集难度高于一般刑事犯罪。近年来，随着互联网金融的发展繁荣，第三方支付机构往往与电商贸易、互联网金融理财等相互交织，涉及经济、科技、法律和社会的方方面面，线上线下融合一体；第三方支付机构涉及的信用卡犯罪，以及洗钱罪等上下游产业链十分复杂，牵涉商业银行、特约商户、物流公司、互联网站等，较一般经济犯罪对证据具有较高的证据要求，要使诉讼中形成完整的证据链条，需要侦查机关在上述多个行业和环节都完成取证工作，并解决电子数据的提取、固定、保全、鉴定等问题，这些新标准、高要求为破获并处理第三方支付案件带来了较大的困难。①

当然，在打击第三方支付相关犯罪的司法实务中仍存在许多其他问题，如行政、司法各部门之间缺乏沟通协调机制，侦查机关电子数据取证存在困难，法庭庭审时电子数据应以何种形式固定和呈现没有明确规定导致控辩双方认识不一，第三方支付机构对于侦查工作消极应对，甚至不配合，以及公安机关技侦能力不够强等问题。这些问题是打击整个网络犯罪共同面临的刑事实务问题，而并非第三方支付特有，故在此不一一展开论述。

第三节　防范第三方支付犯罪的建议

一、强化行业监管

防范第三方支付相关犯罪，首先应该保证第三方支付在法定范围内规

① 郎俊义：《论互联网金融视野下第三方支付的刑事风险与防控对策》，载《浙江警察学院学报》2014 年第 6 期。

范运行，行业监管的作用愈加凸显。近年来，中国人民银行加强了对第三方支付的监管立法力度，但仍有上文中提到的诸多问题甚至刑事犯罪的出现，因此，应针对突出问题，强化监督力度。

（一）加强对第三方支付许可牌照的管理

牌照申请审查的严格自是不必说，监管部门在今后应加强持续性监管，要求已经拥有牌照的第三方支付机构对其业务范围、经营状况定时汇报，开展核查和调研，重点审查其是否超出第三方支付的许可经营范围，是否涉及开展综合性金融业务等；对严重违反监管规定的第三方支付机构，采取吊销支付牌照的处罚措施；研究出台第三方支付行业退出机制，随着竞争越来越激烈，监管措施越来越严厉，第三方支付业务利润空间逐渐被挤压，新一轮的市场洗牌正在展开，对于一些小型的第三方支付公司，应该允许其进行业务转型，在符合破产程序以及相关法律规定的条件下，批准这些公司主动退出第三方支付市场，合法注销支付牌照，从而避免出现经营亏损时，第三方支付公司关门潜逃，给客户利益造成侵害的局面产生。

（二）强化对沉淀资金的监管

首先，应构建备付金外部监管体系。一方面，通过建立重要事项报告制度、开展现场和非现场检查、建立风险评价体系等方式，对第三方支付机构用户备付金管理和使用情况进行持续性监管，对出现的挪用、侵占沉淀资金的行为进行严厉处罚；另一方面，要求在相关银行建立完善的用户备付金存管系统，与支付机构业务处理系统实现无缝衔接，通过该系统检查支付机构交易明细信息和资金划转信息的一致性、合规性。

其次，要求第三方支付机构完善备付金保障体系。在用户沉淀资金所得利息中提取风险准备金，并根据支付机构的规模大小、管理和运行情况实行差别比例；设立用户备付金风险保障基金，从而对濒临破产的第三方支付机构提供清算资金支持以及用户债务补偿；普及金融保险范围，要求第三方支付机构必须参加相关保险，以保证当支付机构发生破产、倒闭等情况时，用户能够获得相应的赔付。

（三）加大对洗钱行为的防范和打击

《支付机构反洗钱和反恐怖融资管理办法》的出台明确了第三方支付机构应履行的反洗钱义务，但该办法作为部门规章，其法律效力低于《反洗钱法》。《反洗钱法》出台至今近十年之久，应将非金融机构的第三方支付作为适用该法的主体，对《反洗钱法》进行修订；严格按照《非银行支付机构网络支付业务管理办法》履行“了解你的客户”的职责，对账户实名制管理，及时上报大额可疑交易，保存支付账户的交易记录，以备今后有证可查；积极配合公安机关对洗钱行为的调查取证工作，建立打击洗钱行为联席工作机制，对于公安机关通报的存在消极配合甚至毁灭证据行为的第三方支付机构，应予以调查和处罚；对于因经济犯罪受过刑事处罚的第三方支付公司或者从业人员，应随即作出如禁止从业或吊销支付牌照等处理决定。

二、促进行业完善

（一）增强第三方支付机构的内部控制力和行业竞争力

第三方支付机构要在竞争日益激烈的行业市场发展壮大，首先应当完成内部的规范性建设，行业监管的日趋严格既是外部压力，同时也是规范完善支付机构内部管理的有利契机。除严格按照《非银行机构网络支付业务管理办法》开展业务外，第三方支付机构应设立内部风险防控部门，强化对违规风险、资金风险、技术风险和内部管理风险等的排查和预防；加强对员工的风险意识培训，对可能出现的员工挪用、侵占沉淀资金的行为进行调查，出现问题及时处理；促进产业合法合规转型升级。近年来，被吊销的几家第三方支付公司均是在预付卡业务上出现问题，前文中提到的“畅购公司”被挤兑案，也是在开展预付卡业务时资金出现短缺，随着预付卡业务量的不断缩减，一些小型第三方支付企业利润下降，若不积极拓展业务，发展利润增长点，面临的则是倒闭的风险。因此，第三方支付企业要加强与其他互联网企业合作，丰富业务场景，实现转型升级，及时兼并重组。

（二）依托行业协会提升整个行业防控能力

中国支付清算协会是第三方支付行业法定的行业自律组织。近年来，第三方支付行业逐渐走上了规范发展、市场整合的道路，但仍存在许多突出问题。支付清算协会应该进一步细化行政监管规定，对规定尚不明确或者尚未规定的出台应对细则形成行业统一指导；对会员单位加强实地查访，建立定期备案、汇报和违法风险通报制度；帮助第三方支付机构实现业务升级，指导其进行内部风险防控，定期开展培训工作，促进行业规范化建设，提升行业管理水平。

三、加强刑事规范的配套完善

（一）扩大单位犯罪的适用范围

在涉及第三方支付本身犯罪或者对他人犯罪起到帮助作用的案件中，

涉嫌犯罪的主体往往是第三方支付公司，而难以确定是某个或某些自然人，有些涉嫌犯罪的第三方支付模式也是经公司整体研究决定和使用的，对于这些案件，应以单位犯罪进行处理更为合适。根据我国《刑法》第三十条的规定“公司、企业、事业单位、机关、团体实施的危害社会的行为，法律规定为单位犯罪的，应当负刑事责任”，故对于法律没有明文规定为单位犯罪的，不可追究单位的刑事责任，如本文分析的“乐在上海”第三方支付公司冒用客户的信用卡卡号和CVV码直接进行离线支付一案中，该公司涉嫌盗窃罪、诈骗罪或信用卡诈骗罪，但这些罪名的适用主体均为自然人，单位不能构成此类罪。如果要追究直接做出决定的直接负责人的刑事责任则存在一定难度，因为公司内部存在人事调动或者管理层级的复杂性，且自然人犯罪不会涉及对单位的处罚，如处以单位罚金刑和吊销单位营业资格等。可以说此类案件若不以单位追究刑事责任，难以对这些公司的犯罪行为起到惩治和威慑效果。综上，为起到整治市场经济秩序的目的，我国刑法应对实务中认定问题较多、反应比较突出的相关罪名，考虑将单位作为适格主体，扩大经济犯罪中单位犯罪的适用范围。

（二）对第三方支付机构的帮助行为如何认定

《刑法修正案（九）》加强了对网络安全的保护，对利用信息网络进行犯罪活动的准备行为、帮助行为和不作为等专门设立了相应的罪名。从我国《刑法》第二百八十六条之一至二百八十八条的规定看，均是与网络犯罪相关的罪名：拒不履行网络安全管理义务罪、准备网络违法犯罪活动罪、帮助网络犯罪活动罪等，这些罪名基本上包含了网络犯罪从准备到实施的犯罪行为，也界定了实施者和帮助者各自应承担的责任，可以说是刑法打击网络犯罪的新进展。

在利用第三方支付平台进行盗窃、诈骗、赌博、洗钱等犯罪中，如何认定第三方支付平台是否构成犯罪？第三方支付机构若存在管理过失应承担何种责任？如何认定第三方支付机构明知他人利用平台从事犯罪活动而提供帮助？这是认定第三方支付机构构成帮助犯或者帮助网络犯罪活动罪名的一个难题。推定主观明知应根据第三方支付机构的具体客观行为来进行，如发现大额交易可疑行为未及时上报或存在主管人员对可疑报告进行拦截的行为；发现特约商户存在冒用他人身份的行为而不处理、不上报；发现第三方支付平台存在安全漏洞可能被诈骗嫌疑人利用而不及时补正……最高人民法院和最高人民检察院可以就如何认定第三方支付帮助行为和央行、支付清算协会以及大型第三方支付公司进行座谈研究，结合第三方支付的监管规范制定司法解释，细化对主观明知的认定，从而有利于指导司法实践。

四、提升司法机关打击能力

（一）注重对第三方支付上下游犯罪的打击

第三方支付相关犯罪之所以日益猖獗、难以打击，主要原因是其形成犯罪“产业链”模式，整个社会对网络犯罪的违法性和严重性认识不够，司法机关对网络犯罪容忍度较高。为起到较好的打击效果，就应全面查处上下游犯罪，包括查处利用互联网搜索平台发布违法犯罪信息的行为，发布和上传传授犯罪方法视频的行为；查处利用网络买卖公民个人银行卡及信息的行为，并对电商平台以及某些搜索网站进行约谈；查处利用“伪基站”干扰无线电、移动终端信号的行为等。从而斩断违法犯罪信息的来源和发布，保障网民财产安全的同时也避免了第三方支付平台沦为犯罪工具的可能。

（二）提升司法机关查处网络金融犯罪能力

网络金融犯罪技术日新月异，反侦查能力越来越强，这对司法机关调查取证能力提出了更高要求。应加大对技术侦查的人、财、物的投入，培养一批掌握网络专业知识、工作技能娴熟的高素质侦查人员；检察机关和审判机关也要根据辖区特点、办案需要等因素，建立网络金融犯罪专门审查小组，对网络金融犯罪证据提取、固定、鉴定、认定标准等方面形成规范性办案模式，从而减少由于取证或者证据采信问题导致的对犯罪嫌疑人的从轻处理。

建立司法机关协调配合机制，形成与行政监管机关的互相通报机制。首先，侦查机关之间应加强协调配合，包括不同警种之间、不同辖区侦查机关之间的配合；其次，公检法机关应加强协调配合，包括对第三方支付等新型网络金融犯罪的罪名适用、证据采信、审查重点、程序规范等问题形成统一标准；再次，侦查机关应与第三方支付等互联网金融行业的行政监管部门，包括“一行三会”和国务院反洗钱部门等建立沟通协调机制，定期掌握监管动态，互相通报行业发展风险点，协商存在问题的第三方支付平台的处理措施，推动“行刑衔接”机制的建设。

第六章　P2P 网络借贷平台领域刑事司法问题

第一节　P2P 网贷行业现状素描

一、P2P 网贷的含义及概况

网络借贷（Peer – to – Peer）（以下简称 P2P），是指个体和个体之间通过互联网平台实现的直接借贷。在这个三方构造中，一个“P”代表贷款人（出借人、投资人），“2”就是互联网的平台方，另一个“P”代表借款人（用资人），借款人通过平台提交借款需求，平台进行审核后发布借款标，出借人再进行投标。

在理论预设的模式中，借款和贷款双方是直接借贷，平台只是担任纯中介角色，并不参与到借贷的资金交易中，对于借款人逾期对贷款人的损失，平台也不给予垫付。

自 2005 年以来，以英国的 Zopa、美国的 Prosper、Lending Club 为代表的 P2P 网络借贷平台在欧美兴起，并表现出旺盛的生命力和持续的创新能力。

2007 年 8 月，我国第一家 P2P 网贷平台——拍拍贷在上海成立并正式运营，随后 P2P 网贷平台在国内快速兴起并呈现出蓬勃发展的态势。根据中国首家 P2P 网贷理财行业门户网站“网贷之家”的统计，截至 2016 年 12 月底，P2P 网贷行业历史累计成交量超过 3.2 万亿元；2016 年全年累计成交量达到 20638.72 亿元，相比 2015 年全年网贷成交量（9823 亿元）增长了 110%。①

可以说 P2P 作为一种互联网金融业态，在缓解小微企业融资难、满足民间资本投资需求等方面发挥了积极作用。然而，一方面是平台数量和业

① 网贷之家：http://shuju.wdzj.com/industry – list.html，2017 年 1 月 16 日。

绩的攀升，另一方面是相关政策的模糊、法律的空白、监管的缺失都使得这个新兴行业风险日益累积。

二、P2P 网贷行业面临的风险

美国学者 Weiss 指出，在网络借贷规模急速扩张的同时，业务的规范程度却未有明显提高，并陆续暴露出许多风险和问题，如何应对互联网背景下的网贷风险造成的负面影响，已经成为 P2P 网络借贷这种微型金融领域的核心研究课题。① 在国内，学界对于 P2P 网贷行业存在的风险也开展了较为系统的研究。如有学者认为，P2P 网络借贷主要存在的风险包括四个方面：一是资金安全缺乏保障，二是资金的真实意图无法验证，三是个人信息可能泄露，四是缺乏对 P2P 借贷平台的有效监管。② 还有学者认为，P2P 网贷平台中由于对借款人款项用途的不限制，贷款人存款意图的不确定性等易导致 P2P 平台非法吸收公众存款、借款人违法、贷款人违约等可能性。因此，借款人、贷款人和担保方都存在风险。③ 在众多风险方面，应当特别注重 P2P 网贷的刑事风险。实践中表现为：擅自开展“自融”业务，假借 P2P 名义骗取资金后“跑路”、故意泄露用户信息、利用职务便利侵占或者挪用客户资金、为违法犯罪提供洗钱服务等。在这些刑事风险中，最易触犯的便是非法吸收公众存款罪，而该罪也是集资诈骗罪等犯罪的基础罪名，因此判断 P2P 网贷的刑事风险应当从非法吸收公众存款罪谈起。

笔者更关注的是 P2P 运营面临的法律合规风险，尤其是 P2P 运营面临的刑事风险。这些刑事风险至少包括以下几方面：

一是 P2P 平台的借贷资金用途不明而引发的洗钱风险。尽管许多平台在网站上声明，要求放贷资金来源合法，且借款人使用资金需要保证与借款申报的用途一致。但是，实践中 P2P 平台不可能去逐一核实或实地调查，对客户资金来源和使用情况难以有效监督，只要客户能够在形式上按时还款或者交易，就会对其他问题忽略或者视而不见，那么，我们后文要提到，对于将贩毒、走私、贪污受贿等所得资金进行放贷的，就有可能构成相应的犯罪。

二是 P2P 平台技术缺陷与网络黑客攻击引发的侵犯计算机系统类犯罪、盗窃、敲诈勒索等犯罪风险。当前许多中小 P2P 网贷平台技术措施不完备，

① Weiss G N, Pelger K, Horsch A. Mitigating adverse selection in P2P lending: empirical evidence from Prosper. 2010.

② 钮明：《“草根”金融 P2P 信贷模式探究》，载《金融理论与实践》2012 年第 2 期。

③ 王欢、郭文：《P2P 的风险与监管》，载《中国金融》2014 年第 8 期。

甚至有一些 P2P 平台只是在淘宝上买个防火墙没有其余的安全措施，故 P2P 网络平台被黑客攻击，导致侵入计算机系统类犯罪，甚至以技术手段锁定页面来敲诈勒索的情况时有发生。

三是 P2P 平台客户信息被泄露或者被出售等侵犯公民信息类的风险。P2P 网贷通过客户上传资料，掌握了大量客户身份信息、家庭成员、财产交易范围及其他财产信息，甚至包括银行借贷即其他信息。一旦平台在客观信息保护方面出现问题，或者平台从业人员与不法分子相互勾结，出现泄露或者滥用、出售平台客户信息的问题，必然会引发侵犯个人隐私的事件。此外，互联网金融网站还会对不能及时归还贷款的客户进行隐私信息曝光，登录者可以随意查看黑名单客户的详细信息，有可能引发信用卡诈骗犯罪，甚至引发其他相关犯罪。①

四是 P2P 平台从业人员挪用平台风险备付金、客户资金的风险。这便产生了挪用资金甚至是职务侵占的风险。

五是 P2P 平台面向不特定多数人承诺保本保息的非法集资风险。根据“网贷之家”的数据，截至 2017 年 6 月底，P2P 网贷行业累计平台数量达到 5909 家，其中正常运营平台数量为 2114 家，相比 5 月减少了 34 家，目前累计停业问题平台达到 3795 家，表征为提现困难、“跑路”、涉嫌非法集资等。② 以检察机关办理的案件为例，上海市人民检察院于 2017 年 6 月底发布了《2016 年度上海金融检察白皮书》。据介绍：上海市 2014 年受理 P2P 网贷刑事案件仅 1 件 1 人，2015 年上升至 11 件，2016 年则陡升至 105 件，增幅达 855%，占全年受理非法集资案件总数的 30%。③ 从上述分析可知，P2P 网贷类的非法集资风险呈现逐年上涨态势。这也是本文要重点讨论的内容。

第二节　P2P 网贷行业行政监管历程之梳理

当互联网金融打着“大众创新、万众创业”的旗号，当所谓的专家学者站出来言必称“法不禁止即可为”时，我们看到了 P2P 网贷企业在疯狂增长，演绎了“做了再说、有问题再改，先做大做强，再倒逼监管，然后要么华丽转型，要么获得政策绿灯”的逻辑。与此对应的行政监管，在相

---

① 郭华：《互联网金融犯罪概说》，法律出版社 2015 年版，第 46－47 页。

② 网贷之家：http://shuju.wdzj.com/industry－list.html,2017 年 7 月 16 日。

③ 参见《2016 年上海金融检察白皮书出炉》，正义网：http://www.jcrb.com/procuratorate/finance/toutiao/201706/t20170629_1771001.html,2017 年 7 月 9 日。

当长时期内的缺失及滞后，与 P2P 网贷行业短期内乱象丛生不无关系。因此，探讨 P2P 网贷刑事规制之前，有必要对 P2P 网贷行业发展以及行政监管的历程进行梳理。

一、处于“三无”的野蛮发展阶段

在 P2P 网贷发展相当长的一段时间内，行政监管处于一种“三无”状态，具体而言表现在以下几方面：

（1）无准入门槛。实践中，成立一个 P2P 贷款公司准入门槛极低，犯罪嫌疑人往往花 10 万元注册成立一家投资管理或者投资咨询有限公司后，再找一个互联网企业帮助制作 P2P 网站，便可以实施所谓的 P2P 借贷活动。由于新《公司法》修改后，除了法律有规定的特殊行业外，不再存在虚报注册资本、抽逃资金入刑的问题，所以很多投资管理或投资咨询公司，在验资完成后便将钱抽逃，违法成本极小。

（2）无监管机构。在相当长时期，各个监管机构均视 P2P 业务为烫手山芋，对于 P2P 的监管机构迟迟未能明确，职能部门相互推诿的情况并不罕见。有的监管部门相关负责人以《商业银行法》没有规定 P2P 的主管部门为由，对新出台的行政规范予以抵制，将法的位阶理论“演绎”到极致。

（3）无行政法可依。对于 P2P 网络借贷，长期处于没有行政法可依的局面。2011 年，银监会发布《中国银监会办公厅关于人人贷有关风险提示的通知》，提出了 P2P（银监会称为人人贷）主要问题与风险包括：一是影响宏观调控效果。在国家对房地产以及“两高一剩”行业调控政策趋紧的背景下，民间资金可能通过人人贷中介公司流入限制性行业。二是容易演变为非法金融机构。由于行业门槛低，且无强有力的外部监管，人人贷中介机构有可能突破资金不进账户的底线，演变为吸收存款、发放贷款的非法金融机构，甚至变成非法集资。三是业务风险难以控制。人人贷的网络交易特征，使其面临着巨大的信息科技风险。同时，这类中介公司无法像银行一样登陆征信系统了解借款人资信情况，并进行有效的贷后管理，一旦发生恶意欺诈，或者进行洗钱等违法犯罪活动，将对社会造成危害。四是不实宣传影响银行体系整体声誉，如一些银行仅仅为人人贷公司提供开户服务，却被后者当作合作伙伴来宣传。五是监管职责不清，法律性质不明。由于目前国内相关立法尚不完备，对其监管的职责界限不清，人人贷的性质也缺乏明确的法律、法规界定。六是国外实践表明这一模式信用风险偏高，贷款质量远远劣于普通银行业金融机构。七是人人贷公司开展房地产二次抵押业务同样存在风险隐患。近年来，房地产价格一直呈上涨态势，从而出现房地产价格高于抵押贷款价值的现象，一旦形势发生逆转，就可能对贷方利益造成影响。同时，人人贷中介公司为促成交易、获得中介费用，还可能有意高估房产价格，严重影响抵押权的实现。[①]

应该说，银监会较早地发现了P2P行业存在的风险，总结的也比较全面，现在看来这些风险基本都演变成了实害。但这仅仅是银监会提示各银行业金融机构与P2P网贷划出隔离带，严禁民间借贷风险向银行业扩张，其中的监管措施全是针对银行业金融机构提出的。因此，银行早就对P2P行业比较警觉，这也是后来为什么P2P平台愿意与第三方支付机构合作，而不是与银行合作的重要原因。但是对于广大个人投资者来说，这些风险的宣传、警示和教育显然是不足的。

二、监管吹风阶段

2014年4月，银监会处置办负责人刘张君在处置非法集资部际联席会议上的讲话明确了P2P的“四条红线”，即一是要明确平台的中介性质，二是要明确平台本身不得提供担保，三是不得将归集资金搞资金池，四是不得非法吸收公众存款。[②] 这可谓是P2P负面清单制度的雏形，但是这仅仅是领导讲话，并没有法律效力。同年6月11日，中国人民银行在《中国人民银行年报2013》中提出互联网金额的三大风险：一是机构的法律定位不明确，业务边界模糊；二是客户资金第三方存管制度缺失，资金存管存在安全隐患；三是风险控制不健全，可能引发经营风险。在这一阶段，监管机关开始进行吹风，为下一阶段确立调整规范“预热”。

三、确立互联网金融“基本法”阶段

2015年7月18日，十部委《指导意见》结束了对互联网金融“无法可依”的时代，对互联网金融的各种业务进行了全面的规定。《指导意见》规定：“个体网络借贷是指个体和个体之间通过互联网平台实现的直接借贷。在个体网络借贷平台上发生的直接借贷行为属于民间借贷范畴，受合同法、民法通则等法律法规以及最高人民法院相关司法解释规范。个体网络借贷要坚持平台功能，为投资方和融资方提供信息交互、撮合、资信评估等中介服务。个体网络借贷机构要明确信息中介性质，主要为借贷双方的直接

---

① 第一财经新金融研究中心：《中国P2P借贷服务行业白皮书》，中国经济出版社2013年版，第91－93页。

② 《刘张君公布P2P网贷平台与非法集资的四条边界》，载《21世纪经济报道》2014年4月22日。

借贷提供信息服务，不得提供增信服务，不得非法集资。网络小额贷款是指互联网企业通过其控制的小额贷款公司，利用互联网向客户提供的小额贷款。网络小额贷款应遵守现有小额贷款公司监管规定，发挥网络贷款优势，努力降低客户融资成本。网络借贷业务由银监会负责监管。”

《指导意见》的出台为 P2P 监管确立了监管主体、明确了监管重点，具有重要的意义。

四、全面排查重点整治阶段

2016 年从中央到地方及互联网金融领域细分业态的监管政策、行业自律组织、政策和专项整治方案、行动。经过这一年的全面整治，包括 P2P 网贷在内的互联网金融监管体系基本成型，合规潮流已经来临。

2016 年 1 月 23 日，政府部门启动了互联网金融专项整治，推动了对民间融资借贷活动的规范和监管。对不法分子利用网络借贷、网上理财等名义，以高息回报为诱饵，大肆进行非法集资等违法犯罪活动进行打击。

2 月 4 日，国务院公布了《国务院关于进一步做好防范和处置非法集资工作的意见》，这一文件虽然不是针对 P2P 等互联网金融非法集资的专门文件，但是对整个非法集资案件的办理有重要的指引作用，尤其是该文件确立的处置跨省案件要坚持的“三统两分”的原则，即“统一指挥协调、统一办案要求、统一资产处置，分别侦查诉讼、分别落实维稳”，对于解决像“e 租宝”这样的跨省市的非法集资重大案件提供了充分的依据。

3 月 10 日，央行条法司、科技司组织中国互联网金融协会等发布了《互联网金融信息披露规范（初稿）》征求意见稿，对信息披露提出了严格的要求，对个体网络借贷、互联网非公开股权融资和互联网消费金融从业机构的信息披露标准进行了单独的要求。其中，P2P 平台要详细披露公司信息、交易总额、交易总笔数等 21 项平台运营信息，同时还要对借款项目、借款人、借款机构的信息进行披露。

8 月 14 日，银监会发布了《网络借贷资金存管业务指引（征求意见稿）》。该指引最大的爆点是：“银行 + 第三方支付机构”为 P2P 联合提供资金存管的模式或被叫停，因为其规定“存管银行不应外包或由合作机构承担，不得委托网贷机构和第三方机构代开出借人和借款人交易结算资金账户”。对银行来说，尽管该文件对其进一步松绑，明确表示其不承担项目风险、平台虚假标的、伪造数据等风险，但是 P2P 资金存管仍是烫手山芋业务，如果对 P2P 投资人的风险教育不到位，平台“跑路”时还是会有投资人来堵银行的门。文件还提出了“存管人不对网贷信息数据的真实性和准确性负责，若因委托人故意欺诈或数据发生错误导致的业务风险，由委托人承担”。

8 月 24 日，银监会等四部委联合公布了《网络借贷信息中介机构业务活动管理暂行办法》，终于结束了网络借贷没有行政监管的野蛮生长时代，标志着网贷行业进入了一个依法创新、公平竞争的有序健康发展的法治化时代。该管理办法共八章四十六条，内容十分丰富，至此 P2P 网贷行业终于迎来了合规发展的明确道路。本文关注的管理办法重点包括以下方面：一是关于监管方式的问题。正式稿最终确定了事中事后监管原则，也对之前是否对网贷企业设置准入门槛给予了否定性的回答。二是负面清单的问题。正式稿基本沿用了 2015 年 12 月《网络借贷信息中介机构业务活动管理暂行办法（征求意见稿）》的负面清单的内容，明确了网贷行业的十三项负面清单，其中“不得从事的债权转让行为，不再提供融资信息中介服务的高风险领域”为新增禁止行为。[①] 三是缓冲期。第四十四条规定了对本办法实施前设立的网络借贷信息中介机构不符合本办法规定的，除违法犯罪行为按照本办法第四十条处理外，由地方金融监管部门要求其整改，整改期不超过 12 个月。

10 月 13 日，国务院办公厅发布了《互联网金融风险专项整治工作实施方案》，其下分若干子方案，其中包括《P2P 网络借贷风险专项整治工作实施方案》（简称 P2P 方案）。《P2P 方案》要求各省级人民政府对本地区网贷行业机构进行摸底排查，并在当年 11 月底前完成分类处置。此外，《P2P 方案》将网贷机构划分为三类并规定了不同处理原则：一是合规类，对此类机构实施持续监管，鼓励其合规发展；二是整改类，对此类机构要求限期整改；三是取缔类，对此类机构涉嫌从事非法集资等违法违规活动的进行

---

① 《网络借贷信息中介机构业务活动管理暂行办法》第十条规定，网络借贷信息中介机构不得从事或者接受委托从事下列活动：（一）为自身或变相为自身融资；（二）直接或间接接受、归集出借人的资金；（三）直接或变相向出借人提供担保或者承诺保本保息；（四）自行或委托、授权第三方在互联网、固定电话、移动电话等电子渠道以外的物理场所进行宣传或推介融资项目；（五）发放贷款，但法律法规另有规定的除外；（六）将融资项目的期限进行拆分；（七）自行发售理财等金融产品募集资金，代销银行理财、券商资管、基金、保险或信托产品等金融产品；（八）开展类资产证券化业务或实现以打包资产、证券化资产、信托资产、基金份额等形式的债权转让行为；（九）除法律法规和网络借贷有关监管规定允许外，与其他机构投资、代理销售、经纪等业务进行任何形式的混合、捆绑、代理；（十）虚构、夸大融资项目的真实性、收益前景，隐瞒融资项目的瑕疵及风险，以歧义性语言或其他欺骗性手段等进行虚假片面宣传或促销等，捏造、散布虚假信息或不完整信息损害他人商业信誉，误导出借人或借款人；（十一）向借款用途为投资股票、场外配资、期货合约、结构化产品及其他衍生品等高风险的融资提供信息中介服务；（十二）从事股权众筹等业务；（十三）法律法规、网络借贷有关监管规定禁止的其他活动。

严厉打击，坚决实施市场退出。

10 月 31 日，中国互联网金融协会发布了《互联网金融信息披露个体网络借贷》标准（T/NIFA 1－2016）和《中国互联网金融协会信息披露自律管理规范》，定义并规范了 96 项披露指标，其中强制性披露指标逾 65 项、鼓励性披露指标逾 31 项，分为从业机构信息、平台运营信息与项目信息三方面。

11 月 28 日，银监会会同工信部、国家工商总局共同发布了《网络借贷信息中介机构备案管理登记指引》，对网贷平台备案管理登记原则、新设机构备案登记申请程序、已存续机构备案登记管理特别规定、备案登记后管理等内容进行了详细的规定。

2017 年 2 月 23 日，银监会正式对外公布了《网络借贷资金存管业务指引》，这是网贷行业迎来了备案登记之后，又一合规细则的最终落地。该存管业务指引基本上吸取了《网络借贷资金存管业务指引（征求意见稿）》的内容，从业务订立、操作流程、责任划分，办理条件、业务规范等方面，对网贷资金存管进行了全面细致的规定。备受关注的资金存管主体方面也得以明确，正式稿规定了由商业银行为网络借贷机构提供资金存管服务，使得行业长期存在的第三方存管模式将逐步退出。

4 月 10 日，银监会发布了《关于银行业风险防控工作的指导意见》，该意见第八条特别针对“互联网金融风险治理，促进合规稳健发展”提出了具体三点要求：一是持续推进网络借贷平台风险专项整治。严格执行《网络借贷信息中介机构业务活动管理暂行办法》和备案登记、资金存管等配套制度，按照专项整治工作实施方案要求，稳妥推进分类处置工作，督促网络借贷信息中介机构加强整改，适时采取关、停、并、转等措施。二是重点做好校园贷的清理整顿工作。网络借贷信息中介机构不得将不具备还款能力的借款人纳入营销范围，禁止向未满 18 岁的大学生提供网贷服务，不得进行虚假欺诈宣传和销售，不得通过各种方式变相发放高利贷。三是做好现金贷业务活动的清理整顿工作。网络借贷信息中介机构应依法合规开展业务，确保出借人资金来源合法，禁止欺诈、虚假宣传。严格执行最高人民法院关于民间借贷利率的有关规定，不得违法高利放贷及暴力催收。

6 月 28 日，中国人民银行等国家 17 部门联合印发了《关于进一步做好互联网金融风险专项整治清理整顿工作的通知》，对下一步的清理整顿工作进行了详细的进度安排。通知正式明确了整改实施阶段应最迟于 2018 年 6 月底前完成，对个别从业机构情况特别复杂的，经省级人民政府批准后，整改期最长可延长至两年，由省级人民政府指定相关部门负责监督及验收。

7月14日至15日，第五次全国金融工作会议在北京召开，作为金融领域最高规格的会议，这次会议首次将互联网金融纳入金融工作会议研究范畴。会议决定：要坚决整治严重干扰金融市场秩序的行为，严格规范金融市场交易行为，规范金融综合经营和产融结合，加强互联网金融监管，强化金融机构防范风险主体责任。

综上，随着对互联网金融整治力度的不断加大，尤其是对P2P网贷监管相关行政规范性文件的陆续出台，为处置P2P类非法集资案件提供了行政处罚的依据，也为刑事司法认定提供了有力的参考。

第三节　对P2P网贷平台刑事规制的正当性分析

一、民间非正规金融活动的非法性分析

近年来，随着非法集资案件的爆炸式增长，有学者对《刑法》第一百七十六条非法吸收公众存款罪规定的正当性提出质疑，一种典型的观点认为民间非正规金融活动具有合法性，可由民商法调整，无需刑法介入。[①] 笔者认为，这一观点具有片面性。《商业银行法》要求银行运营必须遵守审慎监管原则，必须具备风险识别机制，引入一系列风险管理手段，计算和提取资产损失准备金，并准备相当的经营资本，国家同时提供存款保险制度作银行后盾，以维持存款人信任，这也是非经法律允许对非金融机构不能擅自经营间接融资的直接原因。从域外的立法例来看，世界上大多数国家和地区，基于金融行业的特殊性，为了保障金融安全、国家经济秩序，也都对银行等金融机构设立实行严格的准入制度，同时对未经批准吸收公众存款的行为也做出了禁止性规定。比如，日本《关于取缔接受出资、存款及利息等的法律》（简称《出资法》）第一条规定："任何人不得以向不特定且多数人明示或暗示日后会全额或高于全额退还出资的方式收取出资金。"第二条规定："除其他法律特别规定的能够从事吸收存款业务者外，任何人均不得从事吸收存款的业务。本条中的存款是指从不特定且多数人处收受金钱，收受定期或不定期的存款。"[②] 又如我国台湾地区"银行法"第二十九条第一项规定：除法律另有规定者外，非银行不得经营收受存款、

① 刘新民：《"非法吸收公众存款罪"去罪论——兼评〈关于审理非法集资刑事案件具体应用法律若干问题的解释〉（法释［2010］18号第一条）》，载《江西社会科学》2012年第3期。

② 贺卫、王鲁峰：《论非法吸收公众存款罪的"公众"的界定标准》，载《法学》2013年第11期。

受托经理信托资金、公众财产或办理“国内外”汇兑业务。这也充分体现了银行业务的专属性特征，对于违反此项规定的，“银行法”第一百二十五条规定了“违法吸金罪”，对违反者处三年以上十年以下有期徒刑，并科新台币一千万元以上二亿元以下罚金。其犯罪所得达新台币一亿元以上者，处七年以上有期徒刑，并科新台币二千五百万以上五亿元以下罚金。可见，存款业务具有专属性，未经批准从事该业务的具有非法性已成为通识。

二、非法吸收公众存款罪保护的法益

一种时髦的观点认为，设置非法吸收公众存款罪是为了保护现有银行的垄断利益。这种观点在 P2P 网贷从业者中颇有市场。笔者认为，这种观点是狭隘的，刑法规制非法吸收公众存款等非法集资活动，具有双重的法益保护的考量，即除了保障公民个人财产安全之外，更重要的是为了维护稳定、有序的金融秩序，尤其是为了防范和化解金融风险。这种风险包括：一是区域性、系统性金融风险。金融风险具有极强的联动性与自我传播性，个别和部分机构微观的金融风险可能会在某一区域凸显并逐渐累积、传播和扩散，进而形成区域性风险。一旦区域性风险突破可控边界进行跨区域传播时，就有可能导致系统性的风险，进而衍变成金融危机。单就非法集资活动的个案来说，很难与发生区域性、系统性金融风险相连，但是大量非法集资活动频发所引发的累积风险，以及引起的次生危害（如群体性事件等）的确不能排除有导致区域性风险甚至系统性风险的可能。“技术—经济发展的风险后果的扩张，使得它们在政治上中性化的构想崩溃了，而带有法律的、伦理的和民主的评价，政府的监控机构和媒体等公共领域开始介入企业管理的‘神秘区域’。”① 正是如此，中央多次提出，防范和化解金融风险，坚决守住不发生系统性和区域性金融风险的底线。以刑法来规制民间融资领域，正是体现了对于这种不被允许发生的风险的管控。二是大规模融资所带来的信用风险。设置严格的金融中介市场准入制度，配套以严格的监管制度，并不仅仅是为了控制市场风险，同时也是为了控制信用风险。以设立“资金池”或者“自融”的方式吸收存款的 P2P 网贷企业，业已成为实际上的商业银行。在其缺乏商业银行那样丰富的盈利业务及完善的风控措施的情况下，仅靠吸收存款来维持对投资人的还本付息，当资金流动性异常并最终导致资金链断裂时，必然会爆发大规模的信用风险，最终损害的还是投资人的利益。三是由于信息不对称导致的逆向选择和道

---

① 庄友刚：《跨越风险社会——风险社会的历史唯物主义研究》，人民出版社 2008 年版，第 223 页。

德风险。逆向选择（adverse selection）是指在买卖双方信息非对称的情况下，拥有信息优势的一方，在交易中总是趋向于作出尽可能有利于自己而不利于他人的选择，故常常导致劣币驱逐良币的局面。具体到P2P网贷行业，一些平台以欺诈宣传和承诺高额回报的方式吸收资金，由于信息不对称，往往会导致投资人人云亦云地选择标有高利率但实际上却是高风险甚至是违规的平台，相反合规、稳步发展的平台却遭到了排挤。道德风险（moral risk）是指在双方信息不对称的情况下，人们享有自己行为的收益，而将成本转嫁给他人，从而造成他人损失的可能性。一些P2P网贷平台吸收资金后的使用完全不受监管，有可能被隐匿转移甚至被肆意挥霍。综上，当P2P网贷平台不受管控的非法吸收公众存款行为累积的风险达到值得刑罚处罚时，就必须将此类行为犯罪化，为此才能更好地保护法益。①

第四节　P2P网贷平台的主要类型及刑事风险分析

国内对于P2P网贷平台的分类标准并不统一，有学者认为，平台衍变出了四种基本的商业模式：纯平台模式、保证本金模式、信贷资产证券化模式和债权转让模式。有学者认为，应当按照借贷流程、渠道、担保分类，具体而言，按借贷流程分类，可分为纯平台模式和债权转让模式；按融资渠道分类，可分为纯线上模式和线上线下相结合模式；按照有无担保，可分为无担保模式、第三方担保模式、平台自担保模式。

笔者认为，从P2P网贷平台的定位出发，大体上可以分为信息中介和信用中介两大类。前者可谓是理想中的模式，也是相关行政法律规范所要求的模式，后者可谓是实践中“异化”的模式。信用中介模式中又可以细分为多种类型，其中鉴于“债权转让模式”的重要性故单独列出予以探讨。

一、信息中介型平台及其刑事风险

信息中介模式是一种理论预设，也是法规规定的P2P应有的状态，它是指借贷双方在P2P平台上通过信息交流达成借贷关系，一次性投标完成。在纯信息中介模式下，平台扮演着纯粹的信息中介角色，其只负责信用的审核、招标及展示，不介入交易。出借人根据平台上的信息和自己的需求选择合适的贷款对象。平台的收益来源于收取的服务管理费用。纯中介模式一般采用纯线上模式，也就是平台对新客户的开发、信用审核、签订合

① 王拓：《P2P网贷平台非法吸收公众存款行为的司法认定》，载《中国检察官》2016年1月（下）。

同、贷款发放及偿还整个业务流程主要在线上完成。其中，对借款者的信用审核是利用收集到的信息通过搭建数据模型来完成的，通过大数据的分析得出借款者的信用等级和相对安全的信用额度。

此种平台的典型是美国的 Prosper。Prosper 的模式类似拍卖，借款方希望寻找愿意以最低利率出借的出资人，而出资人则希望找到愿意支付更高利率的借款人。作为中介平台的 Prosper 需要完成的工作就是确保安全、公平的交易，包括贷款支付和收集符合借贷双方要求的借款人和出借人。网站靠收取手续费盈利。Prosper 的收入来自借贷双方，从借款人处提取每笔借贷款的 1% ~3% 费用，从出借人处按年总出借款的 1% 收取服务费。我国拍拍贷在运营初期也坚持这一模式，其采用的是无抵押、无担保纯线上的运营模式，坚持做借贷双方的信息中介，一切信息全部在线上完成审核，一切流程全部通过线上进行，不为所有的借款人提供担保。拍拍贷主要是通过大数据来做风控，基于数据构建信用评估模型来对借款人的信用进行评级，通过数据制定规则，所有资料都是在网上进行审核。

为什么纯粹的信息中介型平台难以生存？笔者认为，至少有以下原因：一是纯粹的信息中介的 P2P，仅靠收取管理费无法维持公司运营，必然导致亏损；二是对于没有任何担保的投资项目，因不设准入门槛，故在面向普遍缺乏投资经验的民众时很难有吸引力，所以这种模式的交易量也始终无法突破一定规模；三是全部流程靠线上完成不符合中国国情，尤其是对于借款人的审核，主要由于我国的征信体系极不完备，不可能靠所谓的大数据完成（很多企业号称自己拥有大数据，只不过是一个噱头而已）。而在美国，最大的 P2P 公司 Lending Club 之所以良性发展，很大原因系依赖于美国发达的征信体系。Lending Club 的信用评级主要借鉴美国消费者信用征信机构（FICO）的数据。FICO 将对消费者的信用等级进行评分，评分区间位于 350 分至 850 分之间，而借款人的信用评级必须超过 660 分。这样一来，只有不到 10% 的借款人能达到严格的信用要求，即只有信用评级中的最优级别、较优级别的借款人能通过 Lending Club 的信用审核。同时，借款人一旦出现违约，其 FICO 评分将受到影响，因此人们会非常爱惜自己的“信用”。①

正是基于以上这种差异，实践中国内大部分 P2P 公司采取的是线上线下相结合（即所谓的 O2O）模式，即 P2P 公司将交易流程放在线上进行，在线上推广理财产品或是公布借贷业务来吸引投资人，将借款信息来源、

① 参见《Lending Club：只向 FICO 信用评分 640 分以上借款人提供贷款》，新民网：http://biz.xinmin.cn/2016/03/01/29589431.html,2016 年 12 月 11 日。

借款审核、贷后管理放在线下进行。借款人在线上提交借款申请后，平台会将信息传递给所在地区的线下网点或是工作人员，然后再派专人对借款人的资信、还款能力等情况做实地调查审核。

纯粹的信息中介型平台，因为本身不承诺保本保息，几乎没有非法集资的风险。但是从理论上来讲，纯粹的信息中介型平台仍然可能在正常地提供中立性网络服务过程中，客观上促成他人的犯罪活动。《刑法修正案(九)》第二百八十七条之二新增设帮助信息网络犯罪活动罪，就是对于中立帮助行为的正犯化。这种中立帮助行为的风险主要有两种：一种是P2P网贷平台可能促成借款人的犯罪。也就是说当平台明知借款人非法吸收或者集资诈骗时，仍然为其提供互联网接入、广告推广、支付结算等帮助，便可能触犯帮助信息网络犯罪活动罪。另一种是P2P网贷平台可能促成贷款人的犯罪。这种情况主要是指贷款人从事洗钱犯罪，网贷平台明知贷款人的出资来源于毒品、黑社会性质犯罪等洗钱的上游犯罪，也明知贷款人的目的是为了掩饰、隐瞒赃款来源和性质，却仍然为其提供互联网接入、广告推广、支付结算等帮助的，同样可能触犯帮助信息网络犯罪活动罪。

当然，构成这个犯罪只是理论上的可能，因为在实践认定中必须是网贷平台明知借款人非法吸收或者集资诈骗，贷款人洗钱犯罪，那么主观上如何证明这个故意，就是个难题。对此，笔者认为，可以从以下几个角度来推定，如网贷平台收到了相关监管机构书面告知后，仍然实施帮助行为的；在执法人员调查时，有销毁、篡改电子数据、账本等方式故意规避调查或者向犯罪嫌疑人通风报信的；网贷平台为借方或者贷方提供服务，收取的服务费明显异常，等等。当然，帮助信息网络犯罪活动罪这个新罪名目前还尚无判例，故对于纯粹信息中介型平台而言，其刑事风险是较小的。

基于以上分析，目前中国每个P2P网贷平台都宣称自己是信息中介模式，以此为自己存在的合法性予以证明。但是从司法实践中掌握的情况来看，理论和行政规章规定的纯粹信息中介型平台在实践中几乎已经绝迹。

二、信用中介型平台及其刑事风险

(一) 资金池型平台及其刑事风险

采取资金池运作模式是P2P网贷平台倒闭甚至“跑路”的一个主要原因。所谓资金池，顾名思义就是把资金汇集到一起，形成一个像蓄水池一样的储存资金的空间。以银行为例，吸收存款流入资金，发放贷款流出资金，使资金池基本保持稳定。P2P网贷平台原本作为信息中介，其本身与借贷产生的债权债务关系无关，标的的违约与否只是投资者与资金需要方之间的问题。但是，许多异化的 P2P 网贷平台超越了信息中介的角色，在资金供需双方之间提供理财服务的同时设立了一个自己可以全权处理的资金账户，以方便自己（显性或隐性的）业务操作，我们暂且将这种模式称为“理财—资金池”模式。实践中，这种模式的运作方式为：P2P 网贷平台将借款需求设计成理财产品出售给借贷人，借贷人先将钱存入网络借贷平台的中间账户，产生资金池，而后再由平台进行配对。“理财—资金池”模式的实质是在没有真实借款需求的情况下实现集资和吸储的行为，[①] 故也被学者称为典型的“影子银行”。

P2P 网贷平台资金池的产生大致有以下几种方式：一是投资者充值产生。P2P 平台在投资期会要求投资者进行充值，这部分资金从充值到用于项目投资存在一个时间差。由于时间差的存在，平台账户会稳定下来，并且随着投资者的增加而增加，在不存在监管的情形下，平台对于这部分资金有全权处理的能力。二是融资者付息产生。类似于第一种方式，当融资者付息时，利息到账与投资者在投资或取现会形成时间差，这种时间差也形成了一定的资金池。三是虚假项目以及“做市商”模式产生。虚假项目就是 P2P 平台虚构融资项目，是投资者将款项汇入自己的账户；“做市商”模式指的是平台先以自身名义收集资金，等到出现项目时再进行放贷，这种模式存在着主体错配与风险错配等风险，在存量不断增加的情况下，极易出现庞氏骗局。[②] 由于网贷平台抵抗风险的能力远远弱于银行且不像银行那样有政府信用担保，故银监会在对 P2P 网贷平台的监管上三令五申要求不能搞资金池，以“理财—资金池”模式运营的 P2P 网贷平台一旦资金链断裂则极易被认定为非法吸收公众存款罪。

需要说明的是，对资金池型 P2P 网贷平台的行为是否一律构成非法集资，是有认识分歧的。有学者认为，若是实际投资人与借款人并没有直接接触，网贷平台跨越中介的定位，先以平台名义从投资人处获得资金，再直接决定投资行为和进行资金支配，最后再把债权移交给真正的投资人，则会产生资金沉淀及相关风险。这可能涉嫌非法集资。[③] 资金转移是否先于投资行为的发生、是否形成中间资金池、投资者是否知晓投资信息，是其中判定的关键。[④] 言下之意，就是“先吸后贷”的是涉嫌非法集资，而“先

① 傅晓锋：《P2P 网络借贷平台的风险探析》，载《金融视线》2014 年第 2 期。

② 陶晓华、曹国岭主编：《互联网金融风险控制》，人民邮电出版社 2016 年版，第 54 页。

③ 第一财经新金融研究中心：《中国 P2P 借贷服务行业白皮书》，中国经济出版社 2013 年版，第 125 页。

④ 第一财经新金融研究中心：《中国 P2P 借贷服务行业白皮书》，中国经济出版社 2013 年版，第 128 页。

贷后吸”的则要慎重考虑。笔者认为，吸存与放贷的先后顺序并非判定的关键。详言之，P2P 网贷平台先以自有或其他来源的资金进行贷款，再以投资人出借的货币补足其自有的资金，还是网贷平台先从投资人处取得资金再用于贷款，两者之间并不存在实质性的区别。这种模式因触犯了 2010 年《关于审理非法集资刑事案件具体应用法律若干问题的解释》第二条第（九）项“以委托理财的方式非法吸收资金的”规定，具有明显的非法性，实践中也有大量的被以非法吸收公众存款罪定罪的判例。①

（二）自融型平台及其刑事风险

资金池型平台一旦为自身融资便演变成了自融型平台。相比资金池型平台，自融型平台进行非法集资过程中的违法性更为显著。被称为“P2P 网贷平台非法集资第一案”的“东方创投”案，就是自融型平台被认定为非法集资犯罪的典型代表。

该案的判决书显示，被告人邓某于 2013 年 5 月出资注册成立深圳市誉东方投资管理有限公司，由被告人邓某任法人代表及公司负责人，被告人李某任运营总监，负责公司广告投放、人员招聘、客服管理及技术维护等工作。深圳市誉东方投资管理有限公司在 2013 年 6 月 19 日创建“东方创投”网络投资平台，向社会公众推广其 P2P 信贷投资模式，以提供资金中介服务为名，承诺 3% ~4% 月息的高额回报，通过网上平台非法吸收公众存款。截至 2013 年 10 月 31 日，“东方创投”网络投资平台共吸收公众存款人民币 126736562.39 元。②

“东方创投”平台投资的项目主要是房产、企业经营借款、应收款、信用贷款等。投资客户只需要通过身份证实名认证就能到平台注册，并签订“四方共同借款协议”。投资的单笔最低金额为 50 元，最高不超过 99 万元。投资回报收益是根据周期不同时间越长利息越高，分别是投资一个月利息是 3.1%；投资两个月利息是 3.5%；投资三个月利息是 4.0%，投资人在投资期满需要提前一天申请提现，通过后第二天可以本金利息到账，如果没有申请，自动默认续投。申请提现的就由公司财务审核，第二天由出纳通过网银转账给提现客户。根据该案的主犯邓某的供述：“公司前期是有意向将客户的投资款出借给实际有资金需求的企业，但实际操作后发现坏账会超过 6% 不能按时收回。这个时候为了做到能及时返还投资人的本息，我

① 如浙江湖州金元宝投资咨询有限公司非法吸收公众存款案。详见郭华：《互联网金融犯罪概说》，法律出版社 2015 年版，第 79 -80 页。

② 参见（2014）深罗法刑二初字第 147 号刑事判决书，载中国裁判文书网 http://wenshu.court.gov.cn/，2017 年 7 月 11 日。

就决定通过我名下的企业以及我的私人物业来实现增值利润反馈投资人。”于是，邓某利用“东方创投”平台为自己融资，所获得的资金被其用于购买物业、炒楼，同时向一些小贷公司或者私人进行借款，产生的利息用来返还投资人的利息。多种借款下产生了循环利息，邓某无法弥补资金空缺，导致资金链断裂，无法支付客户需要提现的资金，最终导致案发。

2014 年 7 月 15 日，深圳市罗湖区人民法院作出判决，被告人邓某和李某违反国家金融管理法规，非法向社会公众吸收资金，数额巨大，其行为已构成非法吸收公众存款罪。在共同犯罪中，被告人邓某系公司法定代表人及负责人，并全面掌控、支配吸收到的资金，起主要作用，是主犯；被告人李某受雇参与犯罪，负责公司运营管理，但对吸收的资金支配无决定权，起次要作用，可以减轻处罚。两被告犯罪以后自动投案，如实供述自己的罪行，属自首，可以从轻处罚。最终判决，被告人邓某犯非法吸收公众存款罪，判处有期徒刑三年，并处罚金三十万元；被告人李某犯非法吸收公众存款罪，判处有期徒刑二年，缓刑三年，并处罚金人民币五万元。

自融型平台在融资过程中，常常以夸大公司实力、虚构借款标、提供虚假担保等方式进行包装，实践中极易符合“使用诈骗方法吸收公众存款”的要件，如果所获得的资金被非法占为己有的，则会构成更为严重的罪名——集资诈骗罪。“中宝投资”即是这方面的典型例证。被告人周某注册成立浙江省衢州市中宝投资咨询有限公司并担任法定代表人，该公司于 2013 年 3 月 11 日变更为中宝投资有限公司。周某通过“中宝投资”网站平台发布各种招标信息，吸引投资。运营前期，为 13 个借款人提供总金额约 170 余万元人民币的融资服务，但因部分借款人未能还清借款造成亏损。此后，周某陆续虚构 34 个借款人并利用上述身份发布“抵押标”“宝石标”等，以 20% 的年化收益率及额外奖励为诱饵，向社会不特定公众非法募集资金，所募集资金全部由周某掌控和支配，主要用于归还前期投资人的本金及收益。除此之外，还将资金用来购买房产、高档车辆及首饰等，并将高档轿车包装成借款人提供的抵押物以吸引后续投资。2011 年 5 月 23 日至案发，周某通过“中宝投资”网站先后向全国 1586 名不特定对象非法集资共计 10.3 亿余元，除支付本息及回报 6.91 亿元，尚有 3.56 亿余元没有归还。案发后，侦查机关还从周某控制的银行账户内扣押现金 1.8 亿元，实际无法归还的金额约 1.75 亿元。

2015 年 1 月 19 日，衢州市人民检察院向衢州市中级人民法院以周某犯集资诈骗罪提起公诉。8 月 14 日，“中宝投资”案一审宣判，周某被判有期徒刑十五年，并处罚金五十万元，对其犯罪所得继续追缴，返还各被集资人。宣判后，衢州市人民检察院认为对周某属于重罪轻判，量刑适用不当，提出抗诉；周某也提出了上诉。2016 年 4 月 29 日，浙江省高级人民法院作出终审裁定，维持原判。

在本案中，周某在没有明确投资项目的情况下，采用虚构事实、隐瞒真相的方法向不特定多数人非法募集资金，用于生产经营的部分与所募资金明显不成比例，且其在明知收益无法支持其承诺的高息及回报的情况下，仍继续发布大量虚设投资项目非法集资，将大量集资款用于个人挥霍及随意处置，导致巨额集资款无法归还，其具有集资诈骗的主观故意及客观行为。同时，“中宝投资”咨询公司及变更后的“中宝投资”公司均为一人公司，公司增资后即抽逃出资，没有任何经营实体，所有资金进出均由周某控制。公司不具备法人意志和财产独立性，是周某实施犯罪的工具，依据相关司法解释的规定，周某的行为不构成单位犯罪。因此，法院对周某个人以集资诈骗罪定性是正确的。

值得一提的是，被告人周某集资诈骗一案是目前公开报道的第一起在企业资金链没有断裂、平台没有倒闭、负责人没有“跑路”且没有投资人报案的情况下进行刑事追诉的案件。该案虽然得不到部分集资参与人的理解，但是从另一方面也证明了非法集资案件不需要以“资金链断裂且有投资人报案”为立案前提，也给类似自融型平台敲响了警钟。

（三）担保型平台及其刑事风险

由于投资者教育的缺失，我国多数投资者对于“保本”有着过高的期望。这就导致任何以个人投资者为目标客户的产品，必须面临是否提供保本的选择。如果不保本，就要有非常刺激的高收益率才有可能让民众投资。如果没有高收益率，那么就只能靠降低风险，于是担保机制自然而然地出现了。尤其是在行业发展初期，哪家平台只要写明“100% 本息担保”，哪家平台就可能受热捧。[①] 所以说，担保是在 P2P 网贷平台中广泛存在的，如有利网引入其他小额担保公司、阿里巴巴的招财宝平台引入众安保险公司进行担保。司法机关显然注意到了这一现实情况，如 2015 年 6 月《最高人民法院关于审理民间借贷案件适用法律若干问题的规定》第二十二条规定：“借贷双方通过网络贷款平台形成借贷关系，网络贷款平台的提供者仅提供媒介服务，当事人请求其承担担保责任的，人民法院不予支持。网络贷款平台的提供者通过网页、广告或者其他媒介明示或者有其他证据证明其为借贷提供担保，出借人请求网络贷款平台的提供者承担担保责任的，人民

① 当然此种情况可能因为散步虚假广告的行为而遭到工商部门的处罚。

法院应予支持。”显然，该民间借贷的司法解释考虑到了实践中的复杂情况，区分了纯信息中介与有担保的信用中介不同民事责任的承担方式。但是这只是对于实践中已然存在的担保型 P2P 网贷平台的责任划分问题，不能理解为 P2P 在理论上就可以成为信用中介。

提供担保机制的 P2P 平台又可以分为平台自身担保模式和第三方担保模式两种。

1. 自身担保型平台及其风险

平台自身担保模式是指 P2P 网贷平台通过自有资金和平台建立的风险准备金为出借者提供保障本金的服务，出借者的资金发生损失或出现债务逾期的情况，出借者可以将债权转让给 P2P 网贷平台，平台会将资金垫付给出借人，以保证出借人不受损失。人人贷采用的是平台加自身担保的运营模式，平台设置了风险备用金来保障投资者资金的安全，当出现债权损失时，人人贷就会动用风险备用金对投资者进行赔付。①

关于自身担保型平台的风险问题，因为平台承诺保本保息，常常是利诱性特征最为明显的。这种模式下，出借者的一部分风险转嫁给 P2P 平台，使风险在平台上聚集，当平台坏账率过高或是自有资金和风险准备将无法覆盖坏账损失时，就会导致平台面临流动性风险甚至资金链断裂。因此，平台自担保的非法性是较为明显的，故实践中较为容易认定构成非法集资犯罪，如被告人孙某某于 2013 年 7 月至 2014 年 12 月，伙同高某、张某等人（另案处理）通过北京某网络科技有限公司运营“里外贷” P2P 网站，以办理借贷高额回报为名，非法吸收投资人雷某等 500 余人投资款共计 2.9 亿余元。在运营过程中，被告人孙某某通过互联网向不特定公众宣传其所为的 P2P 借贷项目，并承诺当投资者投资的借款出现严重逾期时，“里外贷”将向投资人垫付此笔借款未归还的剩余出借本金或本息，引诱投资人投资，实际上系为高某实际控制的公司自融。在这种典型的“自融 + 自担

① 根据人人贷官网的介绍，人人贷采用保证金账户保障机制，这是指在平台发生的适用用户利益保障机制项下保证金账户的每笔借款（下称“受保障借款”，是否适用以平台不时公示为准）成交后，由人人贷要求推荐对应借款项下借款人的平台合作机构或其指定机构提取一定比例的保证金放入“保证金账户”，用于担保该等平台合作机构对受保障借款人的管理、逾期垫付（如有）义务的履行。当受保障借款的理财人投资的某笔受保障借款出现严重逾期时（即逾期超过 30 天），人人贷将根据“保证金账户资金使用规则”，直接使用账户内的保证金向受保障借款的投资人偿付此笔借款剩余未偿投资本金或剩余未偿投资本金和逾期当期利息（具体情况视投资标的类型的具体偿付规则为准）。详见人人贷官网：https://www.we.com/help/security/security! detail.action? flag = bjbz,2016 年 12 月 11 日。

保”模式下，被告人孙某某被法院认定犯非法吸收公众存款罪。[①]

这里要特别提及风险备付金（或称风险保证金）的问题。很多的 P2P 网贷平台都在宣传自己有风险备付金，如某平台宣称其平台已经有几个亿风险备付金，投资者会认为风险备付金完全可以覆盖其投资，因此会认为没有投资风险。但是，这种想法是错误的。风险备付金来源于 P2P 网贷平台向债务人收取的服务费，此种偿付受有限偿付和按比例偿付规则等限制，是否能够完全足额本息偿付，完全取决于同期备付金余额账户是否充足，在存在“挤兑”可能的情况下，风险备付金的“担保”功能将极大弱化。当然，为了防止“挤兑”风险，目前网贷平台广泛地适用期限的错配，会设计出不同期限的产品，如 6 个月、12 个月、18 个月、24 个月、36 个月等。[②] 风险备付金的机制决定了只要各个期限的贷款规模持续上升，只要有投资源源不断地进入资金池，那么因为长期贷款没有到期，在相当长一段时期内平台不会经受集中兑付的“大考”，故可以维持资金流动性。因此，并不是有风险备付金，就一定会保证投资的安全，资金流动性是否充足才是一个更为重要的因素。笔者认为，P2P 网贷平台设立风险准备金，存在非法从事融资性担保业务的嫌疑，这也是为什么后来基于金融监管的要求有的平台改为“质量保障条款”或者“风险缓释金”的原因，但是名称的更改并未引起本质的变化，故对风险备付金的监管还是需要进一步深入讨论。

2. 第三方担保型平台及其风险

在第三方担保型平台模式下，P2P 平台会与第三方担保机构合作，将本金保障服务以及对 P2P 平台上项目的审核和担保全部外包给第三方担保机构，P2P 网贷平台支付给第三方担保机构一定的费用。这种模式使得 P2P 网贷平台将平台上的风险剥离了出去，降低了平台的运营风险。在国内，陆金所在相当长一段时期内的经营模式就是第三方担保。

陆金所，全称上海陆家嘴国际金融资产交易市场股份有限公司，于 2011 年 9 月以 8.37 亿元的注册资本在上海注册成立。陆金所旗下网络投融资平台于 2012 年 3 月正式上线运营，曾经是中国最大的网络投融资平台之一。以“稳盈 - 安 e 贷”产品为例，陆金所在线上找投资客户，线下找融资客户，引入平安集团旗下的平安融资担保公司为平台增信提供担保，也就是说担保公司对于陆金所进行本金、利息和逾期罚息的全额进行担保，若有借款人未能履行还款责任，担保公司将对未被偿还的剩余本金和应还

---

① 参见（2016）京 0105 刑初 248 号刑事判决书，载中国裁判文书网 http://wenshu.court.gov.cn/，2017 年 5 月 11 日。

② 从目前的监管机制来看，平台设立短期借款标将不被允许。

未还的利息与罚息进行全额偿付。凭借平安集团雄厚的实力，陆金所平台引入了第三方担保机制为借款者增信，为投资者提供保障，陆金所成为了P2P 行业的领头羊。

关于第三方担保型平台的风险问题，一般来说，如果第三方担保公司与平台毫无关联，即使是有担保这种“利诱性”的痕迹，但是平台本身不承诺保本保息，那么在认定非法吸收公众存款罪的利诱性上就存在问题，即实践中第三方担保公司并不那么“第三方”。

回到前文提及的陆金所，陆金所的股东是平安集团，它又引入了平安集团的担保公司，也就是说 P2P 平台和所谓的第三方担保公司同为平安集团旗下公司，那么这种担保是否属于“第三方”？是否涉嫌关联担保呢？陆金所称：“担保公司是给借款人提供的担保，与陆金所平台没有关系，陆金所和平安融资担保之间有严格的防火墙，平安融资担保从未为陆金所自身经营提供任何形式的担保。”① 这种观点充分运用了合同的相对性原理，显得理由很充分，但是只要不拘泥于形式要件，用“穿透”的方法来审视，我们就会发现其具有明显的自融风险。正是这样的质疑不断，2015 年 3 月，平安集团宣布整合平安直通贷款业务、陆金所辖下的 P2P 小额信用贷款以及平安信用保证保险事业部成立“平安普惠金融”业务集群。这意味着，以后陆金所将不再有 P2P 业务，将彻底转型为金融理财信息服务平台。② 具体而言，陆金所转型专门做金融产品的平台业务，在这个平台上，可以卖P2P 产品，也可以卖非标资产（资管计划、信托）、标准金融产品（货币基金、寿险）。这就意味着面向投资者的金融产品不再由陆金所开发，当然产品的风险也能够由生产产品的公司承担。陆金所的这一转型可以说把金融脱媒、信息透明、去担保化三大难题全都解决了。③ 2016 年 12 月 13 日，陆金所宣布将平台上的线上贷款服务正式交由陆金所旗下子公司上海陆金所互联网金融信息服务有限公司（简称陆金服）提供④，最终完成了形式上“去 P2P 标签化”任务，避免了被指责混业经营的风险。

在第三方担保模式中，首先要分清担保公司是融资性担保公司还是非

---

① 参见《陆金所陷“坏账风波”模式引关联担保指责》，凤凰网，网址：http://finance.ifeng.com/a/20150318/13561539_0.shtml，最后访问日期：2016 年 12 月 11 日。

② 参见《陆金所三大业务：P2P 业务将剥离》，中商情报网，网址：http://www.askci.com/news/2015/12/07/113622lpy.shtml，最后访问日期：2016 年 12 月 11 日。

③ 参见《陆金所“自断一臂”变身终极版杨过》，网贷天眼：http://news.p2peye.com/article-4440-1.html，2016 年 12 月 11 日。

④ 《陆金所发布公告称陆金服将作为网络借贷中介机构》，载今日头条：http://www.toutiao.com/i6364173586529255937/，2017 年 7 月 20 日。

融资性担保公司。2014 年出台的《关于清理规范非融资性担保公司的通知》明确规定，非融资性担保公司的经营范围不包括借贷担保，但是目前很多 P2P 合作的担保公司都是非融资性担保公司。非融资性担保公司与融资性担保公司相比，显然注册资金少、风险抵御能力及风控的专业程度相对较差。即使是融资性担保公司，也需要严格按照 2010 年《融资性担保公司管理暂行办法》的要求，即“融资性担保公司的融资性担保责任余额不得超过其净资产的 10 倍”。因此，如果第三方担保公司担保的贷款余额过大，担保的杠杆率超过行业规定的 10 倍，也可能触犯非法集资。

在“e 租宝”案件中，涉案的担保公司、保理公司看上去是独立的法人主体，但实际上却是“一家人”，均属于“钰诚集团”且由主犯丁某本人实际控制，根本起不到真正保障交易安全、降低交易风险的作用，只是给投资人造成投资安全的假象，成为“钰诚集团”骗取集资参与人信任的手段，这也是法院据以认定“钰诚集团”及丁某等人非法集资的核心理由之一。

三、债权转让型平台及其刑事风险

如前文所述，债权转让型平台本质上也是信用中介，但是由于其问题颇为复杂，故单独予以讨论。P2P 网贷平台债权转让模式有两种：一种是指在投资人出借资金取得债权后，在持有一定时期并符合一定条件的情况下，在平台内部将未到期的剩余债权转让给其他投资人，并向平台缴纳部分服务费的模式。这种模式广泛存在于各大 P2P 平台中，一般认为因没有期限错配的主观故意很难产生违规违法的风险。① 另一种债权转让模式是指采用专业放款人放款并转让债权的模式，下文未有特殊说明则专指这种模式。

（一）问题的提出

被告人林某为北京宜信普惠信息咨询有限公司福清分公司负责人，该分公司以债权转让的模式向不特定多数人融资。2014 年 6 月 23 日，福建省福清市人民法院判决，宜信普惠公司在未经国家有关部门批准的情况下经营金融业务，触犯《刑法》第二百二十五条第四项的规定，判处责任人林某犯非法经营罪，判处有期徒刑二年，缓刑二年，并处罚金人民币一万元。② 一审判决后，林某提出上诉。2014 年 12 月 6 日，福建省福州市中级人民法院以“针对‘P2P’模式目前尚无明确法律、法规明令禁止的意见，

---

① 当然也有学者认为这种模式与企业债权的发行之间仅存一步之遥。史文才：《试论 P2P 网贷与非法金融业务的法律界限》，载《金融法苑》2013 年第 1 期。

② 参见福建省福清市人民法院（2013）融刑初字第 1400 号刑事判决，载中国裁判文书网：http://wenshu.court.gov.cn/，2017 年 6 月 15 日。

故对林某犯非法经营罪于法无据”为由，撤销一审判决，改判林某无罪。①

排除本案因证据不足无法达到定罪标准的因素，单从刑法实体法角度来分析，林某所实施的债权转让模式是否应当为刑法所规制？

（二）债权转让模式的含义与流程

债权转让模式，是指网贷平台以某个专业放款自然人（一般为网贷平台老总或关系密切的人）与借款人签订相应借款协议，并将资金先出借给融资客户（借款人）取得相应债权，专业放款人取得相应债权后，网贷平台将专业放款人手里的债权进行金额、期限的拆分，包装成固定收益的理财产品，借助网贷平台通过债权转让的方式转让给投资人（债权受让人）。

上文林某一案中，债权转让模式具体运作流程如下：宜信普惠公司向社会招揽有资金需求的借款人（贷款人），并帮助办理借款手续；宜信惠民公司向社会招揽有闲散资金出借的出借人（投资人），并提供还款管理服务；宜信普诚公司居间出具信用审核意见。三个公司分别向借款人收取咨询费、服务费、审核费，三项费用合计月费率约 0.6% 左右。借款人与宜信普惠公司、宜信惠民公司、宜信普诚公司签订《信用咨询及管理服务协议》。出借人与宜信惠民公司签订《出借咨询与服务协议》，宜信普惠公司的法定代表人唐某以个人名义与借款人签订《借款协议》，借款人民币 1 万元至 50 万元不等。所借款项，从唐某的银行账户汇入借款人的银行账户，并经借款人同意和授权，唐某将借款本金数额在扣除替借款人交给上述三公司的咨询费、服务费及审核费后，由唐某将剩余款项支付到借款人的专用银行账户。之后，借款人按照等额本息还款的方式，每个月需支付约 1% 左右的利息，将所要还贷的钱存入本人提供的银行账户，由宜信惠民公司委托第三方支付公司（广州银联网络支付有限公司）负责按期扣划及代收取。其间，唐某又分别与多名出借人签订《债权转让及受让协议》，将其对单个或多名借款人享有的债权分成多份转让给不同出借人，承诺预计债权年收益率在 12% 左右，出借人须将对价款项存入本人银行账户，由宜信惠民公司按协议负责，将该款项划转给唐某。②

在这种“专业放款人 + 债权转让”模式下，基本的法律主体有四个：出借人（投资人）、专业放款人、借款人（贷款人）、P2P 网贷平台。在四方主体中，专业放款人与借款人之间是民间借贷法律关系，专业放款人与

① 参见福建省福州市中级人民法院（2014）榕刑终字第 741 号刑事判决书，载中国裁判文书网：http://wenshu.court.gov.cn/,2017 年 6 月 15 日。

② 参见福建省福州市中级人民法院（2014）榕刑终字第 741 号刑事判决书，载中国裁判文书网 http://wenshu.court.gov.cn/,2017 年 6 月 15 日。

投资人之间是债权转让关系，P2P 网贷平台为相应交易提供居间服务，从而形成了“民间借贷 + 中介 + 债权转让”的复杂法律关系。

债权转让模式解决了“点对点”模式投资人与借款人不好匹配的问题，实践中尤其是线下地推公司的大量介入，使得这种模式的交易量得以成倍增长。然而，这种模式却在公司实际运营中频频遭遇质疑：2012 年 12 月，宜信公司退出了温州民间借贷登记服务中心，除业务开展不佳之外，与其“线下债权转让模式”跟当地监管政策有重大冲突不无关联。[①] 2013 年 7 月，重庆监管部门在发布官方调查报告中指出，北京宜信普惠信息咨询有限公司重庆分公司发行理财产品，涉嫌无照经营和非法从事金融业务，但作出了宽容处理：不给予行政处罚，并免予追究相关刑事责任。[②] 学界更是从未停止对宜信模式的质疑，有学者对这一模式是否构成刑事犯罪进行了分析[③]，而原中国人民银行副行长、全国人大财经委员会副主任委员吴晓灵直言，一些公司采用自然人给人贷款，并再将贷款卖给自然人以吸收资金，承诺在一定期限内还本付息，“这种模式，恰恰是最高法院对非法集资的定义”[④]。

那么，以宜信为代表的这种债权转让模式是否面临着刑事风险呢?

（三）债权转让模式面临的刑事风险

1. 是否构成擅自发行股票、公司、企业债券罪

有学者认为，“平台对债权打包转让的过程，涉及资产切割，组合拆分，期限、流动性和资金错配，涉嫌建立‘资金池’，出售‘理财产品’，已经违背了 P2P 网贷的互联网中介服务性质和‘金融脱媒’的本质，实为资产证券化的过程，如果份额超过 200 份就触犯了证券法的规定，涉嫌非法发行证券”[⑤]。还有学者借鉴英美国家的监管措施，得出了相似的观点，在美国债权众筹自推出之日起就被认定为证券，由美国证券监督委员会（SEC）严格监管。在英国，债权众筹由金融行为监管局（FCA）负责监管。

---

① 邓娴、庞华玮：《线下债权转让触红线宜信公司温州被出局》，载《中国经营报》2012 年 12 月 8 日版。

② 沈厚：《重庆宜信等 5 家 P2P 违规无证发理财产品遭整肃》，载《时代周报》2013 年 7 月 25 日版。

③ 蒋莎莎：《网络贷款“宜信模式”的风险特点及监管回应》，载《武汉金融》2014 年第 5 期。

④ 邓娴、庞华玮：《“线下债权转让”触红线宜信“被出局”》，载《中国经营报》2012 年 12 月 10 日版。

⑤ 张影：《P2P 网贷债权转让模式的法律风险与防范》，载《哈尔滨商业大学学报（社会科学版）》2015 年第 2 期。

由此可知，在 P2P 网贷模式发源地的英国和美国，均是将 P2P 债权转让模式纳入证券法的监管范围，并以证券发行的标准来对待此类业务。借鉴英美的监管经验，应当将 P2P 网贷平台债权转让模式依照擅自发行股票、债券罪的认定标准来进行司法评判。[①]《刑法》第一百七十九条规定，未经国家有关主管部门批准，向社会不特定对象发行以转让股权等方式变相发行股票或者公司、企业债券，或者向特定对象发行、变相发行股票或者公司、企业债券累计超过 200 人的，构成擅自发行股票、公司、企业债券罪。那么，是否意味着债权转让模式可能构成此罪？

笔者认为，答案是否定的。股票，是指股份有限公司签发的证明股东所持股份的凭证。《公司法》规定，股票采用纸面形式或者国务院证券监督管理机构规定的其他形式。公司债券，是指公司依照法定程序发行的、约定在一定期限还本付息的有价证券。公司债券的发行人是依照《公司法》在中国境内设立的有限责任公司和股权有限公司，发行公司债券应当符合《证券法》《公司法》和《公司债券发行与交易管理办法》规定的条件，由证监会核准。企业债券，是指企业按照法定程序发行、约定在一定期限内还本付息的有价证券，包括依照《公司法》设立的公司发行的公司债券和其他企业发行的企业债券，企业债券需得到国家发改委批准并经中国人民银行和证监会会签后，才能进入具体发行程序。显然，债权转让模式由于是自然人个人取得的债权，在进行转让时这种债权收益显然不属于公司的股票或公司、企业的债券，故虽然在实际发行中投资人可能会超过 200 人，但是仍然难以适用该条罪名予以规制。

2. 是否构成非法经营罪

《刑法》第二百二十五条规定，违反国家规定，未经国家有关主管部门批准非法经营证券业务，扰乱市场秩序，情节严重的，以非法经营罪定罪处罚。那么，这种债权转让模式是否会构成非法经营罪？

一审法院认定了林某构成非法经营罪。但是，这种认定思路存在较大问题。依照《刑法》规定，非法经营证券业务构成非法经营罪的前提是“违反国家规定”。而我国《证券法》第二条规定，在中华人民共和国境内，股票、公司债券和国务院依法认定的其他证券的发行和交易，适用本法；本法未规定的，适用《中华人民共和国公司法》和其他法律、行政法规的规定。在债权转让模式中，平台向投资人出售的收益权份额，既不属于股票、公司债券或国务院依法认定的其他证券，也没有被我国《公司法》或

① 黄春燕：《互联网金融的管与不管》，载《财经》2016 年第 16 期。

其他法律、行政法规规范，其不属于我国《刑法》中的“证券”。故依照罪刑法定的基本原则，不能认定债权转让的行为属于擅自发行证券经营证券业务，进而不能认定该企业构成非法经营罪。本案中，二审法院认为，针对“P2P”模式目前尚无明确法律、法规明令禁止的意见，故对林某犯非法经营罪于法无据，撤销了一审判决，改判林某无罪，在不排除本案还存在的证据不足、人员分层处理不均衡等因素的情况下，单从刑法实体法角度来看判决也是没有问题的。

但是本文需要强调的是，本案不能以非法经营罪定罪的理由，很大程度上源于我国现有《证券法》对“证券”的含义规定过窄。正如有学者指出的，“受分业经营、‘分业监管’的制约，蓬勃涌现的诸多具有投资性质的保险产品、银行理财产品、集合投资计划等未被纳入证券监管的范畴，导致对同类证券产品监管标准不统一。特别是在互联网金融勃兴的今天，很多投资形式其实质都是证券投资，但是《证券法》没有为其正名，使得很多的正常融资需求难以得到有效满足”①。我们注意到在《证券法》修改草案中，“证券”的含义得以扩张，“本法所称证券是指代表特定的财产权益，可均分且可转让或者交易的凭证或者投资性合同”。应当说，这种扩张式的定义符合世界发展潮流。美国早在 1993 年的《证券法》第二节（a）（1）对“证券”就进行了非常宽泛的模式，即在股票、债权、各类衍生品之外，还囊括了“投资合同”（Investment Contract）这一弹性概念。至于如何判断某一项合同是否为《证券法》所规定的“投资合同”，在 1946 年美国联邦最高法院审理的证监会诉豪微公司一案中提出了著名的 Howey 检验，即：（1）利用钱财进行投资（An Investment of Money）；（2）投资于一个共同事业（In a Common Enterprise）；（3）仅仅由于发起人或第三人的努力（Solely from the Efforts of Others）；（4）期待使自己获得利润（Led to Expert Profits）。② 正是这样一个有弹性的解释原则，使得“在这个商品社会中所谓的证券，无论是以什么样的形式出现，都能被容纳进来”，也会使得美国证券监管部门能够“应付那些利用他人钱财、允诺获取利润的人所炮制的无穷无尽、花样翻新的阴谋”。我国如果采用这种扩张式的证券的定义，则可以期待未来在《刑法》上增设“非法发行证券罪”以解决所有的变相非法集资问题，即使在《刑法》没有修正的前提下，债权转让模式也完全可以被认定为非法经营罪。当然，本文需要强调的是，虽然在当下证券法和刑法语境难以构成非法经营罪，并不代表债权转让模式就隔绝了其他的非法

① 李曙光：《证券法修改的方向》，载《中国金融》2014 年第 12 期。

② SEC. vs. W. J. Howey Co. ,328U. S. 293(1946).

集资的刑事风险。

3. 是否构成非法吸收公众存款罪

笔者认为，P2P 网贷平台的债权转让模式极易触犯“四性”，即公开性、利诱性、社会性、非法性，从而可能构成非法吸收公众存款罪。我们来逐项分析：

第一，是否符合公开性要件。由于 P2P 网贷平台具有互联网金融的属性，所以其天生便具有向社会公开宣传的特征，公开性要件在此类案件中不难证明。

第二，是否符合利诱性要件。实践中，对大多数已经实际返本付息或给予回报的案件，P2P 平台往往辩解称，给予投资人的利益回报，是正常投资活动带给投资人的红利，并非来源于“拆东墙补西墙”式的返还；还有的称，在与投资人签订的协议中载明回报为“预期年化收益率”，并非定期利息，因此在有意地规避利诱性的特征。那么，如何正确区分合法投资活动应得报酬与非法集资的利益回报的界限呢？对此，我们要借鉴金融学上对互联网金融的“穿透式监管”理论[①]和刑法解释学上的“实质解释论”[②]，对利诱性要件的本质予以揭示。在这种债权转让模式下，实践中签订合同时常常有附带回购的约定。[③] 通过考察这些约定回购的条款可以看出，专业放款人通过回购保障投资人投资的安全，这种回购的设定实际上是向投资人承诺保本付息的变相承诺，投资人只要出资后基本没有风险而坐等回报，并非是一种正常的基于一定的风险投资所获得的回报，故符合利诱性的要件。

第三，是否符合社会性要件。宜信回应称其所采用的债权转让模式中

---

① “穿透式监管”在互联网金融监管中提及最多，是指要透过产品的表面形态看清业务实质，将资金来源、中间环节与最终投向穿透连接起来，按照实质来甄别业务性质，根据业务功能和法律属性明确监管规则。

② 刑法的实质解释论至少包含以下内容：对构成要件的解释不能停留在法条的字面含义上，必须以保护法益为指导，使行为的违法性与有责性达到值得科处刑罚的程度；在遵循罪刑法定原则的前提下，可以做出扩大解释，以实现处罚的妥当性。在解释构成要件时，不能脱离案件事实；在遇到法律疑问时，不能将有利于被告人作为解释原则。实质解释论同时维护罪刑法定主义的形式侧面与实质侧面，既有利于实现处罚范围的合理性，也有利于实现构成要件的机能。张明楷：《实质解释论的再提倡》，载《中国法学》2010 年第 4 期。

③ 比如某平台专业放款人与投资人签订的债权转让合同中约定：“乙方（专业放款人）承诺：当债权回购条件成就时，甲方（投资人）有权要求乙方立即回购其已经根据本协议受让的债权，回购价格为乙方依据本协议应向甲方支付的与甲方受让债权对应的借款本息；乙方需在甲方发出书面回购通知之日起三个工作日内完成债权回购程序并支付回购价款。甲方的回购通知一经发出即启动债权回购程序，乙方须按照本条约定向甲方支付全部回购价款，双方无需另行签署债权回购协议。

所有的资金往来以及未来收益权也都是基于每一个特定的债权合同，而且所有的债权合同的唯一性都经过会计师事务所的审核认证。笔者认为，从单一的合同上看，上述解释确实有一定道理，也符合民法的合同相对性原理。但是，如果“穿透”其模式就可以看到，这种模式通过拆分债权再进行期限和金额的错配向不特定多数人宣扬时，也已背离了单一的一对一的债权债务转让的借贷法律关系，而是实际上演变成为一对多的融资法律关系。在平台不设投资人资质门槛、不区分投资人是否为“合格投资者”的情况下，这种债权转让模式的社会性还是比较明显的。

第四，是否符合非法性要件。认定这种模式是否具有非法性，要紧密结合这种业务内容所显露出的风险进行综合判定。笔者认为，这种债权转让模式至少具有以下风险：

一是存在资金池的风险。实践中，专业放款人一般会在债权转让与受让协议中通过格式条款来取得投资人的授权，来代为收取和管理借款人的还款。那么在债权转让完成后，借款人并不是直接将钱还给新债权人（投资人），而是由专业放款人代为收取和管理，并向投资人兑付。如此，专业放款人的账户作为一个中间账户，所有资金都在这个账户中流转，专业放款人的账户在这个过程中显然形成了资金沉淀，触犯了不得形成资金池的红线。

二是存在自融的风险。自融，即平台实际控制人或者关联人通过网络平台向社会公众募集资金，或用于自身企业的发展，或为自己所用投资其他社会项目。对于P2P平台而言，因其违背了自身信息中介的定位，充当了中介和资产端借款人的双重角色极易引发道德风险和信用风险，甚至会衍生出庞氏骗局，因而公认应当被禁止。① 在2016年8月17日施行的《网络借贷信息中介机构业务活动管理暂行办法》中，“为自身或变相为自身融资”被作为负面清单的第一项赫然在列。在债权转让模式下，专业放款人这个角色往往是平台的实际控制人或高管，与平台都有关联关系。在这种情况下，投资人不是直接将钱借给了借款人，而是购买了专业放款人的债权。基于专业放款人和平台方的关联关系，为自融和庞氏骗局的运作提供了最为便利的条件。

三是金额、期限错配导致流动性紧张的风险。将债权进行金额、期限错配，包装为理财产品，是这种模式的核心。虽然现行监管体制下并不完全禁止金额拆分，但是禁止对期限进行拆分，否则老的投资人的钱必然需

---

① 单丹：《自融行为定性问题研究》，载《中国检察官》2016年1月（下）。

要新的投资人的投资进行兑付，流动性风险加大甚至造成资金链断裂。

四是存在债权虚假的风险。对于债权的真实性，目前主要依赖于如果单纯依靠平台及专业放款人的商业道德和商业信用，监管严重滞后。从司法实践中案发的情况看，采用债权转让模式的非法集资犯罪，几乎大部分的债权都是虚假的。

笔者认为，债权转让模式实质上是一种类资产证券化的行为。所谓类资产证券化，是指将一个或一组流动性较差但是预计能产生稳定现金流的资产，通过一系列的结构安排和组合，对其风险和收益进行分割和重组，并实施一定的信用增级，从而将资产的预期现金流转换成流通性和信用等级较高的金融产品的过程。在我国，从主导模式方面来划分，资产证券化实践已经形成了三种类型：央行和银监会主导的信贷资产证券化、证监会主导的企业资产证券化，以及银行间交易商协会主导的资产支持票据（ABN）[①]，我国对于资产证券化采取了相对保守的态度，而且规定了进行资产证券化试点单位必须是金融机构。因此，债权转让模式只能属于类资产证券化的性质。但是即便是这种类资产证券化，也是需要受到监管的。在美国，著名的网贷平台 Lending Club 也是采用这种对债权进行拆分并销售的模式，[②] 但是其是受严格监管的，美国证券交易委员会（SEC）以 P2P 网贷涉及证券的发行为由，要求从事 P2P 网贷的平台向 SEC 注册，以此监管该行业。

因此，债权转让模式存在极大的风险，却在某种程度上规避了行政监管。但是在实质上，这种模式有可能属于变相地吸收存款，从而触犯《商业银行法》第十一条第二款的规定，“未经国务院银行业监督管理机构批准，任何单位和个人不得从事吸收公众存款等商业银行业务”，因此具有非法性。

综上，这种债权转让模式完全可以符合“四性”，从而构成非法吸收公众存款罪。当然我们注意到，宜信下的宜人贷（现改名为宜人理财）网站上主打的“精英标”“宜定盈”等理财产品，目前基本上实现点对点，这种专业放款人式的债权转让产品在大大减少，非法集资的风险大幅度降低。然而，一些人在模仿“债权转让模式”过程中，由于风控措施不到位、债权虚假等因素最终导致资金链断裂，无论是线上还是线下模式，都有被判处非法吸收公众存款罪的判例，如南京市秦淮区人民法院审理的梁某非法

---

① 林强：《资产证券化在我国的过去、当下及未来》，载《时代金融（中旬）》2015 年第 1 期。

② 赵铭、刘佳佳、苗晋瑜、董阳：《我国 P2P 借贷信息服务平台发展模式研究》，载《科技促进发展》2016 年第 2 期。

吸收公众存款案①、北京市朝阳区人民法院审理的林某非法吸收公众存款案②、北京市第三中级人民法院审理的穆某、毕某集资诈骗案③等，都彰显了刑法对这种债权转让模式的否定评价。

值得注意的是，在2015年8月12日国务院法制办公室发布的《非存款类放贷组织条例》（征求意见稿）规定，除依法报经监督管理部门批准并取得经营放贷业务许可的非存款类放贷组织外，任何组织和个人不得经营放贷业务。虽然这一条例尚未正式施行，但其规定代表了主管部门的基本精神。根据该条例的精神，如果以放贷为业的话，必须经有关部门的批准，且必须是机构，不能是个人。如果该条例得以实施，则作为债权转让模式的基础将不复存在，这种模式也必将寿终正寝。也许正是基于以上判断，《网络借贷信息中介机构业务活动管理暂行办法》及时地叫停了这种类资产证券化的债权转让模式，其第十条第（八）项规定，网络借贷信息中介机构不得从事或者接受委托从事：开展类资产证券化业务或实现以打包资产、证券化资产、信托资产、基金份额等形式的债权转让行为。随着金融监管的进一步深入，2017年7月，广东省金融监管部门要求广东（非深圳）地区的P2P网贷平台禁止一切形式的债权转让活动与服务④，应当说为本文的上述分析提供了最有力的实践支持。

---

① 2012年1月4日，被告人朱某与张某等共同成立江苏××盈创业投资管理有限公司，与刘某共同成立江苏××盈投资管理有限公司，招聘梁某、邵某等作为管理人员，通过业务员在超市、居民小区、道路上散发传单的方式，宣传季度丰、双季风、年年鑫、月息通四款理财产品，以转让债权的名义与社会不特定公众签订《出借咨询与服务协议》《债权转让与受让协议》，变相吸收公众存款2000余万元。法院判决，被告人朱某、梁某、邵某某等犯非法吸收公众存款罪，各自判处有期徒刑和罚金。参见（2014）秦刑二初字第153号-2判决书，载中国裁判文书网 http://wenshu.court.gov.cn/，2017年5月11日。

② 被告人林某于2009年至2014年4月间，在北京市朝阳区光华路×号××财富（北京）公司等地，以转让债权可获得高额收益为由，以××财富（北京）公司名义并由××担保公司提供担保，采取与投资人签订返本付息三方协议的方式，非法吸收王某等人人民币3635.5万元，陆续返款100余万元后无力兑付，后投资人报警。2014年4月21日被告人林某被抓获归案。参见（2015）朝刑初字第1119号判决书。

③ 被告人穆某、毕某经过事先预谋，以××宝公司名义推出四款P2P投资理财产品，承诺到期后归还本金，支付高额利息，并使用大部分虚假的房产抵押债权或信用借款债权为上述投资理财产品作担保，假以将上述大部分虚假的债权分割后转让给投资人为名，于2012年5月至2014年7月间，先后骗取被害人邓某等400余名被害人及被害家庭的投资款，后被告人穆某将绝大部分投资款用于赌博挥霍，致使绝大部分投资款不能返还。被告人穆某、毕某被法院以集资诈骗罪定罪处罚。参见（2015）三中刑初字第00940号刑事判决书，载中国裁判文书网 http://wenshu.court.gov.cn/，2017年5月11日。

④ 参见网贷之家：《重磅：广东要求P2P平台禁止个人间债权转让！》，http://www.wdzj.com/news/zhengce/325639.html，2017年7月20日。

第七章　互联网众筹融资领域刑事司法问题

第一节　众筹的含义与分类

一、众筹融资模式的含义

（一）众筹模式概述

“众筹”一词最初来源于英文“Crowdfunding”，是 Crowdsourcing（公众搜索）和 Microfinancing（微型金融）二词含义的融合。[①] 众筹指创意者或小微企业等项目发起者利用互联网和 SNS（Social Networking Services，社交网络）传播的特性，集中公众的资金、能力和渠道，以资助个人、公益慈善组织或商事企业的小额资金募集方式。

（二）总体特征

整体而言，众筹主要有以下六种特性：

1. 准入门槛低

从筹资者资格限制上看，任何有想法、有创造力的人只要通过网络众筹平台的身份审核就可以发起项目，为一项事业筹措资金。相较于对非上市公司股权融资的审查，众筹平台对项目发起人的限制极为宽松。从筹集资金的便利性上看，众筹流程短、操作简单、时间灵活，相较传统金融，对筹资者的门槛进一步降低。低门槛性是互联网金融的普遍特征，包括众筹在内的互联网金融的发展将推动联合国倡导的“普惠金融体系”的实现。

① See Bradford, C. Steven, Crowdfunding and the Federal Securities Laws (March 9, 2012). Columbia Business Law Review, Vol. 2012, No. 1, 2012: 27. Available at SSRN: http://ssrn.com/abstract=1916184; see also Belleflamme, Paul and Lambert, Thomas and Schwienbacher, Armin, Crowdfunding: Tapping theRight Crowd (July 9, 2013). Journal of Business Venturing, Forthcoming; CORE Discussion Paper No. 2011/32: 6-7. Available at SSRN: http://ssrn.com/abstract=1578175 or http://dx.doi.org/10.2139/ssrn.1578175.

2. 参与者的草根性

由于众筹的低门槛性，众筹的筹资者和投资者一般是普通的草根民众，而非有专业背景的、以营利为目的的公司、企业或是风险投资人，他们虽然分散，但数量众多，围绕合适的项目汇集起来就能实现一次数目可观的融资，这也是众筹的亮点与本质。但是，由于参与者的草根性，筹资者和投资者的素质难以达到专业水平，必然导致金融风险的加剧，对众筹行业的监管提出不小的挑战。

3. 客体的多样性

由于上述特性，众筹的客体多种多样，涵盖设计、科技、音乐、影视、食品、漫画、出版、游戏、摄影等领域，但目前主要适用于零售行业中标准化程度高、市场需求明显的产品，暂时无法触及专业程度高、资金运作规模大的融资领域的底线。

4. 对创意的重视

首先，项目发起人必须先将创意达到可展示的程度，才能通过平台的审核，而不能只提供一个概念或者一个点子。其次，众筹帮助发起人将创意付诸实际的同时，受众也能感受到创意者的天马行空，感受到创意的魅力和梦想的力量，有利于拓宽普通受众的视野，营造鼓励创新的社会氛围。

5. 营销性

众筹平台既是筹资平台，如果运用恰当，也可成为一个展示创意、曝光品牌的营销平台。众筹平台不仅吸引着零散的小额投资者，同样也会引来职业投资人的目光。所以，一个项目如果成功筹集到过去难以想象的巨额投资，它成功融资的本身就是一条绝佳的广告。

6. 基本构成

（1）项目发起人（融资方）。一般是需要解决资金问题的创意者或小微企业的创业者。

（2）众筹平台（中介平台），即项目发起人的监督者和辅导者，也是出资人的利益维护者。

（3）投资人。一般是数量庞大的互联网用户，对自己感兴趣的创意项目进行小额投资。其中，投资者分为普通投资人和合规投资人。合规投资人又分为具有专业知识的专业投资人，以及专业知识稍逊但经验丰富的投资人。领投（Leading Investor）就是专业投资人进行系统的前期调研后，决定投资，其他人跟着投入资金，即跟投（Following Investor），共同完成资金募集。项目的领投人的资质、声望等对其他人是否跟投所起的心理影响较大，成为一般投资人判断项目的一项重要指标。目前，领投与跟投主要是集中于互联网非公开股权融资的项目上。

二、国内互联网众筹的发展历程

我国在2011年开始出现了第一批众筹网站，包括点名时间和天使汇等。2012年10月和2013年1月，朱某通过微博传播、在淘宝网上公开出售公司股权，为其创立的某传媒筹集到近400万元创业资本，成为国内第一例“股权众筹”案例。2014年11月19日，李克强总理在国务院常务会议上提出建立资本市场小额再融资快速机制，开展股权众筹融资试点，鼓励互联网金融等更好地向小微企业提供规范服务。“风口”上的众筹受到了国务院的肯定和支持，12月，中国证券业协会发布了《私募股权众筹融资管理办法（试行）（征求意见稿）》。这一系列政策支持进一步加速了互联网非公开股权融资在中国的迅速发展，平台数量呈现井喷式增长，还出现了为众筹行业提供资讯信息服务的众筹家、众筹之家等众筹门户网站，众筹行业呈现了百花竞相开放的繁荣态势，由此2014年也被称为互联网非公开股权融资元年。然而，随着众筹的发展，其与法律、监管之间的矛盾也日益凸显，进入2015年后，随着监管政策的不断演变和深入，互联网非公开股权融资平台的增长态势有所放缓。

根据零壹财经统计，截至2016年第3季度末，我国正常运营的互联网众筹平台共有347家，涉及互联网非公开股权融资业务（含混合型，下同）的有189家，占比为54.5%。涉及产品众筹业务的有103家，占比为29.6%。汽车众筹平台则有80家，已经占到23.1%的比重。对于问题平台，涉及产品众筹业务的平台共有102家，占问题平台总量的52.8%，表现为歇业停业、网站关闭、转型等情况。涉及股权众筹业务的共有78家，占40.4%。房产众筹平台中，目前还未明确退出者仅5家，还在持续开展业务的仅有众筹房和一米好地，前者的业务模式是投资人购买众筹产品从而获得折扣购房的权利；后者撮合房企（销售商）与投资人，投资人获得固定现金回报收益，实质上是一种债权型众筹，两家平台均不涉及监管明令禁止的众筹买房等高风险融资活动。

截至2017年第3季度末，正常运营中的互联网众筹平台分布于24个省、自治区、直辖市，其中北京、广东和上海三地合计188家，占到54.2%。从类型看，互联网非公开股权融资平台数量最多的前三个省市分别为广东省、北京市和上海市，分别有52家、50家和28家，合计占比68.8%。

截至2016年第3季度末，互联网非公开股权融资项目总量有500～600个，累计筹资规模约为115亿～135亿元。其中，2016年第3季度约为15亿元，较第1、2季度（总计约35亿～40亿元）有明显的下降趋势。[①]

三、互联网众筹的分类

根据运营中现有互联网众筹平台的回报模式划分，可以将互联网众筹分为捐赠众筹、权益众筹、债权众筹、互联网非公开股权融资型众筹等四种类型。

1. 捐赠众筹（Donate－based crowd－funding）

投资者对项目或公司进行无偿的、不含回报条件的投资，如新浪微博微公益、Trevolta等。

2. 权益众筹（Reward－based crowd－funding）

投资者对项目或公司进行投资，项目开始运作之后，融资方以产品或服务作为对投资者的回报，如追梦网、众筹网。

3. 债权众筹（Lending－based crowd－funding）

投资者对项目或公司进行投资，获得其一定比例的债权，未来获取利息收益并收回本金，如拍拍贷、人人贷等。由于P2P在互联网金融中所占份额太大，因此，习惯上，P2P被单列在众筹之外，而专门成为一个领域讨论，因而在本书中也对其单列一章进行阐述。

4. 互联网非公开股权融资型众筹（Equity－based crowd－funding）

在互联网非公开股权融资型众筹（以下简称为非公开股权融资）中，融资者通过互联网非公开股权融资型互联网平台以非公开发行方式进行的股权融资活动，通常是以项目或公司的股权作为回报，投资者对项目或公司进行投资，获得其一定比例的股权，如京东东家、天使汇、大家投。

此外，筹资者通过互联网的方式，向大众筹集资金，用以收购实物资产，通过资产升值变现获取利润，或通过合理经营实现经营收入，与投资人按比例利润分红的众筹模式，这是一种新型的众筹模式，主要体现在汽车众筹和房地产众筹两个领域，具有周期短、收益高和门槛低的优点。

四、基本运作模式

众筹平台的参与主体包括融资人（或称筹资人）、投资人和平台中介。融资人一般也是项目发起者，由于众筹对需要资金的小企业或创业企业更

---

① 参见零壹财经 http://www.01caijing.com/article/11533.htm。

有吸引力，因此融资人多是创业者。平台对融资人设定了包括国籍、年龄、银行账户、资质和学历等条件。融资人要与众筹平台签订协议，确定双方的责任和义务。投资人指在众筹平台发现项目并最终决定投资该项目的人。浏览关注众筹网站的用户并不都是投资人，只是潜在的投资人。这些用户一般对众筹模式感兴趣或对项目感兴趣，有些是众筹产品的预购者，希望在产品上市后，能以较低的价格购得产品，另一些则完全是因为对产品的兴趣而参与产品的测试等活动，这类人被称为极客或创客，他们的参与对提升产品的个性化、创新性等有较大的促进作用。这些用户通常会浏览各个项目，并对项目进行关注或点评。中介平台是指众筹平台，是众筹平台的运营者，对融资人线上融资资格及过程进行审核和监管，对潜在的投资人及平台其他用户提供信息咨询和交流等服务。

众筹的一般流程是：融资人将项目信息（包括项目介绍、筹资金额、日期等）上传到众筹平台，平台对其进行基本的审核后，进行项目发布。平台用户对平台上各项目进行检索、浏览和评估。有些用户会成为投资者，即参与认筹，另一些可能仅仅是关注，或对项目点赞。在筹资日期内，如果募集资金达不到预定目标，项目将被视为不成功，之前的投资返还给用户。如果达到预定目标，项目视为成功。融资成功的项目进入运营阶段。当筹资资金达不到预期目标，经与筹资人协商，如果筹资人同意，也被平台视为成功项目。

非公开股权融资项目的一般流程是：（1）平台委托A银行托管投资资金——投资者认购满额后，将钱款打入A银行托管账户；（2）平台协助成立有限合伙企业，投资者按出资比例拥有有限合伙企业股权；（3）A银行将首批资金转入有限合伙企业，有限合伙企业从A银行获取资金后，将资金投入企业，同时获得相应股权；（4）银行托管的资金将分批转入有限合伙企业，投资者每次转入前根据项目情况决定是否继续投资；（5）若投资者不再投资，剩余资金将返还给投资者，已投资金及股权不变。

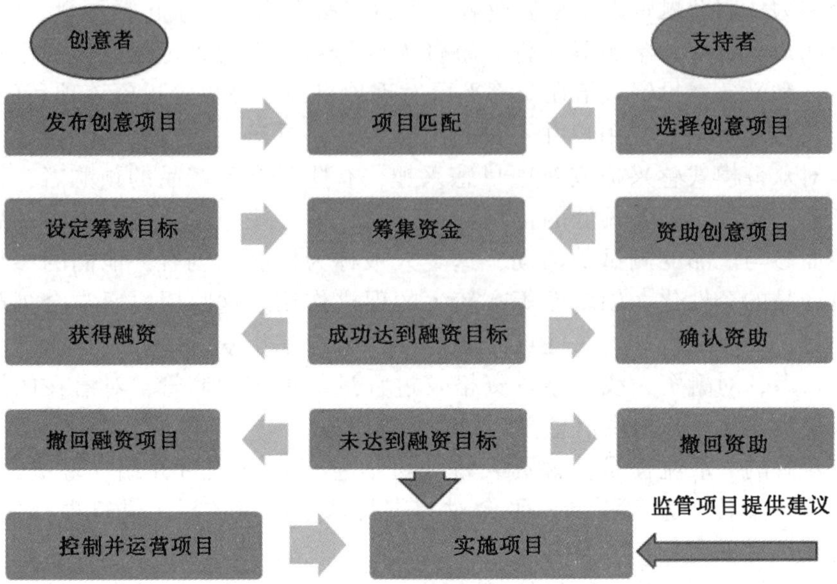

图1　众筹的一般流程

众筹平台在整个融资过程中主要充当中介角色，同时服务于项目融资人和支持者，提供服务就会产生相应的收费，目前国内众筹平台有以下几种常见的盈利模式：

1. 成交费

这是最常见的一种模式，如果项目众筹成功，平台会收取一定比例的成交费，或称为佣金。通常是融资总额的3%～10%，有的特殊项目甚至高达30%，如天使汇向融资人收取融资额的5%，向投资人收取投资收益的5%；也有部分平台为了吸引投资者参与，不向投资人收取费用，如大家投；目前更多的平台既不向融资人也不向投资者收取成交费，即采取免佣金模式，如淘梦网。

2. 会员费

这种收费方式的运用并不广泛，它与一次性众筹的理念不同，融资人向平台缴纳一笔固定的会员费，就可以发起任意多个众筹项目，即使项目成功，平台也不再抽取成交费。

3. 股权回报

有的互联网股权融资平台，除了收取成交费以外，还要求获得业务或公司的实际股权，这种收费方式类似于一种投资行为。

4. 利息回报

主要适用于债权众筹，即融资人事先设定好投资周期及利息，到期后，融资人返还投资人本金及利息。

5. 增值服务费

在国内，如果众筹平台只做项目和投资人之间的资金配对平台而没有相关的衍生服务，就难以展示平台特色，难以吸引优秀项目。这促使越来越多的平台开始提供相关增值服务，如采取免佣金模式的淘梦网，融资人将片子放在淘梦网进行众筹，由淘梦网去视频网站发布、推广、运营及宣传。视频网站给平台广告分成，一些高质量片子还能做到付费点播。淘梦网也在尝试一些广告植入，这些增值服务都会为平台带来盈利。

第二节 众筹融资的域内外监管

一、政策规定沿革

“私募股权众筹”的概念最先出现于中国证券业协会颁布的《私募股权众筹融资管理办法（试行）（征求意见稿）》。该征求意见稿规定，私募股权众筹是指融资者通过股权众筹融资互联网平台（以下简称股权众筹平台）以非公开发行方式进行的股权融资活动。由《私募股权众筹融资管理办法（试行）（征求意见稿）》对私募股权众筹的定义可知，股权众筹的概念被划分为公募和私募两个层面，与该定义相对应，公募股权众筹即指融资者通过股权众筹平台以公开发行方式进行的股权融资活动。然而，股权众筹本质上即为公开、小额股权融资，已然含有“公开”的含义，因此对其加以公募和私募的人为区分，同其天然存在的公开性和互联网本身所具有的开放性之间都存在着无法兼容的困境。

2015 年 7 月 18 日，十部委《指导意见》，确立了股权众筹的基本特点为大众、公开、小额，明确提出了在符合现有法律法规的前提下建立股权众筹试点，并将股权众筹划归证监会监管。这就意味着，此前《私募股权众筹融资管理办法（试行）（征求意见稿）》中的私募部分已经从股权众筹这个概念中被剔除。

2015 年 8 月 3 日，为了贯彻十部委《指导意见》，证监会向各省级人民政府致函——《关于对通过互联网开展股权融资活动的机构进行专项检查的通知》（以下称《专项检查通知》）。《专项检查通知》规定，股权众筹融资主要是指通过互联网形式进行公开小额股权融资的活动。具体而言，是指创新创业者或小微企业通过股权众筹融资中介机构互联网平台公开募集股本的活动。由于其具有“公开、小额、大众”的特征，涉及社会公众利益和国家金融安全，必须依法监管。未经国务院证券监督管理机构批准，任何单位和个人不得开展股权众筹融资活动。目前，一些市场机构开展的冠以“股权众筹”名义的活动，是通过互联网形式进行的非公开股权融资或私募股权投资基金募集行为，不属于十部委《指导意见》规定的股权众筹融资范围。根据《公司法》《证券法》等有关规定，未经国务院证券监督管理机构批准，任何单位和个人都不得向不特定对象发行证券、向特定对象发行证券累计不得超过200人，非公开发行证券不得采用广告、公开劝诱和变相公开方式。根据《证券投资基金法》《私募投资基金监督管理暂行办法》等有关规定，私募基金管理人不得向合格投资者之外的单位和个人募集资金，不得向不特定对象宣传推介，合格投资者累计不得超过200人，合格投资者的标准应符合《私募投资基金监督管理暂行办法》的规定。

上述规定明确了股权众筹的含义，即通过互联网形式进行公开小额股权融资的活动，也就是将股权众筹的概念限定且仅限定于为过去所称的“公募”。而《私募股权众筹融资管理办法（试行）（征求意见稿）》规定的所谓“私募股权众筹”则被正名为“互联网非公开股权融资”①，其不属于2015年7月18日十部委《指导意见》中规定的股权众筹融资范围。“公募”与“非公开股权融资”或“私募”的主要区别在于股权融资的募集方式和对象不同，前者是向不特定的投资者公开发行，后者是向特定投资者非公开发行。

2016年4月12日，国务院批准并印发了《上海系统推进全面创新改革试验加快建设具有全球影响力的科技创新中心方案》，将“支持上海地区为开展股权众筹融资试点创造条件”列入10个先行先试重点突破的工作之中。

同年10月13日，证监会等十五部委印发了《股权众筹风险专项整治工作实施方案》，规定整治重点有以下八项：一是互联网股权融资平台以“股权众筹”等名义从事股权融资业务。二是互联网股权融资平台以“股权众筹”名义募集私募股权投资基金。三是互联网股权融资平台上的融资者未经批准，擅自公开或者变相公开发行股票。四是互联网股权融资平台通过虚构或夸大互联网股权融资平台实力、融资项目信息和回报等方法，进行虚假宣传，误导投资者。五是互联网股权融资平台上的融资者欺诈发行股

① 中证协发〔2015〕170号《关于调整〈场外证券业务备案管理办法〉个别条款的通知》。

票等金融产品。六是互联网股权融资平台及其工作人员挪用或占用投资者资金。七是互联网股权融资平台和房地产开发企业、房地产中介机构以“股权众筹”名义从事非法集资活动。八是证券公司、基金公司和期货公司等持牌金融机构与互联网企业合作，违法违规开展业务。

同时，《股权众筹风险专项整治工作实施方案》还以负面清单的形式规定了互联网股权融资平台及平台上的融资者在进行互联网股权融资时严禁从事的活动内容：一是擅自公开发行股票。二是变相公开发行股票。三是非法开展私募基金管理业务。四是非法经营证券业务。五是对金融产品和业务进行虚假违法广告宣传。六是挪用或者占用投资者资金。对于整治中发现以“股权众筹”等名义从事股权融资业务或募集私募股权投资基金的，积极予以规范；发现涉嫌非法发行股票或非法从事证券活动的，按照打击非法证券活动工作机制予以查处；发现涉嫌非法集资的，按照处置非法集资工作机制予以查处；发现存在虚假陈述或误导性宣传行为的，依据相关法律法规进行处理；发现发布的网络信息内容违反相关规定的，按照互联网信息管理规定予以处理；发现挪用或占用投资者资金、欺诈发行等涉嫌犯罪行为的，依法追究刑事责任。

二、国内监管现状

目前，我国尚未有专门针对众筹的法律，但有涉及众筹相关领域的法律，包括《最高人民法院关于审理非法集资刑事案件具体应用法律若干问题的解释》《证券法》《公司法》《知识产权法》等对非法集资的规定。此外，在支付中介、消费者权益保护上，法律都有相关明确规定可供参考。

《证券法》第十条规定，公开发行证券，必须符合法律、行政法规规定的条件，并依法报经国务院证券监督管理机构或者国务院授权的部门核准；未经依法核准，任何单位和个人不得公开发行证券。有下列情形之一的，为公开发行：向不特定对象发行证券的；向特定对象发行证券累计超过200人的；法律、行政法规规定的其他发行行为。

由于我国法律对特定对象没有明确规定，现行网络平台主要依据投资者的收入和金融资产数额来认定互联网非公开股权融资合格投资者（个人），如蚂蚁达客、京东东家等非公开股权融资平台一般限制均为近三年年均收入不低于30万元或金融资产不低于100万元，个别平台通过投资经验进行认定。对于单位投资者，多数平台未设置资格限制。关于互联网非公开股权融资合格投资者的认定条件，并无明文规定，《私募股权众筹融资管理办法（试行）（征求意见稿）》的规定与《私募投资基金监督管理暂行办法》的规定趋于一致，要求作为个人的合格投资者需满足近三年年均个人收入不低于 50 万元，金融资产不低于 300 万元，单位净资产不低于 1000 万元。相比之下，目前营运中的网络平台认定合格投资者的条件均明显偏低。因此，中国现有的互联网非公开股权融资平台上的融资行为仍处于灰色地带，其合法性有待考量。而官方所界定的股权众筹“公开、小额、大众”特性更是突破了《证券法》的现有规定。2015 年《证券法》草案中提出了“对以互联网等众筹方式公开发行证券的豁免注册和核准”，但至今尚未通过审议，在《证券法》修订通过前，对其进行政策限制也无可厚非。此外，在现行法律规定下，央行金融研究所提出了“54321”方案，即将股权众筹打造成为中国资本市场的“新五板”，旨在丰富多层次资本市场结构；根据投资者风险偏好、风险承受能力和资金实力，对投资者按照公募、小公募、私募和小私募进行四类划分；将平台分为种子众筹、天使众筹和成长众筹三个层次，不同层次信息披露要求不同，以降低融资者信息披露成本和入市门槛；坚持两个底线，即不设资金池，不提供担保；在现有法律未修订的情形下，不能越过《公司法》和《证券法》规定没有上市的公司的股东人数不超过 200 人的一条法律红线，包括不能通过各种代持，这条红线不能逾越。

《公司法》第二十四条规定：“有限责任公司由五十个以下股东出资设立。”在互联网非公开股权融资项目中，其所吸引的公众股东人数不得超过 50 人。如果超出，未注册成立的不能被注册成为有限责任公司；已经注册成立的，超出部分的出资者不能被工商部门记录在股东名册中享受股东权利。目前，在中国绝大部分对众筹项目有兴趣的出资者只愿意提供少量的闲置资金来进行投资，故将股东人数限制在 50 人以内将导致无法募集足够数额款项来进行公司运作的后果。因此，在现实情况中，许多众筹项目发起者为了能够募集足够资金成立有限责任公司，普遍对出资者建议采取代持股的方式来规避《公司法》关于股东人数的限制。采用代持股的方式虽然在形式上不违反法律规定，但在立法精神上并不鼓励这种方式，互联网金融监管领域正在逐步采取的“穿透式监管”也会对这种方式加以限制。

最高人民法院《关于审理非法集资刑事案件具体应用法律若干问题的解释》自 2011 年 1 月 4 日起施行。该解释第一条规定，违反国家金融管理法律规定，向社会公众（包括单位和个人）吸收资金的行为，同时具备下列四个条件的，除《刑法》另有规定的以外，应当认定为《刑法》第一百七十六条规定的“非法吸收公众存款或者变相吸收公众存款”：（1）未经有关部门依法批准或者借用合法经营的形式吸收资金；（2）通过媒体、推介会、传单、手机短信等途径向社会公开宣传；（3）承诺在一定期限内以货币、实物、股权等方式还本付息或者给付回报；（4）向社会公众即社会不特定对象吸收资金。

目前，我国的众筹运营模式中有不少已经触及非法集资的“红线”，如通过媒体向社会公开宣传，承诺在一定期限内以实物等方式回报和向社会公众吸收资金等。由于证监会尚未对股权众筹业务正式开始审批并发放牌照，现有的互联网非公开股权融资项目均应为非公开发行，仍需要坚持面对特定对象发行的原则，发行人数不得超过200人，而通过各种方式突破人数上限者的行为均属违规。由于向累计超过200人的特定对象发行证券为公开发行，而未经许可的公开发行即有非法融资的隐患。随着融资方式的多元化发展，我国在非法集资的立法方面仍需继续完善。

事实上，国内一些众筹平台也在想方设法规避这一“红线”。例如，有的众筹网站实行的投资模式借了有限合伙制的壳，即投资人先组建有限合伙企业，再整体入股创业公司，通过这种方式保证投资者人数不超出规定，但也带来了投资者和有限合伙企业之间的委托代理问题。[①] 同时，《私募投资基金监督管理暂行办法》也明确规定，对于以合伙企业、契约等非法人形式，通过汇集多数投资者的资金直接或者间接投资于私募基金的，私募基金管理人或者私募基金销售机构应当穿透核查最终投资者是否为合格投资者，并合并计算投资者人数。

为了实现规避的效果，众筹平台还往往通过一系列的实名认证、投资资格认证等方式将不特定的投资者转化为特定的具有一定资质条件的投资者。[②] 在具体操作层面上，则采取注册制、审核制等手段，未经注册及验证的用户不能浏览具体信息。对身份进行审核，主要是为了确保投资人具有相应的资格。有学者提出借鉴《证券投资基金法》中对非公开募集资金中合格投资者的要求作为参照。[③] 其第八十七条规定：“非公开募集基金应当向合格投资者募集，合格投资者累计不得超过二百人。前款所称合格投资者，是指达到规定资产规模或者收入水平，并且具备相应的风险识别能力和风险承担能力，其基金份额认购金额不低于规定限额的单位和个人。合格投资者的具体标准由国务院证券监督管理机构规定。”即从收入、风险识

---

① 彭冰：《股权众筹的法律构建》，载《北京大学金融法研究中心》2014年11月10日。

② 杨东、苏伦嘎：《股权众筹平台的运营模式及风险防范》，载《国家检察官学院学报》2014年第22卷第4期，第164页。

③ 杨东、苏伦嘎：《股权众筹平台的运营模式及风险防范》，载《国家检察官学院学报》2014年第22卷第4期，第166页。

别能力和风险承担能力、认购金额等方面对合格投资者进行界定。①

但是，网站的限制行为是否规避成功，很大程度上取决于监管方的态度。互联网具有公众性的本质，如果严格论证，这种限制行为很有可能仍是失败的。允许未验证的投资人（即不特定的网民）查看项目的基本信息，仍然可能会使该展示过程具备广告的性质。

三、域外监管制度——基于美国 JOBS 法案

2001 年，第一个众筹网站 ArtistShare 在美国上线。2008 年和 2009 年，Indiegogo 和 Kickstarter 分别上线并得到快速发展，这两家众筹平台都是预售型众筹，也就是支持者预先把资金支付给融资者，获得优先得到产品的权利以及融资者的其他馈赠。预售型众筹的成功触发了人们对股权型众筹可行性的思考，当时恰逢金融危机之后，美国资本市场监管趋严，IPO 数量大幅度减少，中小企业融资困难，股权型众筹被认为是解决中小企业融资难的重要途径。互联网的股权众筹在两个方面与 1933 年的美国证券法有冲突，一是面向大规模的非合格投资者融资，二是公开宣传。为了给股权众筹的合法开展开辟道路，2012 年美国国会批准了《创业企业融资法案》（简称 JOBS 法案），使得在权益众筹和公益众筹之后，股权众筹走向了合法化。

JOBS 法案在第二章和第三章分别规定了两种众筹方式，对其适用的条件有所不同，目前均已生效。第二章众筹允许平台通过互联网等公开模式向合格投资者，即净资产超过 100 万美元或年收入超过 20 万美元的个人进行众筹。事实上平台对所有投资者是否满足合格投资者的条件不承担责任，但需要尽合理努力对投资者的适格性进行验证。JOBS 法案对这类平台的限制较少，不需要其向 SEC 注册，只要其之前未因任何证券、刑事等违法犯罪行为遭受处罚即可。第三章众筹允许平台向任何人进行众筹，没有合格投资人的限制，但 JOBS 法案对这种形式的众筹有很多限制性规定：

“a. 12 个月内，每个平台众筹的总金额不超过 100 万美元。

b. 投资财产：

（A）对于年收入或净资产小于 10 万美元的个人，每年获准投资最高额度为 2000 美元或年收入或净资产的 5%；

（B）对于年收入或净资产大于 10 万美元的个人，每年获准投资最高额度为年收入或净资产的 10%，但最高投资总额不超过 10 万美元。

c. 平台管理：众筹融资平台需要注册为 SEC 经销商，并履行监管义

① 录公路等：《美国 JOBS 法案、资本市场变革与小企业成长》，载《证券市场导报》2012 年第 8 期。

务，主要包括：

（A）按照规定提供包括与投资风险和其他投资者教育材料相关的信息披露；

（B）确保每位投资者审阅了投资者教育的相关信息，积极确认投资者已经了解存在损失整个投资的风险，并且能够承担这一损失；

（C）按照规定采取措施降低交易的欺诈风险，包括对销售证券发行人的所有高管、董事或任何拥有超过20%已发行股票的股东的背景及其证券执法监管历史进行核查；

（D）在向任何投资者出售证券之日前至少21日，向证监会和潜在投资者提供相关的信息披露；

（E）确保只有当筹集的资金总额达到或超过目标发行总额时，发行收益才能属于发行人，并允许所有投资者可以按照适当方式撤销其出资承诺；

（F）根据委员会按照规则确定的合适方式，努力确保任何投资者在12个月内向所有发行人购买的股票总额，不超过规定的投资限额；

（G）按照规定对所收集的投资者信息保密；

（H）不得向为平台提供任何潜在投资者个人识别信息的人支付报酬；

（I）禁止平台的董事、高管或合伙人在使用其服务的发行人处拥有经济权益。

同时，平台不得提供如下服务：

A. 提供投资意见或建议；

B. 通过劝诱性的购买、销售或发行方式，吸引购买其网站或门户上发行或展示的证券；

C. 因实施此类劝诱行为或根据其网站或门户上所展示或推介的证券销售，对相应员工、代理人及其他个人支付报酬；

D. 持有、管理、拥有或以其他方式处理投资者基金或证券。”

从以上内容可以看出，JOBS法案是通过设定投资者的投资权限以控制投资者的损失，通过对融资者义务的规定促使融资过程透明化，减少信息不对称，以保护投资者的合法权益。同时，更重要的是，该法案还对股权众筹的中介机构，即平台提出了相应的多项监管要求，明确了平台的权责关系，有助于法律纠纷的解决。①

① 杨东、刘翔：《互联网金融视阈下我国股权众筹法律规制的完善》，载《贵州民族大学学报》2014年第2期。

第三节　众筹融资模式的民商事法律风险

在2016年中国互联网法治大会上，北京飞度网络科技有限公司诉北京诺米多餐饮管理有限责任公司一案（人人投案）列入2014年至2016年中国互联网法治十大影响性案例：2015年1月21日，诺米多公司因在北京开分店资金不足，与飞度公司签订《委托融资服务协议》，委托飞度公司在其运营的“人人投”平台上融资88万元（其中诺米多公司出资17.6万元，其他融资70.4万元），设立有限合伙企业“排骨诺米多健康快时尚餐厅”。协议签订后，双方在融资期间产生争议，均认为对方违约。在与投资人召开会议协商未果后，飞度公司向北京市海淀区人民法院提起诉讼称：《委托融资服务协议》约定的租金信息与实际不符；诺米多公司随后提起反诉，指出飞度公司融资人数超过50人上限。该案作为首个进入诉讼阶段的“股权众筹”纠纷案件，被公认为“全国首例众筹融资案”。

根据《合同法》第五十二条第一款第（五）项以及最高人民法院《关于适用合同法若干问题的解释（二）》第十四条的规定，如违反法律、行政法规的强制性规定，则合同无效；上述“强制性规定”，是指效力性强制性规定。因此，确认本案中《委托融资服务协议》是否有效主要依据我国《证券法》第十条的规定，即“人人投”平台的这种众筹融资行为是否属于公开发行证券。一方面，在行政法规、部门规章以及其他监管规范性文件层面，十部委《指导意见》与中国证券业协会发布的《场外证券业务备案管理办法》均未对本案所涉及的众筹交易行为予以禁止或给予否定性评价。另一方面，本案中的投资人均为经过“人人投”众筹平台实名认证的会员，且人数未超过200人上限。所以，此种情况下的众筹融资交易不应归于“公开发行证券”，不违反上述《证券法》第十条的规定，应认定《委托融资服务协议》具有效力。①

众筹融资平台的作用在于发现投资者与融资者的需求并对其进行适应性匹配，提供服务以促成交易并提取相应的费用作为盈利，为实现这一目的而签订的《委托融资服务协议》属于居间合同，上述案件的一、二审法院也将其认定为居间合同。在当前现行法律政策尚不明确的状况下，这一判决结果确立了众筹融资交易合同合法有效的法律地位。但众筹平台除了居间功能之外还附有管理监督交易的职能，其中最重要的是尽到对筹资者

① 殷华：《众筹融资交易合同效力的司法审查》，载《人民司法（案例）》2016年第5期。

信息披露的核查责任，以保护投资者的合法权益。

上海市浦东新区人民法院开庭审理了投资人起诉某互联网非公开股权融资平台挪用众筹资金一案。原告投资人起诉称某平台及其CEO涉嫌私自挪用众筹款项，且平台主要负责人已经携款“跑路”，要求其返还原告投资款。平台方面表示项目融资方存在票据造假、工商登记手续不全，甚至是资金链断裂等种种问题，而项目融资方则表示这些问题并不属实。毋论平台“挪用钱款”的情节是否存在，平台将尚未经尽职调查确认合法合规的融资项目上线并完成向投资者的融资，这一行为本身就是平台未尽到监管义务的表现。如果平台“挪用钱款”经查证属实，则该平台和相关负责人员还有可能涉嫌刑事犯罪。

目前，我国股权众筹平台所要求的投融资双方订立的格式合同中还存在诸多权利义务不对等的情形，如某平台服务协议第一条规定：“在合同有效期内，平台有权随时修改本协议条款和条件，并只需公示于其网站，而无需征得用户的事先同意。除非得到XXX平台的书面授权，任何人将不得修改本协议。”该规定扩大了平台变更合同的权利，限制了用户变更合同的权利，有悖于我国《合同法》第七十七条的规定。因此，目前股权众筹平台与用户之间的关系需进一步厘清，并在双方之间设定合理的权利义务关系，为解决今后可能出现的法律纠纷提供可靠的依据，这也是对用户合法权益进行保护的必然要求。

第四节　众筹融资模式的刑事法律风险与争议问题

股权众筹与商品众筹中投资者取得商品作为回报不同的是，投资者获得股权，并由此得以分享项目未来获得收益的权利、承担项目失败的风险。在我国，股权众筹的发展速度远远无法与商品众筹相比。其原因在于股权众筹项目结构复杂、风险更大，甚至面临涉嫌违法的风险。涉及股权回报类众筹相关的主要罪名有“擅自发行股票罪”“非法吸收公众存款罪”与“集资诈骗罪”。除可能涉嫌变相吸收公众存款外，股权回报类众筹最接近“擅自发行股票罪”。[①] 有学者则认为，商品众筹往往涉及非法集资，若众筹平台在无明确投资项目的情况下，事先归集投资者资金，形成资金池，然后公开宣传、吸引项目上线，再对项目进行投资，则存在非法集资的嫌

① 邓建鹏：《互联网金融时代众筹模式的法律风险分析》，载《江苏行政学院学报》2014年第3期。

疑。[①] 而股权众筹则涉嫌“擅自发行股票罪”。那么，股权众筹是否涉嫌犯罪、构成何种犯罪，有必要予以研究。

一、股权众筹是否涉嫌非法吸收公众存款等集资类犯罪

根据最高人民法院颁布的《关于审理非法集资刑事案件具体应用法律若干问题的解释》第二条的规定，以投资入股的方式，且具备该解释第一条规定的四个要件的以非法吸收公众存款罪定罪处罚：（1）未经有关部门依法批准或依法借用合法经营的形式吸收资金；（2）通过媒体、推介会、传单、手机短信等途径向社会公开宣传；（3）承诺在一定期限内以货币、实物、股权等方式还本付息或者给付回报；（4）向社会公众即社会不特定对象吸收资金。从当前的众筹项目来看，除个别众筹网声称有网络备案或电信与信息服务业务经营许可证外，其余大多数并未明确出示依法批准吸收资金的资格。众筹平台均通过网站等媒体向社会公开宣传融资项目、承诺在一定期限内以实物等方式给付回报、均向不特定对象吸收资金，众筹在涉嫌违法方面基本同时具备上述四个要件。在具体涉及刑法的罪名方面，众筹与变相吸收公众存款行为更为接近。[②]

但从当前的司法实践来看，司法机关实际上将《刑法》条文中的“公众存款”做了扩大化的解释，把集资者在并不保证确定回报的前提下吸收的公众投资款也界定为“公众存款”的一种类型，将吸收追求高回报资金的行为均理解为非法吸收公众存款。[③] 在实践中，收受投资款，以股东或其他名义加入，向多数人或不特定的人收受款项或吸收资金，而约定或给付与本金明显不相当的红利、利息或其他报酬者，以收受存款论。[④] 也正是因为如此，以众筹的形式进行融资而投资者取得股权，才会被认为构成非法吸收公众存款的行为。

在当前的司法实践中，一些人对“公众存款”的界定已经偏离了“存款”的固定内涵了，除了“还本付息”外，还增加了“承诺给付回报”，这往往会被认为是“收受存款”，并且在《关于审理非法集资刑事案件具体应用法律若干问题的解释》第二条中，以罗列行为的方式扩充“非法吸收公众存款罪”，以增加该罪的调适面，是超越其本来作为金融范畴的扩张性解释。事实上“吸收资金”与给付回报是任何投资行为的共同特性，并不足

① 柏亮主编：《众筹服务行业白皮书（2014）》，中国经济出版社2014年版，第91页。

② 黄震、邓建鹏：《互联网金融法律与风险控制》，机械工业出版社2014年版，第36页。

③ 刘伟：《非法吸收公众存款罪的扩张与限缩》，载《政治与法律》2012年第11期。

④ 金桐林：《银行法》，三民书局2010年版，第36页。

以确定一项行为是否构成存款的判断标准。[①] 存款的本质内涵应当止于“银行信用”范畴，是一种以未来还本付息为内容的银行信用工具。[②] 这才是银行的信用创造有别于其他以货币为媒介的商品交易的核心，其本质内涵应当仅止于“允诺还本付息”的债权债务关系。即使是“变相吸收公众存款”，也只是吸收方式上的多样性，“允诺”仍不应当脱离“还本付息”的特征。

在股权众筹项目中，众筹项目企业固然也实现了从投资者手中获取资金，但与吸收存款不同的是，投资者将取得该项目企业的股权而非债权，意味着投资者将取得的是作为股东的权利。该项目企业无须向投资者作出任何“还本付息”的承诺。相反，投资者能否取得报酬、取得多少金额的回报，完全取决于该企业的经营状况和获益的程度。不仅如此，完成投资后，除非该企业最终解散清算，投资者也不可能在规定的期间内取回其投入的资金。因此，股权众筹项目中，尽管项目企业同样完成了资金的汇集，但无论投资者还是项目企业均无“到期还本付息”的确信与承诺，与吸收存款所确立的以货币为标的物的债权债务关系有着实质性的区别。

就此而言，认为股权众筹项目构成非法吸收公众存款行为的观点显然是值得商榷的。股权众筹下投资者取得的是股权，而股权投资作为直接融资的方式，与存款作为一种间接融资安排有着本质的区别，不能仅仅因为该项投资行为具有吸收资金和给付回报的特性，而将其与吸收存款等同视之。

二、股权众筹是否涉嫌构成擅自发行股票罪

有关股权众筹是否涉嫌违法的争议，以某传媒的股权众筹最为典型。2012 年 10 月 5 日，淘宝网出现了一家店铺，名为“某会员卡在线直营店”，店主是某传媒创始人朱某。根据该店淘宝网页的介绍，从网店购买会员卡相当于购买公司的原始股票。单位凭证为人民币 1.2 元，最低认购 100 单位，也即只需要 120 元，就可以成为持有其 100 股的原始股东。根据朱某微博的信息，截至 2013 年 2 月 3 日中午 12 点共有 1191 名会员购买了某股权，认购总数为 68 万股，总金额为 81.6 万元，加上此前一次的网络私募实际认购的 38.77 万元，两次一共募集资金 120.37 万元。之后，由于某传媒出售股权的份额逐渐加大，经过媒体的传播后在网络上引起激烈的争论，大量

① 彭冰：《非法集资行为的界定——评最高人民法院关于非法集资的司法解释》，载《法学家》2011 年第 6 期。

② 林越坚：《非法集资与民间借贷的刑民界分》，载《财经科学》2013 年第 1 期。

声音质疑这种公开叫卖股权的行为是否合法。2月5日，某传媒淘宝店被淘宝官方关闭，阿里对外宣称淘宝平台不准许公开募股，某传媒的做法违反了淘宝店铺的规定。随后，证监会约谈了某传媒的负责人朱某，宣布该次融资行为不合规，要求某传媒退还所有募集所得资金。

有观点认为，某传媒公开募股的行为涉嫌擅自发行股票罪，但因为实际造成的危害性较小，可以不追究刑事责任。根据《刑法》第一百七十九条的规定，擅自发行股票、公司、企业债券罪，是指未经国家有关主管部门批准，擅自发行股票或者公司、企业债券，数额巨大、后果严重或者有其他严重情节的行为。该罪的客观方面表现为行为人实施了发行股票、公司、企业债券的行为，即该股票已经得以顺利发行，能够被投资者购买。[①]这包含了两个基本的要素，即证券的发行行为以及股票和债券等有价证券。最高人民法院在《关于审理非法集资刑事案件具体应用法律若干问题的解释》中则进一步将该罪所涉及的发行行为限定为公开发行。如前所述，在股权众筹中，投资者完成了向项目企业的股权投资并无疑义，但其是否构成股票的擅自发行，则有必要围绕上述两个要素予以探讨。

所谓证券的发行，是指发行人旨在筹集资金、设立公司或为其他目的依照法定条件和程序向社会公众或特定对象销售证券的行为。一项证券的发行，是证券的做成、出售与交付的全过程。根据上述司法解释的规定，本罪所涉及的发行应当限于“向社会不特定对象发行或向特定对象发行、变相发行股票累计超过200人”，即证券的公开发行，而众筹模式最大的特点正是开放性，在理想的状态下，几乎所有的互联网用户都可以成为众筹项目的发起人和投资人。在股权众筹项目中，不特定的多数人可以参与项目投资，并取得股权，具有一定的公开性，但这是否意味着股权众筹项目中投资者对项目进行投标、取得股权证明的行为即构成一项股票的发行呢？

根据《公司法》第一百二十五条的规定，股份有限公司的资本划分为股份，每一股的金额相等。股票是公司签发的证明股东所持股份的凭证，是股份有限公司特有的股份表现形式。股票存在的意义在于使股份财产证券化，从而使股份有限公司资本的实物形态与价值形态分离开来，并具有各自相对独立存在和运行的性质。[②] 股票往往与证券市场相关联，具有更强的可流通性。也正因为如此，股票通常是要式证券形式，其记载内容和格

① 魏东、白宗钊：《非法集资犯罪——司法审判与刑法解释》，法律出版社2013年版，第158页。

② 周友苏：《新证券法论》，法律出版社2007年版，第51页。

式都是固定的。不难看出，股票与其他股权证明或出资证明书有着根本的区别。股票的发行往往涉及的人数众多，并可能对证券市场的流通性产生影响。一旦股份有限公司擅自发行的股票进入流通市场，投资者便可能因此而遭受损失，直接影响证券市场的稳定运行。这也是刑法中明确禁止股票擅自发行的原因之所在。而随着《公司法》的修改进一步放宽有限责任公司设立的条件，设立有限责任公司通常不需要经过严格的审批。由于有限责任公司人合性，其股东转让股权存在法律的限制，向有限责任公司出资的股东签发出资证明书并不在刑法的禁止之列。

因此，股权众筹项目是否构成擅自发行股票，并不能单纯依照其吸收股权投资并出具股权证明、投资协议书予以判断，而必须考虑其是否实质上构成“股票”。从实践来看，擅自发行股票罪对于犯罪的载体要求较为严格，非法集资的工具必须表现为股票的形式，才能构成本罪。对于未采用股票名称和形式的筹资凭证也应当认为具有有价证券的性质，如代表性、标准性、规模性和公开性。[①] 但当前股权众筹项目中项目公司向投资者出具的股权证明往往缺乏上述有价证券的属性。以某传媒为例，其股权转让以购买会员卡的形式进行，不仅没有满足股票的要式要求，也缺乏作为股票，甚至股权凭证的实质。[②] 更重要的是，某传媒作为有限责任公司，根本不具备发行股票的主体资格。当前主张股权众筹构成擅自发行股票的观点，往往以众筹项目通过网络平台而得以向不特定的投资进行“公开宣传”作为其立论的依据，如有学者认为，只要众筹平台以网络等公开方式将融资项目向社会公众公示，以吸引其他不特定对象加入投资者之列，这就涉嫌以公开方式向社会公众转让股票。[③] 然而，尽管《证券法》明确禁止非公开发行证券采用广告、公开劝诱和变相公开方式，但一方面宣传方式本身并不是界定证券是否公开发行的必要条件，而是作为并列的补充条件，另一方面宣传方式公开与否不是发行标的是否构成“股票”的决定性因素。因此，股权众筹项目的公开性和投资者的不特定性决定了此项融资行为必然涉及社会公众，但如果仅因其向不特定的投资者公开宣传而简单地将其出具的股权证明书认定为股票的发行，显然是对本罪的扩张适用，已经违背了罪刑法定原则。

---

① 彭冰：《非法集资活动规制研究》，载《中国法学》2008 年第 4 期。

② 柏亮主编：《众筹服务行业白皮书（2014）》，中国经济出版社 2014 年版，第 94 页。

③ 黄震、邓建鹏：《互联网金融法律与风险控制》，机械工业出版社 2014 年版，第 39 页。

三、刑法争议问题

（一）众筹平台与众筹项目发起人是否可能构成共同犯罪

众筹通常是指项目发起人在互联网平台发布其创业项目信息，吸引网友为该项目筹集资金的融资方式。众筹模式的核心是吸引网友募资，条件是提供合适的回报形式。由于最高人民法院通过司法解释对非法集资犯罪的构成要件做了扩张性的补充，众筹可能面临刑事犯罪的风险。就众筹可能涉嫌违法犯罪而言，存在三种可能：其一，众筹融资的行为本身可能因突破证券和公司法律法规的限制而涉嫌违法犯罪；其二，众筹平台通过众筹项目实施违法犯罪行为；其三，融资方利用众筹平台实施众筹项目涉嫌违法犯罪。包括众筹在内的互联网金融绕过传统的金融机构进行融资，属于直接融资行为。但在众筹项目中，融资活动仍必须由融资方和众筹平台共同完成，缺一不可。① 如有学者认为，股权回报类项目发起人可能存在故意虚构项目方案和盈利前景，如果众筹平台未作尽职审核即发布项目信息，发起人与平台可能构成共同犯罪。那么，融资方和众筹平台是否以及在何种情况下构成共同犯罪，即有必要予以关注。

我国《刑法》第二十五条规定，共同犯罪是指二人以上共同故意犯罪。共同犯罪指的就是其中复数主体在同一故意下所实施的单一或者复数行为。任何共同犯罪在主体上均必须是“二人以上”，这无疑是共同犯罪主体在量上的要求。在众筹项目中，融资方一般为自然人，而众筹平台是否构成刑法意义上的“人”，则有必要予以关注。②

在众筹项目中，众筹平台往往以自己的名义发布有关融资信息。然而，众筹平台通常由其创办人在其拥有的服务器上建立并维持。因此，众筹平台仅仅是由计算机软件和电子数据相结合的网址，其本身并不构成“人”。众筹平台不仅不构成有形的资产，也没有类似的场地机器或设备等设施，而是由公司或个人设立并管理，其数据的传输、维护与访问均与其管理者不可分割，是其管理者的意志的反映。

根据我国《刑法》的规定，共同犯罪只能发生在故意犯罪之中，二人以上共同过失不构成共同犯罪。所谓共同犯罪的故意，是指各共同犯罪人认识到其共同犯罪的行为和由此行为所引发的危害后果，并希望或者放任此种危害后果发生的心理态度。在认定共同犯罪故意时，通常要求共同行

---

① 当然也存在众筹平台虚构众筹融资者和融资项目的情形。篇幅所限，对此暂不作探讨。

② 黄震、邓建鹏：《互联网金融法律与风险控制》，机械工业出版社 2014 年版，第 41 页。

为人必须存在意思的联络，如二人以上在没有任何意思联络的情况下同时对同一客体实行同一犯罪，不构成共同犯罪。[①] 在众筹融资中，融资所需要的信息不是通过面对面的谈判或交换来处理，而是通过无纸化的电子数据传输方式进行。这是否构成两者之间的意思联络便值得关注。而从理论上说，共同犯罪人的共同意志存在三种不同的形态，即共同的直接故意、共同的间接故意和一方直接故意而另一方间接故意。但如众筹平台明知融资人提供虚假信息或从事违法的融资行为，仍有意帮助其实施这一犯罪行为，而融资人并不知晓其行为是在平台的有意帮助之下完成的，在这种情况下众筹平台与投资人之间是否构成共同犯罪，应当同样予以关注。

上述情形构成刑法意义上的“片面共犯”，是否成立共同犯罪，在刑法理论上一直存在较大的争议。“肯定说”认为，片面共犯能否成立共同犯罪，关键是如何理解共同犯罪故意的主观联系。全面共同故意与片面共同故意之间并不是主观联系有无的区别，而只是主观联系方式的区别。或者说，全面共犯和片面共犯在共同犯罪故意的内容上只有量的区别，而没有质的区别。[②] 单方面帮助他人犯罪而他人不知道的情况，在社会中是客观存在的，对此以从犯处理为宜。不将片面帮助犯作为共同犯罪，就无法追究帮助犯的刑事责任。[③] 否定说则认为，作为一种共同犯罪，各犯罪人都应当认识到自己不但在实施危害行为，而且还在与他人一起实施危害行为。然而，众筹平台故意发布融资者提供的虚假信息或帮助实施非法集资的行为，融资人并不必然认识到其行为的完成得到平台的帮助，即平台与融资人之间缺乏共同的认识因素。由于认识因素是意志因素存在的前提，认识因素的缺乏又必然导致意志因素的缺乏，基于此，此种行为很难被认定为共同犯罪。

刑法理论上对于共同犯罪的共同故意的认定通常并不以对方（即他人）的认识为依据，而只要行为人在主观上认识到自己是与他人一起在实施共同犯罪，自己的故意和行为与他人的故意和行为融合在一起，就其个人而言已经完全符合共同犯罪单方面构成的主客观条件。[④] 在我国当前的立法中，也明确肯定了为他人实施犯罪行为提供条件而对方并不明知的情形构成共同犯罪，如《刑法》第一百九十八条第四款规定，保险事故的鉴定人、证明人、财产评估人故意提供虚假的证明文件，为他人诈骗提供条件的，

---

① 张明楷：《刑法学》（第四版），法律出版社 2012 年版，第 354 页。

② 陈兴良：《共同犯罪论》，中国社会科学出版社 1992 年版，第 115 – 116 页。

③ 冯英菊：《共同犯罪的定罪与量刑》，人民法院出版社 2002 年版，第 303 页。

④ 刘宪权：《金融犯罪刑法学专论》，北京大学出版社 2010 年版，第 100 页。

以保险诈骗的共犯论处。根据该条的规定，保险诈骗行为人是否认识到其鉴定人、证明人等有意为其诈骗提供条件，并不影响共同犯罪的成立。更重要的是，融资人在采取众筹方式实施违法行为时，网络平台是必不可少的行为工具，唯有平台为其提供信息发布和其他辅助服务，其违法行为才能够最终得以完成。因此，融资人与众筹平台的行为实际上是密不可分的整体行为。在此情况下，必须以融资人的实行行为作为定性的依据，才能真正追究众筹平台的刑事责任。

如果说众筹平台与融资人构成共同犯罪，两者构成共同正犯抑或是正犯与帮助犯之间的关系，同样存在理论上的争议。为此，有必要对两者在实施与众筹融资相关的违法行为的机能予以考察。

以融资者违法融资为例。按照惯例和法律规定，众筹平台自身不提供资金，不直接介入项目发起人与支持者之间的交易流程，只起到交易服务和辅助作用，通过这些服务收取手续费。① 在实践中，为避免构成相关金融犯罪的风险，我国部分股权众筹平台采取了“线上＋线下”的两阶段的模式，即平台首先展示项目的股权转让与融资额信息，吸引感兴趣的投资者。在意向投资人与意向投资金额达到预期后，所有的活动转入线下，意向投资人严格按照《公司法》等法律法规进行股权投资操作。根据这种两段式流程，众筹平台主要承担线上信息展示、披露职责，在活动转入线下以后，平台提供流程、法律等方面的一些辅助服务。股份的转入以增资扩股方式由投资人与项目发起企业直接协调，依法完成。② 就此而言，众筹平台只是为融资者进行违法融资提供帮助，在违法融资活动中起辅助作用，应当认定为帮助犯。

但众筹平台仅仅是使得实行行为变得更容易的帮助犯的观点是值得商榷的。如前所述，在众筹融资活动中，众筹平台并非仅仅是发布融资信息、提供交易流程服务的工具。不仅融资者与投资者之间的信息交流、沟通乃至融资的过程通过平台完成，众筹平台一般通过审核决定一个众筹项目是否上线。众筹平台作为运营方对众筹项目设立一系列的准入规则，融资者必须提交一系列文件，满足众筹平台的基本规定才能够提出申请。众筹平台在对项目的合规性、现实性、商业性等诸多方面考察之后，才会决定是否允许其上线。在商品类众筹项目中，众筹平台往往还会要求发起人提供商品原型。点名时间还提供一种公开评审机制，把部分有经验的行业人士和投资人纳入评审团，以公开方式审核、决定是否接纳该项目上线。可以

① 柏亮主编：《众筹服务行业白皮书（2014）》，中国经济出版社 2014 年版，第 23 页。

② 柏亮主编：《众筹服务行业白皮书（2014）》，中国经济出版社 2014 年版，第 92 页。

说，众筹平台出于保护投资者的考虑，对众筹项目构建了相对严格的审核机制。融资者能否实施众筹项目实际上取决于众筹平台审核决定项目是否上线。因此，可以说，在采取众筹形式实施的违法行为中，融资者与众筹平台实际上存在一定的分工，机能性地支配了犯罪，因而拥有机能的犯罪支配。而这恰恰是共同正犯的正犯特质，也是正犯与有形帮助犯的区别之处。

在融资者以众筹形式实施非法集资行为的场合，反对将众筹平台作为共同正犯的观点认为，众筹平台并没有实施非法集资罪的构成要件的行为，甚至认为众筹平台仅仅是实施了外表无害的中立行为，并没有事实性地支配了犯罪。但事实性地支配犯罪的支配犯仅仅是正犯的类型之一，而非认定的唯一因素。根据义务犯理论，犯罪支配对于义务犯中的（间接）正犯的成立是不必要的。只要有特别义务者听任无特别义务者的外部行为的实施就足够了。因此，众筹平台在一项由融资者实施的非法集资活动中是否构成共同正犯，还有必要考察其是否违反了“构成要件之前的、刑法之外的特别义务”。按照德国 Roxin 教授的观点，这里所指的特别义务包括了“公法、行业法规和民法上的义务”。[①] 应当说，众筹平台是众筹融资项目服务的中介机构，其地位类似于证券的保荐人或承销商。《证券法》基于保护证券投资者的考虑，对保荐人和承销商均规定了严格的法定义务，如核查发行文件、信息披露等义务。义务一旦被违反，保荐人和承销商便可能承担相应的法律后果。然而，众筹平台是基于互联网技术发展起来的金融创新活动，当前众筹平台尚未被纳入监管的范围，其法律的适用也存在诸多的不确定性。尽管众筹平台同样负有资料审查和保护投资者的义务，但此种义务更多的是基于民法上的诚信原则或是契约上的安排。那么，此种契约义务的违反是否足以使其构成义务犯，进而在与众筹相关的非法集资活动中作为共同正犯，同样值得进一步的探讨。

（二）众筹平台涉嫌违法的犯罪数额的认定

在经济犯罪中，犯罪数额往往与罪与非罪、罪轻罪重直接相关。最高人民法院、公安部共同印发了《关于经济犯罪案件追诉标准的规定》，进一步明确了一项违法的经济行为构成犯罪的数额标准。从当前的规定来看，涉及金融的犯罪数额的确定标准至少包括以下四种情形：（1）以面额作为数额标准，如擅自发行股票、公司及企业债券罪；（2）以违法所得数额或获利数额作为数额标准，如高利转贷罪；（3）以犯罪行为直接涉及的钱款

① 何庆仁：《德国刑法学中的义务犯理论》，载《刑事法评论》第 24 卷。

额作为数额标准，如内幕交易罪；（4）以行为造成的直接经济损失作为数额标准，如非法吸收公众存款罪或集资诈骗罪。[①] 金融犯罪数额的认定标准的多样性，是由金融犯罪行为手段的多样性和金融活动的复杂性所决定的。尽管上述犯罪数额的认定标准有所不同，从本质来看，均与行为所涉及的财产或经济价值直接相关。然而，即使从传统的金融犯罪的角度来看，上述标准也是不够明确的。以擅自发行股票罪为例，如擅自发行股票数额在50万元以上的，应当予以追诉。但“发行数额”本身即是不明确的。从当前有价证券的发行实践来看，极少数证券是以面额平价发行，尤其是股票。其发行价格往往是票面金额的数倍。那么，这里的“发行数额”是指擅自发行证券的票面金额还是实际募集的资金数额，在认定罪与非罪便会产生极大的差别。这种不明确的标准在认定众筹项目是否构成犯罪时，同样将产生一定的不确定性。

认定传统金融犯罪数额的标准中也存在对众筹项目难以适用的情形，如在集资诈骗罪中，集资诈骗的数额以行为人实际骗取的数额计算，案发前已归还的数额应当予以扣除。如果行为人以非法占有为目的、以商品众筹方式进行欺诈性集资，仅给予投资数额明显不相当的最终回报，如粗劣的商品或仅给予支持者精神上的反馈或表示感谢等。那么，对此种最终回报，尤其是此种精神上的反馈，能否作为“已归还的数额”予以扣除？如果实物类的最终回报可以扣除，其扣除的数额又应当如何确定？抑或此种最终回报应当视为“为实施集资诈骗活动而支付的利息”，是否计入诈骗数额？

金融犯罪被认为属于涉众犯罪，因此，违法行为所涉及的人数也会被作为区分罪与非罪、罪轻与罪重的标准，如非法吸收公众存款罪。通常情况下，违法行为涉及的人数越多，金额也就越大。因此，在大多数的金融犯罪中，并未直接明确人数标准。然而，在众筹项目中，违法行为所涉人数与金额并无任何实质性的联系。众筹项目所涉及的融资数额一般较低，而涉及的人数众多，如在美国，商品众筹的大部分金额都在5万美元以下，而股权众筹一般也不会超过100万美元。如果以犯罪所涉及的经济价值为标准，众筹项目一般不会构成犯罪。[②] 但如果以涉及人数作为认定罪与非罪的标准，则众筹项目必然构成犯罪。[③] 作为一种长尾市场上的普惠金融形式，

---

① 刘宪权：《金融犯罪刑法学专论》，北京大学出版社2010年版，第127页。

② 如所吸收的存款应当在20万（个人）或100万（单位），将构成“非法吸收公众存款罪”。

③ 同样是“非法吸收公众存款罪”，如吸收公众存款30户（个人）或150户（单位），犯罪成立。

众筹融资开创了“人人都可成为投资人”的新模式，目的在于使有吸引力的创业者可以在短时间内获得大量投资者的小额投资。这是众筹融资的价值所在，也是其与传统融资方式的根本区别。那么，如果对此种新型融资方式仍按照传统非法集资罪的犯罪数额认定标准对其予以定罪量刑，显然无法实现刑法的威慑力，反而可能使刑法成为阻碍金融创新的恶法。

如前所述，众筹平台与融资人之间在特定情况下将构成共同犯罪。那么，在追究两者的刑事责任时，是否有必要以及如何确定两者各自的犯罪数额，同样值得探讨。有学者认为，共同金融犯罪的刑事责任的确定也应当以数额作为主要依据，犯罪数额的大小不同程度地反映了共同犯罪行为的社会危害性的大小。[①] 但在确定共同犯罪人的刑事责任时，确定犯罪数额的依据则存在分赃数额说[②]、分担数额说[③]、参与数额说[④]、犯罪总额说[⑤]和折中说[⑥]等五种不同的观点。如前所述，在以众筹形式实施的违法融资行为中，众筹平台和融资人之间存在密不可分的关系，是在共同的一致目标的支配下实施了共同的犯罪行为，如依照分赃数额说和分担数额说确定其各自的罪行危害，显然过分强调了两者的独立性，而忽视了其共同实施的违法融资行为的整体性。由于犯罪总额与参与总额在大多数情况下是完全一致的，犯罪总额说与参与总额说并不存在实质性的区别，均强调所有犯罪成员都应当对其造成的危害总额承担责任。如依照上述两种学说，众筹平台和融资人无论其在违法融资行为中的作用大小、地位如何均应对整个共同犯罪的结果承担刑事责任。但尽管众筹平台和融资人共同实施的违法融资行为作为整体是不可分的，也不代表其危害后果同样不可分。既然强调在共同犯罪中众筹平台和融资人的功能有所差异，便不能过分强调两者均应对该融资行为的全部危害后果承担刑事责任，而仅仅是在“刑罚轻重”上存在区别。因此，以参与总额或是犯罪总额作为确定众筹平台与融资人在共同实施的犯罪中的刑事责任，同样也是不可取的。

---

① 刘宪权：《金融犯罪刑法学专论》，北京大学出版社 2010 年版，第 129 页。

② 该说认为，各共同金融犯罪成员只对自己实际分得赃物的数额承担刑事责任。

③ 该说认为，各共同金融犯罪成员应对本人“应当分担”的数额负责。

④ 该说认为，各共同金融犯罪成员应对本人实际参与的金融犯罪数额承担刑事责任。

⑤ 该说认为，各共同金融犯罪成员应当以共同金融犯罪的总额作为确定各共同金融犯罪成员的刑事责任。

⑥ 该说认为，应当综合考虑全案因素，确定各共同金融犯罪成员犯罪行为的大小，然后据此定罪量刑。

第五节　股权众筹法律困境之解析路径

众筹融资行为是否构成非法集资，其判断标准已如前述。围绕众筹融资行为构成何种非法集资行为的争议，同样与当前刑法中对各种不同形式集资行为缺乏准确的界定有着直接的关系。因此，对众筹融资行为给予刑事规制的首要任务在于明确目前立法中不同集资方式的区分，从而明确各个非法集资行为此罪与彼罪的界限。

一、非法集资罪中诸罪名此罪与彼罪的界限

众筹项目人依托于项目，从不特定多数的投资者手中筹集资金。根据上文的分析，此种行为构成“集资”，并不存在太大的争议。从当前众筹网站的做法来看，一般众筹项目均不能以股权或资金作为回报，项目发起人不能向支持者许诺任何资金上的收益，而必须以实物、服务或媒体内容作为回报。[①] 因此，主张众筹融资不构成非法集资行为的观点认为，众筹对项目的支持属于购买行为而非投资行为，与非法集资有着本质的区别。但根据最高人民法院颁布的《关于审理非法集资刑事案件具体应用法律若干问题的解释》第二条的规定，不具有销售商品、提供服务的真实内容或不以销售商品、提供服务为主要目的，以商品回购、寄存代售等方式吸收资金的，应当以非法吸收公众存款罪定罪处罚。因此，即使是一个商品购买行为，只要涉及资金的筹集，也将被视为吸收公众存款。但是以集资为目的还是以销售商品为目的进行判断，很难判断众筹融资行为是吸收公众存款还是一般的商品销售。因为无论是通过投资回报以吸引投资资金，还是通过出售商品而取得预付款，众筹项目者的目的都是为了获得资金。相反，如果从资金提供者的角度出发则更容易辨别，资金提供者提供资金的目的是为了获得未来的回报还是为了获得商品或服务。前者构成了投资行为而后者构成了商品的买卖。

在明确众筹融资行为是否构成投资行为后，其行为属于哪一种类型的投资行为同样应当通过司法解释的修正予以进一步的明确。从最高人民法院《关于审理非法集资刑事案件具体应用法律若干问题的解释》第二条所列举的11种非法吸收公众存款罪的行为类型不难看出，司法解释并没有明确地区分各种集资行为的类型，而是完全将资金的筹集行为直接等同于吸

① 芮晓武、刘烈宏：《中国互联网金融发展报告》（2013），社会科学文献出版社2014年版，第18页。

收公众存款。那么，无论是商品众筹还是股权众筹，尽管以直接融资的形式，还是可能被作为非法吸收公众存款罪予以定罪量刑。

司法解释所列举的11种类型的吸收公众存款中，转让股权、投资入股等行为实际上均属于直接融资，而与吸收存款的间接融资存在巨大的区别。所谓直接融资，是指资金的供需双方不通过金融中介机构直接形成债权债务关系的行为，即非金融企业向非金融机构投资人直接融资用来生产经营。间接融资则是资金供需双方通过金融中介机构实现资金融通的行为，包括非金融企业向金融企业融资，或者非金融企业、自然人向金融企业存款的行为。直接融资中投资人和融资人双方形成股权或债权关系，而间接融资中存款人、金融企业和融资人三方形成债权债务关系。间接融资以金融中介机构的信贷经营行为为必要条件，即吸收存款、贷出后回收，并以此获取利差收益。但在众筹融资模式中，互联网起到为资金供需双方提供融资信息的平台和资金划转的平台作用，其作用没有突破工具性的范畴。众筹平台实质上是股权或物权的融资平台或场所。无论是商品众筹还是股权众筹，由于众筹项目者与投资者之间直接签订合同，众筹平台并非投资合同的一方当事人，众筹融资应为直接融资而非间接融资。

众筹融资是项目发起人通过互联网众筹平台宣传、介绍自己的项目，合格投资者对感兴趣的项目进行少量的投资，使发起人筹集项目运行资金。在理想的状态下，几乎所有的互联网用户都可以成为一个众筹项目的投资者。因此，众筹融资实际上是陌生人之间的直接融资，是项目发起人向社会募集资金的活动，融资来源是社会公众，目的是“给有创意的个人提供资金支持”。众筹融资的融资者往往是处于种子期、尚未拿到投资的初创企业或创业企业，所融的资金往往被用于不适合批量复制的产品的生产，但这也意味着产品的成本高、成功率低而回报时间较长，是典型的高风险的投资。① 这与具有高度流动性和安全性、风险较低、国家给予特别保护的存款也有着显著的区别。

从社会公众获取资金而言，众筹融资与吸收存款并无区别。但金融业中的存贷款业务的实质，并非单纯指金融机构对社会公众资金的吸收，而在于金融机构吸收社会公众资金的目的，是为了用吸收的公众资金进行货币、资本的经营。法律并非禁止公民和企业集资，而是禁止公民和企业未经批准从事金融业务，即向金融机构用吸收的资金从事资本和货币的经营，这是金融业与其他行业的主要区别。只有将集资款用于以经营资本和货币

① 柏亮主编：《众筹服务行业白皮书（2014）》，中国经济出版社2014年版，第28页。

为目的的间接融资行为才侵犯了国家的金融秩序。基于这样的考虑，2008年浙江省高级人民法院、浙江省人民检察院、浙江省公安厅联合发布了《关于当前办理集资类刑事案件适用法律若干问题的会议纪要》，该会议纪要第二条规定，为生产经营所需，以承诺还本分红或付息的办法，向相对固定的人员筹集资金，主要用于合法的生产经营活动，因经营亏损或资金周转困难而未能及时兑付本息引发纠纷的，应当作为民间借贷纠纷处理。[①] 在众筹融资中，融资者所取得的资金如果主要用于购买创新或试验所需的原材料，以及各种研发费用以提高生产能力和开拓市场，则不应当认定其构成货币资本的经营，构成吸收公众存款。

二、众筹融资行为的性质界定与刑法意义上的“证券”的明确

围绕众筹融资行为是否构成非法集资的争议，不仅源于“吸收公众存款”的定性不明导致该罪成为非法集资的口袋罪而加以适用，也源于当前非法集资罪的其他罪名难以进行有效的涵盖。由于以规制直接融资为目的的擅自发行股票、债券罪的犯罪载体仅限于股票或公司、企业债券的形式，那些并未采取股票、公司、企业债券名称的筹资凭证的发行也就无法以该罪予以定罪量刑。由于该罪无法涵盖所有的直接融资的违法行为，这也迫使实践中不得不以吸收公众存款罪作为非法集资罪的口袋罪对所有直接和间接融资的行为予以刑事规制。而严格从形式上判断直接融资是否构成股票、债券的擅自发行，这一规则本身就存在巨大的可规避的空间。现实生活中，非法集资者往往采用各种花样翻新的手段，以生产经营、商品交易等形式掩盖实质上的股票、债券的发行，手法隐蔽，且可能涉及诸多的专业知识，难以识别。因此，要对作为直接融资形式的众筹融资行为进行有效的刑事规制，应当扩大擅自发行股票罪的涵盖范围，使其足以涵盖大部分的直接融资活动。规范直接融资的主要法律制度即为《证券法》，因此，其中的关键在于扩大刑法上的“证券”的范围。

我国《证券法》对“证券”的定义极为狭窄，如严格依照该法第二条的规定，众筹融资包括股权融资显然无法被纳入证券发行的范畴。但实际上众筹融资与证券发行行为已没有本质的区别。为了明确众筹融资的法律性质和刑事法律后果，一个相对有效的做法是扩大当前刑法上的“证券”的范围，基于保护投资者的目标，将所有与投资有关的融资安排都纳入证券的定义范围。

---

① 刘伟：《非法吸收公众存款罪的扩张与限缩》，载《政治与法律》2012 年第 11 期。

除了传统的股票和债券外，实践中还存在未采用“股票”“公司债券”的名称但实际上具有证券功能的投资合同，投资人承担提供资金的义务而享受在未来获得收益的权利。一项投资合同应当具备如下的条件：（1）资金提供者以获取收益为目的。投资所期待获取的收益，与购买商品或服务不同，不在于交易载体本身，而在于投资所产生的利润，即“对初始投资的运用导致的资本增值”或者“对投资者资金运用获得的收益分享”。利润是投资的收益或投资后的资本增值。（2）投资的被动性。投资者从提供的资金中所获取的利润依赖于发起人或第三人的努力。如果投资者的回报来自于自己的努力，其资金的使用和收益的风险处于自身的控制之下，此时法律并无介入的必要。只有当投资者的利润主要依赖于他人的努力时，该人的诚信、对其行为的监控才变得非常重要。如果资金获取方主动提供信息并确定交易结构，而资金提供方只有提前终止交易的权利，则构成被动投资。尽管在商品众筹中，回报表现为某种商品，但交易的实质是投资者对未来收益的期待，即交易具有所谓的投资性。众筹的投资者也只拥有决定是否投资的权利，所获得的回报则取决于众筹项目者的项目执行情况。因此，众筹融资具有明显的投资合同的特性。在英国和美国，由于投资合同被认为实质上构成一项证券。因此，众筹融资，尤其是股权众筹被认为构成证券的发行，所以必须接受金融的监管。2012 年奥巴马签署了 Jumpstart Our Business Startups Act（创业企业投资法案，即“JOBS 法案”），正式确立了众筹平台作为新型的金融中介的合法性，众筹融资被认为是介于私募发行和公开发行之间的证券发行，并要求众筹平台承担相应的信息披露等义务。

因此，对众筹项目的规制思路，应当将其视为投资合同的类型之一，对其作为直接融资行为予以规制，要求其登记、进行信息披露，以使投资者充分了解资金用途，消除信息不对称状态，保障投资者的利益。此外，还应对众筹的投资人的数量及投资额度做出严格规定，对众筹发起人募集资金的数额与一个年度内募集次数做出规定。进一步明确众筹的规则及流程、众筹各方的权责关系进行明确规定。① 同时，将投资合同等新型证券作为法定的证券类型，并将“擅自发行股票、公司、企业债券罪”修改为“擅自发行证券罪”。唯有如此，才能在衡量某一特定的众筹融资行为是否具有“造成实质金融风险、破坏金融市场秩序”的社会危害性的基础上，对众筹融资行为是否构成违法犯罪的直接融资行为作出判断，从而予以准确地定罪量刑。

---

① 许多奇：《论股权众筹的法律规制——从“全国首例众筹融资案”谈起》，载《学习与探索》2016 年第 8 期。

第八章　互联网理财领域相关刑事司法问题

第一节　互联网理财的发展历程与监管状况

一、发展历程

（一）基本概念

互联网理财是指投资者通过互联网获取商家提供的理财服务和金融资讯，根据外界条件的变化不断调整其剩余资产的存在形态，以实现个人或家庭资产收益最大化的一系列活动。从广义上讲，其内容包括两类：一是相关金融产品和服务的网上交易，如 P2P 网贷、余额宝等；二是网上理财信息查询、理财信息分析、个性化理财方案设计等服务。从狭义上讲，只有与基金管理、保险、信托公司等合作，以实现资金增值为目的，通过互联网实现交易的理财产品才称为互联网理财产品。由于 P2P 网贷等互联网金融模式前文已有提及，本文将着重探讨与基金管理、保险、信托公司等合作的理财产品交易和信息查询、分析服务两部分。

互联网理财是在传统的金融理财基础上诞生的新型理财模式。其与传统的金融理财的最显著的区别是将传统理财以商业银行为主体的模式转变为将互联网公司和第三方理财机构相结合，使投资客户通过互联网这一平台实现与第三方理财机构的交流，降低了交易双方的理财成本，提高了交易活动的便捷性。

（二）互联网理财工具类别

根据资金实际管理者与第三方支付平台的关系，可将互联网理财产品细分为四种类型：一是集支付、收益、资金周转于一身的理财产品，如阿里巴巴余额宝；二是基金公司与知名互联网公司合作开发的属于中介性质的理财产品，如腾讯微信理财通；三是基金公司在自己的直销平台上推广的理财产品，如汇添富基金；四是银行金融机构自己发行的网上理财产品。

（三）发展现状

2013年，余额宝面世，发展至今的资金规模已经超过了5700亿元，再加上其他“宝宝”类产品，互联网理财的资金规模据测算应超过了1万亿元，其发展速度超越了所有人的预期。

相关数据显示，2014年春节前，微信理财通年前始终维持着7.3%以上的收益率，最高的一天为1月26日，7日年化收益率高达7.9020%，其次为24日的7.8180%，逼近信托产品的收益水平。余额宝的收益水平略低于微信理财通，但也高于多数银行理财产品的收益率，7日年化收益率在6.4%~6.5%之间。余额宝与理财通均在年前表现出极大的“吸金”能力，几乎堪称天量流入，春节前的7天内有近400万人往余额宝存钱，日均转入超100亿元，是平日数据的数倍。而微信理财通尽管上线不久，但气场不输余额宝，在不足两周的时间内净流入资金量超百亿元规模。①

虽然互联网理财产品正逐渐降温，但互联网理财跨界创新却层出不穷。可选产品的领域和范围越来越广，产品越来越丰富。收益率的变化当然会受市场资金面的影响，但是不可否认的是，在余额宝等产品的压力下，互联网时代的理财产品越来越趋于理性化、合理化，促进了银行业的进步。面对更加多元、更加丰富的理财产品，用户的选择将会更多。以前只有货币性基金，现在保险，甚至债券都可以做，偏股型的也可以做。而且，跨界整合的理财产品越来越多，用户得益多多。市场上推出的互联网理财产品数量不少，但是总体上类型还比较单一，主要集中在货币市场基金和短期理财基金上。

以风险属性来看，货币基金和短期理财基金都属于较低风险的品种，它们的主要投资范围包括现金、定期存款、大额存单、债券、债券回购、央票等。一方面，不容易给投资者造成本金的损失；另一方面，可以为投资者带来一定的收益，但具体的收益水平要视货币市场的收益水平而定。

二、监管情况

目前，我国已将互联网理财纳入现有的监管框架内，具有比较完善的互联网理财监管体系。从理财产品的划分上看，互联网金融理财产品的监管主体主要有三家：中国银监会负责信托投资计划和商业银行个人理财产品的监管，如银行类互联网金融理财产品就属于银监会的管辖；证券公司的证券投资基金、货币市场资金、证券投资咨询业务由中国证监会承担监

① 参见http://finance.ifeng.com/a/20140618/12562815_0.shtml互联网理财步入战国时代。

管，如余额宝、微信的理财通则由证监会来管辖；而2014年3月26日阿里巴巴携手国华人寿保险发布“娱乐宝”，这类附加有理财功能的人身保险产品的监管是由中国保监会来负责。

从互联网金融理财产品背后的监管机构划分来看，主要可以分为三类：第一，与第三方支付平台合作的基金管理公司被置于证监会的监管之下。证监会针对为基金销售机构提供支付结算服务的第三方支付机构实施行政许可，并要求其及时向证监会备案。第二，商业银行个人理财产品的监管被置于银监会的监管之下。第三，附加有理财功能的保险产品的监管则是由保监会负责。而当前随着机构改革，银监会和保监会合并为银保监会，相关的监管权力可能也会随之发生一些变化。

第二节　互联网理财面临的突出刑法问题

一、互联网理财可能构成非法吸收公众存款罪

犯罪的本质，首先必须是侵害或威胁根据法秩序所保护的利益即法益的行为（侵害、威胁法益行为）。[①] 研究某一行为是否触犯刑法条文，首先应当考虑的就是该行为是否违反了该条文所保护的刑法法益，具体到非法吸收公众存款罪上来看，集资行为刑事规制的主旨不是单一保护投资者存款，也不是保护银行的吸储垄断地位，而是维护货币借贷的直接融资制度，防范金融风险。[②] 根据最高人民法院颁布的《关于审理非法集资刑事案件具体应用法律若干问题的解释》第二条的规定，以委托理财的方式非法吸收资金的，同时符合非法性、公开性、利诱性和社会性四个要件的，应当认定为吸收公众存款罪。

互联网金融理财是在传统金融理财的基础上，通过互联网媒介（分为第三方支付平台和电商平台两种方式）实现的金融活动。目前，在互联网金融理财模式中，无论是通过第三方支付平台，还是通过电商平台，其理财产品主要还是针对第三方理财机构。因此，互联网金融理财模式是对传统理财模式的有效补充。[③]

---

① ［日］大谷实著，黎宏译：《刑法讲义总论（新版第二版）》，中国人民大学出版社2008年版，第83页。

② 毛玲玲：《集资行为的刑事管制——金融危机背景下的考察》，载《政治与法律》2009年第9期。

③ 王春丽、王森坚：《互联网金融理财的法律规制——以阿里余额宝为视角》，载《上海政法学院学报》2013年9月。

互联网理财主要是支付平台连接货币基金模式，其业务范围属于证券投资业务。以余额宝为例，其业务实质是在支付宝网站和支付宝钱包内置了天弘基金的基金销售系统，用户将资金转入余额宝实际上是一站式完成增利宝货币基金购买，将资金转出余额宝实际上是完成了货币基金“T+0”实时赎回，余额宝对于用户的最低购买金额没有限制。其更大的优势在于余额宝资金一方面能够实现增值，另一方面又能随时用于转账和消费，这类金融产品试图与支付挂钩，平时作为投资品获取收益，需要时可以快速转换为支付工具，从而打通了投资与支付的界限、金融产品与货币的界限。①

但余额宝网站上同样明确表明，货币基金主要用于投资国债、银行存款等安全性高、收益较为稳定的有价证券。通过余额宝购买货币基金的相关交易时，系统默认投资者为最低风险承受能力类型。由此来看，虽然其对投资风险的提示仅限于网站的文字说明，有风险提示不足之嫌，但也已经向投资者履行了披露义务，而事实上，投资者购买货币基金的资金中绝大多数也都被基金管理公司以协议存款的方式存入银行，少数用于购买债券或其他收益稳定的产品，以降低投资风险。可以说，用户的资金去向与银行揽储相比并没有发生本质的变化。实践证明，余额宝上线以来，其吸纳的资金去向也大多限于合法的银行同业拆借，并没有对金融市场的稳定造成不利的影响。

余额宝作为支付宝推出的新型互联网理财产品，其在短期内确实吸纳了社会公众手中持有的巨额闲散资金，且其通过公开宣传的方式吸引不特定的大批量支付宝用户投资，的确符合上述四性中的公开性和社会性。投资者购买的天弘增利宝货币基金是证监会准予注册的基金，而支付宝也取得了央行发出的第三方支付业务许可证，并于2016年8月获得续展，其为基金销售提供支付服务的业务也已按照证监会的要求于2012年5月登记备案。因此，如果仅将余额宝看作是一个单纯的理财产品，其依托于合法合规的基金管理公司和第三方支付渠道，不属于“未依照法定程序经有关部门批准，以投资基金的方式向社会公众筹集资金”的情形，不具有非法性。

就利诱性而言，余额宝等理财产品的最大特征在于投资人可随时将用于购买该理财产品的资金转出、消费和支付，不需要给付任何手续费。该类产品能随时用于消费、支付和转出，前提是要实现“T+0”赎回，即无须等待，交易当天便可以将购买该理财产品的钱转出，货币资金具有“可

① 谢平、邹传伟、刘海二：《互联网金融手册》，中国人民大学出版社2014年版，第88页。

提前支取不罚息”的优惠政策，可以满足投资者对资产流动性和随时性的需求，这在一定程度上与银行存款的即用即取有一定的相似性。但即时还本付息是货币基金在未亏损的前提下才能具有的特性，投资者购买货币市场基金并不等于将资金作为存款存放在银行或存款类金融机构，基金公司不保证基金一定盈利，也不保证最低收益。一旦基金发生亏损，投资者可能不仅无法实现即时赎回，甚至要面临本金亏损的风险，这和银行存款的保本安全性具有很大区别。

事实上，分析余额宝的利诱性，要从其货币基金的本质来看。由于货币基金主要投资于货币市场，也就是银行同业拆借，市场对人民币资金的需求程度，决定了货币基金的收益率。在 2013 年 6 月资本市场遭遇“钱荒”，市场对人民币资金的需求强烈，银行愿意以更高的利率向货币基金借款，刚上线的余额宝收益率从 5 月的 2% 被推升至 7 月的 6.3%，而到了 2015 年以后，由于市场不再缺少资金，货币基金也就无法再以从前的高利率向外借款，其年化收益率也就明显地一路走低。因此，余额宝不仅不能自行决定其年化收益率从而影响市场的资金需求，恰恰是被市场的资金需求大小控制了其所能给予投资者的回报多少。因此，余额宝给予投资者的收益并不是承诺在一定时间内保本付息，甚至不能够承诺在一定时间内给付回报，其收益情况不符合非法吸收公众存款罪的利诱性。

二、互联网理财可能构成非法经营罪

（一）A 宝等基金类互联网理财产品的发行是否构成非法经营罪

2014 年 10 月，甲公司成立，在整合了以货币基金为内核的 A 宝、以 P2P 借贷为内核的 B 宝等理财产品后，又新增了基金销售和股票销售业务，并合并推出某聚宝 APP。

目前，甲公司主要通过 A 宝和基金超市两种方式销售基金，并对外宣称其采用的是基金直销而非代销方式。某第三方支付公司作为有合法基金支付机构资格的第三方电子商务平台，在基金销售中所起的作用是通过网络为基金投资人和基金销售机构之间的基金交易活动提供支付的辅助服务。甲公司通过严格的业务流程的设计，避免 A 宝产品被认定为基金的销售，而是将其定位为乙公司搭建的 C 宝货币基金的直销平台。2015 年 4 月，甲公司对持有基金销售牌照的丙基金公司以 61% 的持股比例战略控股，通过将丙基金网平台上原有的 900 多支基金对接至某聚宝供投资者选购，实现利用第三方电子商务平台成立基金超市供投资者选购。在其网站的基金销售页面也明确表明，基金销售服务由丙基金销售有限公司提供，以规避甲公司无基金销售业务资格而违反相关法律规定的风险。

虽然甲公司认为A宝系基金直销产品，在基金的认购过程中，资金和资产的所有权均不会转移给某第三方支付公司，该第三方支付公司从基金公司获得的收益是其提供交易平台的对价，即“管理费”，且也已作为基金销售的第三方支付机构按规定在证监会备案，不存在无资质销售基金产品的合规风险。但A宝产品实质上仅涉及一种货币基金，投资者将资金转入A宝，即相当于购买了乙公司C宝基金，根据《证券投资基金销售机构通过第三方电子商务平台开展证券投资基金销售业务指引（试行）》第十四条的规定，第三方电子商务平台经营者从事基金宣传推介等基金销售活动的，应当取得基金销售业务资格。

从整个过程来看，虽然甲公司平台上的A宝产品和各类基金产品是某第三方支付公司和乙基金、丙基金合作推出的，但是很明显该第三方支付公司占主导地位，通过借用有基金销售资质的公司具有的合法销售基金功能来达到自己销售基金的目的。毫无疑问，甲公司正在从事包括基金销售在内的证券业务，根据《刑法》第二百二十五条第（三）项的规定，未经国家有关主管部门批准非法经营证券、期货、保险业务的，扰乱市场秩序，情节严重的，构成非法经营罪。要分析甲公司这一互联网理财产品平台是否构成此罪，应当首先关注其销售基金的行为是否合法，也就是说某第三方支付公司对其他基金公司销售基金功能的“借用”行为是否有效。

根据《最高人民法院关于审理非法集资刑事案件具体应用法律若干问题的解释》第七条的规定，违反国家规定，未经依法核准擅自发行基金份额募集基金，情节严重的，依照《刑法》第二百二十五条的规定，以非法经营罪定罪处罚。甲公司以控股的方式与基金公司开展基金销售的合作，在售基金的发行已经取得证监会的批准，基金份额的发行和认购行为不存在违法，但这一合作行为中涉及的资质交换或使用行为究竟应当认定为是直销还是代销，决定了其行为是否具有违法性，关于这一认定，有学者认为，可以参考同属特许经营行业的建筑行业中“挂靠”的性质来判断。“挂靠”在建筑行业中是指没有相应建筑资质或建筑资质较低的单位和个人，以赢利为目的借用其他有相应建筑资质或建筑资质较高的建筑施工企业名义承揽施工工程的行为。根据《建筑法》、最高人民法院《关于审理建设工程施工合同纠纷案件适用法律问题的解释》的规定，“挂靠”经营行为违反了建筑行业特许经营的规定，挂靠者为资质等级借权经营的，属于违反法律强制性规定的无效协议。但是，若挂靠者实际承揽的工程与其自身资质证书等级相符，或尽管存在管理费，但挂靠者已在被挂靠者的管理之下，则另当别论。换言之，若两者具有资产产权的联系或具有管理关系的存续，则并非构成“挂靠”关系。甲公司以大额持股比例控股有销售资质的基金公司，这些基金公司所具有的基金销售资质在《公司法》上也可视为母公司的财产或资质。因此，不能仅仅因为甲公司未取得基金销售资格而直接认定其推出A宝和其他基金销售业务构成非法经营罪。

（二）互联网理财网站是否构成非法经营罪

除了以A宝为代表的互联网理财产品不断推出外，自动化的理财规划也成为互联网金融发展的一项重要内容，并形成了创新的突破口。在线理财规划及咨询平台既是对传统理财规划及咨询行业的革新与突破，同时又将市场扩展至传统理财规划、咨询行业无法覆盖的人群。近年来，我国互联网在线理财也开始有所发展，出现了存折网、挖财、铜板街等理财网站。存折网是国内第一家面向个人理财的搜索引擎，消费者可以在线比较银行理财产品、P2P理财产品、货币基金等各种理财产品的收益率、安全性、周期以及发行机构等信息。挖财则是国内最早的移动互联网领域的个人财务管理应用和国内目前唯一的全平台个人记账理财应用。铜板街是一个具有安全、简单、便捷特点的理财产品交易平台。公司致力于帮助更多用户实现随时随地轻松理财，并获得更高的收益。铜板街期望通过移动互联网平台，帮助用户分享金融机构的优质产品及服务。

与余额宝作为基金“直销”平台不同的是，互联网理财网站并不直接与任何金融产品相结合，而主要是进行理财产品的推荐、提供相关理财产品的信息和财务管理服务等。以某A公司为例，某A公司用户需要实名购买理财产品，在某A公司购买的理财产品全部由专业金融机构提供，交易流程由有关监管机构监管，用户的理财资金由指定银行监管，某A公司不直接接触客户的资金。理财资金在赎回时，只能回到购买时所使用的银行卡，同卡进出。根据《证券期货投资咨询管理暂行办法》及其实施细则的规定，提供涉及证券发行、交易以及与之相关的企业财务顾问等方面的有偿咨询服务属于证券投资咨询服务。互联网理财网站所提供的服务实际上是证券投资咨询业务。

证券投资咨询业务同样属于特别许可业务。根据《证券期货投资咨询管理暂行办法》第三条的规定，从事证券、期货投资咨询业务，必须依法取得中国证监会的业务许可。未经中国证监会许可，任何机构和个人均不得从事各种形式的证券、期货投资咨询业务。

《刑法》第二百二十五条并未明确将未经批准从事证券投资咨询业务作为非法经营罪的行为要件。但在实际刑事司法实践中，除刑事立法及司法解释中明确指明的可判处非法经营罪的行为外，违规从事证券投资咨询业务的行为也被认定为非法经营罪，如杭州某经济信息投资咨询公司负责人徐某在尚未取得执业资格的情况下，宣称能为股民提供精选个股服务、传授炒股技巧，收取股民信息咨询费63万元，被杭州下城区人民法院判处非法经营罪。这一判决结果也得到了司法部门和金融监管当局的首肯。2008年《最高人民法院、最高人民检察院、公安部、中国证券监督管理委员会关于整治非法证券活动有关问题的通知》中明确要求，任何单位和个人经营证券业务，必须经证监会批准。未经批准的，属于非法经营证券业务，应予以取缔；涉嫌犯罪的，依照《刑法》第二百二十五条的规定，以非法经营罪追究刑事责任。其中的证券业务即包括证券投资咨询业务。

因此，在未取得证券投资咨询资格的情况下，互联网理财网站提供在线理财服务，同样可能被认定为构成非法经营罪。

（三）互联网理财是否可能构成背信运用受托财产罪

在互联网理财产品中，投资者的资金首先进入第三方支付机构，再转由基金管理公司进行管理，与其他基金份额持有人相同的是，一旦进行基金的认购，投资者便丧失了对其资金的控制权。从法律上讲，其名义上的所有权也已经发生转移，而仅享有受益权。但与其他基金投资者不同的是，支付宝客户与基金管理公司之间并未直接订立任何的基金合同，双方当事人之间的权利义务关系实际上是不明确的。更重要的是，投资者作为基金份额持有人的身份更是不明确，难以根据《证券投资基金法》的规定行使基金份额持有人的权利，对基金管理公司管理认购资金的行为予以监督。在此情况下，尤其利用互联网实现金融普惠的背景下，第三方支付机构及相应的基金已经累积了巨额的资金。一旦资金被擅自动用，将对第三方支付公司和基金管理公司的声誉和信誉产生巨大的影响，也将动摇社会公众对互联网理财产品的信任感，而且使资产管理活动处于较大的金融风险之中，严重损害委托人的利益，也将损害互联网金融创新的市场环境。此种行为如何追究刑事责任，值得关注。

在通过第三方电子商务平台支付的基金交易中一般存在三方当事人。以余额宝为例，在其运营过程中，其三方当事人包括支付宝公司、天弘基金公司和投资者（即支付宝用户）。其中，支付宝公司是增利宝的一个直销平台和第三方结算工具的提供者，与客户的接口是支付宝，与增利宝的接口是余额宝；天弘基金公司是基金的发行者、销售者和管理机构，发行增利宝货币基金，并将其嵌入余额宝直销；支付宝客户是基金的购买者，通过支付宝账户备付金转入余额宝或余额宝转出到支付宝，实现对增利宝基金的购买和赎回。投资基金的本质是基金信托，即受托人募集资金、管理投资、收取管理费用，委托人承担风险享受收益。投资者通过购买基金份额成为基金份额的持有人，作为委托人通过签订合同将基金财产委托给基金管理人管理，基金管理人作为受托人，以基金资产增值为目的，在市场上以其名义独立投资运作，基金管理人对基金资产运作增值所获得的收益由基金份额持有人享有，这是一种实际上的自益信托。在投资者与第三方支付平台之间，基金交易双方先在第三方支付平台上设立账户，投资方向银行发出指令，向已在支付平台上设立的账户以转账方式划付资金，从而将资金置于第三方支付机构的管理之下。在基金交易中，第三方支付平台应当与投资者订立合同，约定投资者将资金转入一个独立的账户，该账户直接将资金转给基金管理人，专门用于向基金管理人购买某种基金产品。从这个运作过程分析，投资者即委托人与第三方支付机构即受托人约定，由受托人代理委托人购买某个指定的基金产品，且双方当事人之间存在特别信托关系，因此投资者与第三方支付机构之间也存在委托代理关系。从余额宝运作的流程来看，第三方支付机构与基金管理人之间签订基金交易的合同，由第三方支付机构代理投资者向基金管理人认购基金，并披露投资者的相关信息。基金合同直接约束投资者和基金管理人，第三方支付机构仅承担受托人的义务，以及与基金管理人签订协议中约定的其他义务。因此，第三方支付机构和基金管理公司分别基于委托和信托关系而管理、控制投资者的资金，承担受托义务而运用资金。如果上述主体违背此受托义务而擅自使用资金，根据修正后的《刑法》第一百八十五条之一第一款的规定，商业银行、证券交易所、期货交易所、期货经纪公司、保险公司或者其他金融机构，违背受托义务，擅自运用客户资金或其他委托、信托的财产，构成背信运用受托财产罪。①

然而，在司法实践中，互联网理财产品作为一种创新金融产品，资金的管理者擅自使用资金是否构成背信运用受托财产罪，可能引发一定的争议。根据《刑法》第一百八十五条之一的规定，背信运用受托财产罪的主体为特殊主体，即商业银行、证券交易所、期货交易所、期货经纪公司、保险公司或者其他金融机构，而在互联网理财产品中，基于信托或委托关系控制、管理资金的主要为基金管理公司和第三方支付机构。上述主体是否构成“其他金融机构”，仍有待认定。此外，在行为要件方面，本罪要求发生资金的“擅自运用”，即未经委托人或受益人的同意而私自动用受托资

---

① 刘宪权：《金融犯罪刑法学专论》，北京大学出版社2010年版，第267页。

金的行为。认定是否构成“擅自运用”，其关键在于是否违背客户的明确授权。如前所述，在余额宝的三方主体之间并不存在明确的合同内容，尤其对第三方支付机构和基金管理人如何运用资金并未作出明确的规定。在此情况下，判断上述资金管理人是否违背客户的明确授权而擅自运用资金存在一定的困难，在其行为损害投资者利益的情况下也难以追究其刑事责任。就背信罪的基础而言，应当是对诚实信用义务的违反，只要滥用对他人的财产的管理权限或事实上的事务处理权限，从而违反诚实信用义务，即构成背信行为。[①] 因此，不能单纯因为在合同中对授权范围无明确规定即认为不构成对资金的擅自运用。

除此之外，受托人应当遵守法律、行政法规、规章规定的法定义务以及委托人约定的具体义务，不能简单地认为仅限于违背了委托人与受托人之间具体约定的义务，首先还应当包括违背了法律、行政法规、部门规章规定的受托人应尽的法定义务。根据《货币市场基金管理暂行规定》第二、三条的规定，货币市场基金仅可以投资于现金、一年以内的银行定期存款、大额存单剩余期限在397天以内（含397天）的债券、期限在一年以内的债券回购和中央银行票据，但不可投资于股票、可转换债券、剩余期限超过397天的债券和信用等级在AAA级以下的企业债券。如违背这一投资限制，导致货币市场基金发生亏损，损害投资者的权利，则应当认定构成“擅自运用”。

但在认定第三方支付机构或基金管理人的投资行为是否构成背信运用受托财产罪时，还应当注意区别“擅自运用”与“不当运用”。对于信托行为，由于一般授权比较概括，基金管理公司的行为也就相对比较自由。只要委托人在合同中已经授权受托人处理某项事务，即使后来受托人在处理这项事务中的具体情节未征求委托者的意见时，仍然不能将受托人的行为认定为“擅自运用”。如果信托文件没有特别约定，只要不违背为受益人的最大利益处理信托事务的信托法理，即使由于受托人的过失，导致决策失误，进而致使信托财产遭受重大损失，也不应以本罪论处。[②]

第三节　涉互联网理财平台刑事犯罪案例——以某公司旗下产品为例

A作为甲集团下某小额贷款有限公司及某小微小额贷款有限公司（以

① 赖正直：《论背信运用受托财产罪的若干基本问题》，载《社科纵横》2008年第4期。

② 刘宪权：《金融犯罪刑法学专论》，北京大学出版社2010年版，第267页。

下简称X小贷）面向某宝注册客户提供的个人信用支付产品，用户在使用服务时需要与X小贷公司和Y商业保理有限公司这两家服务商签订《A产品用户服务合同》，并授权服务商向Z信用管理有限公司查询用户的信用信息，结合用户的信用情况和风控模型为用户进行评级，基于大数据的授信模式即时审批，并给予用户相应的消费授信额度，在授信有效期内可以循环使用该授信额度用于电商购物平台购买商品或服务，但不能用于取现。用户在消费时，向X小贷申请委托其提供消费贷款。X小贷在用户确认收货之后将该笔款项定向支付给商家，客户需要在确认收货的下月归还贷款或申请分期归还该笔贷款。X小贷的放款、商家的收款以及客户的还款所依托的支付服务由某宝公司提供。

从A产品的业务流程不难看出，其在信用评估、额度确认及调整、服务模式，以及还款期限上都与商业银行等金融机构发行的贷记信用卡相类似，但能否因此将这类创新型信贷产品归类于“虚拟信用卡”来对待呢？1999年3月1日实施的《银行卡业务管理办法》第二条规定，本办法所称银行卡，是指由商业银行（含邮政金融机构）向社会发行的具有消费信用、转账结算、存取现金等全部或部分功能的信用支付工具。商业银行未经中国人民银行批准不得发行银行卡。而银监会于2011年1月13日下发实施的《商业银行信用卡业务监督管理办法》第七条则规定，本办法所称信用卡，是指记录持卡人账户相关信息，具备银行授信额度和透支功能，并为持卡人提供相关银行服务的各类介质。上述两个管理办法都明确了信用卡的介质和工具性质，即具备实体。而也有些不同意见指出，全国人大常委会2004年12月29日颁布的《关于〈中华人民共和国刑法〉有关信用卡规定的解释》中规定，刑法规定的“信用卡”，是指由商业银行或者其他金融机构发行的具有消费、信用贷款、转账结算、存取现金等全部功能或者部分功能的电子支付卡。支持虚拟信用卡认定的学者认为，这表明了刑法上的“信用卡”没有设定实体边界，那么这些由小额贷款公司等金融机构发行的，具备上述部分功能的产品也可以归于刑法范畴内的“信用卡”。

小贷公司自2008年开始试点起，因一直未明确获得银监会颁发的金融机构牌照而身份尴尬。2012年1月6日，被告人江某某作为上海某集团有限公司（以下简称集团公司）法定代表人，以公司名义向上海某小额贷款股份有限公司（以下简称小贷公司）申请贷款用于购买钢材，并提供了与上海某有限公司虚假签订的钢材供销合同，虚报公司财务状况。同年1月13日，集团公司取得小贷公司贷款人民币600万元后，即用于归还有限公司及其控股的其他公司的贷款和债务。同年2月至7月，集团公司支付利息

61.72万元，其余款息至今仍未归还，给小贷公司造成损失538.28万元。上海市某检察院以被告单位集团公司、被告人江某某犯骗取贷款罪，向人民法院提起公诉。

在本案的审理过程中，有人提出小贷公司未获得金融许可证，因此不能确认其金融机构的身份。但《金融许可证管理办法》系中国银行业监督管理委员会于2007年修改发布的，而《关于小额贷款公司试点的指导意见》（以下简称小贷《指导意见》）系中国银行业监督管理委员会、中国人民银行于2008年发布的，该两项规定的发布部门均包括中国银行业监督管理委员会，根据新法优于旧法的原则，小额贷款公司作为创新金融的试点，如果金融许可证制度适用于小额贷款公司，那么小额贷款公司未取得金融机构许可证就经营贷款等金融业务应当受到中国银行业监督管理委员会的处罚，而事实上中国银行业监督管理委员在小贷《指导意见》中已经明确允许小额贷款公司经营小额贷款业务。同时，也要考虑到国务院对于金融监管坚持的原则是“谁批设机构，谁负责风险处置”的原则，银监会基于自己监管责任的考虑，不将小贷公司纳入自己的监管范围，才没有给予其金融许可牌照，由此不难看出，金融许可牌照并非界定是否为金融机构的分水岭。

首先，《银行业监督管理法》第二条第二款规定，对在中华人民共和国境内设立的金融资产管理公司、信托投资公司，财务公司、金融租赁公司以及经国务院银行业监督管理机构批准设立的其他金融机构的监督管理，适用本法对银行业金融机构监督管理的规定。根据这一规定，非银行金融机构的设立可以由中国银行业监督管理委员会批准。而根据小贷《指导意见》第二条第四款规定，申请设立小额贷款公司，应当向省级政府主管部门提出正式申请，经批准后，到当地工商行政管理部门申请办理注册登记手续并领取营业执照。此外，还应当在5个工作日内向当地公安机关、中国银行业监督管理委员会派出机构和中国人民银行分支机构报送相关资料。该小贷《指导意见》是由中国银行业监督管理委员会、中国人民银行共同制定的，所以可以认为小额贷款公司是经银行业监督管理机关授权的省级政府主管部门批准设立、接受主管部门监督管理的其他金融机构。

其次，根据《商业银行法》第三条的规定，商业银行可以经营下列部分或者全部业务：（1）吸收公众存款；（2）发放短期、中期和长期贷款；（3）办理国内外结算；（4）办理票据承兑与贴现等。根据小贷《指导意见》第一条第一款的规定，小额贷款公司是由自然人、企业法人与其他社会组织投资设立，不吸收公众存款，经营小额贷款业务的有限责任公司或股份有限公司。其经营的业务属于金融业务。

再次，《商业银行法》第二条规定，商业银行是指依照该法和《公司法》设立的吸收公众存款、发放贷款、办理结算等业务的企业法人。根据这一规定，商业银行的本质也是依据《公司法》设立的企业法人。商业银行的企业法人性质并不影响其金融机构性质的认定。企业法人性质和金融机构性质是从不同侧面根据不同标准所作的法律评价，二者不存在必然的排斥性。所以，小额贷款公司的企业法人性质不影响其金融机构性质的认定。

最后，中国人民银行印发的《金融机构编码规范》通知已经明确规定了小额贷款公司的金融机构地位："本规范规定了金融机构的编码对象、编码结构和表示形式，使每个编码对象获得一个唯一的代码，以适应金融机构信息系统建设和数据交换的需求。"同时，《金融机构编码规范》规定，"Z－其他#1－小额贷款公司"，而中国人民银行下发的《关于2010年中资金融机构金融统计制度有关事项的通知》也明确规定，境内其他金融机构包括小额贷款公司等金融机构，这明确了小额贷款公司适用金融机构的金融统计制度的要求。

确认了小贷公司的金融机构地位后，将个人消费信贷产品列入刑法"信用卡"概念的观点似乎立论充分，但这种观点其实是忽视了现行"分业监管"的体制下各监管机构通过发放不同种类的金融牌照，对不同种类的金融机构所能从事的业务的区分。推出个人消费信贷产品的电商平台旗下的小贷公司虽然拥有相应的金融机构牌照，但其发行此类产品，并非基于发行信用卡的商业银行牌照。正因如此，央行曾于2014年3月13日紧急叫停了中信银行与电商平台合作的两类虚拟信用卡，因为在其受理、审核和催收中，电商平台发挥着十分重要的作用，成为了与商业银行并列的发卡主体，因而涉嫌违规。因此，该司法解释中所称的"其他金融机构"，不应作扩大解释。虽然不能以信用卡的相关规定来对A产品这类的消费信贷产品进行管理，但其产品特点决定了信用卡领域的乱象在此也难以避免。

就A产品而言，最突出的问题在于利用产品套取现金。由于A产品在确认收货后有长达40天的免息期，逾期才起算利息。用户在需要现金时，即通过QQ群、套现论坛（网站）等多种渠道进行套现的商户，事先进行沟通，在其平台店铺上选择一个跟A产品授信额度相近且支持A产品支付的商品进行购买。商户模拟发货并按照用户拍下商品的价值扣减3%－5%手续费后的90%的款项作为套现金额支付到用户（套现者）的账户内，完成首批交易。用户在收到首批款项后，点击确认收货，商家会将套现金额剩余的10%再支付给用户，完成所有交易。如此简便快捷的套现方式和无本赚取手续费的利诱，使得有人专职从事这一行业，成为套现行业中用户和商铺之间的“中介”，赚取手续费差价，并迅速形成了产业链。近年来，由于某电商平台对不法店铺的打击力度进一步加强。

就以套现为业赚取手续费的行为而言，与POS机套现相似，实际上是在从事消费信贷资金的转移和给付，也就是支付结算的业务。根据《支付结算办法》《非法金融机构和非法金融业务活动取缔办法（2011修订）》等规定，未经中国人民银行的批准，擅自从事或变相从事支付结算业务的行为在性质上均应认定为“非法从事资金支付结算业务”。《刑法修正案（七）》已将非法从事资金结算业务规定为非法经营罪的行为方式之一，因此对于实践中利用POS机、网上支付、电话支付等方法从事套现活动，情节严重，需要追究刑事责任的，可以适用《刑法》第二百二十五条的规定处理，以非法经营罪认定。

就据不兑现套现承诺的案件而言，在之前的论述中，已经明确了X小贷具有金融机构的主体资质，能够成为骗取贷款罪和贷款诈骗罪的犯罪对象。实践中，骗取贷款罪和贷款诈骗罪客观上都存在骗取贷款的行为，有时贷款诈骗的行为又被认定为合同诈骗罪。一方面，骗取贷款罪与贷款诈骗罪、合同诈骗罪的主要区别在于行为人是否具有非法占有目的。骗取贷款罪主观方面要求行为人不具有非法占有目的，而贷款诈骗罪和合同诈骗罪的主观方面都要求行为人具有非法占有目的。对于骗取小额贷款公司贷款的行为，只有行为人明确不具有非法占有目的或者证据不足以证实行为人具有非法占有目的时，才能依照骗取贷款罪定罪处罚。否则，应当以贷款诈骗罪或者合同诈骗罪论处。另一方面，贷款诈骗罪与合同诈骗罪的主体不同。贷款诈骗罪的主体只能是自然人，合同诈骗罪的主体可以是自然人也可以是单位。最高人民法院印发的《全国法院审理金融犯罪案件工作座谈会纪要》规定，单位不能构成贷款诈骗罪。根据《刑法》第三十条和第一百九十三条的规定，单位不构成贷款诈骗罪。对于单位实施的贷款诈骗行为，不能以贷款诈骗罪定罪处罚，也不能以贷款诈骗罪追究直接负责的主管人员和其他直接责任人员的刑事责任。

但是，在司法实践中，对于单位十分明显地以非法占有为目的，利用签订、履行借款合同诈骗银行或其他金融机构贷款，符合《刑法》第二百二十四条规定的合同诈骗罪构成要件的，应当以合同诈骗罪定罪处罚。在骗取贷款行为上，店铺、中介与套现人是共犯，而店铺、中介另外还具有非法占有的目的，即拿到A产品的借款不想再归还，而套现人并没有非法占有的目的，只是挪用一下A产品中的额度，到期之后仍要偿还。如果骗取贷款行为在数额上能够达到入罪标准，那么店铺、中介与套现人都以骗取贷款罪定罪处罚，但由于骗取贷款罪的入罪标准较高《关于公安机关管辖的刑事案件立案追诉标准的规定（二）》第二十七条规定，以欺骗手段取得贷款等数额在一百万元以上的，或者以欺骗手段取得贷款等给银行或其他金融机构造成直接经济损失数额在二十万元以上的，或者虽未达到上述数额标准，但多次以欺骗手段取得贷款的，以及其他给金融机构造成重大损失或者有其他严重情节的情形，应予立案追诉。实践中往往难以进行处理，这时就要考虑单独评价店铺与中介拒不归还钱款的行为应定性为诈骗罪还是贷款诈骗罪。由于普通诈骗罪与贷款诈骗罪是普通法条与特别法条之间的关系，应当遵循特别法条优于普通法条的适用原则。因此，判断贷款诈骗罪是否成立是此类案件争议的关键所在。

支持认定中介和平台商铺的行为构成贷款诈骗罪的学者观点主要基于间接正犯理论。所谓间接正犯，是指利用无故意或无责任能力人的行为，或利用他人无违法性的行为达到自己犯罪目的的情况，间接正犯的行为人与被利用者之间亦不成立共同犯罪。但此类案件中中介与店铺的行为与间接正犯有区别：间接正犯的行为人是利用他人的行为达到自己的犯罪目的，行为人本身并不直接实施犯罪行为，而此类案件中的店铺和中介在银行贷款发放至其控制的银行账户后，实施了占有款项拒不归还的行为，因此属于实行犯，非间接正犯。同时，中介和店铺与套现人之间的关系也并非单纯的利用与被利用，在其无法收到套现款的后果发生时，其骗取贷款的行为已经完成。就套现这一事实，套现人并非被欺骗或强迫，而是出于自身使用现金的需求，自愿地实施并完成了套现行为。因此，将中介和店铺的行为界定为间接正犯不符合间接正犯的含义。

分析此类案件的法律关系，可以看出，与X小贷签订贷款合同的是套现人，这一民事法律关系真实有效，X小贷实际上是向套现人而非店铺发放了该笔贷款。虽然中介和店铺实际上占有了该笔贷款或该笔贷款所购买的物品，但无论中介和店铺是否能实际控制该笔贷款，X小贷实质上是代套现人支付了该笔货款，该笔货款及其对应商品的债权债务仍应及于套现人，套现人仍然要向X小贷公司如期归还借款，因此遭受犯罪行为损害的是套现人，而非X小贷公司。因此，中介和店铺的行为应当以诈骗罪定罪处罚。

第九章　虚拟货币领域刑事司法问题

第一节　虚拟货币的发展与性质

一、虚拟货币概况

21世纪初，随着互联网游戏和互联网通讯的兴起，腾讯公司的Q币、百度公司的百度币、盛大公司的点券等虚拟货币逐渐走入大家的视野，随即引发了对于虚拟货币法律地位、金融地位的讨论研究。2009年比特币诞生，2013年以来莱特币、夸克币等“货币”种类纷纷登场，虚拟货币又开始引发一阵狂热。对于虚拟货币的性质如何界定、对金融秩序和经济秩序有何影响、存在何种风险、如何制定监管措施等问题的讨论方兴未艾。在2015年“互联网金融元年”以来，更有许多犯罪嫌疑人混淆和过分夸大虚拟货币的性质和作用，利用互联网金融发展的契机进行犯罪，引发了一定的社会不稳定因素。

（一）虚拟货币的概念

虚拟货币是在互联网中进行流通的具有一定货币价值的数据流或信息流，由私人开发者发行且拥有自己的计价单位。对于虚拟货币的定义尚未有统一的说法，随着虚拟货币行业的迅速发展演变其定义和范畴也存在改变的可能。广义的虚拟货币包括网络银行或其他网络金融中的流通资金，即电子货币，也包括互联网中使用的虚拟金钱。狭义的虚拟货币仅指互联网中使用的虚拟金钱，由各互联网机构自行发行，需要通过法定货币兑换才能实现其价值，没有形成统一的发行和管理规范，只能流通于特定互联网领域。[①] 本文所述虚拟货币专指狭义上的虚拟货币。

明确虚拟货币的概念，首先要厘清与其他几个概念的区别。

---

① 贾丽平：《论虚拟货币的规范及未来发展方向》，载《管理现代化》2008年第2期。

1. 虚拟货币与法定货币

法定货币，是指不代表实质商品或货物，发行者亦没有将货币兑现为实物义务，只依靠政府的法令使其成为合法流通的货币。法定货币即经法律规定可以流通的货币。人民币、美元、英镑等都是各国法定货币。而虚拟货币仅在特定领域内流通，并非法定金融机构发行，二者最大的区别就在于是否为法律规定的货币。

2. 虚拟货币与电子货币、数字货币

虚拟货币和电子货币都是基于互联网技术以电子信息为载体的数字货币，通过信息网络进行传播和使用，在功能和特性上有很大程度的相似性，但在货币性质、法律地位等方面有着很大不同。虚拟货币不同于电子货币。电子货币是指银行等法定金融机构发行的代替纸币流通且具有法定货币功能的电子数据，而虚拟货币是指在网络虚拟环境中产生，由非法定金融机构的私人公司发行或没有发行主体，能购买虚拟商品或服务的充当一般等价物的类似货币。因此，虚拟货币与电子货币最大的共性是均通过电子形式流通，而电子货币通过银行等法定金融机构发行，虚拟货币由私人机构或个人发行。

表1　电子货币与虚拟货币比较对照表①

	电子货币	虚拟货币
货币形式	数字货币	数字货币
货币性质	法定货币	无法偿地位的发明的货币
可接受性	普遍接受	一般限定于特定的虚拟社区
法律地位	严格监管	不受监管或有限监管
发行人	银行等金融机构	非金融私人公司或无
赎回可能性	提供以面值赎回保证	不提供保证

数字货币是指电子货币形式的替代货币（替代货币是一种地方性货币，用来替代政府发行的货币，并且只有在当地流通使用）。数字货币不能完全等同于虚拟世界中的虚拟货币，因为它经常被用于真实的商品和服务交易，而不仅仅局限在网络游戏等虚拟空间。② 因此，数字货币与电子货币、虚拟货币均是数字化的表现形式，但其外延大于电子货币和虚拟货币。

---

① 李邦胤：《虚拟货币现状及发展研究》，河南大学2014年硕士学位论文。

② 来源百度百科，www. wapbaike. baidu. com,2016年11月19日。

通过与其他概念相比，可以发现虚拟货币是一种数字化价值表示、不以法定货币计价、由非中央机构等金融机构发行、在特定互联网领域内流通的去中心化的数字表现形式，在一定范围内发挥类似货币的功能。下图在一定程度上可以反映上述三个概念的区别与联系。

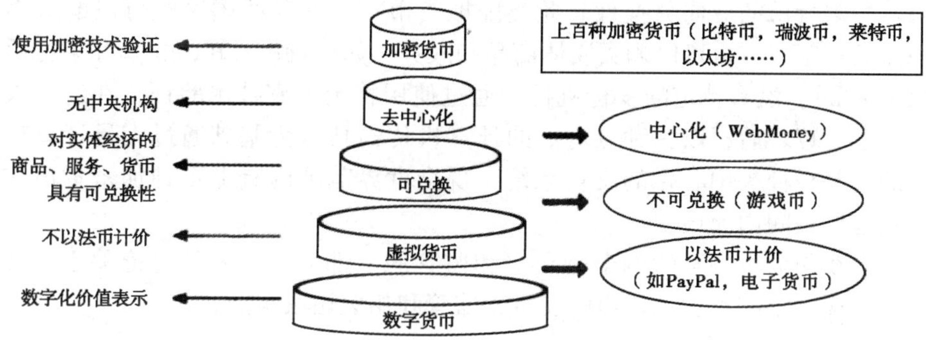

图 1　加密货币、虚拟货币与数字货币①

（二）虚拟货币的分类

虚拟货币按照其实现功能及自身特点可以大致划分为以下四类：

（1）泛虚拟货币，主要是一种积分形式，可抵扣相应现金，常见于多种电商平台等抵扣相应现金进行购物，如天猫积分，在购买天猫商品时，可以使用积分抵扣部分支付价款，一般而言，1 天猫积分可抵 0.01 元。

（2）服务币，主要是虚拟社区运营商为了鼓励用户之间进行资源共享而设立的一种虚拟货币，用户要获得这种虚拟货币，必须按照虚拟社区的规则参与特定的虚拟社区活动，如豆瓣小豆，是豆瓣社区为了促进用户互动而设立的虚拟货币，除了系统的不定期奖励发放，用户可以通过在豆瓣社区创作优秀的作品来获得小豆，然后通过小豆换取折价券或代金券，去豆瓣合作的网站购买实体商品。

（3）网络游戏虚拟货币，是虚拟社区发行的可以通过现实货币来购买的一种虚拟货币，购买后一般不能或者很难兑换回法定货币，通过游戏币可以在虚拟社区购买虚拟商品或服务，一般不能购买实体商品或服务，具有与法定货币的单向兑换性，如腾讯公司发行的 Q 币，可以用来购买腾讯公司自己提供的虚拟商品或服务。但同时也包括像“第二人生”这种大型角色扮演游戏系统中的可以与美元自由兑换并拥有浮动汇率的林登币，不

① 何东、卡尔·哈伯梅尔、罗斯·莱科等：《虚拟货币及其扩展：初步思考》，载《金融监管研究》2016 年第 4 期。

但可以购买虚拟商品和服务，也可以购买实体商品和服务。林登币具有与法币的双向兑换性。

（4）类货币，是指没有发行主体，与法定货币有兑换汇率，用户既可以用法定货币来购买，也可将其出售换回法定货币的一种虚拟货币，即具有与法定货币的双向兑换性。此类虚拟货币有些在某些国家既可以购买虚拟商品和服务，也可以购买实体商品和服务，如比特币（Bitcoin）和莱特币（Litecoin），没有特定的发行机构，通过使用特定加密技术验证，在经过大量电子计算之后，以一种点对点的计算机传输技术为基础通过大量计算产生的，是一种去中心化的支付系统。现全世界范围内有上百种加密货币在一定虚拟空间内流通。[①]

本章作为本书互联网金融司法和监管的一部分，主要是讨论关于本文中第三类、第四类虚拟货币的发行、监管和相关司法实例。

二、虚拟货币的发展与法律性质

（一）网络游戏虚拟货币

1. 概况

自互联网技术发展以来，为丰富人们的生活，网络通讯和游戏不断盛行，为提升用户体验、吸引用户参与网络社区活动，各大互联网公司推出在特定网络社区内流通的“货币”，用来购买网络社区的各项活动，如使用游戏币来购买装备、等级等。国内比较盛行的特定网络社区货币有Q币、盛大点卡、天龙币等。游戏币作为虚拟货币的一种，只存在于游戏的虚拟世界里，本身只是游戏程序的一项数据。其货币单位五花八门，取决于游戏本身，不同游戏的游戏币都不通用。游戏玩家使用游戏币在游戏中产生买卖行为，买卖对象一般为武器、装备、材料、技能等。在有些游戏里存在绑定金币和非绑定金币，作用不大相同。一般而言，游戏卡通过两种途径获得：一种是在游戏的过程中通过特定行为获得，另一种是通过法定货币充值购买获得。有些游戏币要用现金购买才行，否则无法得到更好的装备。

通过以上对网络游戏虚拟货币的介绍可以得知，其具有以下几个特点：一是仅在特定网络社区内流通，如特定的游戏程序、特定的产品体验等；二是与法定货币的单向流通性，只能用法定货币购买游戏币，而不能将游戏币直接兑换成法定货币；三是游戏币不能用来支付实物或者其他企业的

① 李邦胤：《虚拟货币现状及发展研究》，河南大学2014年硕士学位论文。

产品、服务等。

2. 规范与发展

21世纪初，随着游戏币被盗用、灭失等问题的出现，人们对这些虚拟货币的性质进行了讨论。国家相关部门对虚拟游戏币的诸多问题进行了研究，并出台了一系列规定与政策。

2007年文化部、公安部、原信息产业部等十四家部委联合印发的《关于进一步加强网吧及网络游戏管理工作的通知》，2009年文化部、商务部发布的《关于加强网络游戏虚拟货币管理工作的通知》等对虚拟货币的定义、发行主体与交易行为作出了规定。2010年文化部又出台了《网络游戏管理暂行办法》，更为概念化地界定了"网络游戏虚拟货币"，即指由网络游戏运营企业发行的，游戏用户使用法定货币按一定比例直接或间接购买的，存在于游戏程序之外、以电磁记录方式存储于网络游戏运营企业提供的服务器内，并以特定数字单位表现的一种虚拟兑换工具。虚拟货币的使用范围仅限于兑换发行企业自身所提供的虚拟服务，不得用以支付、购买实物产品或兑换其他企业的任何产品和服务。《网络游戏管理暂行办法》要求，文化行政部门要严格市场准入，加强对网络游戏虚拟货币发行主体和网络游戏虚拟货币交易服务提供主体的管理。"网络游戏虚拟货币发行企业"，是指发行并提供虚拟货币使用服务的网络游戏运营企业。"网络游戏虚拟货币交易服务企业"，是指为用户间交易网络游戏虚拟货币提供平台化服务的企业。同一企业不得同时经营以上两项业务。从事网络游戏虚拟货币发行和交易服务的，依据《国务院对确需保留的行政审批项目设定行政许可的决定》和《互联网文化管理暂行规定》管理。凡提供上述两项服务的企业，须符合设立经营性互联网文化单位的有关条件，向企业所在地省级文化行政部门提出申请，省级文化行政部门初审后报文化部审批。

上述规章加强了主体管理、规范了市场行为。《关于加强网络游戏虚拟货币管理工作的通知》规定从事相关服务的企业需批准后方可经营。同时对网络游戏虚拟货币的使用范围做出了严格规定：不得用以支付、购买实物产品或兑换其他企业的任何产品和服务，防止网络游戏虚拟货币对现实金融秩序可能产生的冲击。同时还从保护用户权益、强化企业责任的角度制定了规范措施和联席协调机制，有利于防止和打击利用网络游戏虚拟货币的违法犯罪行为。

在《互联网文化管理暂行规定》和《网络游戏管理暂行办法》的基础之上，2016年12月1日文化部印发了《关于规范网络游戏运营加强事中事后监管工作的通知》。该通知于2017年5月1日起施行。通知规范了虚拟道具发行服务，对发行具有网络游戏虚拟货币属性的虚拟道具，及以“随机抽取”方式提供虚拟道具和增值服务的行为做了规范，斩断了网络游戏虚拟货币、虚拟道具回兑通路，以避免涉嫌宣扬赌博：一是对于具有网络游戏虚拟货币属性的虚拟道具，明确对此类与法定货币直接发生联系或者由网络游戏虚拟货币一次转换、具备代币功能的虚拟道具，参照网络游戏虚拟货币进行管理，严格了虚拟道具的兑换、回收管理；二是明确了以随机抽取方式提供网络游戏虚拟道具和增值服务的合法性规则，限定投入方式不得为法定货币或者网络游戏虚拟货币。通过上述两条明确性规定，防范网络游戏道具增加经济价值，防范赌博、逐利的大肆出现，从而让网络游戏回归到娱乐本质。

3. 法律问题

（1）网络游戏虚拟货币的刑法“财物”性质之争。网络游戏虚拟货币是虚拟财产的一种，虽经由上述部门规章确定了其概念定义和规范管理，但其在刑法上的性质地位的确立却经历了几番争议，即将虚拟游戏币是认定为刑法上的财物，还是认定为信息数据？性质地位的确定直接关系到法律适用问题，从定罪量刑到赔偿处理均大相径庭，甚至直接影响到刑民法律体系的调整，乃至互联网企业的发展方向。

第一，司法实务上的观点演变。从司法实务界来看，网络游戏虚拟货币的刑法性质认定，经历了从倾向性认定为刑法上的财物，适用财产性利益保护规则，到主流实务观点认定为信息数据适用计算机信息安全保护规则的转变。网络游戏虚拟货币是虚拟财产的一种，司法实践中较为常见的还有互联网账号、游戏道具、积分、“京东豆”等可兑换服务币。为契合虚拟货币主题本章选取的案例仅为网络游戏虚拟货币，此类虚拟货币具有一定的交换价值，具备财物的重要特征，用在此处讨论涵盖网络游戏虚拟货币在内的虚拟财物是否属于刑法上的财物更具有代表性。

案例一：

广州天河区首例盗窃虚拟财产刑事案

被告人颜某在广州网易互动娱乐有限公司（以下简称网易公司）工作。2004 年 8 月至 10 月间，网易公司组织举行了游戏玩家参与的庆典活动。在活动期间，颜某拿到了梁某某等 30 人的个人资料。根据这些资料，颜某伪造了 22 张玩家身份证，并将假身份证复印件传真至网易公司，以安全码被盗为由向网易公司提交了修改安全码申请，颜某很快就拿到了网易公司发回的新安全码。

此后，颜某通过更改后的游戏密码接连盗取了多个游戏玩家的账号及装备，包括六级男衣避水甲等13件武器装备。随后，颜某来到网易玩家交易装备市场，将盗得的装备又转卖给他人。被盗的玩家发现装备被盗后，为了赎回，又不得不按照颜某所要求的价格，花费1250～2000元不等的价钱打到颜某指定的银行账户中。通过“倒卖”这些装备，颜某非法获利人民币3750元。经网易公司估算，被盗装备价值虚拟货币69070万大话币（“大话西游”游戏币），折合人民币4605元。

2005年12月，广州市天河区人民法院公开宣判：颜某以非法占有为目的，窃取多名玩家在网络游戏中价值人民币4605元的虚拟装备，并销赃非法获利人民币3750元，数额较大，其行为已构成盗窃罪，判决单处罚金人民币5000元。

天河区人民法院认为：首先，游戏玩家为了获得这些虚拟财产，不但投入了体力和脑力劳动，耗费了游戏时间，而且必须继续支付上网费用和游戏充值卡（如网易公司的点卡），才能操控虚拟人物在游戏环境中获取虚拟装备，因此它具有价值。同时，这些虚拟财产可以在虚拟人物间转让、交换，可以由玩家自由处分，因此它又具有流通性。故虚拟装备应属玩家所有的私人财产，与有形财产在本质上并无不同，可以构成盗窃罪的犯罪对象。其次，将虚拟装备等虚拟财产归入刑法调整范围并无扩大刑法适用范围。刑法及相关司法解释规定适用盗窃罪的“公私财物”，并没有限定适用范围，具有财产属性的非有形财产亦属盗窃罪调整的范围，当然包括本案涉及的虚拟装备等虚拟财产。①

上述案例为盗窃虚拟游戏币刑事第一案，引发了对网络游戏虚拟货币或是虚拟装备等是否为无形财产、是否应具备刑法上财物地位的广泛争议。由于2005年对于网络游戏虚拟货币的性质和基本概念均没有明确规定，而网络货币被盗案件多发、频发，许多游戏玩家为挽回在游戏或网络社区中的损失，确实付出了钱款予以赎回，产生了间接的财产损失。互联网企业为了维护用户群体从而减少自己的损失，也希望用盗窃罪、诈骗罪进行规制，从而实现被告人对被害人的直接赔偿。在上述背景之下，第一例虚拟财产被盗案件确立了判处盗窃罪的先例。自此之后，公检法机关对此类案件多认定为盗窃罪。

---

① 参见腾讯新闻“广州首例盗窃虚拟财产刑事案昨宣判”，http://news.qq.com/a/20051220/000034.htm，2016年11月27日。

然而，对于包括网络虚拟货币在内的虚拟财产是否属于财物的性质讨论和研究并没有因此停止，实务界的判决也各自不一。

案例二：

周某利用木马技术窃取他人游戏币并营销获利案

被告人周某于2008年从网上购买了Pschare软件（一种木马软件，其作用是用于远程操纵他人的计算机信息系统，获取该计算机信息系统中存储、处理或者传输的数据），通过向聊天对象的计算机发送该软件，对他人的计算机进行远程操纵，获取对方游戏账号和密码，然后采取直接窃取或者修改密码的方式盗窃他人“面对面365”网络游戏的游戏币，将对方的游戏币转移到其注册的账号中。之后，周某按照游戏币兑换人民币的比率，将盗窃的游戏币放到以其父亲的名字在淘宝网注册的网店销售牟利。自2009年3月起至8月，周某作案200余次。案发后，周某退回20816.3元赃款，公安机关追回赃款4700元。

对本案的定罪存在两种意见：多数意见认为被告人周某的行为构成盗窃罪；少数意见认为被告人周某的行为构成非法获取计算机信息系统罪。2010年10月，有关部门就利用计算机窃取他人游戏币非法销售获利如何定罪问题征求最高人民法院研究室意见。[①]

2010年，最高人民法院研究室就上述案例答复，利用计算机窃取他人游戏币非法销售获利行为目前宜以非法获取计算机信息系统数据罪定罪处罚。具体理由如下：一是参考国外刑事对策。根据2001年通过的美国、日本、加拿大等26个缔约国参与的《网络犯罪公约》，对非法获取计算机信息系统数据的行为，无论是在传输过程中获取数据，抑或直接侵入计算机信息系统获取数据，都没有要求缔约国认定为盗窃罪，而只是要求规定为相应的计算机犯罪，以维护电子数据传输的私密性。而我国台湾也经历了一个对窃取网络虚拟财产从认定为盗窃到最终确认为妨害电脑使用罪的过程。二是对盗窃网络虚拟财产的行为适用盗窃罪存在难以解决的司法实务问题，如虚拟财产的实际财产价值难以确定，认定为盗窃罪难以认定数额，因为虚拟财产的价值体现在用法定货币的兑换价值，但这一价值可以由网络游戏服务商自行确定，也可以在玩家之间互相流转协商确定，这些价值

① 喻海松：《最高人民法院研究室关于利用计算机窃取他人游戏币非法销售获利如何定性问题的研究意见》，中国法院网，2016年11月27日浏览。

主观性较强，对认定盗窃数额缺乏客观性。三是对盗窃网络游戏虚拟货币的行为适用非法获取计算机信息系统数据罪，符合罪责刑相适应原则，并不会放纵此类行为。① 四是虚拟财产不具有财产性质，且司法解释中对于没有将网络虚拟货币认定为盗窃犯罪对象，只对无形财物列举了电力、燃气等，因此，认定为盗窃罪的对象超出了司法解释的范围，不符合罪刑法定的原则。②

案例三：

杨某某窃取游戏币非法获取计算机信息系统数据案

被告人杨某某于2013年6月至10月间，在北京市朝阳区南湖东园一小区内，利用北京某网络科技有限公司的51wan游戏充值平台漏洞，自主编写充值平台接口程序，多次生成虚假支付反馈信息，获取该公司运营的《神仙道》游戏虚拟货币“元宝”110余万个，致使公司向该游戏的联合运营公司结算“充值收益分成”共计人民币33984元。被告人杨某某于2014年4月25日被抓获归案。案发后，被告人杨某某的亲属代为退赔了网络公司的上述结算损失，取得了网络公司的谅解。

法院经审理认为，杨某某的犯罪对象为游戏虚拟财产，该对象缺乏现实财物的一般属性，不符合公众认知的一般意义上的公私财物，而游戏虚拟财产的法律属性实为计算机信息系统数据，被告人通过侵入计算机信息系统而获取游戏虚拟财产，实质上属于非法获取计算机信息系统数据行为。因此，公诉机关指控其犯盗窃罪罪名有误，法院予以纠正。鉴于被告人杨某某能够如实供述犯罪事实，当庭认罪态度较好，其亲属已代为退赔被害公司的经济损失，取得了被害公司的谅解，故一审法院对被告人杨某某依法予以从轻处罚。被告人杨某某犯非法获取计算机信息系统数据罪，被判处有期徒刑八个月，罚金人民币2000元。一审判决后，被告人未提出上诉，检察机关亦未抗诉，现该判决已发生法律效力。③

第二，虚拟财产刑法地位的学术大讨论。近年来，司法实务界以案例

① 喻海松：《最高人民法院研究室关于利用计算机窃取他人游戏币非法销售获利如何定性问题的研究意见》，中国法院网，2016年11月27日。

② 胡云腾、周加海、周海洋：《关于办理盗窃刑事案件适用法律若干问题的解释》，载《人民司法》2014年第15期。

③ 付想兵：《盗窃游戏币，能定盗窃罪吗?》，载《人民法院报》2016年1月17日第3版。

为依托，在审判机关的定性指导之下，虚拟财产被认为是一种计算机信息数据而非刑法上的财物的观点逐渐趋同一致，但学术界对虚拟财产的法律地位的争议从未停止，反而随着实务界的统一讨论更加激烈。

肯定说以陈兴良和张明楷教授为代表。陈兴良教授认为，虚拟财产是存在方式的虚拟性和财产价值的真实性的并存，而且在虚拟财产和现实财产之间可以通过一定的换算途径和交易机制转变成为现实财产。虚拟财产属于我国刑法中的财物，侵犯虚拟财产的犯罪应当以侵犯财产罪论处。因虚拟财产具有特定网络环境附属性，但不可否认其具有一定的独立性，更不能因为其具有附属性而否认其财物属性；在对刑法中财物进行解释时，可以将 QQ 号等帐号类的虚拟财产、网络游戏装备等看做是一种电磁数据，当作刑法上的无体物来处理；网络虚拟货币可以认为其实质是电磁化的有价证券，理解为电磁化的有价财产，由此虚拟财产在刑法体系中仍可以理解为财物的范畴。[①] 张明楷教授则认为，虚拟财产符合财物的特征，具有持有人能够占有、管理，虚拟财产具有转移可能性且具有价值应被刑法保护，并批判了认为虚拟财产是债权不是财物不应构成财产犯罪的观点，如拒不支付劳动报酬罪作为财产犯罪就将债权当作保护对象；用保护社会公共秩序的非法获取计算机信息系统数据罪来保护虚拟财产受损失的私法益不适宜，且虚拟财产受损失的案件并不能全部通过计算机犯罪来处理。[②]

否定说以刘明祥教授为代表。刘明祥教授认为，网络游戏中的虚拟财产不属于盗窃罪所能侵害的“财物”；窃取网络游戏中的虚拟财产，侵犯的不是财产所有权，不符合盗窃罪的构成要件，将这种行为按盗窃罪定罪处罚会带来理论与实践上诸多无法解决的新问题。窃取网络虚拟财产行为符合非法获取计算机信息系统数据罪的构成要件，但不采取非法侵入计算机信息系统或其他技术手段非法获取虚拟财产的行为，不具备此罪的手段行为要件，不能定此罪。网络游戏运营企业的工作人员利用职务上的便利，获取虚拟财产销售牟利，数额较大的，可以按照侵犯著作权罪定罪处罚。[③]

笔者认为，抛开刑法理论和实务中认定窃取网络游戏虚拟货币行为为盗窃罪存在的各种困难，从虚拟货币本身的性质特点来看，其并不是刑法

---

① 陈兴良：《虚拟财产的当代命运》，2016 年刑事法制高峰论坛“数据、个人权益与网络犯罪”上的主旨发言。

② 张明楷：《虚拟财产属于刑法上的财物》，2016 年刑事法制高峰论坛“数据、个人权益与网络犯罪”上的主旨发言。

③ 刘明祥：《窃取网络虚拟财产行为定性研究》，载《法学》2016 年第 1 期，第 151 页。

意义中的财物。其一，网络游戏虚拟货币仅在特定的网络平台或社区内使用，并不具有普遍的流通性，并不符合社会大众对财物的一般概念，并不同于电力、燃气等是无体物；其二，网络游戏虚拟货币若出现被盗取、灭失的情况，游戏公司可以通过更改数据流或信息流的方式，如从后台操作增加游戏装备、增加游戏币值等，实现对用户的补偿，而并非只能通过用钱款赔偿的方式，这与一般的财产灭失获偿方式不同；其三，现有监管政策严格虚拟货币与法定货币以及实物之间的兑换，实质上是将虚拟货币的价值限定在特定的网络虚拟环境之中，并不赋予其与一般财物相同的独立的财产价值。

（二）网络游戏币交易平台

目前，在国内市场上存在多种网络游戏虚拟货币交易平台，为用户之间虚拟游戏币的流转提供了平台，除了游戏币之外，还有点卡、账户等，常见的交易平台有5173网站、17173网站等。根据上文提到的文化部出台的部门规章，交易平台的注册和运营应当遵守以下规定：（1）不得为未成年人提供交易服务；（2）不得为未经审查或者备案的网络游戏提供交易服务；（3）提供服务时，应保证用户使用有效身份证件进行注册，并绑定与该用户注册信息相一致的银行账户；（4）接到利害关系人、政府部门、司法机关通知后，应当协助核实交易行为的合法性，经核实属于违法交易的，应当立即采取措施终止交易服务并保存有关记录；（5）保存用户间的交易记录和账务记录等信息不得少于180日。

网络游戏虚拟货币交易平台经过多年的规范和发展，基本形成了较为稳定的市场，如5173网站对用户身份和银行账户审核均较为严格。但在网络环境中，也不乏利用网络匿名进行犯罪的行为，多是利用互联网实施的传统犯罪。

案例四：

搭建虚假游戏交易网站实施诈骗案

2016年2月，犯罪嫌疑人周某等人通过互联网租赁网站服务器，搭建虚假游戏交易网站结算平台，并购买域名建立十余个虚假游戏交易商城网站。通过互联网发展王某、姜某等人为各商城网站代理，由各代理分别建立由数十名马仔构成的QQ群，组织群内马仔在如“英雄联盟”“天涯明月刀”等大型网络游戏中喊话发布虚假的低价出售游戏金币、元宝等信息，吸引游戏玩家进入虚假游戏交易商城进行“注册”“充值”“购买”。

在游戏玩家支付成功后，群内马仔冒充网站客服以实名认证受害人、返款银行卡录入错误造成银行卡冻结等为由，不断以解冻银行卡等名义要求玩家向平台充值，直到玩家发现被骗。经初步查证，至2016年3月，该团伙涉案金额达1000余万元，平均一晚上至少有数万元人民币进账，受害者上万人。①

（三）以比特币为典型代表的加密型虚拟货币

近年来，“类货币”的产生和发展引发了社会的高度关注和人们的广泛参与。此类加密型虚拟货币与网络游戏币或其他积分虚拟币相比，具有更高的技术含量，且具有更强的流通性，更具货币的功能。此类虚拟货币也是本章讨论的重点。在全球虚拟货币中，以比特币为典型代表，有莱特币（Litecoin）、弗雷币（Freicoin）等。由于此类虚拟货币是近年来研究重点，且研究其对金融机构的冲击以及发展风险等问题与网络游戏币相比具有更大的意义。因此，本章以下所称虚拟货币，若无单独注明，则指以比特币为代表的加密型虚拟货币。

1. 比特币概况

（1）比特币的产生。2008年11月1日，一个自称中本聪（Satoshi Nakamoto）的人在一个隐秘的密码学评论组上贴出了一篇研讨陈述，陈述了他对电子货币的新设想——比特币就此面世，比特币的首笔交易完成。比特币用揭露散布总账摆脱了第三方机构的制约，中本聪称之为“区域链”。用户乐于奉献出电脑CPU的运算能力，运转一个特别的软件来做一名“挖矿工”，这会构成一个网络共同来保持“区域链”。这过程中，他们也会生成新货币，买卖也在这个网络上延伸，运转这个软件的电脑真相破解不可逆暗码难题，这些难题包含好几个买卖数据。第一个处理难题的“矿工”会得到50比特币奖赏，相关买卖区域加入链条。跟着“矿工”数量的添加，每个迷题的艰难程度也随之增加，这使每个买卖区的比特币生产率保持约在10分钟一枚。2009年，不受央行和任何金融机构控制的比特币诞生。比特币是一种电子货币，由计算机生成的一串串复杂代码组成，新比特币通过预设的程序制造，随着比特币总量的增加，新币制造的速度减慢，直到2014年达到2100万个的总量上限，被挖出的比特币总量已经超过1200万个。

① “揭网络游戏币诈骗　涉案金额高达1000余万”，载中国青年网2016年11月18日，http://news.youth.cn/jsxw/201611/t20161118_8861824_6.htm。

和法定货币相比，比特币没有一个集中的发行方，而是由网络节点的计算生成，谁都有可能参与制造比特币，而且可以全世界流通，可以在任意一台接入互联网的电脑上买卖，不管身处何方，任何人都可以挖掘、购买、出售或收取比特币，并且在交易过程中外人无法辨认用户身份信息。

（2）比特币的产生原理。从比特币的本质说起，比特币的本质其实就是一堆复杂算法所生成的特解。特解是指方程组所能得到无限个（其实比特币是有限个）解中的一组，而每一个特解都能解开方程并且是唯一的。以人民币来比喻的话，比特币就是人民币的序列号，知道了某张钞票上的序列号，就拥有了这张钞票。“挖矿”的过程就是通过庞大的计算量不断地去寻求这个方程组的特解，这个方程组被设计成了只有2100万个特解，所以比特币的上限就是2100万。

要挖掘比特币可以下载专用的比特币运算工具，然后注册各种合作网站，把注册来的用户名和密码填入计算程序中，再点击运算就正式开始。完成Bitcoin客户端安装后，可以直接获得一个Bitcoin地址，当别人付钱的时候，只需要自己把地址粘贴给别人，就能通过同样的客户端进行付款。在安装好比特币客户端后，它将会分配一个私有密钥和一个公开密钥。需要备份包含私有密钥的钱包数据，才能保证财产不丢失。如果不幸完全格式化硬盘，个人的比特币将会完全丢失。①

（3）比特币的主要特点。一是去中心化。比特币是第一种分布式的虚拟货币，整个网络由用户构成，没有专门金融机构进行发行，没有中央银行为其价值背书。没有发行机构也就不可能操纵发行数量。比特币的发行与流通是通过计算机的挖掘实现。去中心化是比特币安全与自由的保证。二是世界流通性。这里的流通性是指比特币作为电子数据在互联网上的流转，而非指其可以在全世界范围内作为货币在现实生活中的流通（其本质并非货币），比特币可以在任意一台接入互联网的电脑上管理。在全世界网络范围内，任何人都可以挖掘、购买、出售或收取比特币。三是交易便捷性。相对于传统金融机构处理的国际间的钱款往来，汇款交易会经过层层外汇管制机构，交易记录“有迹可循”。但如果用比特币作为支付方式进行交易，直接输入数字地址，点一下鼠标，等待对方网络确认交易后，即可实现大量资金的流转，无需经过任何管控机构，也不会留下任何跨境交易记录。比特币这一交易特征易被跨境洗钱等违法犯罪行为所利用，从而成为比特币监管之重点。四是安全风险性。比特币既是存在于互联网的电子

---

① 参见网页 http://baike.so.com/doc/5366227-5601934.html，2016年12月4日。

数据，不可避免地具有互联网产品的劣势，即存在技术安全风险。比特币交易平台容易遭到黑客攻击，或者被监管部门强制关闭，从而导致比特币的被盗、灭失等损失。比特币被盗事件时有发生。2014 年 2 月，位于日本的全球最大的比特币交易平台 Mt. Gox，其比特币交易系统的一个软件 BUG 被黑客利用，导致无法完成的比特币交易次数越来越多，最终黑客利用这一 BUG 盗走了大批比特币，造成 85 万个比特币丢失，损失价值已经超过了 5 亿美元，后该公司资不抵债，已经申请破产保护。① 五是平等性与不平等性并存。由于比特币的去中心化特征，理论上任何人都可平等参与比特币的“生产”，但由于其算法十分复杂，对计算机设备要求极高。因此，普通人使用的计算机已经无法满足挖掘比特币创造利润的要求，需要使用更先进的设备，随着挖掘难度的提升，挖掘成本也不断上升。使用先进设备的前期挖掘者将聚集大量比特币，从而导致获得比特币实质上计算机运算能力与成本的比拼，也正是因为比特币难以挖掘，造成比特币兑换成法定货币的价值一路飙升，形成“一币难求”的局面。近年来，许多人想通过“挖矿”实现财富梦想，却因成本之高、工期之长而不得不放弃，类似的新闻屡见报端。②

(4) 交易方式。比特币是通过以下几个步骤来进行交易的：首先，通过计算机开设一个比特币账户，这个账户实质上相当于一对公开密钥，类似于我们熟知的支付宝账户，交易是通过这个账户进行的。其次，支付需要发起人将一定数量的比特币加到对方地址上，并将这个消息发到整个比特币网络上。最后，当交易提交到整个网络系统后需要收到一定数量其他节点的确认信息，确认后整个交易才算完成。例如，甲想给乙转一笔比特币，甲就把比特币的数量加到乙的公开密钥（相当于收款地址）上，并用自己的私钥（就像支票签名）签名。这时乙就可以看到这个签名，并且获得甲转给自己比特币的数量。但是还需要甲将这笔签过名的交易单通过比特币系统传递到整个比特币网络，每个节点会更新信息并记录这笔交易。甲会从网络上不断收到其他节点确认的信息，当他收到一定数量的确认信息后，系统就会确认甲的确进行了这笔交易。这时系统就会承认这笔数量的比特币归乙所在的地址所有，这是相当于一定数量的其他节点都记录了这笔交易，见证了比特币从一个地址转移到另一个地址，乙这时就可以自

---

① 参见腾讯科技网，《MtGox 确认 5 亿美元比特币被盗》，http://tech.qq.com/a/20140304/011562.htm,2016 年 12 月 5 日。

② 参见中国经济网，《重庆比特币达人的故事挖矿赚钱这事儿真的不靠谱》，http://district.ce.cn/newarea/roll/201312/09/t20131209_1881163.shtml,2016 年 12 月 5 日。

由支配这笔比特币了。①

（5）交易平台。目前，国内外有许多专门的比特币交易平台，进行比特币在互联网用户之间的转让，比特币交易平台承担了大部分“比特币兑换现金”和“现金购买比特币”的功能。全球最大的三个兑换平台分别是Mt. Gox，Bitstamp 和 BTCChina。其中，国内发展规模较大的平台有 OKCoin、比特币中国、火币网等。自 Mt. Gox“被破产”3 天内全网交易量直线下滑，OKCoin 比特币交易平台在此时占领了全网交易量比重的 75%，OKCoin 用户数量达到几十万人，其中不乏一些大户，如该平台上最大的投资者便投入了数千万元购买比特币。与此同时，火币网正在迅速崛起。2014 年 3 月 7 日，伴随着 OKCoin 推出的融资融币业务异常火爆，OKCoin 一举超越了火币网成为了全球最大的比特币交易网站。

上述国内比特币交易平台，主要是通过收取交易费和增值服务费获得收入。不过，这些比特币交易平台的交易费率都非常低，除比特币中国收取 0.1% 的交易费之外，其他主要交易网站均是免费，而在人民币提现时则会收取 0.3% ~0.5% 不等的费用，这是比特币交易网站的主要收入来源，除此之外，增值服务也占了收入的重要比重。有了交易量和用户规模，这些交易平台也能够寻找到其他更多的盈利点，开发衍生产品及推出新的交易币种便成为了突破口。2013 年下半年，融资融币等类金融衍生品也开始出现，即投资者可在该平台上融资购币或融币卖出，“融资融币”采取保证金交易，杠杆倍数均为 3 倍，且交易是“T+0”的模式，24 小时不间断。融资融币通过用户之间 P2P 的模式来进行该业务，交易平台不参与。火币网则以 24 小时为一天，通过平台放贷收取约 0.2% 的借款利息。与此同时，莱特币等其他虚拟货币也成为交易平台扩充的交易品种。

由于一些比特币交易平台因价格上涨过快、庄家操盘、对散户的风险提示不足等，导致一些中小投资者出现了损失，投机行动十分频繁，且比特币融资融币业务缺乏银行托管，容易发生非法集资风险，因此 2014 年央行在《中国金融稳定报告（2014）》中用较大篇幅提示比特币投机风险。为此，火币网、比特币中国、OKCoin 等国内五大比特币交易平台曾一度联合发布声明表示将暂停融资融币业务，以此实现行业自律，为比特币投资市场降温。②

---

① 张力：《比特币的风险及其监管》，载《经济师》2016 年第 8 期。

② 参见网易财经网，《五大比特币交易平台暂停融资融币业务》，http://money.163.com/14/0507/11/9RKVSR0B00253B0H.html，2016 年 12 月 5 日。

2. 虚拟货币发展存在的问题

（1）虚拟货币运行系统问题使其持有存在灭失风险。一是虚拟货币系统存在相关的风险，虚拟货币系统中断可能导致持有人的损失。这些中断可能与市场相关或技术相关。例如，虚拟货币协议中断可能使整个系统瘫痪。二是与虚拟货币中介机构和服务提供商相关的风险，包括虚拟货币交换平台，虚拟货币钱包供应商，支付处理者和经纪人，由于这些实体大多数未受监管，行业不透明，缺乏监管保障措施和技术复杂性，虚拟货币持有人很容易遭受诈骗，如盗窃虚拟货币（通过黑客、欺诈、误导或虚假陈述）以欺诈投资计划（其有效运作如在线庞氏骗局）。虚拟货币交易所和数字钱包供应商已有被技术黑客攻击的一些真实案例，导致用户持有的比特币被盗窃。三是交易不可逆性的相关风险，交易中的错误不能逆转，不像信用卡，如果出现错误消费者将无权撤销支付。与此相关的问题是去中心化虚拟货币方案的设定系统对用户面临交易错误所带来的风险。目前，我国虚拟货币交易平台中的比特币价格虚高。2016 年 12 月，一个比特币的价格可达到人民币 6000 余元，而许多投资人并未意识到虚拟货币其实就是一个电子数据，技术上的窃取、骗取，操作上的失误，平台的管理漏洞，都会导致比特币在一瞬间灭失。

（2）易成为逃避外汇管理的工具。虚拟货币可以用来规避汇率和资本管制。虚拟货币可以绕过传统的支付系统，用于有效执行法定货币的跨境转移。由于国家外汇管理体制中对这些系统的适用性并不清晰，虚拟货币作为资本管制的逃避途径的可能性非常明显。去中心化的方案尤为典型，并结合了快速、交易成本低和匿名的特征。传统支付系统所涉及的成本和国家监管负担都较高，而虚拟货币在互联网上获取相对容易，使其在机制上更具吸引力。① 在中国，随着资本市场对货币的敏感性的增强，尤其是随着人民币的贬值，许多人通过使用人民币购买比特币，然后换成美元等外汇，即可逃避外汇的兑换限制。据大型比特币交易所火币网表示，“2016 年 11 月，为将资产转移至海外的交易出现激增”②。火币网将每天的汇款上限定为 200 比特币，相当于 15 万美元。中国将个人的外汇兑换限制为每年 5 万美元，但比特币并未受到限制。网民在比特币交易平台上用人民币买入比特币，然后转到国外交易平台上，立刻就能变现成美元，整个过程非常快，只需要几分钟。操作上的

---

① 何东、卡尔·哈伯梅尔、罗斯·莱科等：《虚拟货币及其扩展：初步思考》，载《金融监管研究》2016 年第 4 期。

② 参见参政消息网，《外媒：比特币交易创新高 九成来自中国》，http://www.cankaoxiaoxi.com/finance/20161220/1535163.shtml。

简单和投资人兑汇的需求，导致利用虚拟货币“蚂蚁搬家”式的逃汇成为许多人的选择。我国监管机构已经察觉其存在的监管风险，于 2017 年 1 月 11 日，央行北京营业部官网发布消息称，已经和北京市金融工作局等单位组成联合检查组，开始进驻火币网、“币行”等比特币交易平台，就平台执行外汇管理、反洗钱等金融法律法规、交易场所管理规定等情况开展现场检查。在如此趋势下，后续我国监管部门会加强对虚拟货币交易的监管，如限制其买入数额，或限制其兑换成法定货币等措施。

（3）虚拟货币交易为洗钱违法犯罪行为提供契机与便利。一是虚拟货币交易中客户身份识别的要求难以落实。由于虚拟货币具有匿名、无国界、跨境等特性，导致用户的个人信息无法获知。虽然目前一行三会出台的《关于防范比特币风险的通知》中要求虚拟交易平台应切实履行反洗钱义务，对用户身份进行识别，用户注册使用时应实名注册，登记姓名、身份证号码等信息。但借用或盗用他人的身份资料完成账号注册的，现有的实名认证只能辨明身份证号的真伪，却无法辨别其是否是持证者本人，造成注册身份难以核实。二是虚拟货币交易中可疑交易识别困难。目前《关于防范比特币风险的通知》中规定比特币交易平台对发现与比特币及其他虚拟商品相关的可疑交易应予以报告，但具体的报告标准、报告期限、报告方式等详细内容在《反洗钱法》中尚未明确规定，导致可疑交易报告义务形同虚设。另外，虚拟货币不存在于某个中心，是分布式的，通过存在每个网络节点上的账单维持系统运转，没有中心服务器，没有物理实体，难以监控。其交易是依靠软件自动完成的，整个交易过程可以很轻易地实现自动化，从而在短时间内完成大量复杂的资金流转，增加了反洗钱调查的难度。①

第二节　虚拟货币的监管现状

一、中国监管现状

2013 年 12 月，中国人民银行等五部委发布了《关于防范比特币风险的通知》，对比特币的监管态度在《关于防范比特币风险的通知》中明确表述。虽然比特币被称为“货币”，但由于其不是由货币当局发行的、不具有法偿性与强制性等货币属性，所以并不是真正意义的货币。从性质上看，比特币应当是一种特定的虚拟商品，不具有与货币等同的法律地位，不能

① 冯涛、张翠芳：《虚拟货币洗钱风险研究及监管对策——基于 FATF 监管指引视角》，载《西部金融》2016 年第 6 期。

且不应作为货币在市场上流通使用。但是，比特币交易作为一种互联网上的商品买卖行为，普通民众在自担风险的前提下拥有参与的自由。

《关于防范比特币风险的通知》还要求，中国各金融机构和支付机构不得开展与比特币相关的业务。各金融机构和支付机构不得以比特币为产品或服务定价，不得买卖或作为中央对手买卖比特币，不得承保与比特币相关的保险业务或将比特币纳入保险责任范围，不得直接或间接为客户提供其他与比特币相关的服务，包括为客户提供比特币登记、交易、清算、结算等服务；接受比特币或以比特币作为支付结算工具；开展比特币与人民币及外币的兑换服务；开展比特币的储存、托管、抵押等业务；发行与比特币相关的金融产品；将比特币作为信托、基金等投资的投资标的等。

与此同时，还要求作为比特币主要交易平台的比特币互联网站，除依法遵守互联网企业管理规定和在电信管理机构备案外，还要按照《反洗钱法》的要求，切实履行客户身份识别、可疑交易报告等法定反洗钱义务，切实防范与比特币相关的洗钱风险。金融机构等单位要注意对比特币的宣传，正确使用货币概念，区别虚拟商品与货币投资，警惕各项风险。

至此，中国对比特币等虚拟货币的态度十分明确，即并非“货币”，仅为虚拟商品，公民有商品买卖的自由，但并不能成为金融投资产品，同时我国监管机构严格控制金融机构等以投资比特币的名义进行宣传活动。我国境内曾经存续的虚拟货币交易平台，是将比特币作为商品自由持有并买卖，但并非将其作为投资产品予以交易。

近年来，由于比特币等在名称上冠有“货币”二字，且比特币在平台交易中有与其法定货币挂钩的价值，而价格又不断变化，使其表面具有了金融产品的特征，加之许多投资机构将其作为金融产品的引导性宣传，从而引发许多以买卖比特币或者其他种类“虚拟货币”为名的违法犯罪行为，一定程度上造成了市场的混乱。比特币在国际市场去中心化的特征，也向金融监管机构对逃汇和反洗钱的监管提出了挑战。

二、国际监管现状

世界各国对比特币的监管态度不一。德国是首个承认比特币货币合法地位的国家，2013 年 8 月，德国政府正式承认了比特币的合法货币地位，承认该货币拥有者将可以使用比特币缴纳税金或者用作其他用途，而德国也成为了全球首个认可比特币的国家。① 加拿大也承认比特币的货币地位，

① 《德国承认比特币，监管虚拟货币交易打击国际洗钱行为》，来源网易新闻网，http://news.163.com/13/0820/20/96OH7OJV00014JB5.html,2017 年 1 月 15 日。

世界首个比特币ATM机已在温哥华投入使用。美国则由各州自行对虚拟货币进行监管，美联储无权直接监管虚拟货币，对其是否具有合法的货币地位尚无定论。韩国曾拒绝承认比特币的货币地位，认为比特币不是真正的金融投资。[①] 但现在韩国已承认了比特币的法律地位并对其实施监管。日本也认可比特币的货币地位，在某些大型商场柜台进行商品结算时，可以直接出示比特币账户进行支付，与银行卡、Apple Pay等第三方支付处于同等结算地位。

第三节　虚拟货币相关刑事犯罪风险

近年来，虚拟货币价格一路上涨，引发社会群众的狂热购买。“类似虚拟货币作为‘货币’将是未来重点投资方向”等虚假宣传，利诱投资人广泛“投资”，从而为精心布局的犯罪嫌疑人留下了可乘之机。与网络游戏类虚拟货币相关的犯罪定性争议不断，“某某币”的相关刑事犯罪多为打着虚拟货币的旗号，实施诈骗、非法传销等违法犯罪行为，宣传很“高大上”，实质上犯罪手段简单粗暴，并不存在复杂的法律认定问题，且容易打击和惩治。根据现有的案例，犯罪类型基本可以分为两种，一种是以比特币为名引发的犯罪，包括交易平台诈骗犯罪，以及以“挖矿”为名引发的犯罪；另一种是以投资“某某币”等所谓“虚拟货币”为名设下骗局，开展的非法传销、非法集资等犯罪。

一、由比特币本身引发的犯罪

案例五：

比特币交易平台“跑路”引发诈骗犯罪

GBL虚拟电子货币中心是总部设在香港湾仔某广场15楼的比特币交易平台。GBL被网友俗称为“港盘”，以杠杆交易为核心支持，吸引了大量投机者的关注。2013年10月底，GBL突然关闭，卷走了超过3000万人民币资金。GBL公司号称“有雄厚的财团支持，是第一家获得香港政府发放虚拟货币经营许可牌照的公司”，公司的网站日交易量一度达到2000万人民币。据悉，GBL公司网站是国内第一个可以用10倍杠杆的期货交易方式来

① 参见第一财经日报，《盘点各国比特币监管政策：中美态度审慎》，http://www.ebrun.com/20140107/89365.shtml，2017年1月15日。

进行比特币交易的平台，风险和收益都很大，引来很多的客户，综合排名稳定保持国内第四。

2013年10月初，一个比特币的价格上涨至1100元人民币，到11月，一个比特币已涨至5200余元，然而就在比特币身价持续攀升之时，GBL公司网站平台忽然无法运行。2013年10月26日，比特币交易平台GBL以遭黑客攻击为由突然“跑路”，高管全部失踪，卷走3000万元巨款，给用户造成直接损失超过2000万元。2013年12月2日，浙江省东阳市公安局发布官方微博称，GBL的三名主要负责人已被抓获，国内首起比特币交易平台诈骗案进入司法程序。这是中国司法机构处理的首例比特币刑事犯罪案件。

经审理，东阳检察机关最终以GBL负责人构成诈骗罪，数额特别巨大向法院提起公诉。东阳检察院查明，GBL比特币交易平台设立于2013年5月底，委托代理公司到香港注册了GBL公司，并虚构了虚假的股东架构、公司简介和公司注册地址。该网站于2013年5月27日正式上线，客户可以在该网站充值人民币和比特币，网站收取手续费。2013年5月至9月，网站推出网站与客户对赌模式，运营至八九月，在发现客户存在违规操作后，又推出客户与客户对赌模式，并以资金紧张为由，开始限制客户提现、提币，同时推出股权认购、充值送股权、送现金等活动，继续吸引客户充值交易。在整个网站运营期间，被告人频繁通过变卖客户比特币来转移、分发资金，以第三方支付公司手续费太高为由，将客户充值在第三方账户上的资金转入其他个人账户，再转至被告人的个人账户。在网站关闭前夕，被告人仍以“GBL管理部”“GBL财务部”的名义发表声明，骗取客户信任。2013年10月，被告人刘某指使被告人金某关闭了交易平台，并将该网站跳转至一个被黑的网页，伪装该交易平台是被黑客攻击才关闭的，以让客户认为网站也是受害者，以此来蒙蔽客户，该网站开通以来，被告人共骗取被害人120余万元。

2015年7月7日上午9点，浙江省东阳法院开庭审理了GBL“跑路”案件。浙江东阳法院认可了检察机关的指控，并以诈骗罪判处第一被告人刘某有期徒刑十年，罚金5万元。

法庭审理中，对该案是构成诈骗罪还是侵占罪，犯罪金额如何认定引发争议。法官当庭表示：赔偿金额按照法院掌握数据库中的交易记录为准，比特币兑换人民币价格以受害者充值时的人民币价格为准。[①]

---

① 巴比特资讯，《GBL比特币平台跑路案件7月7日于东阳法院开庭审理》，来源搜狐网，http://mt.sohu.com/20150710/n416520905.shtml，2017年1月15日。

本案中，比特币交易平台负责人以虚拟身份进行注册登记，并在运行过程中也多次采取欺骗手段隐瞒资金短缺的事实，诱骗客户充值交易，并最终将平台中充值的人民币和“比特币”占为己有，携款潜逃。从其犯罪行为来看，确实构成诈骗罪。平台中的钱款为客户所有，交易平台作为中介交易机构并不占有这些钱款，也没有保管的权利，因此并不构成侵占罪。对于最终犯罪金额的认定，以被害人兑换比特币时充值的人民币价格为准，庭审中提供了被害人的银行交易凭证，从这个角度看，法院认定的是比特币兑换的法定货币价值，即被害人的实际损失和被告人的实际获利，将比特币视为一种虚拟商品，而非将其作为一种金融产品，没有认可其在交易平台中案发时的价格。

二、以投资“虚拟货币”引发的犯罪

案例六：

以销售网络货币“万福币”为名进行非法传销

2016 年 12 月，江苏徐州警方先后捣毁“网络黄金”“万福币”两大传销组织，共计抓获犯罪嫌疑人 77 名，冻结、暂扣涉案资金 8.4 亿元。

“虚拟数字货币已挟雷霆之势来临!”“这就是资本市场的魅力，捡钱的时代!”这些极富煽动性语言的背后，并不是触手可得的真金白银，而是不法分子先后炮制出的“网络黄金”和“万福币”两大新型网络传销骗局。“网络黄金”与“万福币”两个所谓项目的背后均是同样的运营模式。其中，“万福币”的负责人刘某曾是“网络黄金”的负责人之一，后因利益分配不均与原来的合作人分道扬镳。

2016 年 3 月，犯罪嫌疑人刘某开始启动虚拟数字货币“万福币”传销项目，以销售虚拟货币为名，吸引客户加入组织，以发展会员拉人头的方式实现资金累积。“万福币”传销项目要求加入者需要缴纳 1 万元人民币注册开户，才能获得会员资格，以推荐他人加入可以获得直推奖 10%、级差奖 10% 至 80%、平级奖 0.5% 的奖励（按照投资额 70% 计算奖金）方式，组成层级并引诱参加者继续发展他人参加。对外宣传上，犯罪嫌疑人刘某同样做足了包装，以增强迷惑性。在“万福币”的推广网站、公众号上，刘某有着众多光鲜的头衔，包括美国兆银基金总裁、全球未来城集团总裁、美国加州原副州务卿、两任美国总统的特别顾问等，甚至还有多张他与各国政要、名人的合影。

据浙江经侦警方介绍，“万福币”推出短短一个多月，便已涉及江苏、浙江等全国十几个省市，参与会员账号高达12万，涉及金额12亿元。据介绍，与传统传销相比，新型网络传销的隐蔽性更强。传销的组织者利用微信、QT语音课堂联络发展会员，要求组织内各高层之间的联络均通过国外聊天软件进行，通过注册马甲公司，利用第三方支付平台、网络渠道完成会员缴费，逃避监管部门的打击。这些公司的运营背后根本没有真实的经营项目，组织者利用社会公众对虚拟货币、互联网金融等概念了解的一知半解，歪曲国家政策的解读，赋予所谓虚拟货币利好明朗的投资前景，从而骗取投资人的信任。①

近年来，打着互联网金融、虚拟货币名义的集资诈骗、非法传销犯罪行为集中涌现，具体而言，这些案件呈现以下特点：一是假借虚拟货币这一新生事物进行传销，是一种新型金融传销，一般群众被宣传误导，容易上当受骗；二是改变了传统网络传销设工作室、报单中心进行传销组织活动的模式，通过互联网公众微信号宣传，扫描二维码即可加入，方式更便捷，上下级之间只通过微信群交流，线下不见面，更增加了传销的隐蔽性；三是把总部设在境外，组织者躲在境外发号施令，资金转移至境外，抓捕难，追赃难，调取证据难。案例六的犯罪手段简单粗暴，除了对外宣传方式有所创新外，其他犯罪手段与传统的传销犯罪别无二致。

第四节　ICO监管和刑事法律风险

一、ICO概述

（一）概念

何为ICO？一般认为，ICO是Initial Coin Offering或者Initial Cryptocurrency Offering的简称，是一种区块链行业术语，是以初始产生的数字加密货币作为回报的一种融资方式。由于代币具有市场价值，可以兑换成法币，从而支持项目的开发成本。ICO所发行的代币，可以基于不同的区块链。常见的是基于以太坊（ETH）和比特币（BTS）区块链发行，由区块链提供记

① 法制日报，《徐州破两大新型网络传销案，“网络黄金”“万福币”聚敛121亿》，载人民网财经版，http://finance.people.com.cn/n1/2016/1215/c1004－28950967.html，2017年1月17日。

账服务和价值共识，实现全球发行和流通。[①] 因而，ICO 更为准确的说法应该是“首次加密代币公开发行”（Initial Crypto - tokenOffering），其本质就是利用区块链技术的众筹集资。

概括来说，ICO 与最原始的交易方式以物易物一样，是一种用加密货币投资项目，获得该项目新的加密货币的代币。其运作一般模式为：区块链技术初创公司发布 ICO 项目白皮书，并通过平台发行代币。发行的代币可以成为日后使用对应区块链项目的凭证，也可以在以后的二级市场或者一些数字资产交易平台交易[②]。投资者通过虚拟货币交易平台购买比特币（bitcoin）或以太币（ether）（目前使用较多的为比特币或以太币）以此取得代币。平台募集登记，募集期结束清算，数字货币进入公司在平台的账户。投资者参与 ICO 获得的代币，有的可以通过二级市场交易获得升值回报，有的可以通过分红获得回报。但有的 ICO 项目，却会由于种种原因没有发展起来，ICO 参与者有可能就什么都得不到，即使是得到代币，也有可能因为代币归零而损失巨大。总体而言，以 ICO 方式融资具有以下特点：参与门槛低、融资流程简单、低成本发行、融资成本低、融资效率高。

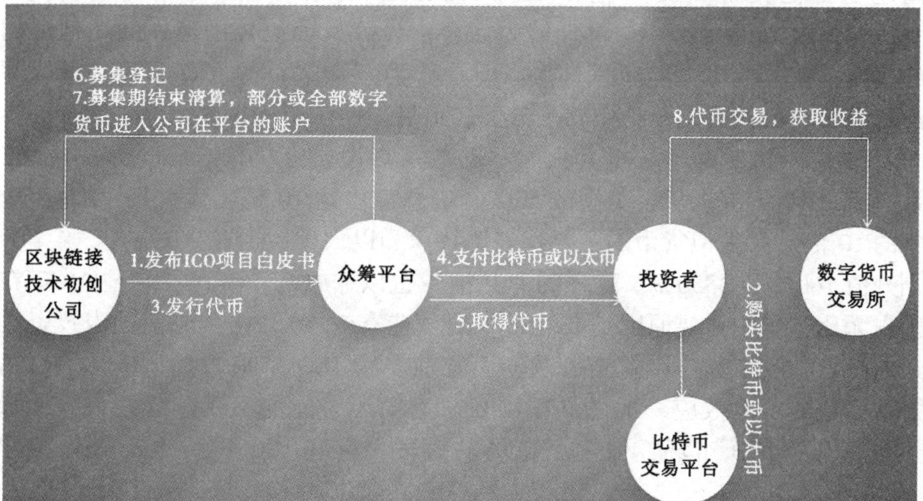

ICO 项目的运作模式图[③]

① 参见“360 百科”，https：//baike. so. com/doc/15193 - 27733056. html，2017 年 8 月 19 日。

② 邓建鹏：《监管真空期 ICO 如何自我救赎?》，载《上海证券报》2017 年 8 月 4 日。

③ 陈云峰：《ICO 如何自证清白——法律合规建议（一）》，来源：第一网贷，http://www.p2p001. com/News/dysj/id/293628. html,2017 年 8 月 19 日。

（二）发展历程

ICO本质上是虚拟货币圈早期众筹的衍生产物。首个使用ICO这种神奇的方式来众筹的是万事达币（MSC），项目时间是2013年6月。万事达币在Bitcointalk论坛上发起了众筹。万事达币是建立在比特币区块链上的一种传输协议，能够提供比特币协议层不能提供的功能，当时共募集了5000多个比特币，不过这个ICO的项目至今没有代币上线交易。

在万事达币之后出现了第二个加密货币ICO项目——未来币（NXT），最早的投资者获得了上万倍的回报。自从见证了NXT的成功之后，2013年年底到2014年年初涌现了大量的ICO。当时正是比特币价格上涨幅度最大的时候。很不幸，大部分ICO都因过度炒作或者诈骗而宣告失败。

2014年7月发行的Ethereum（以太坊ETH）国内外人气高，是迄今为止最大的一次ICO之一，筹措资金超过1800万美元，同时也是除比特币以外市值最高的加密数字货币。

2016年5月发行的“The DAO”是ICO史上最大的众筹项目，融资额高达1.6亿美元。DAO全称是Decentralized Autonomous Organization，即“去中心化的自治组织”，可理解为完全由计算机代码控制运作的类似公司的实体，在人类历史上还是首次。但是作为万众瞩目的ICO项目，最终因受到黑客攻击，再到争论中软硬分叉，最后以解散退回以太币而告终。

2017年ICO的市场极其火爆。据数字货币研究机构Smith & Crown统计，仅2017年上半年，美国的ICO融资总额已达10亿美元，是2016年全年的10倍。而虚拟货币的主要代表比特币和以太币，也在2017年上半年分别升值160%和3350%。这样的“热情”也以燎原之势燃到了中国。ICO在国内无比火爆的首要原因是ICO带来的“造富效应”。由于当前国内投资渠道的缺乏，股市和房市投资疲软，而之前多个ICO带来的几十倍、上百倍财富增值的示范效应，加之ICO项目发起简单、此前不受监管约束，大量热钱涌入了ICO市场，引发了市场的疯狂。有些ICO项目也沦为诈骗的工具。

（三）主要特点

以ICO方式进行融资主要有以下特点：

1. 参与门槛低

对融资方来说，其组织方式随意，可以是个人、团队，也可以是法人公司，所以融资方可以是不具备上市资格、没有银行信贷资质或者缺少风投资源的主体，通过ICO的方式大大降低了融资方的参与门槛；而这些没有其他行业资质又渴求资金的主体由于缺乏融资渠道从而可能成为ICO项目的主要主体；对于投资方来说，可以是个人，也可以是职业投资机构，完全面向全社会开放，只要是数字货币（以比特币和以太币为主，可以由发行者限定，但只能为数字货币，不能为法币）的持有者都可以参与投资，所以通过 ICO 也大大降低了投资方的参与门槛。

2. 缺乏监管

ICO 项目的发行审核程序简单，基本不受监管，没有对应的监管机构，也不必在相关的政府机构登记注册。

3. 融资流程简单

项目的推广和普及主要通过两种方式进行，一是通过线下的区块链项目路演，二是线上的交流分享以及数字营销。凭借社交平台以及互联网信息的高速分享，项目信息能以最少的时间成本和资金成本实现其推广和普及的目的，免除了项目方接受长时间的尽调、投资人约见等中间融资环节，直接触达广大的投资主体。

4. 融资成本低、融资效率高

区块链项目只需要一纸项目白皮书即可进行 ICO，并且绝大多数的 ICO 项目通过 ICO 平台发行，ICO 平台为 ICO 项目提供了统一的平台和渠道，并且一个 ICO 项目可以在多个 ICO 平台上进行发行和融资，这大大降低了 ICO 项目的发行成本和融资成本，提高了融资的效率。①

（四）主要形式

2017 年 7 月 25 日，在贵阳举办的“区块链 ICO 行业生态体系建设研讨会”上，国家互联网金融安全技术专家委员会发表了《2017 上半年国内 ICO 发展情况报告》，对 ICO 平台监测、项目监测、规模监测、用户数据等进行了分析总结。截至报告形成之日，国家互联网金融风险分析技术平台监测发现，面向国内提供 ICO 服务的相关平台 43 家。通过分析，可将 ICO 平台分为四种模式：一是专营第三方平台，该类平台专门为各种项目提供 ICO 服务；二是传统众筹与 ICO 的混合模式，即同时提供传统产品众筹、股权众筹和 ICO 服务，部分众筹平台开始向 ICO 平台转型；三是虚拟货币交易 + ICO 模式，借助用户充值、充币和代币上线交易的便利性，该类平台同时提供虚拟货币交易和 ICO 服务；四是其他模式，如虚拟货币钱包服务商、导航门户网站提供 ICO 等。其中第三方专营和虚拟货币交易 + ICO 模式占绝大多数。

---

① 潘云鹏：《“繁荣”的 ICO 及监管模式探索》，发表于未央网，http://www.weiyangx.com/248938.html，2017 年 8 月 19 日。

(五) ICO 规模监测

《2017 上半年国内 ICO 发展情况报告》指出，2017 年以来，通过上述四种形式平台完成的 ICO 项目累计融资规模达 63523.64BTC（比特币）、852753.36ETH（以太币）以及部分人民币与其他虚拟货币。以 2017 年 7 月 19 日零点价格换算，折合人民币总计 26.16 亿元。累计参与人次达 10.5 万。

从 ICO 平台看，融资金额最多的平台分别为 ICOAGE（经营主体为上海趣块信息科技有限公司）、ICOINFO（经营主体不明）和 ICO365（经营主体为深圳众链科技有限公司），分别占 30.7%、22.9% 和 10.6%。

(六) ICO 与 IPO 的区别

通常认为 ICO 是源于证券行业的 IPO，即 Initial Public Offering（首次公开发行）。IPO 是指股份有限公司首次向社会公众公开招股的发行方式。虽说 ICO 也是一种发行，还是与 IPO 存在着本质的区别。

第一，从发行标的上看，IPO 是股权的首次公开发行，而 ICO 则是数字加密代币的首次公开募集，而且这些代币有不同类型，代表着不同的凭证。通过对现有发行的 ICO 项目进行分析，我们发现 ICO 发行的数字加密代币代表的类型主要有：股权凭证、交易凭证、收益凭证。所谓的股权凭证，是 ICO 项目投资者对项目享有相应比例的所有权，数字加密代币实质上是股权凭证的表现形式；交易凭证，是在一个特定项目数字加密代币发行量受限的情况下，代币会随着项目使用者增多需求量增加，从而价格提高，代币持有者为获得价格上涨的收益会进行结算或者在二级代币交易市场转让，此时代币就相当于交易凭证；收益凭证，是投资者所持有的代币不会由发行人进行承兑或承诺赎回，基于代币具体的使用功能，投资者可能是某个区块链系统或应用场景的未来使用权，或者获得的是所投资项目运营带来的利润，类似于股东分得的红利，或者是相当数额的代币作为回报，而这个回报仅是代币这个虚拟货币本身，并不指其可能转化的法定的价值。

第二，从发行主体上看，IPO 要求必须具备法律规定的主体资格，而 ICO 可以通过项目、基金会，甚至是个人都能够进行募集。

第三，从投资者专业度上看，ICO 对投资者的要求较 IPO 低，在我国 IPO 要符合国务院证券监督管理机构的规范要求，而目前 ICO 对投资者的适格性要求几乎为零。两者最大的差异在于 ICO 没有相对明确的法律规制，而 IPO 已经在一套成熟的证券市场机制中运行。

综合来看，ICO 项目的交易模式一方面区别于传统金融市场，另一方面代币持有人不享有项目所有权，只是取得代币价值波动收益，并且可用作特定场景下的交易结算工具，有独特的应用价值，所以其很难归类于传统金融活动而受到现有监管体系规制。

二、ICO 的监管

（一）国外监管

在经历了半年之久的“裸奔”之后，2017 年 7 月 26 日，美国证券交易委员会（SEC）在其官网上发布了关于 ICO 的《投资者简报》和《关于 The DAO 事件的调查报告》（基于以太坊区块链发行的 The DAO 代币）①。其中，在《投资者简报》中，SEC 明确了 ICO 的详细概念，并提示风险：虚拟货币的交易可能会遭遇技术故障、黑客攻击，或者恶意软件的攻击，这些都会使得投资者的财物受损。一旦有安全或欺诈事件的发生，由于去中心化的区块链技术，消费者的权益也难以得到保护；运用区块链技术发行 ICO 项目及其简单，从而导致骗局发生。

在《关于 The DAO 事件的调查报告》中，SEC 声称，其依据 1934 年《证券交易法》第 21 条（a）的规定对 ICO 项目之一的 The DAO 展开调查，界定 The DAO 代币属于有价证券范畴，并强调依据事实情况界定为有价证券的虚拟货币或者代币都将纳入证监会监管体系，受到联邦证券法律的约束，无论是否利用分布式账本技术进行发行和销售。②

经美国证监会的此次发声，许多人认为美国对 ICO 的监管态度已初见端倪，即符合证券资产特征的（投资代币类似于投资于一个一般性的企业，并希望从该企业获得合理收益）数字货币是一种证券资产，应当受到证券规则监管，并由 SEC 监管。但也并非所有的代币都是证券，有一些非证券类代币可能并不符合这个标准，如代币购买者可能期望得到的是某个应用的使用权，而不是收益，但实际上这些仅用于数字符号使用于应用场景而不进行交易的代币少之又少。

（二）国内监管

我国对 ICO 的监管就如同 ICO 本身的发展一样，经历了如火如荼的探索讨论，前期不管是 ICO 的参与者、互联网金融的从业者，还是学者、金融监管机构工作人员，纷纷对 ICO 如何监管发表意见，其主要分为两大类：

---

① 2016 年 6 月，The DAO 团队通过 ICO 在短短的 28 天里融资价值 1.5 亿美元的以太币，创下了 ICO 的记录。但是很快，黑客利用代码漏洞盗取了其中三分之一的财富，被视为 ICO 最黑暗的历史。

② 王伟凯：《美国证监会将监管数字货币 ICO》，载《南方周末》2017 年 8 月 1 日。

保护为主慎重监管、整顿市场严格监管。然而，最后的监管政策落地，却来得异常迅猛，让这些讨论还没来得及深入就戛然而至，接踵而至的是虚拟货币这一链条上的产业如何自救。

2017年7月5日，中国人民银行数字货币研究所所长姚前在《当代金融家》杂志上发表了题为《数字加密代币ICO及其监管研究》的长文，提出了具体的ICO监管框架设计和建议。姚前所长认为，中国现行《证券法》明确规定，公开发行证券必须依法报经国务院证券监督管理部门或者国务院授权的部门核准。目前，ICO处在法律监管的边缘，不利于投资者保护，也不利于区块链行业的良性健康发展。但是姚前所长也表示，基于区块链技术和行业的发展特性，简单套用现行的IPO、股权众筹监管框架对ICO进行监管并不一定适宜。区块链技术的去中心化、可追溯性、不可篡改性、透明性以及智能合约实现的协议自动执行，自发形成了特有的民主化网络治理机制（如DAO模式），在一定程度上也降低了监管过度涉入的必要。他建议宽容对待ICO，根据区块链技术行业的特性，在上市审批、投资者限制、项目公开宣传和推介上给予一定的包容性豁免，如ICO发行主体不限定实体企业，但设定融资额度限制；引入VC的阶段性投资理念；对发行人施予持续严格的信息披露要求；强化中介平台的作用，推动成立类似于众筹平台的ICO平台等。

同时，区块链行业已经开始探索进行行业自律，从而扫清发展障碍。2017年7月25日，在贵阳举办的“区块链ICO行业生态体系建设研讨会”上，贵阳区块链产业技术联盟、中关村区块链产业联盟、区块链金融协会、贵阳区块链创新研究院等6家区块链联手发布“贵阳区块链ICO共识”，这是国内首个规范区块链ICO发展的共识机制。“贵阳区块链ICO共识”推出了首个区块链ICO沙盒计划，并建议在确保投资者利益的前提下，在“监管沙盒”内对ICO的上市审批、投资者限制、项目公开宣传和推介等方面实施有限豁免或有限授权，允许ICO项目开展测试活动而不需要担心监管后果，为ICO项目创造安全的创新空间，降低创新成本和政策风险。

在这些人对ICO有着美好愿景的同时，仍有许多行业监管和法律界人士通过分析ICO的入行门槛、潜在的法律风险，始终保持消极的态度，认为ICO具有极高的非法集资、非法经营、诈骗等刑事犯罪的风险，根本不可能建立其如同证券类一般的运行机制，而虚拟货币在我国本身就存在大量乱象。因此，建议严厉监管，直接打击，从而防范大范围的金融秩序、经济秩序的扰乱。

2017年9月4日，中国人民银行、中央网信办、工业和信息化部、工商总局、银监会、证监会、保监会七部门发布《关于防范代币发行融资风险的公告》，对代币融资行为进行了定性，全面禁止 ICO 和严格规范虚拟货币交易行为，具体内容有：第一，对代币发行融资活动的本质属性进行了阐述，代币发行融资是指融资主体通过代币的违规发售、流通，向投资者筹集比特币、以太币等所谓“虚拟货币”，本质上是一种未经批准非法公开融资的行为，涉嫌非法发售代币票券、非法发行证券以及非法集资、金融诈骗、传销等违法犯罪活动。代币发行融资中使用的代币或“虚拟货币”不由货币当局发行，不具有法偿性与强制性等货币属性，不具有与货币等同的法律地位，不能也不应作为货币在市场上流通使用。由此全面否定了虚拟货币的流通价值，将 ICO 定义为涉嫌违法犯罪活动。第二，任何组织和个人不得非法从事代币发行融资活动，要求各类代币发行融资活动应当立即停止。已完成代币发行融资的组织和个人应当做出清退等安排，合理保护投资者权益，妥善处置风险。第三，加强代币融资交易平台的管理，任何所谓的代币融资交易平台不得从事法定货币与代币、“虚拟货币”相互之间的兑换业务，不得买卖或作为中央对手方买卖代币或“虚拟货币”，不得为代币或“虚拟货币”提供定价、信息中介等服务。同时为国内虚拟货币交易平台提出了限时清理的明确要求。

自此，我国对 ICO 以及虚拟货币的监管态度已经十分明晰，这样严厉的整顿意味着虚拟货币国内市场“凛冬”的到来。此文一发，已开始的代币融资活动纷纷停止，进行清退；虚拟货币交易平台均作出回应，如“比特币中国”在 2017 年 9 月 30 日就全面停止所有交易业务。与此同时，针对 ICO 监管的《关于对代币发行融资开展清理整顿工作的通知》（整治办函〔2017〕99 号文）已经由国家互联网金融风险整治办下发至各省市的金融办，全国各地已经开始对虚拟货币交易平台等进行清理整顿，为此，比特币等虚拟货币价格狂跌，曾如火如荼的虚拟货币市场，一夜之间，哀鸿遍野。

未来中国的 ICO 以及虚拟货币的发展将何去何从？目前相关从业人员都忙着应对监管进行整顿工作，许多人都对此抱有消极态度。未来中国的数字货币应该是由央行自行研发和适用，在此之前要打击虚拟货币引发的金融乱象从而为其发行扫清障碍。ICO 今后是否会以新的面貌卷土重来？是否会以 IPO 的同等严厉监管规则来规范？一切还未可知。

三、ICO 的刑事法律风险

2017 年被称为“ICO 元年”。数据显示，自 2017 年年初至今，全球 ICO

融资近13亿美元，是2016年的5倍多，融资规模已经全面超过了传统的VC。ICO项目发起人未经有关部门批准，通过发布白皮书向公众募集比特币或以太币等虚拟货币，融资速度之快、融资规模之大超乎想象。这些数字货币聚集的巨大财富是否会影响金融秩序，从而引发经济运行不稳定因素，蕴藏何种刑事法律风险，引发了广泛的讨论。

有人认为，ICO的全球融资规模超过传统VC，监管的缺失可能引发金融市场的混乱，从而讨论ICO带来的风险是形势所致。但中国的ICO融资规模才26亿余元（经虚拟货币折合成人民币），涉及的资金容量与传统金融市场相比，甚至与互联网金融中的任何一种业态，如第三方支付、网络借贷相比，都只是九牛一毛，根本不可能扰乱金融市场秩序；且普通老百姓对于虚拟货币等根本不知为何物，一般也很难参与其中，因此也谈不上对社会稳定的冲击；由于ICO和区块链技术还处在一个创新发展阶段，区块链的应用前景还比较广阔，过早地呼吁严厉的监管政策将会对这一技术和应用造成前所未有的冲击。

然而，受互联网金融发展和监管的前车之鉴，许多业内人士都认为对ICO的监管不可缺失。虚拟货币的概念还没有解读清楚，打着虚拟货币旗号的各种骗局已经遍地开花，MMM社区、五行币、万福币等传销骗局一个接一个。很多不理性的投资人刚在一个骗局中损失惨重，又要踏入新的骗局。因此，缺乏监管的ICO也面临着资金风险、技术风险、政策风险、法律风险等。ICO在无人监管的状态之下，按照如此发展势头，带动的资金体量必会呈现不断上涨的趋势，若不提前防范风险，则负面影响难以估量。

前文提及的国内监管文件中指出，央行等多家监管机构已经对ICO进行定性，明确ICO本质上属于未经批准的非法公开融资，涉嫌非法集资、非法发行证券、非法发售代币募集，以及涉及金融诈骗、传销等违法犯罪活动，严重扰乱了经济金融秩序。本章将在此监管意见的基础上，对后续清理过程中可能产生的此类刑事案件该如何定罪量刑，从刑法实务角度做出初步的预测和判断。

（一）中国ICO的法律定位

1. ICO难以认定为法律意义上的证券

虽然ICO和IPO在某种程度上存在着相似性，但并不代表可以直接用监管IPO的逻辑实现对ICO的规制，两者存在很大的差异。不管是在理论界还是在实务界，对于ICO监管的探讨如火如荼，有一部分声音主张拓宽我国“证券”的外延，认为应该将ICO直接归入《证券法》规制。特别是2017年7月25日，美国证券交易委员会（SEC）对“The DAO”项目发布调查报告，认为“The DAO”项目构成了证券发行，相关代币属于证券。由此，我国相关专家学者更极力主张应当参照SEC的监管，将ICO项目发行的数字加密代币视为证券，纳入《证券法》规制。

依据《证券法》第二条的规定，其规制的范围包括：中华人民共和国境内股票、公司债券和国务院依法认定的其他证券的发行和交易，政府债券、证券投资基金份额的上市交易，证券衍生品种发行、交易。简而言之，“证券”就是用来证明券票持有人享有的某种特定权益的法律凭证。[①] 在该法律规定中，证券含义特定，其外延狭窄，每一类型证券都有明确的法律规定。例如，股票，是指股份有限公司签发的证明股东所持股份的凭证；《公司法》规定，股票采用纸面形式或者国务院证券监督管理机构规定的其他形式。公司债券，是指公司依照法定程序发行的、约定在一定期限还本付息的有价证券；公司债券的发行人是依照《公司法》在中国境内设立的有限责任公司和股份有限公司，发行公司债券应当符合《证券法》、《公司法》和《公司债券发行与交易管理办法》规定的条件，由证监会核准。企业债券，是指企业按照法定程序发行、约定在一定期限内还本付息的有价证券，包括依照《公司法》设立的公司发行的公司债券和其他企业发行的企业债券，企业债券需得到国家发改委批准并经中国人民银行和证监会会签后，才能进入具体发行程序。

综合上述证券的概念来看，并无法直接将数字加密代币归入到证券的范围。况且，并不是每一个ICO项目所发行的代币类型都是股权凭证，因而投资者所持有的代币不是股份的象征，此时更难将其视为证券。即使是走在ICO监管前沿的美国，对于ICO项目中的代币是否属于证券也要区分对待，在《关于“The DAO”事件的调查报告》中提到：一个特定的交易是否涉及证券发行和销售（不考虑使用哪个术语），取决于事实和情形，包括交易的经济实质。所以，不能简单笼统地将代币纳入证券的范畴。而且，证券的发行主体、发行内容、发行方式，以及证券的交易方式、交易地点都有严格的法律限制，要受到国务院证券监督管理机构的集中统一监督管理。比照目前ICO的发行主体、内容、方式等，其无法满足证券行业的相关条件。因而，将数字加密代币纳入《证券法》监管，事实上是降低了证券业的门槛。

2. 虚拟货币在我国并不是货币

2013年中国人民银行、工业和信息化部、中国银行业监督管理委员会、

---

① 吴晓求：《证券投资学》，中国人民大学出版社2000年版。

中国证券监督管理委员会、中国保险监督管理委员会发布的《关于防范比特币风险的通知》，明确了比特币是一种特定的虚拟商品，不具有与货币等同的法律地位。

对于游戏装备、比特币等虚拟商品在刑法中的性质，如本文在第九章第一节中详尽讨论的，目前在实务界和学术界仍具有较大的争议。不过由于比特币等虚拟商品的灭失从而导致财产损失，被害人的财产权益应该受到法律保护。司法实践中也早有相关案例。2016 年，犯罪嫌疑人武某窃取了被害人金某在某投资平台的账号及密码后，利用其账号和密码，通过篡改收款地址的方式盗走金某 70.9578 枚比特币，后在“火币网”交易平台出售，并将交易所得资金提现到其中国工商银行账户内。法院认为，比特币不仅是一种特定的虚拟商品，也代表着被害人在现实生活中实际享有的财产，应当受刑法保护。武某通过互联网盗取比特币后，再将其售出所得款项人民币 20 余万元提现至其个人银行账户，已经构成盗窃罪。

通过此案例可以看出，比特币等虚拟货币与游戏装备、QQ 号码等虚拟商品相比，财产价值性更加明显。游戏装备、QQ 号码等作为一种计算机信息数据，其价格有一定的主观性，并没有统一的市场进行交易，也没有相对统一的价格，如果确定不了销赃价格或者实际获利，则难以认定犯罪金额，难以以财产犯罪定罪，同时考虑到这些数据的可复原性，司法实务部门倾向性地认为应该以破坏计算机信息系统数据的相关罪名定罪处罚。但比特币不同，比特币作为可在全球范围内发行和使用的虚拟货币，具有相对统一的国际流通价格，在全球部分国家还可以作为货币使用，我国虽明确其不是货币，但是国内目前具有相对稳定的大型比特币交易平台，比特币可以通过法定货币进行统一衡量，并通过兑换成法定货币实现价值，比特币被盗或损失后可以非常容易计算出其交易价格。目前，以太币也已具有与比特币相似的投资地位。

因此，比特币等虚拟货币在我国并非货币，但是可以通过法定货币衡量其特殊商品的价值，而对于 ICO，并没有明确的法律定义和规范。

（二）非法集资风险

ICO 通过投资者使用比特币等虚拟货币购买其发行的数字加密代币，从而实现融资。其向社会不特定公众募集虚拟货币的形式涉及的刑事法律风险首先让人想到的就是非法集资。但根据现有的法律规定，ICO 项目是否属于刑法意义上的非法集资，仍有不同观点。

有些专家学者认为，由于 ICO 融资对象并不直接涉及法定货币，比特币或以太币等虚拟货币不属于刑法以及两高关于“非法集资”相关条款对

“存款”或“资金”的解释范畴，不能对法条进行扩大解释，因而认为ICO与非法集资无关。所谓的非法集资是指企业、个人或其他组织未经有关机关依法批准或借用合法经营形式吸收资金，采用公开宣传的手段向社会不特定公众募集资金，同时承诺还本付息的行为。① 也有学者认为比特币等作为具有对应市场价格的虚拟货币，可以直接用法定货币在一些数字资产平台自由买卖，可以视为是法定货币的等价物，属于“资金”或者“存款”的范畴，可以纳入《刑法》第九十二条第四款规定的“其他财产”之公民私人所有的财产中。但“资金”“存款”的概念从金融角度去理解，就是指法定货币，而我国监管政策已经明确了比特币等虚拟货币并非法定货币，将其列入“资金”或“存款”的范畴，显然行不通。

笔者认为对于非法集资行为的认定需要透过现象看本质。ICO是否为非法集资，要看其具体的项目。若ICO要求投资者明确以虚拟货币等购买项目发行的虚拟货币代币后通过发展代币的应用场景来提升代币价值，投资者可以将代币使用在应用场景中获得服务体验，可以在虚拟货币交易平台上出售代币，或交易其他虚拟货币等，将代币作为交易凭证和收益凭证(仅是代币的收益，而非承诺法定货币的收益)，在这种情形下，由于募集的并非资金，并未承诺货币或实物的回报，也没有对投资人的资金进行控制，从而给金融秩序带来不稳定因素，现有刑法体系难以认定其为非法集资。

然而，基于对融资的渴求，许多ICO项目游走在非法集资的“灰色边界”。在一些ICO发布平台上，人民币作为与虚拟货币、以太币并列的代币买入形式，可以直接购买ICO发行的代币，实现了一些企业直接募集法定货币的目的。在一些企业ICO的募集白皮书中“我要认投”的部分，人民币作为认投的首要方式，位于比特币和以太币之前。钱数目虽然不大，对于普通网民，不一定持有比特币或以太币，但肯定持有人民币，在此种情形下，使用人民币的几率是非常大的。同时，还有一些ICO项目发布平台，还有别的方式可以使用法定货币进行ICO，即拥有智能货币这一基于智能合约的法定货币等价物，如bitCNY，bitUSD等，投资者完全可以用人民币等价换取bitCNY参与ICO，即使用人民币投入，这一智能合约能够根据人民币的数量自动等价成比特币（但并非真正交易兑换成了比特币)；项目团队也完全可以将其筹得的bitCNY通过transwiser等网关兑换成人民币。这时，ICO项目团队募集的并非虚拟货币，而是实打实的法定货币，不必通过

① 张玉鲲：《非法集资犯罪的理论与司法实践》，中国检察出版社2016年11月版。

bitCNY、bitUSD进行形式掩饰。因此，可以看出，许多ICO的最终目的还是募集法定货币，实际ICO过程中，非法募集资金的情形是存在的。但这一违规行为是否涉嫌非法吸收公众存款犯罪，还需要结合其他实质要件综合判断。

通过查阅部分ICO项目的募集说明书发现，多数对于投资回报的描述比较谨慎，多是通过发放代币进行奖励、鼓励在应用场景中使用代币、承诺努力提高代币市场地位从而实现转让，这些是代币的特别应用，并非司法解释中的以货币、实物、股权等方式进行还本付息或给付回报。但有些“回购自毁计划”却值得研究。这一计划是为了控制代币的数量，确保其稀有价值，承诺“从2019年开始的十年间，每年用10%的利润回购自毁代币，且回购价不低于发行价”，这一承诺是否构成“还本付息、给付回报”？发行价约定的则有法定货币如人民币、美元，也有比特币或以太币。这种情况下，笔者认为，如果发行的价格、约定回购的价格均为法定货币，由于承诺回购，而且回购价不低于发行价，可以认定为司法解释中的“承诺在一定期限内还本付息或给付回报”，可以证明这样的募集资金具有利诱性的特征。因此，这样的ICO形式可以认定为刑法意义上的非法集资。

但是，约定发行价格和回购价格都是以比特币或者其他虚拟货币进行的呢？由于比特币等虚拟货币的价值并不确定，在我国作为一种虚拟商品，其价格会毫无预见性和规律性的大涨大跌，回购价即便是不低于当时的发行价，也不能代表还本付息，因为比特币或其他虚拟货币的价格极有可能下跌。如此，作为非法吸收公众存款四大要件之一的“利诱性”便不符合了。

笔者也注意到，在一些ICO募集书的最后也附有风险提示，即“虚拟数字货币投资、交易具有极高的风险（预挖、暴涨暴跌、庄家操控、团队解散、技术缺陷等），参考国家五部委《关于防范比特币风险的通知》，企业对ICO项目及其代币、某某币的投资价值不承担任何审查、担保、赔偿的责任，您需要完全对自己的投资损失承担责任，如果您不能接受，请不要参与本次平台代币发售和投资”。这一提示似乎与前面论证的承诺保本付息有所冲突。但是根据金融“穿透式监管”的精神，和刑法中实质审查的原则，进行了风险提示不代表着就不存在回报承诺，还应该具体分析其实质行为。

总而言之，目前我国存在的ICO项目确实存在非法集资的风险，一些试图踩在灰色地带，却已经实际触及了法律红线。ICO作为企业募集资金的手段，其刑事法律风险较高，具体的认定还应该在认清虚拟货币在我国经济法和刑法中地位的基础上，结合 ICO 的具体运作模式来综合判断。

（三）诈骗风险

由于 ICO 缺乏法律监管，没有具体的行业规范，更没有对募集资金或者募集的虚拟货币用途的跟进、审查，其中诈骗风险畸高。

一般来说，较为大型的 ICO 项目可能会成立基金，能对所融资金的使用进行分配和公布，从而使得投资者知晓资金的去向。但是，大多数项目都缺乏有效的监督和审计，对于资金使用的信息不进行公布。虽然一些 ICO 平台会对 ICO 项目采取保证金制度，暂扣一定比例的资金待到区块链项目完成后再予以支付。但相比较之项目大部分的融资资金，保证金可谓是小巫见大巫，一旦发生 ICO 项目发起方卷款“跑路”，投资者还是覆水难收。或者，有时也有可能因为高比例的保证金制度带来区块链项目在开发过程中出现的资金短缺，导致项目的失败，投资者依旧血本无归。

由于 ICO 的发起没有用途、主体、资质、项目内容等的审查，其项目鱼龙混杂，更不能排除有借此新兴概念实行诈骗者参与其中。对于刑法意义上的诈骗、合同诈骗案件，主观上非法占有目的判断和 ICO 中的诈骗手段认定与传统的刑法处理并无二致。难的是被害人财产损失和犯罪数额的认定。在 ICO 发行和募集中，如果骗取的直接是被害人的法定货币则不存在研讨的空间；如果募集的是虚拟货币又怎么处理呢？笔者认为，犯罪嫌疑人骗取的是虚拟货币作为虚拟商品的价值，参考上文中提到的盗取比特币并获利构成盗窃罪一案，以诈骗为目的通过 ICO 手段骗取虚拟货币的，应根据交付当日虚拟货币的交易价格，或者根据犯罪嫌疑人实际套取虚拟货币的非法所得来认定其犯罪数额。

（四）非法经营风险

通过前文的论述，ICO 具有类 IPO 的性质，其发行的数字货币代币具有一定的股权凭证的特征，根据我国《刑法》第二百二十五条非法经营罪的规定，ICO 符合“违反国家规定，未经国家有关主管部门批准，非法经营证券业务，扰乱市场秩序，情节严重的，构成非法经营罪”的这一规定。根据两高一部、一会《关于整治非法证券活动有关问题的通知》，单位和个人经营证券业务，必须经证监会批准，未经批准的，属于非法经营证券业务，应予以取缔；涉嫌犯罪的，以非法经营罪追究刑事责任。ICO 是否存在构成非法经营罪的刑事法律风险，存在两个问题：

第一，ICO 是否为证券业务，这一点在本章论述 ICO 法律地位的时候已有提及。ICO 发行的数字货币代币具有股权凭证、收益凭证和交易凭证三大特征，但并不是所有的 ICO 项目的代币都具有股权凭证这一性质，还要考察 ICO 项目的不同；而我国的《证券法》对于证券的概念，有严格的限定，目前我国的 ICO 代币不符合这一特征，ICO 更不属于证券业务。随着不断的关注和监管的介入，笔者认为，不排除将部分 ICO 纳入证监会监管的可能。

第二，构成非法经营罪的前提，需要违反相应的国家规定。目前针对 ICO，国家几部委相继出台了相关规定进行监管，各类代币发行融资活动应当立即停止，但其法的位阶是否符合国家规定的层级，还有待司法解释的进一步明确。

只有解决了上述两个问题才有讨论 ICO 非法经营刑事法律风险的可能性。

第五节　区块链技术发展的前景及建议

我国对虚拟货币已经明确其地位，即为虚拟商品而非具有流通作用的货币，在监管政策上也有在反洗钱和防范逃汇风险方面给予原则性的规定，面对民间各种对虚拟货币性质的误读，以及犯罪嫌疑人利用虚拟货币之名引发的社会不稳定的现状，比特币的交易流通仍有研究的重要意义。因为，比特币的挖掘和流通中蕴含的去中心化记账式技术——区块链技术对我国的金融发展大有裨益，将会是我国金融发展的下一步重大变革。区块链技术的发展和应用将对我国的金融行业产生革命性的影响。

一、区块链技术概述

区块链概念由比特币创始人中本聪提出，是一种支持虚拟数字货币的底层技术，即分布式记账技术。通俗地讲，区块链就是一本账本，而各个区块就是账本的每一页，区块上的每一个节点就是记账之人。一般而言，每个区块均包含以下三种要素：一是本区块的 ID；二是若干交易单；三是前一个区块的 ID。这也就是说，通过区块，不仅可以看到每一笔（节点）最新的记账，而且可以查阅到任何一笔历史记录；同样，人们也可以由最新的区块记录追溯前一个区块的记录，直至“创世区块”，从而生成了一条完整的交易链条，即区块链。随着时间的推移，这条链还会不断增长，区块也会不断增加。[①]

比特币的诞生过程正是运用了中本聪的区块链技术，其本质上是由分布式网络系统生成的数字货币，其发行过程不依赖特定的中心化机构，而

① 张锐：《基于区块链的传统金融变革与创新》，载《国际金融》2016 年第 9 期。

是依赖于分布式网络节点共同参与一种称为“工作量证明（Proof of Work，PoW）”的共识过程完成交易的验证与记录。PoW 共识过程（俗称“挖矿”，每个节点称为矿工）通常是各节点贡献自己的计算资源来竞争解决一个难度可动态调整的数学问题，成功解决该数学问题的矿工将获得区块的记账权，同时当前时间段的所有比特币交易被打包记入一个新的区块，并按照时间顺序链接到比特币主链上。[①] 系统用工作量证明机制来分发资产，以鼓励挖矿，计算能力越强，挖矿时间越长，获得的虚拟货币越多。挖矿需要强大的硬件来满足其计算力，这也是个人难以挖出比特币，且比特币数量有限的原因。

从上述比特币的产生可以看出，区块链主要具有如下四大特征：一是去中心化，区块链数据库是分布式记录、分布式储存，即每个节点都负责数据的记录、储存，没有中心化或第三方机构负责管理，同时不同于传统的数据采取特定机构单独维护和专业技术人员进行专项处理，区块链上的参与人都会自动集体维护数据记录。可以说，区块链就是一个所有用户共同维护的“数据大家庭”。

二是去信任化，由于其去中心化的特征，区块链记账并没有记账中心，也没有第三方记账平台，所以没有任何机构或个人为记录数据的真实性背书。数据链参与方不需要知道交易对手信用度，更不需要借助第三方机构来进行交易背书或者担保验证，而只需要信任共同的算法就可以建立互信，参与者既是数据记录者又是信用的自我提供者。因此，尽管区块链参与方彼此之间的身份并不知晓，但也并不影响双方或多方的信任。

三是去特权化，此特征也是建立在第一点和第二点基础上的，由于没有了主导的记录方，每个人都是数据的记录者，每个人都可以查阅、追溯数据来源、分布等。不同于传统数据查询模式下只有管理人员才能看到全盘或全程数据信息，区块链对网络上的参与者平等开放，而且由于每笔交易单都记录了该笔资金的前一个拥有者、当前拥有者以及后一个拥有者，所以任何一个人不仅对每一笔的交易明细看得一清二楚，同时可以监督者的身份查询与追溯每一区块，从而能够保证数据的高度透明与公开。[②]

四是交易安全化，区块链货币依赖独立、对等的网络节点来保存所有的交易记录，因而，单个人无法对数据内容进行修改，但从理论上来说，若有人能控制所有网络节点的半数以上，则可以修改现有区块链货币的交

① 梁斌：《从“比特币挖矿”看区块链技术的共识机制》，载《中国金融电脑》2016 年第 9 期。

② 张锐：《基于区块链的传统金融变革与创新》，载《国际金融》2016 年第 9 期。

易记录，这就是所谓的“51%攻击”问题。这样，可以修改最近的任意交易记录，抹去最近的任意一笔交易。需要获得51%以上的计算力需要极大的成本，在实践中是不可能的，而且投入的成本远大于获得的利益，使获得控制性的数据节点失去动力。

二、区块链技术与数字货币

由于记账模式的全新变化，区块链技术的运用会给传统商业银行带来颠覆性的影响。中国也开始研究区块链技术在银行领域的影响。在严格监管现有区块链货币的同时，中国人民银行正在密切关注区块链技术的最新进展与可能的应用前景。2016年年初，中国人民银行行长周小川曾在专访中表示，数字货币作为法定货币，应由央行来发行；数字货币的发行、流通和交易，都应当遵循传统货币与数字货币一体化的思路，实施同样原则的管理。

近年来，我国央行为研究出台数字货币做了大量工作，包括招募人才，深入调研，试点运行等。截至目前，根据央行发布的阶段性研究成果，我国的数字货币框架为：根据现行人民币管理原则，央行数字货币的发行和回笼基于“中央银行—商业银行”的二元体系来完成，中央银行负责数字货币的发行与验证监测，商业银行从中央银行申请到数字货币后，直接面向社会，负责提供数字货币流通服务与应用生态体系构建服务。央行数字货币体系的核心要素为一种币、两个库、三个中心。人民银行数字货币研究所筹备组组长、央行科技司副司长兼数字货币研究所筹备组组长姚前解释道，具体而言，该体系包括以下几项主要构成要素：央行数字货币私有云，用于支撑央行数字货币运行的底层基础设施。数字货币：由央行担保并签名发行的代表具体金额的加密数字串。数字货币发行库，人民银行在央行数字货币私有云上存放央行数字货币发行基金的数据库。数字货币商业银行库，商业银行存放央行数字货币的数据库，可以在本地也可以在央行数字货币私有云上。数字货币数字钱包，指在流通市场上个人或单位用户使用央行数字货币的客户端，此钱包可以基于硬件也可以基于软件。认证中心，央行对央行数字货币机构及用户身份信息进行集中管理，它是系统安全的基础组件，也是可控匿名设计的重要环节。登记中心，记录央行数字货币及对应用户身份，完成权属登记；记录流水，完成央行数字货币产生、流通、清点核对及消亡全过程登记。大数据分析中心，反洗钱、支付行为分析、监管调控指标分析等。①

简而言之，我国正在研究发行的数字货币是由央行担保发行，有国家信用作为保证，是一种法定数字货币，而不同于没有发行主体的非法定数字货币比特币。央行此次发行的数字货币也利用了区块链技术，具有货币加密、分布记账的特点，可以用于真实的商品和服务买卖。

央行数字货币与私人数字货币的本质完全不同，只有央行数字货币具有国家信用支撑，才能成为真正意义上的货币。虽然央行数字货币可能采用与私人数字货币类似的底层技术，但本质的不同决定了二者将采用不同的发行和流通框架。央行数字货币是由中央银行发行和调控的，这样才能维持由国家信用支撑的现代货币体系的稳定。数字货币技术将提升中央银行对货币发行和流通的控制力，使货币政策的运作和传导更有效。当然，央行数字货币的发行和运用将会是一个比较长时间的过程，也必然会有一系列的程序，需要解决一系列的问题，最终以合理的设计和发行程序调控货币供应，保持物价基本稳定，使货币政策更好地服务于经济稳定与发展。②

近年来，各国都对区块链技术在货币体系中的应用进行研究。不同的货币体系特征以及金融环境对区块链技术的运用范围应有所不同。由于区块链技术下的数字货币保有量是一定的，因此国家对于可能产生的通货膨胀或者紧缩的后果应有所预期。区块链技术下的货币体系还可能引发国家间货币竞争更加激烈。尤其应该重视的是，一旦区块链技术的应用价值得到确认，各国间可能会进行剧烈的铸币收益的争夺。在现行的货币体系下，纸币是主要的法定货币，本国可以限制外国纸币在国内的流通，也可通过对银行业的监管限制外国存款货币的流通。但是，若其他主要国家使用区块链货币（如欧元、卢布），由于现代电子通讯技术的特点，本国很难像封锁纸币一样，封锁外国区块链货币在本国的流通。铸币收益可能会被其他强势货币国家获取，全球货币支付体系和金融体系可能会被重新洗牌。③

三、区块链技术的应用前景

作为一个全新的技术手段，区块链（BlockChain）不仅会对银行的商业模式产生颠覆性影响，而且会导致银行的管控机制以及业务创新渠道发生重大

① 蓝鲸传媒，《央行数字货币系统样本有望春节后推出，深圳或将成数字货币试点》，载全景网，http://www.p5w.net/weyt/201612/t20161229_1681310.htm,2017 年 1 月 15 日。

② 盛松成、蒋一乐：《央行数字货币才是真正货币》，载《中国金融》2016 年第 14 期。

③ 王晟：《区块链式法定货币体系研究》，载《经济学家》2016 年第 9 期。

的变革，而且这种影响还会辐射与渗透到非银金融领域，引起证券行业基础架构，以及保险行业信用与产品体系的创新与再造。在此基础上，整个社会的支付结算、买卖交易以及相应的监管机制都将进入一个全新的时代。

“区块链在金融领域拥有极为广泛的应用前景，区块链技术并非颠覆金融本质，更多的是颠覆金融的实现形式。”北京市金融工作局党组书记、副局长霍学文强调，“当前有些观点认为区块链金融的‘去中心化’是不恰当的，中心依然存在，只不过以前是物理中心，未来将以互联网为中心，谁提供区块链的发布与信任服务，谁就是中心，区块链生成平台即中心。”他解释说，互联网时代不仅改变信息的存在方式、传输方式以及对社会的作用方式，还会改变社会组织关系、层级结构和企业组织体系。因而作为一项技术的区块链，通过改变金融与外界的沟通形式，从而完成对金融实现形式的颠覆和革新。

无论是传统金融服务，还是P2P、众筹等互联网金融创新，抑或在强化金融监管、防范金融风险、打击非法集资等领域，区块链技术都有非常广阔的应用前景，也由此驱动着区块链技术逐步成为互联网金融乃至整个金融业的关键底层基础设施。霍学文判断，互联网金融正在加速步入“区块链+”时代：

在支付领域，开启“区块链+支付（国际结算）”。能够降低交易成本，降低汇兑风险，加快传输速度，大大提高支付效率。支付是金融市场最重要的基础设施，区块链技术最先革新领域就是支付清算。以Ripple为例，尽管还有需要完善和改进之处，但它是目前一个相对成熟的区块链支付服务。作为一种基于互联网的开源支付协议，Ripple可以实现去中心化支付与清算功能。在Ripple系统里，所有的货币均可自由兑换，不仅包括各国法定货币，而且包括虚拟货币。Ripple系统中货币兑换和交易的效率更高、速度更快，交易确认几秒钟内即可完成，且交易费用几乎为零，没有异地和跨行费用。现有的国际货币兑换模式主要通过加入SWFIT（环球银行金融电信协会）的银行间清算和结算，而Ripple是一个开源的点对点网络，构建了一套完全不同的账户体系。它实质上是一个可共享的开源数据库，可以快速、廉价并安全地将资金转账到任何人或任何机构在Ripple系统中的账户，没有任何人或任何机构能控制Ripple网络。这是分布式的账簿体系，实际上体现了区块链技术的核心思想，未来有广阔的发展前景。

在征信领域，可开启“区块链+征信”。区块链创设的节点信任机制，既能提高征信的公信力，实现全网征信信息无法被篡改，还能显著降低征信成本，提供多维度的精准大数据。最终，将有可能打破数据孤岛的难题，数据主体以某种交易机制，通过区块链即可交换数据信息。同时区块链的优势在于可依靠程序算法自动记录信用相关信息，并存储在区块链网络的每一台计算机上，信息透明、不可篡改、使用成本低。商业银行可以用加密的形式存储并共享客户在本机构的信用信息，客户申请贷款时，贷款机构在获得授权后可通过直接调取区块链的相应信息数据直接完成征信，而不必再到央行申请征信信息查询。

在金融投资领域，开启“区块链 + 交易所”。交易所是集中交易某种有形或者无形的市场，区块链技术将在各式各样的产权交易所得到广泛应用。区块链的去中心化、开放性、共享性、匿名性、不可篡改性等特征，可以显著提升登记、发行、交易、转让、交割清算效率，也可以保障信息安全与个人隐私。目前，区块链技术已被一些国际交易所应用到了证券发行和资金清算环节。2015 年年末，全球最大的证券交易所之一纳斯达克，首次使用了区块链技术交易平台，完成和记录私人证券交易。澳洲交易所利用区块链技术与银行账户连接，买卖股票后资金可以迅速到账。

很显然，“区块链 +”或将改变乃至重塑全球金融业的基础框架，加速金融创新和产品迭代速度，极大提高金融运行效率，重塑信用传递交换机制。当前的种种迹象也表明，区块链给金融领域带来的变化已经开始、正在加速，并将形成趋势。①

① 霍学文：《区块链——未来金融战略制高点》，载《首都金融》2016 年 9 - 10 月刊，总第 28 期。

参考文献

论文类

1. 戴新福、胡斌勇、袁维:《互联网金融发展现状与经济犯罪风险防范》,载《上海公安高等专科学校学报》2015 年第 4 期。

2. 杨东:《论金融法的重构》,载《清华法学》2013 年第 7 期。

3. 刘英、罗明雄:《互联网金融模式及风险监管思路》,载《金融市场》2013 第 43 期。

4. 董昀、李鑫:《互联网金融的发展:基于文献的研究》,载《金融评论》2014 年第 5 期。

5. 谢平、邹传伟、刘海二:《互联网金融监管的必要性与核心原则》,载《国际金融研究》2014 年第 4 期。

6. 刘宪权:《互联网金融股权众筹行为刑法规制论》,载《法商研究》2015 年第 6 期。

7. 谢平、邹传伟:《互联网金融模式研究》,载《金融研究》2012 年第 6 期。

8. 谢平:《互联网金融的现实与未来》,载《新金融》2014 年第 4 期。

9. 刘宪权、金华捷:《论互联网金融的行政监管与刑法规制》,载《法学》2014 年第 6 期。

10. 朱太辉、陈璐:《Fintech 的潜在风险与监管应对研究》,载《金融监管研究》2016 年第 7 期。

11. 赵鹞:《Fintech 的特征、兴起、功能及风险研究》,载《金融监管研究》2016 年第 9 期。

12. 李文红、蒋则沈:《金融科技(FinTech)发展与监管:一个监管者的视角》,载《金融监管研究》2017 年第 3 期。

13. 周茂清:《互联网金融的特点、兴起原因及风险应对》,载《当代经济管理》2014 年 10 月第 36 卷第 10 期。

14. 刘绘、沈庆劼:《我国 P2P 网络借贷的风险与监管研究》,载《财经问题研究》2015 年第 1 期。

15. 谢平、邹传伟、刘海二：《互联网金融的基础理论》，载《金融研究》2015 年第 8 期。

16. 薛紫臣：《互联网金融流动性风险的成因和防范》，载《中国发展观察》2016 年 6 月。

17. 李丽萍：《互联网非公开股权融资法律风险及防范逻辑》，载《西南金融》2017 年第 8 期。

18. 姚蔚子：《金融隐私保护与征信制度国内研究综述》，载《时代金融》2016 年 7 月。

19. 罗小玲：《互联网金融犯罪与防控对策研究》，载《法治论坛》2016 年第 3 期。

20. 赵渊、罗培新：《论互联网金融监管》，载《法学评论》2014 年第 6 期。

21. 黄震、蒋松成：《全世界都在说“金融沙盒”中国要不要来一盒?》，载《中国金融》2017 年第 2 期。

22. 王春丽：《行政执法与刑事司法衔接研究——以医疗两法衔接为视角》，华东政法大学 2013 年博士学位论文。

23. 陈新月：《互联网金融形势下集资类犯罪存在的问题及建议》，载《成都理工大学学报》2016 年第 2 期。

24. 袁勇、王飞跃：《区块链技术发展现状与展望》，载《自动化学报》2016 年第 4 期。

25. 黄辛、李振林：《互联网金融犯罪的刑法规制》，载《人民司法（运用）》2015 年第 5 期

26. 王铼、姜先良、宋宇：《互联网金融犯罪和刑法干预机理分析》，载《中国检察官（司法实务）》2016 年第 3 期（上）。

27. 李睿：《上海自贸试验区互联网金融创新中刑法介入的合理边界》，载《外国经济与管理》2016 年。

28. 元明、甄贞、谢鹏程：《打造信息共享平台深化“两法衔接”机制建设》，载《人民检察》2013 年第 19 期。

29. 樊蓉、张玮：《外汇证券领域非法经营罪若干问题探讨》，载《犯罪研究》2009 年第 3 期。

30. 张鸿、李文军：《非法经营证券、期货案件中有关证监会〈复函〉的若干思考》，载《法治论坛》2011 年第 1 期。

31. 毛玲玲：《金融刑事司法机制的专业化路径及问题探讨》，载《金

融法制》2011 年第 6 期。

32. 梁静、杨继文：《“行刑衔接”程序设计研究》，载《成都师范学院学报》2016 年第 1 期。

33. 甄贞、申飞飞：《行政执法与刑事司法衔接机制刍议》，载《人民检察》2011 年第 15 期。

34. 缪群：《论行政执法与刑事司法衔接制度的完善》，安徽财经大学 2015 年法律硕士学位论文。

35. 徐显峰：《我国第三方支付发展研究——基于产业分工与融合的视角》，西南财经大学博士学位论文。

36. 杨帆：《网络第三方支付法律问题研究》，长春工业大学硕士学位论文。

37. 李里涓子：《第三方支付业务风险防范法律问题研究》，湖南大学 2012 年硕士学位论文。

38. 张春普、李上上：《对沉淀资金的性质及其孳息归属的探究——以第三方网上支付为视角》，载《天津商业大学学报》2013 年 5 月。

39. 王思璟：《信用卡存盗刷暗门：利用第三方支付系统漏洞》，载《21 世纪经济报道》2010 年。

40. 吴朝平：《第三方在线支付业务的洗钱风险及反洗钱监管研究》，载《南方金融》2012 年第 10 期。

41. 郎俊义：《论互联网金融视野下第三方支付的刑事风险与防控对策》，载《浙江警察学院学报》2014 年第 6 期。

42. 龙宗智：《印证与自由心证——我国刑事诉讼证明模式》，载《法学研究》2004 年第 2 期。

43. 张礼萍、李小平：《论伴生性证据》，载《中国刑事法杂志》2013 年第 2 期。

44. 刘广三：《计算机犯罪论》，中国人民大学出版社 1999 年版，第 329 页。

45. 陈志敏：《电子数据证据问题探析》，载《诉讼法学》2001 年第 11 期。

46. 刘满达：《论数据电文的证据价值》，载《法学》1999 年第 8 期。

47. 张西安：《计算机数据的证据价值》，载《人民法院报》2000 年 11 月 7 版。

48. 杨永川、李岩：《电子数据取证技术的研究》，载《中国人民公安大学学报（自然科学版）》2005 年第 1 期。

49. 叶红：《电子取证点中网络犯罪死穴》，载《中国计算机报》2007年第22期。

50. 杨瑜拥、刘显鹏：《电子数据收集程序探析》，载《交通大学学报》2014年第1期。

51. 徐燕平、吴菊萍：《证据在刑事诉讼中的法律地位》，载《法学》2007年第12期。

52. 王军：《网络犯罪侦查中证据体系的建立》，载《网络安全技术与应用》2003年第10期。

53. 陈少波、梅中玲：《网络犯罪侦查工作中的难题及对策》，载《决策与信息》（下旬刊）2012年第8期。

54. 李蕤：《网络犯罪侦查的难点及对策探析水》，载《人民警察学院学报》2011年第3期。

55. 张明楷：《实质解释论的再提倡》，载《中国法学》2010年第4期。

56. 钮明：《“草根”金融P2P信贷模式探究》，载《金融理论与实践》2012第2期。

57. 刘新民：《“非法吸收公众存款罪”去罪论——兼评〈关于审理非法集资刑事案件具体应用法律若干问题的解释〉（法释［2010］18号第一条)》，载《江西社会科学》2012年第3期。

58. 史文才：《试论P2P网贷与非法金融业务的法律界限》，载《金融法苑》2013年第1期。

59. 贺卫、王鲁峰：《论非法吸收公众存款罪的“公众”的界定标准》，载《法学》2013年第11期。

60. 傅晓锋：《P2P网络借贷平台的风险探析》，载《金融视线》2014年第2期。

61. 袁友方：《湖南省网络借贷（P2P）行业调查报告》，载《经济犯罪侦查研究》2014年第4期。

62. 蒋莎莎：《网络贷款“宜信模式”的风险特点及监管回应》，载《武汉金融》2014年第5期。

63. 王欢、郭文：《P2P的风险与监管》，载《中国金融》2014年第8期。

64. 李曙光：《证券法修改的方向》，载《中国金融》2014年第12期。

65. 林强：《资产证券化在我国的过去、当下及未来》，载《时代金融（中旬)》2015年第1期。

66. 张影：《P2P 网贷债权转让模式的法律风险与防范》，载《哈尔滨商业大学学报（社会科学版）》2015 年第 2 期。

67. 王拓：《P2P 网贷平台非法吸收公众存款行为的司法认定》，载《中国检察官》2016 年 1 月（下）。

68. 陈其高：《论证据体系——兼与〈口供中心主义之辩〉一文商榷》，载《中国人民公安大学学报（社会科学版）》2006 年第 3 期。

69. 单丹：《自融行为定性问题研究》，载《中国检察官》2016 年 1 月（下）。

70. 赵铭、刘佳佳、苗晋瑜、董阳：《我国 P2P 借贷信息服务平台发展模式研究》，载《科技促进发展》2016 年第 2 期。

71. 黄春燕：《互联网金融的管与不管》，载《财经》2016 年第 16 期。

72. 杨东、苏伦嘎：《股权众筹平台的运营模式及风险防范》，载《国家检察官学院学报》2014 年第 4 期。

73. 鲁公路等：《美国 JOBS 法案、资本市场变革与小企业成长》，载《证券市场导报》2012 年第 8 期。

74. 杨东、刘翔：《互联网金融视阀下我国股权众筹法律规制的完善》，载《贵州民族大学学报》2014 年第 2 期。

75. 殷华：《众筹融资交易合同效力的司法审查》，载《人民司法（案例）》2016 年第 5 期。

76. 邓建鹏：《互联网金融时代众筹模式的法律风险分析》，载《江苏行政学院学报》2014 年第 3 期。

77. 刘伟：《非法吸收公众存款罪的扩张与限缩》，载《政治与法律》2012 年第 11 期。

78. 彭冰：《非法集资行为的界定——评最高人民法院关于非法集资的司法解释》，载《法学家》2011 年第 6 期。

79. 林越坚：《非法集资与民间借贷的刑民界分》，载《财经科学》2013 年第 1 期。

80. 彭冰：《非法集资活动规制研究》，载《中国法学》2008 年第 4 期。

81. 何庆仁：《德国刑法学中的义务犯理论》，载《刑事法评论》第 24 卷。

82. 许多奇：《论股权众筹的法律规制——从“全国首例众筹融资案”谈起》，载《学习与探索》2016 年第 8 期。

83. 毛玲玲：《集资行为的刑事管制——金融危机背景下的考察》，载

《政治与法律》2009 年第 9 期。

84. 王春丽、王森坚:《互联网金融理财的法律规制——以阿里余额宝为视角》，载《上海政法学院学报》2013 年 9 月。

85. 杨润坤:《互联网金融理财产品对银行业的影响——以余额宝为例》，载《青海金融》2014 年第 4 期。

86. 郑旭江:《互联网金融的分析》，载《西华大学学报》2014 年。

87. 赖正直:《论背信运用受托财产罪的若干基本问题》，载《社科纵横》2008 年第 4 期。

88. 马春芬、郑爽:《支付宝“花呗”产品套现漏洞分析及监管建议》，载《中国信用卡》2015 年第 10 期。

89. 王海涛:《虚拟信用卡的违规问题分析》，载《金融纵横》2014 年第 5 期。

90. 郑爽:《支付宝“花呗”产品套现漏洞分析及监管建议》，载《中国信用卡》2015 年第 10 期。

91. 贾丽平:《论虚拟货币的规范及未来发展方向》，载《管理现代化》2008 年第 2 期。

92. 张登福:《试论网络游戏虚拟货币的法律规制》，载《经营管理者》2011 年第 21 期。

93. 何东、卡尔·哈伯梅尔、罗斯·莱科等:《虚拟货币及其扩展: 初步思考》，载《金融监管研究》2016 年第 4 期。

94. 胡云腾、周加海、周海洋:《关于办理盗窃刑事案件适用法律若干问题的解释》，载《人民司法》2014 年第 15 期。

95. 付想兵:《盗窃游戏币，能定盗窃罪吗?》，载《人民法院报》2016 年第 3 版。

96. 刘明祥:《窃取网络虚拟财产行为定性研究》，载《法学》2016 年第 1 期。

97. 张力:《比特币的风险及其监管》，载《经济师》2016 年第 8 期。

98. 冯涛、张翠芳:《虚拟货币洗钱风险研究及监管对策—基于 FATF 监管指引视角》，载《西部金融》2016 年第 6 期。

99. 盛松成、蒋一乐:《央行数字货币才是真正货币》，载《中国金融》2016 年 14 期。

100. 王晟:《区块链式法定货币体系研究》，载《经济学家》2016 年第 9 期。

101. 张锐:《基于区块链的传统金融变革与创新》，载《国际金融》

2016 年第 9 期。

102. 梁斌：《从"比特币挖矿"看区块链技术的共识机制》，载《中国金融电脑》2016 年第 9 期。

103. 霍学文：《区块链——未来金融战略制高点》，载《首都金融》2016 年第 28 期。

104. Financial Stability Board, Fintech: Describing the Landscape and a Framework for Analysis, Research Report, 2016.

105. U. S. Department of Treasury, Opportunities and Challenges in Online Marketplace Lending, Research Report, 2016.

106. Michael, S., Facilitating Innovative Fintech Business – A Regulator's Perspective, SSRN, 2015.

107. Weiss G. N., Pelger K., Horsch A., Mitigating adverse selection in P2P lending: empirical evidence from Prosper. com, Social Science Electronic Publishing, 2010.

108. Bachmann, A. et al., Online Peer – to – peer Lending: A Literature Review, Journal of Internet Banking and Commerce, 2011.

109. Freedman, S., Jin, G. Z., Dynamic Learning and Selection: The Early Years of Prosper, Work – ing paper, University of Maryland, 2008.

110. Bradford, C. Steven, Crowdfunding and the Federal Securities Laws (March 9, 2012), Columbia Business Law Review, Vol. 2012, No. 1, 2012: 27. Available at SSRN: http://ssrn. com/abstract = 1916184; see also Belleflamme, Paul and Lambert, Thomas and Schwienbacher, Armin, Crowdfunding: Tapping the Right Crowd (July 9, 2013), Journal of Business Venturing, Forthcoming; CORE Discussion Paper No. 2011/32: 6 – 7. Available at SSRN: http://ssrn. com/abstract = 1578175 or http://dx. doi. org/10. 2139/ssrn. 1578175.

111. Ibrahima N., Verliyantina D., The Model of Crowdfunding to Support Small and Micro Businesses in Indonesia Through a Web – based platform, Pro – cedia Economics and Finance, 2012.

112. Tarazi, M., P. Breloff, Nonbank E – Money Issuers: Regulatory Approaches to Protecting Vustomer Funds, CGAP Focus Note, 2010.

113. Barber, S., X. Boyen, E. Shi and E. Uzun, Bitter to Better – How to Make Bitcoin a Better Currency, Financial Cryptography and Data Security, Heidelberg: Springer – Verla.

114. Jacobs, E. Bitcoin: A Bit Too Far, Journal of Internet Banking and

Commerce, 2011.

书籍类

1. 刘志硕：《股权众筹创业融资指南》，机械工业出版社 2017 年第 1 版。

2. 刘飞宇：《互联网金融法律风险防范与监管》，中国人民大学出版社 2016 年 6 月版

3. 郭华：《非法集资的认定逻辑与处置策略》，经济科学出版社 2016 年 5 月版。

4. 杨兴培：《犯罪的二次性违法理论探究》，载《社会转型时期的刑事法理论》，法律出版社 2004 年版。

5. 陈小辉、陈富节、陈文：《互联网金融全面风险管理手册》，电子工业出版社 2017 年 7 月版。

6. 马梅、朱晓明：《支付革命：互联网时代的第三方支付》，中信出版社 2014 年 2 月版。

7. 杨海：《风险社会：批判与超越》，人民出版社 2017 年 1 月版。

8. 周水清：《审讯策略与取证技巧（2013 年修订版）》，中国人民公安大学出版社 2013 年版。

9. 王峥、徐静文：《命案证据收集》，中国人民公安大学出版社 2012 年版。

10. 李双其：《网络犯罪防控对策》，群众出版社 2001 年版。

11. 吴弘：《计算机信息网络法律问题研究》，立信会计出版社 2001 年版。

12. 何家弘：《电子数据法研究》，法律出版社 2002 年版。

13. 郭志峰、朱孟军：《计算机犯罪防范与案例分析》，中国大地出版社 2000 年版。

14. 杨东、文诚公：《互联网金融风险与安全治理》，机械工业出版社 2016 年版。

15. 刘燕：《金融犯罪侦查热点问题研究》，知识产权出版社 2014 年版。

16. 毛玲玲：《金融犯罪的实证研究——金融领域的刑法规范与司法制度反思》，法律出版社 2014 年版。

17. 马克昌：《犯罪通论》，武汉大学出版社 2003 年版。

18. 陈国庆：《检察制度原理》，法律出版社 2009 年版。

19. 庄友刚：《跨越风险社会——风险社会的历史唯物主义研究》，人民出版社2008年版。

20. 第一财经新金融研究中心：《中国P2P借贷服务行业白皮书》，中国经济出版社2013年版。

21. 郭华：《互联网金融犯罪概说》，法律出版社2015年版。

22. 陶晓华、曹国岭：《互联网金融风险控制》，人民邮电出版社2016年版。

23. 柏亮：《众筹服务行业白皮书（2014）》，中国经济出版社2014年版。

24. 邓建鹏、黄震：《互联网金融法律与风险控制》，机械工业出版社2014年版。

25. 陈兴良：《共同犯罪论》，中国社会科学出版社1992年版。

26. 冯英菊：《共同犯罪的定罪与量刑》，人民法院出版社2002年版。

27. 刘宪权：《金融犯罪刑法学专论》，北京大学出版社2010年版。

28. 谢平、邹传伟、刘海二：《互联网金融手册》，中国人民大学出版社2014年版。

29. 魏东、白宗钊：《非法集资犯罪——司法审判与刑法解释》，法律出版社2013年版。

30. 周友苏：《新证券法论》，法律出版社2007年版。

31. 芮晓武、刘烈宏：《中国互联网金融发展报告（2013）》，社会科学文献出版社2014年版。

32. 金桐林：《银行法》，三民书局2010年版。

33. [日]大谷实著，黎宏译：《刑法讲义总论（新版第二版）》，中国人民大学出版社2008年版。

34. 张明楷：《刑法学》，法律出版社2016年版。

35. 李立众：《刑法一本通（第十一版）》，法律出版社2015年版。

36. 朱崇实、刘志云：《金融法教程（第四版）》，法律出版社2017年版。

37. 徐忠等人：《金融科技：发展趋势与监管》，中国金融出版社2017年版。

38. [荷]乔安妮·凯勒曼等：《21世纪金融监管》，中信出版社2016年版。

39. 孙诚德：《玩转互联网金融》，北京联合出版社2015年版。

40. 周雷：《互联网金融理论与应用》，人民邮电出版社2016年版。

41. BR互联网研究院：《互联网金融报告2017－金融创新与规范发展》，中国经济出版社2017年版。

42. 李东荣：《互联网金融蓝皮书——中国互联网金融发展报告2016》，社会科学文献出版社2016年版。

43. 中国互联网金融安全课题组：《中国互联网金融安全发展报告2016》，中国金融出版社2017年版。

44. 马梅、朱晓明等：《支付革命：互联网时代的第三方支付》，中信出版社2014年版。

45. 杨彪：《中国第三方支付有限监管研究》，厦门大学出版社2013年版。

46. 马梅、朱晓明等人：《支付革命：互联网时代的第三方支付》，中信出版社2014年版。

47. 高铭暄：《刑法学》（第八版），北京大学出版社2017年版。

48. 徐忠：《金融科技：发展趋势与监管》，中国金融出版社2017年版。

49. 乔安妮·凯勒曼等著：《21世纪金融监管》，中信出版社2016年版。

50. 野口悠纪雄：《虚拟货币革命——比特币只是开始》，北京文艺出版社2017年版。

51. 徐明星等：《区块链：重塑经济与世界》，中信出版社2016年版。

52. 吴晓求：《证券投资学》，中国人民大学出版社2000年版。

53. 张玉鲲：《非法集资犯罪的理论与司法实践》，中国检察出版社2016年11月版。

54. ［美］阿尔文德·纳拉亚南等人著：《区块链：技术驱动金融：数字货币与智能合约技术》，中信出版社2016年版。

55. Shiller, J. Robert, Finance and the Good Society, Princeton University Press, 2012.

56. Knight, F. Risk, Uncertainty and Profit, Boston, Houghton Mifflin, 2006.